健全国家应急管理法律体系问题研究

王红建　等／著

法律出版社 LAW PRESS · CHINA
北京

图书在版编目（CIP）数据

健全国家应急管理法律体系问题研究 / 王红建等著. -- 北京 : 法律出版社, 2021
ISBN 978-7-5197-5941-4

Ⅰ. ①健… Ⅱ. ①王… Ⅲ. ①突发事件-公共管理-法规-基本知识-中国 Ⅳ. ①D922.1

中国版本图书馆 CIP 数据核字(2021)第 190832 号

健全国家应急管理法律体系问题研究
JIANQUAN GUOJIA YINGJI GUANLI FALÜ TIXI WENTI YANJIU

王红建 等 著

责任编辑 许 睿
装帧设计 汪奇峰

出版发行 法律出版社
编辑统筹 司法实务出版分社
责任校对 朱铁佳
责任印制 胡晓雅
经　　销 新华书店

开本 710 毫米×1000 毫米 1/16
印张 21 **字数** 355 千
版本 2021 年 11 月第 1 版
印次 2021 年 11 月第 1 次印刷
印刷 中煤(北京)印务有限公司

地址:北京市丰台区莲花池西里 7 号(100073)
网址:www.lawpress.com.cn
投稿邮箱:info@lawpress.com.cn
举报盗版邮箱:jbwq@lawpress.com.cn

销售电话:010-83938349
客服电话:010-83938350
咨询电话:010-63939796

书号:ISBN 978-7-5197-5941-4
定价:88.00 元

凡购买本社图书,如有印装错误,我社负责退换。电话:010-83938349

序　言

作为现代工业化进程中的后发国家，以环境、健康和安全风险为代表的公共风险在当今中国正大量涌现。公共风险的增加造成了突发事件的频发，进入21世纪以来，2003年“非典”疫情、2008年“汶川地震”、2018年“长春长生疫苗事件”和2019年“新冠肺炎疫情”等一系列重大突发事件的暴发均对我国社会造成了极为严重的危害。

突发事件虽然具有发生的突然性，但其往往都会经历一个由渐变、量变到质变的过程；突发事件虽然具有处置的紧迫性，但高效合理的应急处置措施能够有效降低突发事件造成的损害，因此，采取合理的方法和措施预防突发事件的发生、降低突发事件的危害具有必要性。而所谓应急管理，即是以政府为主导的管理者，为降低或避免突发事件的危害，对于突发事件在进行预防、控制以及消除的过程中所采取的一系列方法和措施的总和。

应急管理作为一个重要的行政领域，但在很长一段时间内并未受到应有的重视，应急管理体制、机制长期与突发事件的发生机理不相符合，因而无法达到高效合理预防和应对突发事件的目的。2003年“非典”疫情以来，国家逐渐重视对应急管理机关的建设，特别是在2018年国务院机构改革中，国家组建应急管理部作为国务院组成部门，将国家安全生产监督管理总局的职责、国务院办公厅的应急管理职责、公安部的消防管理职责、民政部的救灾职责、国土资源部的地质灾害防治等众多行政机关的应急管理职责进行了整合，全面建构了综合化应急管理体制模式。

突发事件的高效应对不仅需要科学的应急管理体制，还需要为应急管理机关在履行应急管理职责时提供连贯、合理的行为指引。近年来，我国颁布了以《突发事件应对法》为首的一系列应急管理法律，不仅覆盖了自然灾害、事故灾难、公共卫生事件和社会安全事件等各个在我国常见多发的突发事件类型，还根据突发事件的发生机理对突发事件的预防与应急准备、监测与预警、应急处置与救援、事后恢复与重建等各个阶段的应急管理制度作出了详细的规定，一套较为完整的应急管理法律体系在我国已初步形成。

但无法否认的是，现有的应急管理法律制度在应急管理实践过程中仍暴露出了诸多问题，应急管理法律体系远未达到完备的水平。特别是在2019年“新冠肺炎疫情”暴发以来，虽然国家及时采取了一系列疫情防控措施，使疫情在短时间内便得到了有效控制，向世界展示了中国特色社会主义的制度优势，但我们仍然应当直视此次疫情中应急管理法律制度暴露出的问题，并通过及时制定或修改应急管理法律对相应的制度予以完善。

除解决应急管理法律制度中存在的问题外，我们还要总结在应急管理实践过程中积累的众多有益经验，并通过立法的形式将这些经验转化为正式的法律制度。例如，新冠肺炎疫情防控打破了人们对突发事件“来去匆匆”的固有认知，与疫情打“持久战”成为应对重大突发公共卫生事件的新思路。相较于国外感染人数持续增长、经济持续疲软的整体态势，我国采取的常态化疫情防控措施发挥了重要的作用，也取得了巨大的成就，因而应将常态化疫情防控过程中的积极经验转化为应急管理法律制度。又如，在新冠肺炎疫情防控中，我国以举国之力抗击新冠病毒，社区成为疫情防控的坚强堡垒，对在极短时间内控制住疫情发挥了不可磨灭的作用。因此，社区理应被法律明确规定为应急主体，并对其相应的应急管理职责作出规定。

本书的目的在于通过对应急管理法律体系和制度进行分析与解读，找出其中存在的问题并对相应的完善路径进行研究。此外，本书还致力于寻找、总结历次突发事件应对实践特别是新冠肺炎疫情防控过程中形成的有益经验，并结合相关理论进行研究。期待本书能够为我国应急管理法律体系和应急管理法律制度的完善在理论层面提供一定帮助。

本书写作分工：

王红建　郑州大学　第一章、第二章、第三章、第四章、第五章、第六章、第七章

刘　辉　郑州大学　第三章、第五章、第六章、第七章

目　　录

导　言

进入21世纪以来，我国面临着各类重大突发事件的威胁，从2003年的“非典”危机、2008年的汶川地震和南方雪灾，到2015年的天津滨海新区爆炸、2018年的长春长生疫苗事件，再到2019年的凉山森林火灾、新冠肺炎疫情，每个突发事件都对人们的生命健康、财产安全造成了巨大的损害，每个突发事件都使社会治理遭受到严峻的挑战。

为有效应对突发事件，国家寻求各种治理方式。相比其他治理方式而言，具有稳定性与可预期性特征的法治在应对具有突发性与紧急性特征的突发事件时有无法比拟的优势。党的十八大以来，我们党更加注重法治在推进国家治理体系和治理能力现代化中的重要作用。习近平总书记指出，一个现代化的国家必然是一个法治国家。法治的现代化是国家现代化的重要标志。建设中国特色社会主义现代化强国，全面依法治国应当成为国家与社会的核心价值，作为国家治理与社会治理的根本方式。因此，“推进国家治理体系现代化，形成一整套系统完备、科学规范、运行有效、成熟定型的国家制度体系，就要建设更加科学完善的法治体系”〔1〕。

“法治不仅对常规状态下国家和社会治理具有重要意义，对紧急状况下应对重大公共安全事件同样具有重大意义。”〔2〕自“非典”危机之后，国家开始重视应急管理法律体系建设，2003年通过《突发公共卫生事件应急条例》、2007年实施《突发事件应对法》、2008年颁布《政府信息公开条例》、2019年又颁布了《生产安全事故应急条例》。特别是《突发事件应对法》，创造性的规定了“循环

〔1〕 李林：《全面依法治国的历史方位与战略推进》，载《求是》2017年第12期。

〔2〕 江必新：《用法治思维和法治方式推进疫情防控工作》，载《求是》2020年第5期。

型"、"以块为主型"与"共治型"的应急管理体制[1],且其是应急管理领域第一部综合性立法,对国家应急管理制度的完善与突发事件应对水平的提升均具有极大的意义。另外,各地根据《突发事件应对法》大都制定了符合当地情况的具体实施办法,《防震减灾法》《防洪法》《安全生产法》《传染病防治法》等专项应急管理法律也已颁布实施。

但应当注意的是,在历次重大突发事件应对中,特别是在此次新冠肺炎疫情防控过程中,我国的应急管理法律体系实际上暴露出了很多问题。配套立法的缺失、法律制度的冲突、衔接程度的不足等问题都严重降低了突发事件的应对效率。为在未来更为科学高效的预防和控制重大突发事件所带来的危害,进一步健全当前的应急管理法律体系已成为当务之急。

突发事件存在众多类型,整个应急管理法律体系的内容是纷繁复杂的,完善各个类型突发事件的应对法律无疑是一项极为巨大的工程,这需要众多学术界和实务界的人员作出共同努力。重大突发事件的频繁发生,使得探索如何完善我国应急管理法律体系成为国内学界研究的热门,特别是新冠肺炎疫情开始在我国蔓延后,越来越多的学者对突发公共卫生事件应急管理法律体系的完善进行了关注,并形成了一系列相关研究成果。

纵览国内学界当前涉及我国应急管理法律体系问题的研究成果,有些学者对整体应急管理领域的特定法律制度进行了较为深入的研究,如张亮博士对应急征用权限及其运行的法律控制进行了详细的分析,[2]戚建刚教授对行政紧急权力的法律属性进行了深入的剖析,[3]林鸿潮教授对非常规条件下的应急决策提出了可行的制度保障建议[4]。有些学者对特定应急管理领域的整体法律制度进行了研究,如应松年教授对自然灾害类突发事件进行了研究,提出了我国灾害法律体系的完善建议,[5]江必新教授《用法治思维和法治方式推进疫情防

[1] 张小明:《〈突发事件应对法〉实施中存在的主要问题与完善路径》,载《行政与法》2013年第9期。

[2] 张亮:《应急征用权限及其运行的法律控制——基于我国〈突发事件应对法〉第12条的法释义学分析》,载《政治与法律》2020年第11期。

[3] 戚建刚:《行政紧急权力的法律属性剖析》,载《政治与法律》2006年第2期。

[4] 林鸿潮、栗燕杰:《论非常规条件下的应急决策及其制度保障》,载《中国应急管理》2010年第5期。

[5] 应松年、林鸿潮:《国家综合防灾减灾的体制性障碍与改革取向》,载《教学与研究》2012年第6期。

控工作》一文，对突发公共卫生事件的法治应对策略提出了总体性的建议，[1]周绍强教授则对突发公共安全事件应对立法的价值选择与体系构建进行了研究[2]。有些学者对特定应急管理领域的特定法律制度进行了研究，如戚建刚教授以松花江水污染事件为例指出了我国环境应急机制的六大弊端[3]，郭太生教授论述了公共安全危机事件应急处置的运行机制，[4]黄奇帆提出了新冠肺炎疫情下中国公共卫生防疫体系改革的五点建议[5]。还有些学者则对整体应急管理领域的整体法律制度进行了初步探索，如林鸿潮教授指出，为适应非常规突发事件应对的迫切需要，有必要以增强法的适应性为主要目标，重构我国的应急法律规范体系。[6]

重大突发事件面前，没有一个国家是孤岛，每个国家或地区都在面临重大突发事件带来的危害，因而国外许多学者也对其本国的应急管理法律体系作出了研究。例如，在美国学界的推动下，美国目前形成了较为完备的应急管理法律法规体系，第一个层面是法律，如《罗伯特·斯坦福灾难救济与紧急救助法》(1988年)、《全国紧急状态法》(1976年)、《国土安全法》(2002年)等；第二个层面是总统指令，如《国内突发事件管理》(总统指令第5号，2003年)；第三个层面是主管部门发布的政策和指南文件，如2014年出台的《全国紧急状态通讯计划》等。新冠肺炎在全球范围内流行后，国际防疫形势却丝毫不容乐观，特别是欧美发达国家，疫情并未得到及时有效的控制。但是，我国整体上的疫情治理优势不代表具体应急法律机制不存在丝毫弊端，同时，也不能因欧美国家和政府疲软的疫情应急能力而否定其所有的应急法律制度。因此，我们仍然可以借鉴其他国家或地区的应急管理法律体系中的可取之处。

本书的目的不在于对所有类型的突发事件应对法律的具体内容都作出详

---

〔1〕 江必新：《用法治思维和法治方式推进疫情防控工作》，载《求是》2020年第5期。

〔2〕 周绍强、谢妍：《突发公共安全事件应对立法的价值选择与体系构建》，载《沈阳工业大学学报(社会科学版)》2011年第4期。

〔3〕 戚建刚、杨小敏：《"松花江水污染"事件凸显我国环境应急机制的六大弊端》，载《法学》2006年第1期。

〔4〕 郭太生、寇丽平：《论公共安全危机事件应急处置的运行机制》，载《中国人民公安大学学报》2004年第5期。

〔5〕 黄奇帆：《新冠肺炎疫情下对中国公共卫生防疫体系改革的五点建议》，载《第一财经日报》2020年2月13日，第A11版。

〔6〕 林鸿潮、詹承豫：《非常规突发事件应对与应急法的重构》，载《中国行政管理》2009年第7期。

细论述。实际上，突发事件虽然类型众多，但也存在众多相似之处，这也是《突发事件应对法》能够制定并在实践中发挥重要作用的原因。本书的研究思路大致如下：首先，厘清我国易发多发的突发事件类型和应急管理体制、机制，在此前提下进一步开展应急管理法律制度研究；其次，解读应急管理法律体系的基本制度和具体制度，明确应急管理法律中的各类制度是保证应急管理法律之间能够实现有效协调、衔接的基础；再次，介绍其他国家和地区的应急管理法律机制，以使我国在健全应急管理法律体系过程中能够尽量避免其中存在的问题，并适当参考其中对我国有益的经验；又次，结合实践，总结我国应急管理法律体系中存在的问题，并从体系和制度两个方面提出具体的完善路径；最后，针对新冠肺炎疫情防控中出现的问题，并结合前文研究的基础，设专章对突发公共卫生事件应对法律体系的完善提出具体建议。

本书的篇章结构具体如下：

1. 突发事件与应急管理体制、机制

健全国家应急管理法律体系，应以我国易发、多发的突发事件类型为研究重点，以我国现有的应急管理体制、机制和长期以来积累的突发事件应对经验为研究基础。本部分对突发事件与我国的应急管理体制、机制进行了研究。一是介绍了突发事件的概念、特征及具体类型。突发事件具有发生的突然性、原因的必然性、影响的社会性、处置的紧迫性、危害的全球性等特征。二是介绍了我国应急管理体制的历史沿革及当前的应急管理体制。我国的应急管理体制经历了从“以条为主型”到“以块为主型”再到“多元化应急主体协同治理”的转变。三是分析了我国应急管理机制的演变历程及当前应急管理机制的科学性。我国的应急管理机制经历了从“事后型”到“循环型”的转变，从实践来看，“循环型”应急管理机制更符合突发事件的生命发展周期。因此，应急管理法律体系与法律制度的完善应以“循环型”应急管理机制为基础。

2. 应急管理法律中的基本制度

应急管理法律中的基本制度是保证应急管理法律之间能够实现有效协调、衔接的基础，本部分对这些制度作出了介绍。一是分析了应急管理法律的目标、功能。应急管理法律一方面在于规制行政应急权，保护非常态状况下行政相对人的合法权益，但其更重要的目的则在于维护公共安全和社会秩序，确保突发事件在最短的时间内得以最完善的处理。在效率目标导向下，应急管理法律的功能在于为应急主体提供连贯的行为指引。二是总结了应急管理法律的基本理念。包括切实保障基本人权理念、举国应急管理体制理念、人类命运共同体理念。三是归纳了应急管理法律的基本原则。应急主体在履行应急管理职责时应当受到依法行政原则,比例原则,行政效能原则,行政公开原则,预防为主、预防与应急相结合原则,权利公平原则的约束。

3. 应急管理法律中的具体制度

纵观现行有效的应急管理法律,整体框架的建构均以“循环型”应急管理机制为基础,“预防与应急准备”“监测与预警”“应急处置与救援”“事后恢复与重建”制度是其中最为核心的内容。明确应急管理法律中的这些具体制度,也是健全应急管理法律体系的重要基础。本部分对“循环型”应急管理机制四个阶段中的具体制度分别作出了详细的介绍。一是预防与应急准备中的制度,主要包括应急预案制度,突发事件调查、登记与风险评估制度,应急资源与应急救援队伍制度,应急知识宣传与应急演练制度。二是监测与预警中的制度,主要包括监测制度、预警制度。三是应急处置与救援中的制度,主要包括应急资源的调动制度、紧急救助制度、行政应急权制度、信息公开制度。四是事后恢复与重建中的制度,主要包括应急处置的结束制度、国家救助制度、奖励和抚恤制度、经验总结制度。五是法律责任制度,主要介绍了党纪和政务处分、行政责任、刑事责任等。

4. 域外应急管理法律机制

在新冠肺炎疫情防控过程中,相较于我国,国外总体上呈现政府应急能力疲软的态势。但是,不能因域外国家和政府疲软的疫情应急能力而否定其所有的应急法律制度。健全我国应急管理法律体系,应避免域外应急管理法律机制中的弊端,同时,也可以适当参考域外较为科学的相关制度。本部分对域外较为典型的国家或地区的应急管理法律机制做出了简要介绍。一是对美国、日本、俄罗斯、英国的应急管理体制、机制进行介绍,其中美国形成了 FEMA 主导体制,日本形成了三级应急管理体制模式,俄罗斯形成了“大总统”“大安全”模式,英国形成了“中央—地方”分级模式,其中某些对我国有益的经验可以适当参考。二是分析了以美国为主的西方国家目前在应急管理体制、机制中存在的问题,主要包括央地分权的应急管理体制使得中央和地方在应对重大突发事件时相互推诿责任,在发生跨州的重大突发事件时各州之间的协作机制不顺畅等问题。三是鉴于 2020 年年初全球各地爆发的新冠肺炎疫情,本部分对这次疫情问题较为突出的几个重点国家,包括意大利、韩国、以及印度的突发公共卫生事件相关法律法规做出了概述。在健全应急管理法律体系时,我国应避免域外国家和地区在应急管理法律体系中存在的弊端。

5. 应急管理法律体系的衔接

健全国家应急管理法律体系,首先要完善我国应急管理法律的基本框架,厘清应急管理法律体系的范围;其次要明确各类应急管理法律的立法定位及立法事项,提升应急管理法律体系的逻辑性;最后还要确保制度间的连贯性和制度有效性。本部分对应急管理法律体系的衔接路径进行了研究。一是对我国当前应急管理法律体系的范围进行了归纳,包括《宪法》《突发事件应对法》、专项应急管理法律、专项应急行政法规和部门规章、地方性法规和地方政府规章、其他相关法律、应急预案等。二是对应急管理法律的体系衔接路径进行了研究,包括《突发事件应对法》与专项应急管理法的"法法衔接"路径以及专项应急管理法律间的衔接路径,主要是对各类应急管理法律的定位及内容进行了明确,以提升应急管理法律体系的连贯性与逻辑性。三是对事项衔接路径进行了研究,包括避免重复立法、填补空白立法、防止法律冲突,以切实发挥应急管理法律的连贯的行为指引作用。

6. 应急管理法律制度的完善

在历次重大突发事件的应对过程中,我国应急管理法律制度已暴露出很多问题,健全国家应急管理法律体系,不仅要提升应急管理法律体系的衔接程度,还要对应急管理法律中的具体制度进行完善。本部分归纳了我国应急管理法律制度中存在的主要问题,并提出了具体的完善建议。一是应急管理体制规定的完善,包括明确党在应急管理中的统筹领导地位、扩大社会应急力量的应急权力等。二是预防与应急准备制度的完善,包括健全应急预案体系、完善风险评估机制等。三是监测与预警制度的完善,包括建立"吹哨人"的法律保护机制、完善监测与预警的保障机制等。四是应急处置与救援制度的完善,包括明确紧急处置权与先期处置权的合法性、完善信息发布机制等。五是事后恢复与法律责任制度的完善,包括完善应急处置结束机制、拓宽重建资金筹集渠道等。六是应急征用制度的完善,包括明确应急征用主体、程序、补偿标准及补偿方式等。七是应急行政公益诉讼的必要性证成与制度探索,主要介绍了将应急管理领域纳入行政公益诉讼案件范围的必要性、应急行政公益诉讼的类型建构及制度设计等。

7. 突发公共卫生事件应急管理法律体系的完善

针对新冠肺炎疫情防控过程中应急管理法律暴露出的主要问题,本部分对突发公共卫生事件应急管理法律体系的完善提出了具体的建议。一是应急处置措施的法律规制。应急处置措施应当依据法律赋予的行政应急权而实施，在突发公共卫生事件中，又可分为救治措施、强制措施和保障措施。应急处置措施不仅需要符合一定的法律要件，还需受到合理性原则的规制，在采取应急处置措施时，必须不仅考虑相关因素，还应符合比例原则和公平原则。二是突发公共卫生事件应对法的法律衔接。提升突发公共卫生事件应对法的衔接程度，就是要提升法律之间的逻辑性，这就要求立法主体在明确各类突发公共卫生事件应急管理法律的立法定位及立法事项的前提下制定《突发公共卫生事件应急管理法》，修改《野生动物保护法》《国境卫生检疫法》等法律。三是疾病预防控制机构的应急法律机制的完善。为更有效地发挥疾病预防控制机构在突发公共卫生事件应对中的作用，应当从重构疾病预防控制机构的管理体制、扩大疾病预防控制机构的应急权限、提升疾病预防控制机构的应急能力等方面对其应急法律机制进行完善。四是其他突发公共卫生事件应对法律制度的完善，包括社区疫情防控的法治化和常态化疫情防控的法治化等。

此外，通过新冠肺炎疫情可以看出，突发事件的来临会侵害不特定社会公众的人身、财产等各种切身利益，应急管理法律制度的完善和应急管理能力的提升与每个公民息息相关。因此，为深入了解社会公众对我国应急管理法律制度及应急管理实践的态度，挖掘公众根据实践提出的应急管理法律制度完善建议，特制作《健全国家应急管理法律体系问题研究问卷调查》并向公众发布。本次问卷调查坚持数据客观真实、关联分析的原则，共回收有效问卷 799 份。在调查对象方面，法律工作人员共 252 人，占比 31.54%；医务人员共 95 人，占比 11.89%；应急工作人员共 97 人，占比 12.14%；其他人员共 355 人，占比 44.43%。在调查问题方面，问卷共设计了 23 个题目，涉及本书各个章节的研究内容，本书将在对问卷调查结果进行认真整理的基础上，在各章进一步提出完善我国应急管理法律制度的可行性建议。

本书的理论价值体现在：一是总结并明晰了应急管理法律的目标、功能、基本原则、基本理念以及应急管理体制、机制等基本制度，这是完善应急管理法律体系与进行相关研究的理论基础；二是构建了我国应急管理法律体系的基本框架，明确了《突发事件应对法》、专项应急管理法等各类应急管理法律的立法定位及立法事项，从而能够提升应急管理法律的衔接程度与逻辑性；三是归纳了目前应急管理法律制度中存在的主要问题，并提供了较为具体的完善建议，能够为未来健全国家应急管理法律体系方面的研究工作提供一定的指引。

本书的实践价值体现在：一是应急管理法律立法定位与立法事项的明确、应急管理法律中具体制度的完善等建议预估能够对当前立法机关正在开展的《突发事件应对法》《野生动物保护法》等应急管理法律的修订工作有所帮助；二是应急管理法律体系衔接程度的提高能够为应急管理机关提供连贯的行为指引、应急管理体制的完善能够提高应急管理机关的应急能力，从而能够提升未来突发事件的应对效率，降低突发事件所带来的危害；三是应急处置措施法律规制路径的建构、应急处置中行政机关执法依据的明确均能够提升应急管理机关依法应对突发事件的能力，从而也能更好地保护非常态状况下行政相对人的合法权益。同时，据问卷调查（见图1、2）结果显示，在法律工作人员及应急工作人员调查人数占据调查总人数比例43.68%的情况下，非常了解和较为了解我国应急管理法律制度的人数仅占总人数的25.15%，因而本书还致力于使公众更为了解我国的应急管理法律。基于此目的，本书增加了许多在历次重大突发事件应对过程中发生的典型事例，力求使本书更为通俗易懂，更加具有可读性。

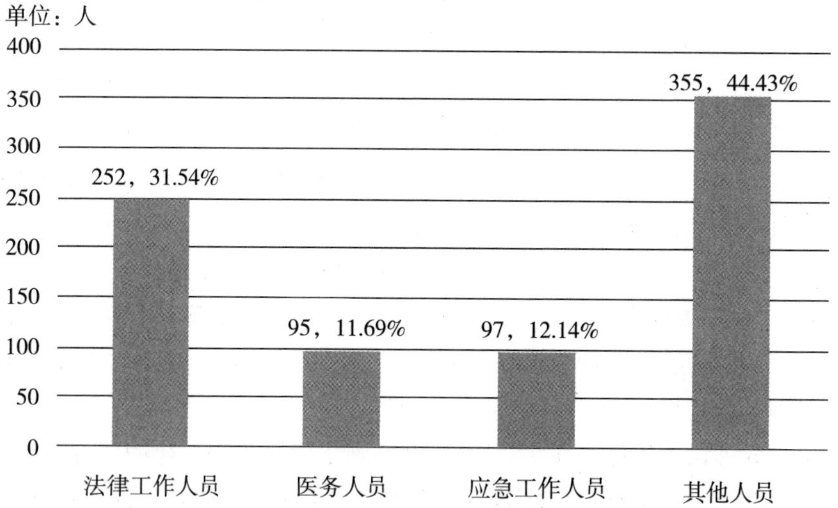

图1　问卷调查对象类别、数量及占比

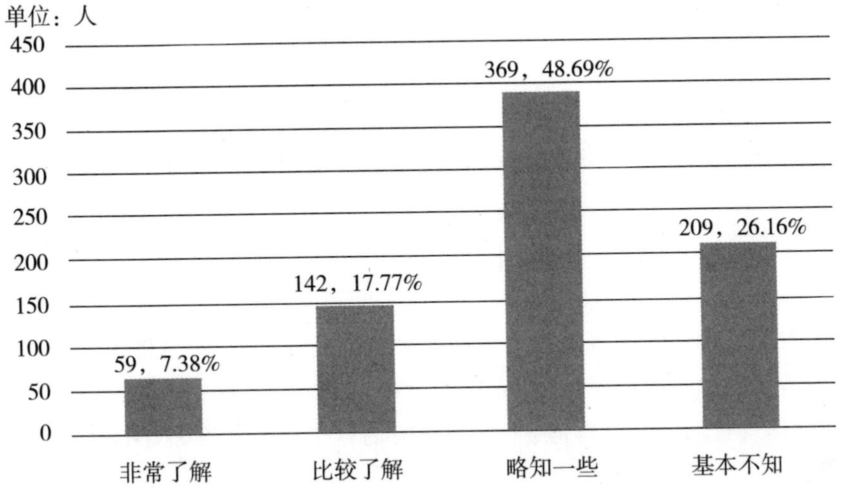

图 2　调查对象对我国应急管理法律制度的了解程度

第一章　突发事件与应急管理体制、机制

突发事件带来的灾难没有国界，但《突发事件应对法》是有祖国的。健全我国突发事件应急管理法律体系，应以我国易发、多发的突发事件类型为研究重点，以我国现有的应急管理体制、机制和长期以来积累的突发事件应对经验为研究基础。

第一节　突发事件

一、突发事件的概念及特征

（一）突发事件的概念

《突发事件应对法》颁布之前，很多学者就已经对突发事件的概念做过研究，最终的定义也有数种。大多数学者都对突发事件作了广义的理解，例如，有人认为“广义的突发事件泛指一切突然发生的危害人民生命财产安全、直接给社会造成严重后果和影响的事件”；[1] 也有人认为“突发事件就是人们尚未认识到的在某种必然因素支配下瞬间产生的、给人们和社会造成严重危害、损失且需要立即处理的破坏性事件”。[2] 上述两种突发事件的定义虽用语有别，但实质相同，即两者均未对突发事件具体包括哪些类型做出解释，而只是根据突发事件的特征作出了较为宽泛的理解。

对法律概念的解释存在多种方法，而在众多对突发事件的定义解释方法中，笔者认为通过界定突发事件的内涵与外延进行解释较为周延。《突发事件应对法》即采取了上述概念界定的方式。《突发事件应对法》第 3 条第 1 款规

---

〔1〕 郭研实：《国家公务员应对突发事件能力》，中国社会科学出版社 2005 年版，第 1 页。

〔2〕 朱力：《突发事件的概念、要素与类型》，载《南京社会科学》2007 年第 11 期。

定:“本法所称突发事件,是指突然发生,造成或者可能造成严重社会危害,需要采取应急处置措施予以应对的自然灾害、事故灾难、公共卫生事件和社会安全事件。”可以看出,《突发事件应对法》不仅对突发事件的特征作出了规定,还列举了其所调整的突发事件类型。

有学者认为,《突发事件应对法》规定的突发事件类型不够全面,诸如经济危机等突发事件类型亦应纳入该法的调整范围之内。[1] 其又指出,全球化背景下国际社会共同面临的突发事件包括国际恐怖主义、公共卫生事件、自然灾害和经济危机,而转轨期我国面临的主要突发事件则包括自然灾害、事故灾难、公共卫生事件和社会安全事件,[2] 这也正是《突发事件应对法》第3条规定的突发事件类型。笔者认为,《突发事件应对法》规定的四类突发事件基本能够囊括我国常见多发的突发事件类型,但如经济危机等不易发生的突发事件类型也应当有所规定,在未来确立《突发事件应对法》在应急管理法律体系中的基本法地位后,修改后的《突发事件应对法》所调整的突发事件类型应当更为全面。

(二)突发事件的特征

1. 发生的突然性

发生的突然性是突发事件区别于其他事件最为显著的特征。相对于其他事件而言,突发事件的来临并没有多少预兆,当前的科学技术也难以对其进行较为有效的监测,因而给予人民保护生命、转移财产,给予应急管理机关制定应急处置方案的时间少之又少。突发性又表现为有先兆的突然发生和无先兆的突然发生,后者的突发性特征更为明显。[3] 突发事件发生的突然性要求国家需在常态情况下做好预防工作,包括确立应急管理机关、制定应急预案、建立专业应急救援队伍、建立应急资源储备制度、加强突发事件应急知识宣传等,以提升在突发事件来临时的应急处置效率。突发事件的突然性还要求国家应提升对突发事件特别是自然灾害事件的监测能力,并建立完善的预警制度,为人们对突发事件作出反应争取更多的时间。

---

〔1〕 戚建刚、郭永良:《〈武汉市突发事件实施办法(草案)〉若干问题研究》,载《武汉科技大学学报(社会科学版)》2014年第1期。

〔2〕 戚建刚:《中国行政应急法学》,清华大学出版社2020年版,第22~32页。

〔3〕 王来华、陈月生:《论群体性突发事件的基本含义、特征和类型》,载《理论与现代化》2006年第5期。

2. 原因的必然性

突发事件虽然发生的较为突然，但其发生原因肯定是必然的。比如群体性暴力事件的发生肯定是因为之前的事件造成严重的暴力情绪积累；化工厂爆炸导致人员伤亡的发生肯定是该单位未严格执行安全生产规范制度；传染病的流行肯定是因为某种病毒的传播。突发公共事件的发生是一个矛盾、冲突量变积累的过程。从表面上看，突发公共事件是一个突发性事件，但实际上它一般会经过一个由渐变、量变，最后达到质变的过程，而质变就是突发公共事件爆发的阶段。[1] 突发事件发生原因的必然性要求应急管理机关和有关单位应在平时严格履行相应的职责，使某些突发事件根本没有发生的可能或在萌芽之中即被扼杀。

3. 影响的社会性

最广义的突发事件应包括有关社会、组织、个人突然发生的所有事件，比如某人甲在马路上正常行走被醉酒、逆行且超速的乙开车撞倒当场死亡也应被归入到突发事件之中。但突发事件应对法律并不调整此类突发事件，如《突发事件应对法》第3条规定其调整的突发事件应造成或可能造成严重的社会危害。影响的社会性即突发事件的发生会对不特定人的利益造成损害，对公共安全造成威胁，对社会管理秩序造成威胁，是相较于个人突发事件更为严重、更加难以处置的突发公共事件。行政机关的某些职责并非为特定人而设，而是为了满足不特定公众利益的需求，《突发事件应对法》规定的应急管理机关即履行此类职责。

4. 处置的紧迫性

突发事件不同于其他事件的又一特征即处置的紧迫性。行政机关在履行其他职责时虽然也应注重效率但法律一般都会对其确定期限并加以严格的程序限制，比如行政处罚应听取陈述、申辩或举行听证，行政许可中行政相对人在被告知听证权利之日起5日内提出听证申请的，行政机关应当在20日内组织听证。但突发事件不同，其突发性与严重的损害性使得应急管理机关稍有迟疑便会造成更大的社会危害，因此突发事件的应对既强调时间又不强调准确的时间，即越快进行应急处置就会造成越小的危害，处置的紧迫性亦要求处置程序的简化与应急管理机关应急处置权的扩大。2021年1月22日第十三届全国人

〔1〕 王郅强、麻宝斌：《突发公共事件的应急管理探讨》，载《长白学刊》2004年第2期。

民代表大会常务委员会第二十五次会议修订的《行政处罚法》第49条规定:“发生重大传染病疫情等突发事件,为了控制、减轻和消除突发事件引起的社会危害,行政机关对违反突发事件应对措施的行为,依法快速、从重处罚。”

5. 危害的全球性

随着全球化势力对人类社会影响层面的扩大,重大突发事件特别是突发公共卫生事件所带来的危害往往会突破国界,对全世界都会造成巨大的影响。比如,在2003年“非典”疫情中,中国内地累计报告临床诊断病例5327例,死亡349例;中国香港临床诊断病例1755例,死亡300例;中国台湾临床诊断病例665例,死亡180例;加拿大临床诊断病例251例,死亡41例;新加坡临床诊断病例238例,死亡33例;越南临床诊断病例63例,死亡5例。[1] 在新冠肺炎疫情中,更是全世界绝大多数国家都遭受到了疫情的严重影响。突发事件危害的全球性意味着各国再也不能独善其身,而是要以积极合作的姿态共同抗击重大突发事件所带来的危害。

二、突发事件的具体类型

《突发事件应对法》对突发事件外延的规定不像以往的概念那样宽泛,而是根据突发公共事件的发生过程、性质和机理,[2] 对突发事件的类型作出了进一步的解释,其第3条规定,突发事件可分为自然灾害、事故灾难、公共卫生事件和社会安全事件。可以看出,《突发事件应对法》虽然对突发事件的类型作出了分类,但也只是第一层次的划分。纵观我国现有的突发事件应对法律,并没有譬如自然灾害应对法、事故灾难应对法、社会安全事件应对法的存在,因此,有必要在《突发事件应对法》第3条的基础上对突发事件的类型作出进一步的划分。

突发事件第二层次的划分应符合《突发事件应对法》第3条对突发事件的内涵规定,即突然发生,造成或者可能造成严重社会危害,需要采取应急处置措施予以应对的事件,具有发生的突然性、影响的社会性与处置的紧迫性等[3]。

---

〔1〕《卫生部最后1次公布每日疫情:中国内地无非典病人》,载中国新闻网,http://www.chinanews.com/n/2003-08-16/26/335985.html,最后访问日期:2020年7月9日。

〔2〕朱力:《突发事件的概念、要素与类型》,载《南京社会科学》2007年第11期。

〔3〕杨海坤、马迅:《总体国家安全观下的应急法治新视野——以社会安全事件为视角》,载《行政法学研究》2014年第4期。

从整体上进行观察,《突发事件应对法》对突发事件的内涵规定得较为明确,且与学者们对突发事件的内涵界定并无本质上的不同。但更细致地看,此规定也有些许不明确而需要作出解释之处。比如"造成或者可能造成严重社会危害"中何谓"可能造成",又何谓"严重"?《突发事件应对法》作为法律规范不可能作出如此详细的规定,应依赖应急管理法律体系中各单项立法作出专门规定。

(一)自然灾害类突发事件

自然灾害,又称为自然灾难、天然灾难、天然灾害、天灾、天祸、天患、灾荒,指自然界中所发生的异常现象,这种异常现象会给周围的生物和人类社会造成灾害。世界气象组织表示,所有的天灾有90%跟天气、水和气候事件有关。[1]自然灾害类突发事件的严重程度与人口的弹性及其所受影响或其恢复的能力有关。[2]

按性质分类划分,自然灾害类突发事件可以分为:(1)地质灾害,即地质作用所产生的灾害,如火山灾害、地震、泥石流、山崩。(2)气象灾害,即短时间的大气物理过程产生的灾害,如雨灾(对流雨、锋面雨)、风灾(热带气旋、龙卷风)、雪灾(暴风雪、雪崩)、雷击。(3)气候灾害,即气候异常所产生的灾害,如全球暖化、热浪、旱灾等。(4)生态灾害,如沙尘暴、火灾(森林大火)等。(5)天文灾害,如流星体或小行星撞击地球、太阳风暴灾害。(6)水文灾害,如洪灾等。

自然灾害类突发事件在我国极易发生,给我国人民生命健康和财产安全带来了极为巨大的损害。我国较为常见的自然灾害类突发事件类型:一是地震,如2008年四川汶川地震、2010年青海玉树地震、2011年云南盈江地震、2013年四川雅安地震等都对我国造成严重的危害;二是泥石流,青藏高原边缘山区是中国冰川类泥石流最易发生地区,泥石流发生频繁、猛烈且规模巨大;三是雪灾,如2008年南方雪灾造成我国死亡129人,失踪4人,因灾直接经济损失

---

[1] [美]施莱茵:《世界气象日关注污染与健康关系》,载 http://www.678876.org/jinqiaoxuexiyuandi/shuang Yu Xin wen - shi Jie Qixiang Ri Guan Zhu Wu Ran Yu Jian Kang Guan Xi.html,最后访问日期:2020年11月5日。

[2] G. Bankoff & G. Frerks & D. Hilhorst, *Mapping Vulnerability: Disasters, Development and People*, Darthscan, 2003.

1516.5亿元人民币；[1]四是火灾（森林大火），如2019年在四川凉山发生的“3·30木里县森林火灾”，31名扑救人员遇难，其中27人为自愿逆行的凉山森林消防支队指战员；[2]五是洪灾，如“1998年长江特大洪水”造成死亡人数4150人，直接经济损失2551亿元人民币。[3]

（二）事故灾难类突发事件

事故灾难是在人们生产、生活过程中发生的，直接由人的生产、生活活动引发的，违反人们意志的、迫使活动暂时或永久停止，并且造成大量的人员伤亡、经济损失或环境污染的意外事件，其主要包括工矿商贸等企业的各类安全事故，交通运输事故，公共设施和设备事故，环境污染和生态破坏事件等。事故灾难是当今社会最易发生也发生最多的突发事件，据问卷调查（见图3）显示，82.98%的调查对象都曾担心过所在单位可能会发生安全事故等类型的突发事件。

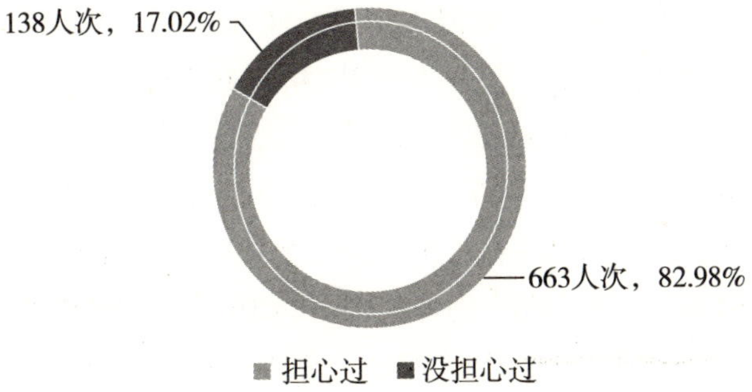

图3　问题：您是否曾担心过所在单位可能会发生安全事故等突发事件

1. 工矿商贸等企业的各类安全事故。近年来，各类生产安全事故频发，造成了严重的人员伤亡和财产损失，特别是能源化工等重大基础产业一旦发生严重的生产安全事故，还必然会波及同行业和相关产业，触发区域和世界经济动

---

〔1〕王秉杰：《媒体称南方雪灾经济损失超过SARS时期》，载东方网，http://news.eastday.com/c/20080225/u1a3424132.html，最后访问日期：2020年7月9日。

〔2〕《凉山木里火灾点火者是11岁儿童，责任该如何承担？》，载腾讯网，https://new.qq.com/omn/20200414/20200414A0GZSY00.html，最后访问日期：2020年7月9日。

〔3〕《1998年长江特大洪水：4150人死亡，警钟长鸣》，载百度，https://baijiahao.baidu.com/s?id=1654002531480991075&wfr=spider&for=pc，最后访问日期：2020年7月9日。

荡，影响社会稳定。回顾1984年美国联合碳化物公司在印度博帕尔造成的那场惊世骇俗的工业灾难——直接致死2.5万人，间接致死55万人，永久性致残20多万人。据国际劳工组织估计，全球每15秒钟就有一名工人死于生产安全事故或职业病，每年有278万工人因工死亡，每年发生3.74亿起非致命生产事故，每年造成的经济损失约占全球GDP的3.94%。[1]

2. 交通运输事故。交通运输事故是在现实生活中几乎每天都会发生的突发事件类型，特别是在公共交通工具发生事故后，将会产生更大的人员伤亡。例如，2020年7月7日12时许，贵州省安顺市一辆公交车从安顺火车站驶向客车东站，在途经虹山湖大坝中段时，冲破石护栏坠入湖中。经全力搜救，截至22时，共搜救出37人，其中受伤16人，无生命体征20人，送医抢救无效死亡1人。37人中有学生12人，其中5人无生命体征。[2]

3. 公共设施和设备事故。近年来，公共设施和设备事故在我国也时有发生，特别是全国桥梁事故发生较为频繁，造成了巨大的经济损失和社会负面影响。例如，2019年10月10日18时10分许，江苏无锡312国道K135处、锡港路上跨桥发生桥面侧翻事故。经搜救确认，桥下共有3辆小车被压，其中一辆系停放车辆（无人），事故共造成3人死亡，2人受伤。[3]

4. 环境污染和生态破坏事件。习近平总书记强调，绿水青山就是金山银山。环境污染和生态破坏事件在近年来愈发受到国家的重视。一直以来，有些人为谋求个人私利而丝毫不顾生态环境，例如，2013年，媒体曝光位于浙江省的千岛湖遭填湖造地，建起高档酒店别墅及高尔夫球场。在业界知名度颇高的千岛湖乡村高尔夫俱乐部，被指可能造成饮用水源污染；"秦岭素有"国家中央公园"之称，是重要的生态屏障。然而，一些人把秦岭当成自家的后花园。陕西省纪委查明，这些人在秦岭北麓违法占用大量林地、耕地和基本农田，违规修建别

---

〔1〕《重大生产安全保障的"大国重器"》，载凤凰网，http://hn.ifeng.com/a/20200709/14412899_0.shtml，最后访问日期：2020年7月10日。

〔2〕《贵州公交坠湖事件21名遇难者中有5名学生　驾驶员已身亡》，载央视新闻，http://m.news.cctv.com/2020/07/07/ARTIiIWswX5aGQMCCi4TQyMe200707.shtml，最后访问日期：2020年7月10日。

〔3〕《桥梁倒塌已造成199人死伤！无锡桥梁事故专家有话说！查超已行动！》，载搜狐网，https://www.sohu.com/a/346371233_310421，最后访问日期：2020年7月10日。

墅200多栋”[1],等等。

(三)突发公共卫生事件

突发公共卫生事件是指突然发生,造成或者可能造成社会公众健康损害的重大传染病疫情、群体性不明原因疾病、重大食物中毒和职业中毒以及其他严重影响公众健康的事件。[2] 突发性公共卫生事件的分类方法有多种,从发生原因上来分,通常可分为:生物病原体所致疾病、食物中毒事件、有毒有害因素污染造成的群体中毒、出现中毒死亡或危害;自然灾害:自然灾害如地震、火山爆发、泥石流、台风、洪涝等的突然袭击、意外事故引起的死亡、不明原因引起的群体发病或死亡。[3]

突发公共卫生事件在极为严重时可能会被世界卫生组织宣布为“国际关注的突发公共卫生事件”。国际关注的突发公共卫生事件(Public Health Emergency of International Concern,PHEIC),又称国际关注的公共卫生紧急事件,是世界卫生组织的一项正式声明,指的是“通过疾病的国际传播构成对其他国家的公共卫生风险,以及可能需要采取协调一致的国际应对措施的不同寻常事件”;该事件状态在“情况严重、突然、不寻常或意外”“公共卫生影响超出了受影响国家的边界”“可能需要立即采取国际行动”时启用。根据2005年制订的《国际卫生条例》,各国负有对“国际关注的突发公共卫生事件”作出迅速反应的法律义务。[4] 国际关注的突发公共卫生事件是由在2005年《国际卫生条例》下运作并由国际专家所组成的突发事件委员会宣布,[5]自2009年以来,共计有六次国际关注的突发公共卫生事件,[6]分别是:2009年H1N1流感大流行、2014年脊

---

[1] 《习近平总书记批示关注的几桩破坏生态环境事件整治的咋样?》,载新华社,http://www.xinhuanet.com/politics/2016lh/2016-03/11/c_128793729.htm,最后访问日期:2020年7月10日。

[2] 孔竞:《突发公共卫生事件应急机制研究》,载《中国卫生事业管理》2008年第1期。

[3] 《突发公共卫生事件》,载中国疾病预防控制中心网站,http://www.chinacdc.cn/jkzt/tfggwssj/,最后访问日期:2020年7月10日。

[4] Renee Dopplick. Swine Flu: Legal Obligations and Consequences When the World Health Organization Declares a “Public Health Emergency of International Concern”. Inside Justice.

[5] Steven J. Hoffman & Sarah L. Silverberg, *Delays in Global Disease Outbreak Responses: Lessons from H1N1, Ebola, and Zika*, 108 Amercian Journal of Public Health 329(2018).

[6] Mara Pillinger, *WHO declared a public health emergency about Zika's effects, Here are three takeaways*, Washington Post.

髓灰质炎疫情、2014 年西非埃博拉疫情、2015 年至 2016 年寨卡病毒疫情、2018 年至 2019 年刚果埃博拉疫情,以及于 2020 年 1 月 31 日宣布的 2019 新冠肺炎疫情。

(四)社会安全事件

社会安全事件是由人为因素引发的,对社会秩序和公共安全造成或者可能造成严重危害的,亟须采取应急处置措施的事件。[1] 社会安全事件包括重大刑事案件、重特大火灾事件、恐怖袭击事件、涉外突发事件、金融安全事件、规模较大的群体性事件、民族宗教突发群体事件、学校安全事件、社会谣言以及其他社会影响严重的事件。[2] 当前,中国正值转型期,其在经济高速发展的同时许多社会问题也突显出来,显著的城乡和地区差距、严峻的就业问题、腐败问题等成为社会的不和谐因素。这也成为引发社会安全事件的潜在因素[3]。

第二节 突发事件应急管理体制

一、应急管理体制概述

应急管理体制是应急主体应对突发事件所需要的机构设置、职能配置、与职能相应的管理制度及应急权力运行机制的总称。[4] 在应急管理体制与突发事件的关系方面,科学完善的应急管理体制是高效应对突发事件的重要基础;在应急管理体制与应急管理法律体系的关系方面,通常来讲,应急管理体制是应急管理法律中的一项基本制度,由法律对突发事件应急管理的主体、职能、运行机制等加以规定,以使应急主体在行使行政应急权时有法可依。但是,结合我国应急管理法的立法状况,应急管理体制大多数情况下都是先在实践中进行改革,然后再由相应的法律加以确定,因此,应急管理体制也是制定应急管理法

---

〔1〕 刘美等:《突发社会安全事件行政应急法律机制研究》,载《黑龙江省政法管理干部学院学报》2013 年第 2 期。

〔2〕 王学辉:《〈突发事件应对法〉修改建议稿》,载 https://mp. weixin. qq. com/s/SebJziviiSNAEwdp7pUvpw,最后访问日期:2021 年 2 月 20 日。

〔3〕 刘美等:《突发社会安全事件行政应急法律机制研究》,载《黑龙江省政法管理干部学院学报》2013 年第 2 期。

〔4〕 鄢圣华:《中国政府体制》,天津社会科学院出版社 2002 年版,第 5 页。

以及建构应急管理法律体系的重要基础。

应急管理体制的类型是多元化的，每个国家的应急管理体制都不尽相同，在我国，不同类型的突发事件的应急管理体制甚至都不相同，应急管理体制的选择是由突发事件的基本特点所决定的。但总体而言，我国不同类型的突发事件的应急管理体制也有众多相似之处。首先，中国共产党是我国的执政党，重大突发事件应对过程中必须发挥党的统筹领导作用；其次，中央人民政府和县级以上地方人民政府在突发事件应对过程中需要起主导作用；再次，重大突发事件的应对不能仅依靠行政应急主体，多元化应急主体的共同参与是高效应对重大突发事件的重要保证；最后，某种突发事件的发生很可能也会导致其他类型突发事件的发生，整合分散的应急管理体制以提高各类突发事件应急管理主体的协调性已成为大势所趋。

二、我国应急管理体制的历史沿革

中华人民共和国成立后，我国的应急管理体制也不是一成不变的，而是随着突发事件应对经验的不断积累不断发生变化的。突发事件应急管理过去常被看作是行政机关特有的使命，但突发事件具有发生的突然性，且会造成或可能造成严重的社会危害，仅凭行政机关的力量恐怕难以负担所有的应急职责，应急管理主体正逐步呈现多元化趋势。

（一）应急管理机关

很多人虽然强调社会应急力量在应对突发事件时的重要性，但绝大多数人也不会否认行政机关在其中的决定性作用与核心地位，《突发事件应对法》作为一部应急行政法，其制度整体上也是围绕行政机关构建的。在我国，应急管理机关的设置不是一蹴而就的，而是随着突发事件发生频率的上升、突发事件类型的多元化与国家应对突发事件经验的积累一步步进行完善的。

1. 第一阶段："单灾种"型应急管理体制

一直以来，我国实行"单灾种"型应急管理体制，即不同的专业部门管理不同类型的灾害与突发事件。"单灾种"型应急管理体制在处理专项突发事件时具有极大的优势，因为一般情况下一个部门仅负责一类突发事件的管理，而且该部门往往不是仅在突发事件来临时负有应急处置职责，其在平时就履行对相关单位、相关事项的监督、管理职能，因而该部门人员对应对此类突发事件较为专业，通常情况下不仅能够第一时间对突发事件作出反应，还有极大可能在突发事件来临前就能够加以应对。但“单灾种”型应急管理体制也存在极为致命的弊端。突发事件往往不是单独出现，而是几种分不同部门管理的突发事件一起出现或先后出现，比如自然灾害的发生通常也会造成公共卫生事件，公共卫生事件极易引起社会的恐慌造成社会安全事件，而这种情况仅凭一个部门根本无法应对，需要多个部门共同配合完成突发事件应对工作。按照简单设想，即便有多个突发事件在同一区域同时发生，负有应急处置职责的相关部门全部投入到应对工作中也能很好地解决突发事件，但我国的行政管理体制会造成各部门、各区域的“条块分割”，存在信息沟通不流畅、部门间相互阻挠、互相推诿责任等弊端，而此种弊端在“非典”危机中被无限扩大，国家认识到在“单灾种”型应急管理体制下还应建立一个统筹协调机构。

2. 第二阶段：“单灾种”型体系下设立应急管理办公室

2003 年“非典”危机之后，为能更高效地应对突发事件，国务院办公厅于 2006 年设立国务院应急管理办公室，主要履行应急值守、信息汇总与综合协调三大职责。应急值守即承担国务院的应急总值班工作，办理各地各部门向国务院报送的重要应急事项，因此又称为国务院总值班室；信息汇总即及时掌握和报告国内外相关重大情况和动态，收集各类渠道报送的突发事件信息，以全面掌握突发事件状况；综合协调即协调、组织有关方面研究、提出国家应急管理的政策、法规和规划建议，协调指导应急预案体系和应急体制、机制、法制建设，协调指导特别重大和重大突发公共事件的预防预警、应急演练、应急处置、调查评估、信息发布、应急保障和国际救援等工作，协调应急管理方面的国际交流与合作等等。应急管理办公室成立的一大优势便是在综合性突发事件的应对过程中有了综合协调机关，各应急管理部门不仅能够了解更多突发事件信息，而且会提高应急处置工作的协同能力。但不足的是，应急管理办公室是在“单灾种”型应急管理体制之下构建的，原有的应急管理部门仍履行原有的职责，且应急管理办公室既无编制又无经费，其在突发事件应对工作中所发挥的作用极为有限。

3. 第三阶段：各级政府负责突发事件应对工作

2007 年颁布的《突发事件应对法》将主要的应急管理责任赋予了各级人民政府，第 4 条规定了建立统一领导、综合协调、分类管理、分级负责、属地管理为主的应急管理体制，而该体制下对应急管理主体的规定具体表现为该法第 7 条规定,县级人民政府对本行政区域内突发事件的应对工作负责、县级人民政府不能消除或有效控制突发事件引起的严重社会危害的,上级人民政府应当及时采取措施统一领导应急处置工作;第8条规定国务院在总理领导下研究、决定和部署特别重大突发事件的应对工作,并根据实际需要,设立突发事件应急指挥机构国;等等。《突发事件应对法》规定的各级人民政府负责、县级人民政府为主的应急管理主体改变了以往"单灾种"型"以条为主"的应急管理体制,而演变成为"以块为主""条块结合"的应急管理模式。相较于之前的"单灾种"型应急管理体制,此种模式有极大的优势,首先,国家将应急管理职责下放至县级人民政府,不仅有利于基层政府及时发现突发事件,而且可以依靠更为熟悉当地环境的干部及群众及时解决突发事件;其次,统一领导、属地管理的应急管理体制有利于消除部门与部门之间的阻碍,各地人民政府与各地行政部门大都属于领导与被领导的关系,相比于之前设立的应急管理办公室,各级人民政府履行综合协调的职能会更加有效;另外,突发事件的应对往往需要大量的应急力量及应急资源,"以条为主"模式下单个部门在面对重大突发事件时往往很难第一时间内调动足够的应急力量与资源,但各地人民政府管理当地所有的行政事务,调配应急力量与应急资源更为容易,从而更能快速地开展应急处置措施。

相较于之前的应急模式,《突发事件应对法》规定的应急管理体制取得了一定的成效,但在实践中还是又不可避免遭遇到"条外有条""块外有块"的阻碍。"条外有条"是指各级政府虽对同级大多数行政机关享有领导权,但还是有少数行政机关接受上级部门的垂直领导。我国行政机关垂直领导有两种形式:一类是中央垂直管理,即在全国范围内实行垂直领导体制的行政部门,如海关、金融、外汇管理、国安、税务等。另一类是省以下垂直管理,如国土资源等。当地方政府在应对突发事件需要此类行政机关协助或信息共享时,有时这些行政机关可能并不会配合,从而给地方政府的突发事件应对工作增加难度。"块外有块"是指《突发事件应对法》第7条虽规定了"涉及两个以上行政区域的,由有关行政区域共同的上一级人民政府负责,或者由各有关行政区域的上一级人民政府共同负责"的制度,但是此规定因过于原则性而在实践中难以操作。一方面,如果突发事件涉及的两个以上行政区域在同一省份的,由省级人民政府负责,涉及的两个以上行政区域在两个以上的省份原则上则需要中央政府负责,这样就会出现同样级别的突发事件有时是市级、省级人民政府负责、有时是中央人民政府负责的情况,不利于突发事件的分级管理;另一方面,如果由两个以上省份共同负责处理突发事件,可能并不会达到立法者构想的结果。各地人民政府仅对该区域内的行政事务负有职责,如果不同区域在处理突发事件时利益发生冲突,政府间相互配合的概率不大,反而更易为尽快应对该地突发事件不惜损害其他区域的利益。另外,地方人民政府并没有建立有效的信息沟通机制,极易出现各地突发事件应急处置措施的不统一,比如在南方雪灾期间,各省的高速公路多次出现你开我关的情况,对交通状况产生极为不良的影响。

(二)突发事件应急指挥机构

应急管理部成立之后,公安消防部队、武警森林部队转制与安全生产等应急救援队伍一并作为综合性常备应急骨干力量,但在应对重大突发事件时,仅凭应急管理部自身的应急力量与资源可能是远远不够的,还要依靠与军队、交通、卫生、电力等各部门的协同配合,此时就需要一个专门的机构来加以协调并统一指挥,《突发事件应对法》第 8 条规定的突发事件应急指挥机构就负有此项职能。以前我国的应急指挥机构大部分都是临时性的,即在突发事件来临时成立,突发事件应对工作结束时解散。毫无疑问,临时性应急指挥机构存在诸多弊端,比如不利于应急管理经验的积累、不利于法律责任的追究、易产生决策的合法性问题等,因此针对某种或某类突发事件设立非临时性专项应急指挥机构是一种更好的选择。应急管理部成立以前,国家就根据突发事件类型分别设立了国家防汛抗旱总指挥部、国务院抗震救灾指挥部、国家森林草原防灭火指挥部、国家减灾委员会、国家安全委员会。应急管理部成立以后,指挥部办公室设在应急管理部,承担指挥部日常工作的职责。成立指挥部的巨大优势之一是可以调动除应急管理部以外的更多部门参与应对突发事件,以国务院抗震救灾指挥部为例,指挥长是国务委员,成员涉及党政机关、中央军委、国务院各部委、共青团、红十字会、国有企事业单位等。指挥部办公室设立在应急管理部也有利于应急部能更好地发挥其面对重大突发事件时的统筹协调职责。

除应急管理部负责的突发事件外,其他类型的突发事件在应急处置过程中也多建立应急指挥机构进行统筹协调。如在新冠肺炎疫情防控过程中,从中央到地方均成立各种形式的应急指挥机构领导疫情防控工作。首先,中共中央政治局常务委员会召开会议,于 2020 年 1 月 25 日决定成立中央应对新型冠状病毒感染肺炎疫情工作领导小组(以下简称“中央应对疫情工作领导小组”),在中共中央政治局常务委员会领导下开展工作，加强对全国疫情防控的统一领导，统一指挥。[1] 其中，小组组长为中共中央政治局常委、国务院总理李克强，副组长为中共中央政治局常委王沪宁，小组成员分别为丁薛祥、孙春兰、黄坤明、蔡奇、王毅、肖捷、赵克志。自2020年1月26日至2020年3月12日，中央应对疫情工作领导小组共召开16次会议，对患者救治、复工复产、物资保障、对口支援、国际合作、困难群众兜底保障等方面作出指示，并发布《关于全面落实进一步保护关心爱护医务人员若干措施的通知》《当前春耕生产工作指南》《关于进一步做好疫情防控期间困难群众兜底保障工作的通知》等文件指导疫情防控过程中的各项工作。其次，国务院成立联防联控机制（国务院应对新型冠状病毒感染的肺炎疫情联防联控机制），该机制由中华人民共和国国家卫生健康委员会牵头建立，成员单位共32个部门。联防联控工作机制下设疫情防控、医疗救治、科研攻关、宣传、外事、后勤保障、前方工作等工作组，分别由相关部委负责同志任组长，明确职责，分工协作，形成防控疫情的有效合力。[2] 另外，各地均成立由当地党政主要负责人亲自挂帅的应对疫情工作领导小组或防控指挥部，领导开展各地的疫情防控工作。

（三）社会应急力量

当前，国家越来越重视社会应急力量在突发事件应对过程中的作用，突发事件的应对工作亦需要社会组织或个人的参与。习近平总书记在2019年的中央政法工作会议中指出，要完善党委领导、政府负责、社会协同、公众参与、法治保障的社会治理体制，打造共建共治共享的社会治理格局。突发事件可能对社会造成严重的损害，涉及最广大人民的利益，因此赋予一些社会组织或个人应对突发事件的职责是社会治理格局的应有之义。《突发事件应对法》有社会组织或个人参与应对突发事件的规定，如第26条规定可以建立由成年志愿者组成的应急救援队伍并加强专业应急救援队伍与非专业应急救援队伍的合作，第29条规

---

〔1〕《中共中央政治局常务委员会召开会议　研究新型冠状病毒感染的肺炎疫情防控工作　中共中央总书记习近平主持会议》，载新华网，http://www.xinhuanet.com//photo/2020-01/26/c_1125502267.htm，最后访问日期：2020年7月11日。

〔2〕《国家卫生健康委会同相关部门联防联控　全力应对新型冠状病毒感染的肺炎疫情》，载中国政府网，http://www.gov.cn/guowuyuan/2020-01/22/content_5471437.htm，最后访问日期：2020年7月11日。

定了新闻媒体应当无偿开展突发事件应对知识的公益宣传，第36条规定鼓励、扶持教学科研机构培养应急管理专门人才等。在各地突发事件应对法律法规中，有些省市也已将非行政主体参与应对突发事件设为法定义务，如《北京市实施〈中华人民共和国突发事件应对法〉办法》第10条中规定，公民、法人和其他组织有义务参与突发事件应对工作。法人和其他组织应当在所在地人民政府的领导下开展突发事件应对工作，建立突发事件应对工作责任制，其主要负责人全面负责。设置并完善社会应急力量的职责与保障法律制度也应当是突发事件应对工作的迫切需要。

设定社会应急力量的权力时不仅要考虑其在非常态状况下对应急管理部门可以进行何种协助，更要考虑社会应急力量在常态状况下还能发挥什么样的作用。社会组织和个人能建立应急救援队伍参加应急处置工作的可谓极少数，有关部门应更重视某些社会应急力量平时发挥的作用，如宣传突发事件应对知识、募集应急资源、对受突发事件影响的人员进行心理疏导、第一时间向应急管理部门报告所了解的突发事件信息等。另外，在突发事件监测技术继续提升的情况下，我们也应重视某些专业机构的作用，法律应建构起有关部门与专业机构的合作模式，促使更多的非政府机构投入到突发事件预防、监测等工作中去。

相较于以前的突发事件应急处置，在此次新冠肺炎疫情防控过程中，众多社会应急力量投身于应急志愿服务是一大亮点。问卷调查（见图4）显示，在此次疫情防控过程中，有接近一半的调查对象参加过疫情防控相关的志愿服务。根据工作内容和发挥功能的不同，疫情防控志愿服务可分为医疗辅助、心理辅助、社区治理、交通协理、应急物流等类型，这些志愿服务类型在新冠肺炎疫情防控过程中均有所体现，并发挥了极大的作用。

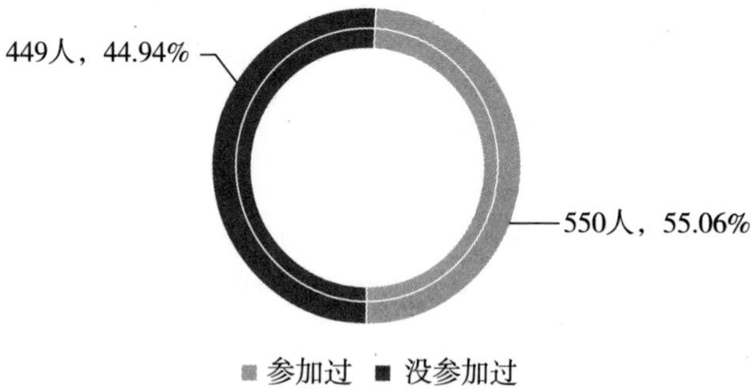

图4　问题：疫情期间，您是否参加过疫情防控相关的志愿服务

当前,国家越来越重视对社会应急力量的保障,如广西壮族自治区民政厅印发的《关于进一步支持社会工作志愿服务力量参与民政领域新冠肺炎疫情防控工作的通知》,对社会工作志愿服务力量参与民政服务机构疫情防控的重点领域、服务的重点群体以及奖励倾斜政策等方面作出明确规定,引导社会工作志愿服务力量积极有序地参与疫情防控。[1] 但应当注意的是,我国的社会应急力量参与突发事件应急处置机制总体还处于初级阶段,社会应急力量的招募、培训、保障等制度还极其不完善,为进一步发挥社会应急力量在突发事件应对工作中的作用,并切实保障社会应急力量生命健康与合法权益,社会应急力量参与应对突发事件的制度化迫在眉睫。

三、我国当前的应急管理体制

当前,我国已经初步形成较为科学完备的应急管理体制,但基于不同类型的突发事件具有不同的特点,各个突发事件的应急管理体制模式仍未达到完全统一。总体而言,首先,除各级党委的统筹领导外,我国目前为"以块为主型"的应急管理体制,县级以上人民政府对本行政区域内的突发事件应急管理负责;其次,中央设立各部委负责全国范围内特定类型的突发事件应急管理工作,地方人民政府设置与中央部委对应的职能部门负责本行政区域内特定类型的突发事件应急管理工作;最后,社会应急力量在突发事件应对过程中发挥补充作用,社会应急力量参与应对突发事件并没有绝对的地域限制。下文将对我国主要的应急管理体制模式进行归纳。

(一)安全生产类、自然灾害类突发事件的应急管理体制

针对以前的应急管理体制弊端,我国急需一个能够统一管理、综合协调的强有力的中央部委进行应急管理统筹,应急管理部在2018年应运而生。应急管理部整合了13个部门的职能,将现有职责大致分类,其应履行组织制定应急行政管理规划、组织制定国家总体应急预案、指导应急救援和灾害防治、指导各地区各部门应对突发事件工作、建立灾情报告系统并统一发布灾情、统筹应急

---

〔1〕《广西四举措支持引导社会工作志愿服务力量积极有序参与疫情防控》,载财政部网站,http://www.mca.gov.cn/article/xw/dfdt/202003/20200300025740.shtml,最后访问日期:2020年7月11日。

力量建设和统一调度物资储备、推动应急预案体系建设和预案演练、组织灾害救助体系建设、承担国家应对特别重大灾害指挥部工作、负责安全生产综合监督管理和工矿商贸行业安全生产监督管理等职责〔1〕,以推动形成统一指挥、专常兼备、反应灵敏、上下联动、平战结合的中国特色应急管理体制。

与《突发事件应对法》第4条规定的应急管理体制相比,应急管理部成立后的新应急管理体制具有如下特点:第一,在强调各级政府的统一领导、综合协调的基础上,强调应急管理部门的统一指挥。应急管理部成立之前,各级政府虽对本行政区域内突发事件的应对工作负责,但进行具体应急处置工作的还是各有关部门,各级政府的职责大都是进行领导、协调;而应急管理部将13个部门的应急管理职能进行整合后,一般情况下政府的领导、协调职能便失去了原有的作用,因为在同一个部门内仅需要各机构内部协商即可,因而更强调部门的统一指挥权。第二,更加强调常态下的应急管理工作。《突发事件应对法》虽规定了预防与应急准备、监测与预警制度,但其应急管理体制显然更重视非常态状况下对突发事件的应对工作。而应急管理部不仅被明确赋予统筹应急力量建设和统一调度物资储备、推动应急预案体系建设和预案演练等职责,更是在应急管理体制中强调了"平战结合"的重要性。第三,更加重视上下联动的作用。应急管理部成立后,各地大多已经成立与之相应的应急管理部门,而应急管理部与地方应急管理部门应当是领导与被领导的关系。且应急管理部正在规划和建设全国应急管理大数据应用平台,各地区的各类突发事件信息将逐步接入,协同做好灾害事故的防范处置工作。

应当注意的是,因突发事件应急管理分为多个阶段,应急管理部虽然对安全生产类、自然灾害类突发事件负有应急管理职责,但其他行业主管部门仍然负有相关行业领域的灾害监测、预警和保障等职责,如林业部门负有森林防火职责、水利部门负有水旱灾害防治,应急管理部更注重在突发事件发生后的应急处置阶段直接参与。相比之前各级人民政府负责的应急管理体制,当前的应急管理体制在常态状况下更有利于加强应急管理工作在全国范围内的统一开展,更有利于统筹全国范围内的应急力量与应急资源,在非常态状况下更有利于应急管理部与地方应急管理部门配合开展应急处置工作。

---

〔1〕 戚建刚、乌兰:《应急管理部的行政法建构——基于整体性治理理念的分析》,载《北京行政学院学报》2018年第5期。

应急管理部的成立并不意味着将《突发事件应对法》中各级政府的职责改为各级应急管理机关的职责便可继续适用。应急管理部并非对《突发事件应对法》中规定的四类突发事件都负有指导职责，根据《深化党和国家机构改革方案》的规定，应急管理部仅需履行对安全生产类和自然灾害类突发事件的指导职责，其他突发事件应对指导权仍由原来的部门行使；另外，国务委员王勇指出，按照分级负责的原则，一般性灾害由地方各级政府负责，应急管理部代表中央统一响应支援；发生特别重大灾害时，应急管理部作为指挥部，协助中央指定的负责同志组织应急处置工作，保证政令畅通、指挥有效[1]，因此各级人民政府在未来仍承担着对突发事件的应急处置职责。

此外，社会应急力量在安全生产类、自然灾害类突发事件中能够发挥较大的作用。社会应急力量参与突发事件应对工作大致始于汶川地震期间，因而2008年被称为我国的公益元年。汶川地震后的十余年间，尽管国家并未给予社会应急力量太多支持，但社会应急力量建设还是取得了较为迅速的发展。相较于社会公众参与应对突发事件刚兴起之时，目前的社会应急力量不仅具有较为专业的设备、具备应急知识的人员，而且在常态状况下还会进行较为系统的训练。当前，国家越来越重视社会应急力量在突发事件特别是自然灾害类突发事件应对中的作用，应急管理部于2019年上线运行抢险救灾网上申报系统，其中便包括网上登记备案与应急救援申请两大功能。“网上登记备案 + 应急救援申请”模式是应急管理部目前正在采用的社会应急力量遴选方式。

（二）公共卫生类、社会安全类突发事件的应急管理体制

基于公共卫生类、社会安全类突发事件的特点，两者的应急管理体制不宜被纳入到“大部制”应急管理体制改革之中，而应继续实行“各级人民政府领导 + 国家部委主管、地方职能部门负责”的应急管理体制，下文将以突发公共卫生事件为例对上述两类突发事件的应急管理体制作出阐释。

首先，各级人民政府领导突发公共卫生事件应对工作。在突发事件应对实践中，“领导”意味着人民政府负责制定突发事件应对措施，发布命令。各级人民政府并不负责具体的应急处置工作，其职责在于领导各职能部门在自己的职

[1] 邢丙银：《机构改革方案：拟组建应急管理部，不再保留安监总局》，载澎湃新闻，https://www.thepaper.cn/newsDetail_forward_2026731_1，最后访问日期：2020年7月11日。

责范围内开展突发事件应对工作。

其次,国务院卫生行政主管部门和其他有关部门,在各自的职责范围内做好突发公共卫生事件应急处理的有关工作。[1] 一方面,国务院卫生行政主管部门主管全国传染病防治及其监督管理工作。例如,在新冠肺炎疫情防控过程中,截至2020年4月12日24时,黑龙江省已累计报告境外输入确诊病例247例,其中243例为绥芬河口岸入境人员。根据黑龙江绥芬河口岸输入疫情防控的需要,国家卫生健康委员会组派工作组和专家组赶赴当地。派出人员包括管理和感染、重症、呼吸等医疗专家,以及卫生应急、传染病控制、实验室检测等公共卫生专家,其中有的刚刚完成援鄂任务。国家卫生健康委员会新闻发言人、宣传司副司长表示,国家卫生健康委员会还将视各地疫情形势,及时调派力量,支援当地开展工作。[2] 另一方面,应急管理部等部门负责其他方面的保障工作。例如,2020年2月7日,应急管理部救灾和物资保障局从中央救灾物资河南库调拨22600件棉大衣、16500床棉被、2300张折叠床给湖北省应急管理厅,用于新冠肺炎疫情防控工作的物资。[3]

另外,相较于安全生产类、自然灾害类突发事件,突发公共卫生事件的应急处置要求应急主体需具备较强的专业知识,因此,除运输物资、安保、捐款等事项外,社会应急力量发挥的作用有限。在新冠肺炎疫情防控过程中,全国各地大量医护人员逆行驰援武汉令人动容,国务院联防联控机制在2020年2月18日的新闻发布会上表示,目前国家卫生健康委员会已经派出3.2万余名医务人员驰援湖北武汉。这些医务人员主要是来自呼吸、感染、重症等专业,其中有1.1万名重症专业医务人员,占全国重症医务人员资源的10%。[4]

---

〔1〕《突发公共卫生事件应急条例》第3条第2款。

〔2〕《国家卫生健康委员会派出专家组!》,载光明网,https://kuaibao.qq.com/s/20200413A0OH0U00?refer=spider,最后访问日期:2020年7月11日。

〔3〕《国家应急管理部拨付物资抵汉》,载武汉发布,https://baijiahao.baidu.com/s?id=1657977509719828952&wfr=spider&for=pc,最后访问日期:2020年7月11日。

〔4〕《3.2万名医护人员驰援武汉》,载搜狐网,https://www.sohu.com/a/373843894_119038,最后访问日期:2020年7月11日。

第三节　应急管理机制

一、应急管理机制的概念

应急管理机制，是指“涵盖了事前、事发、事中和事后的突发事件应对全过程中各种系统化、制度化、程序化、规范化和理论化的方法与措施”，[1]简单来说，应急管理机制就是应对突发事件的方法。应急管理机制在应急管理法律中占有极为重要的地位，可以说，应急管理法律都是在围绕应急管理机制进行建构的。应急管理机制科学与否以及科学程度均会影响实践中突发事件应对的效果。

应急管理机制与应急管理体制是一对极为容易混淆的概念，但实际上二者属于不同的范畴。应急管理机制是应急管理法律规定的突发事件应对方法，而应急管理体制则是应急管理法律规定的实施这些方法的应急主体的模式。广义的应急管理体制包括应急管理机制，但笔者认为，将二者进行明确区分更有利于实现应急管理法律制定的目的，也有利于应急管理法律体系的建构。但是，应急管理机制和应急管理体制也具有极大的联系。上文已述，应急管理法律的目的在于为应急管理机关提供一套“连贯的行为指引”，其中，应急管理体制负责明确“谁去干”，应急管理机制则负责明确“干什么”，从应急管理法律中来看，除整体性规定以外，两者往往被规定在一起。

二、我国应急管理机制的演变

同应急管理体制一样，我国的应急管理机制也不是一直不变的，而是随着突发事件应对实践的积累和科学技术水平的提高逐渐完善的。总体来说，我国的应急管理机制经历了从“事后型”应急管理机制到“循环型”应急管理机制的转变。

（一）“事后型”应急管理机制

《突发事件应对法》颁布之前，我国一直以来采取的都是“事后型”应急管

---

〔1〕 闪淳昌等：《对我国应急管理机制建设的总体思考》，载《国家行政学院学报》2011年第1期。

理机制。所谓“事后型”应急管理机制,即国家只重视突发事件发生后的应急处置和恢复重建,但不重视事前的预防和监测。正如有学者所说,“事后型”应急管理机制的要害是人为割裂突发事件的生命发展周期,侧重行政机关在突发事件应急处置阶段的应急权力的配置,却轻视在突发事件预防和应急准备,以及监测和预警阶段的应急权力的配置。[1]

一方面,“事后型”应急管理机制体现在《突发事件应对法》颁布之前的应急管理法律法规之中,大部分应急管理法律规范虽然规定了预防、监测等制度,但较为原则;有些应急管理法律法规甚至对此没有任何规定。例如,1989 年的《传染病防治法》和 1991 年制定的《传染病防治法实施办法》,对于突发性事件的报告主体、报告时间、报告方式等程序性问题,未做明确规定。虽然 2003 年国务院以 20 多天时间出台了《突发公共卫生应急条例》,但距离广东大面积暴发“非典”已有 3 个多月,错过了应对 “非典”的最佳时机。[2] 另一方面,“事后型”应急管理机制在实践中体现得更为明显。受制于科技水平和应急经验的不足,在《突发事件应对法》颁布之前的突发事件应对中,预防、监测、预警等机制基本上没有发生作用。例如,在 2008 年 5 月 23 日的国务院新闻办公室就四川汶川地震灾害和抗震救灾情况举行的第十二次发布会上,关于汶川地震信息传递问题,四川省人民政府副省长李成云表示,这次地震之前政府有关部门没有接到任何关于地震预兆的报告。[3]

事实上,突发事件既具有发生的突然性,也具有原因的必然性,突发事件的发生往往是有规律和预兆的。因此,突发事件发生前的预防、监测、预警机制在化解突发事件和降低突发事件所带来的危害方面能够发挥重大的作用。例如,预测地震仍是一个世界性难题。但可以通过预警,即在地震已经发生,但尚未造成严重破坏前,提前发出警告,为人们尽快避险抢出时间。相关研究表明,如果地震预警时间为 10 秒,可使人员伤亡减少 39%,预警时间为 20 秒时,伤亡将减少 63%。在 2020 年 7 月 12 日 6 时 38 分,河北唐山市古冶区(北纬 39.78 度,

---

[1] 戚建刚:《〈突发事件应对法〉对我国行政应急管理体制之创新》,载《中国行政管理》2007 年第 12 期。

[2] [美]托尼·赛奇:《SARS 全球化下中国面临的治理挑战》,载巫永平主编:《公共管理评论》(第 4 卷),清华大学出版社 2004 年版,第 1~15 页。

[3] 《政府未接到汶川地震预兆报告 已建预报预警机制》,载中国网,http://www.china.com.cn/news/2008-05/23/content_15428233.htm,最后访问日期:2020 年 7 月 16 日。

东经 118.44 度)发生 5.1 级地震,震源深度 10 千米。在此次地震发生前,电视里弹出了由成都高新减灾研究所大陆地震预警中心与应急管理部门联合建成的大陆地震预警网发布的预警信息,据唐山市应急管理局通报,震中无人员伤亡,个别老旧房屋有开裂情况,群众情绪稳定,社会秩序正常。[1] 由此可见,"事后型"应急管理机制显然不符合突发事件的规律,不利于突发事件的应对。

(二)"循环型"应急管理机制

《突发事件应对法》于 2007 年颁布实施,并在我国整个应急管理体系中首次明确了"循环型"应急管理机制。一方面,《突发事件应对法》在总则第 5 条中规定,突发事件应对工作实行预防为主、预防与应急相结合的原则。这既是应急管理法律的基本原则,也是对应急管理机制的总体性规定。另一方面,《突发事件应对法》在第二到五章分别专章规定了"预防与应急准备""监测与预警""应急处置与救援""事后恢复与重建"制度,从事前、事中、事后分别规定了应急主体的应急管理职责,这也就是所谓的"循环型"应急管理机制。

"循环型"应急管理机制不仅注重事中的应急处置与事后的恢复重建,从《突发事件应对法》第 5 条的规定来看,"循环型"应急管理机制更加注重事前预防、监测、预警在突发事件应急管理中发挥的作用,这种机制根据突发公共事件的生命发展周期来配置各类应急主体的职责和职权,或者说,使得各类应急主体的职权和职责能够覆盖到突发公共事件的发生、发展直至消灭整个过程,[2] 无疑更加符合应急管理法律的立法目的。《突发事件应对法》颁布之后,其他应急管理法律法规的制定均沿用"循环型"应急管理机制来制定具体的制度,有助于应急管理法律体系的建构。同时,相较于"事后型"应急管理法律机制,"循环型"应急管理机制会给常态下的应急主体更大的应急管理压力,预防、监测、预警机制的建构和完善需要大量资金、人员、技术的支撑,因而国家需要建立和完善相应的保障机制。

在"5·12 汶川地震"之后,国家开始真正重视预防、预警机制的建立,从实

---

[1] 《唐山 5.1 级地震为 1976 年大地震余震,预警系统登上热搜》,载 https://baijiahao.baidu.com/s?id=1672006387994111554&wfr=spider&for=pc,最后访问日期:2020 年 7 月 16 日。

[2] 戚建刚:《〈突发事件应对法〉对我国行政应急管理体制之创新》,载《中国行政管理》2007 年第 12 期。

践中来看,当前已取得行之有效的成果。例如,成都高新减灾研究所成立于"5·12汶川地震"后,致力于地震预警技术研发、成果转化及应用。该研究所在中央、国务院创新驱动发展战略的背景下,在各级政府的正确领导下,在中组部、科技部、工信部、中宣部、中国侨联和四川省、成都市、高新区各级政府及相关部门的支持下,不断探索创新,已形成了独具中国特色的世界领先的地震预警成果,使得我国成为继墨西哥、日本之后世界第三个具有地震预警能力的国家。〔1〕 成都高新减灾研究所与市县应急部门(地震部门)联合建成了延伸至31个省(市、自治区)的全球最大地震预警网,地震预警监测台站增至6300余个,覆盖面积220万平方公里,覆盖我国地震区人口90%(6.6亿人)。自2011年以来,已逐步通过手机、广播电视、政务微博、专用接收终端等连续8年安全服务民众、学校、社区、化工、地铁、高铁、国防、国家预警信息发布中心、国家减灾中心及重大工程等领域,并连续预警芦山7级地震、鲁甸6.5级地震、九寨沟7级地震、长宁6级地震等55次破坏性地震。〔2〕

〔1〕《中国成为掌握面向公众地震预警技术能力的国家》,载 http://www.365icl.com/view.asp?aid=1210,最后访问日期:2020年7月17日。

〔2〕《提前30秒收到地震预警》,载 https://xw.qq.com/cmsid/20200713A09S9C00,最后访问日期:2020年7月17日。

第二章　应急管理法律中的基本制度

应急管理法律中的基本制度是指应急管理法的目标、功能、理念、基本原则等在应急管理法律制度和体系建构中最为重要的制度，这些制度是保证应急管理法律之间能够实现有效协调、衔接的基础。

第一节　应急管理法律的目标、功能

一、应急管理法律的目标

（一）有效率的应急管理权

每一个法律都有其立法目的。立法目的的设定，对于这个法律的内容具有决定性的意义。[1] 立法者在制定行政法时首先要考虑该法需实现何种目标、应具备何种功能，具体制度在颁布实施后最主要的使命也在于通过其自身功能实现预设目标。制定并实施行政法有很多目标，行政法本身也被赋予很多功能，不同的行政法亦有不同的目标与功能，比如《行政许可法》的目标是保护公民、法人和其他组织的合法权益，维护公共利益和社会秩序，而其功能便有规范行政主体行政许可权的行使，为司法机关审查行政主体作出的行政行为是否合法提供裁判的依据等。

行政机关在履行行政职责时会不可避免的遇到行政法规定的空白，而法律的滞后性也不可避免的会不完全适应行政机关职责的转变，此时在依法治国的前提下行政机关的职责履行与行政法的严格遵守亦会不可避免的出现一种紧张关系，而缓和这种紧张关系的方式就是找寻行政法制定的目标。不同的行政

---

〔1〕 李广宇：《新行政诉讼法逐条注释》（上），法律出版社 2015 年版，第 3 页。

法虽然有不同的目标，但其逻辑基点是相同的，即促进行政机关职责的良好履行、促进国家行政任务的实现。行政法要求行政权能够合法且高效的行使，但在社会转型期下的中国，合法与高效有时可能就是一个矛盾体。合法很重要，但一个没有效率的行政权可能也会失去它的合法性，因而行政法制定者应当建立某种制度以确保在法律出现空白的情况下行政权仍旧可以高效行使以实现促进行政机关职责良好履行的目标。

应急管理法律必然也有其自身的目标，《突发事件应对法》第1条规定，“为了预防和减少突发事件的发生，控制、减轻和消除突发事件引起的严重社会危害，规范突发事件应对活动，保护人民生命财产安全，维护国家安全、公共安全、环境安全和社会秩序，制定本法。”简单地说，制定应急管理法律是为了维护公共安全和社会秩序，确保突发事件在最短的时间内得以最完善的处理，即实现所谓效率目标。如上文所述，所有的行政法都追求效率，但其他行政法都没有应急管理法律如此追求效率。其他行政权未高效履行可能仅是损害行政相对人的某些时间上的权益或仅是财产上的损失，但应急处置权未高效履行损失的就可能是无数人的生命健康安全，因而效率是应急管理法律追求的首要目标。在突发事件应对过程中，各种突发情况会导致不可避免地发生法律规定的空白，法律规定的程序不符合当时的状况，在追求效率的前提下，应急管理法律就要赋予应急管理机关在应急处置时更大的行政权(行政应急权)、更广泛的自由裁量权以及更简便的程序等。

(二)有限制的应急管理权

效率在应急管理中很重要，但如果仅想提高突发事件应对的效率，国家可以通过制定应急预案、完善应急机制等方式来实现，而行政法的全部内容都是围绕着控制行政权，保护行政相对人权利这一核心而展开的，[1]因而制定应急管理法律不应仅仅是为了提高应对突发事件的效率，在确保效率的同时法律也会关注在紧急情况下如何保证人们的合法权益不被侵犯，在实施应急处置措施时如何最大限度地保护人民群众的生命安全、减少财产损失，此亦符合总体国家安全观中公私相济以追求公益与私益平衡的目标。正如有学者认为，公共安全价值、效率价值和法治价值是我国应急管理立法的核心价值，应在公共安全、

[1] 章剑生:《现代行政法总论》，法律出版社2014年版，第22页。

合法权益保护与平衡的基础上实现效率的价值平衡准则。[1]

有限制的应急管理权不仅应当体现在突发事件来临时,更应体现在常态情况下。突发事件的应对包括预防与应急准备、监测与预警、应急处置与救援、事后恢复与重建四个阶段。应急处置与救援过程中效率是第一位的,应急管理机关为了高效应对突发事件应当在必要的限制之外获得更大的行政权,但在其他三个阶段,法律对行政权的限制就应该更为严格。

二、应急管理法律的功能

应急管理法律的目标是提高突发事件应对效率以保障公共安全和人民群众的生命健康、财产安全,那么其功能就不会像其他行政法律那样注重对行政主体权力的规范与限制和对行政相对人的权利进行细致入微的保护,也不会注重向司法机关提供尽可能确定的裁判依据,相反,应急管理法律会扩大行政机关在应急处置时的权力,并在必要的情况下减损公民在常态情况下合法拥有的权利。应急管理法律的重心在于规定一套完善的应急机制,以便突发事件发生时作出及时高效的应对。因此,应急管理法律除具有对行政应急主体的授权功能,其主要功能是为行政应急主体提供一套应对突发事件的方法,以便其能够在合法、可预期且能最小损害社会公众利益的情况下高效处理突发事件带来的损害。

实践是检验真理的唯一标准,突发事件应对法律的预设功能能否实现需要在每次突发事件应对过程中进行验证。以新冠肺炎疫情防控为例,突发公共卫生类应急管理法律在此次防控过程中发挥了至关重要的作用。首先,国家在疫情防控前期就明确了依法防控的基本原则。习近平总书记在主持召开中央全面依法治国委员会第三次会议的讲话中强调,"当前,疫情防控正处于关键时期,依法科学有序防控至关重要。疫情防控越是到最吃劲的时候,越要坚持依法防控,在法治轨道上统筹推进各项防控工作,保障疫情防控工作顺利开展。"其次,突发公共卫生类应急管理法律明确了各类主体的应急职责。如《传染病防治法》第6条规定:"国务院卫生行政部门主管全国传染病防治及其监督管理工作。县级以上地方人民政府卫生行政部门负责本行政区域内的传染病防治

---

〔1〕 周绍强、谢妍:《突发公共安全事件应对立法的价值选择与体系构建》,载《沈阳工业大学学报(社会科学版)》2011年第4期。

及其监督管理工作。县级以上人民政府其他部门在各自的职责范围内负责传染病防治工作。军队的传染病防治工作，依照本法和国家有关规定办理，由中国人民解放军卫生主管部门实施监督管理。”再次，突发公共卫生类应急管理法律为应急主体采取应急处置措施提供了法定依据。如在本次疫情防控过程中，各地实施的“封城”、“封村”、交通管制、应急征用、隔离等措施均能在《传染病防治法》中找到明确的法律依据。另外，突发公共卫生类应急管理法律还规定了各应急主体及工作人员防控不力的法律责任，如在新冠肺炎防控过程中，黄冈市卫生健康委员会主任唐志红被免职，湖北省红十字会数名领导被问责，可以倒逼应急主体高效履行其应急管理职责，最终则会提高疫情防控的效率。

第二节　应急管理法律的基本理念

一、切实保障基本人权

“依法治国”与“以人为本”，是协调统一的。如果说，“依法治国”解决了治理国家是“依人”、还是“依法”这一关涉一国文明程度的重大问题的话，那么，现今党中央提出的“以人为本”的发展观，则是“依法治国”这一基本治国方略的重要补充和价值升华。因为，只有坚持“以人为本”，才能牢固地奠定法治大厦的人文根基，才能彰显出法治的终极目标和价值关怀。[1]

在当代中国，“发展社会主义民主政治，建设社会主义政治文明”的总体目标在理论和实践上都与人的权利与尊严有关。发展社会主义民主政治，就必须真正确立人民群众的主人翁地位，把国体的民主和政体的民主结合起来，实现民主的制度化、法律化；必须切实保障人民的各项民主权利，把实体民主和程序民主结合起来，实行民主选举、民主决策、民主管理和民主监督，保证人民依法享有广泛的权利和自由，尊重和保障人权，维护国家长治久安。[2]

在应急管理法律的制定以及应急管理法律的建构中，更应秉持以人为本的基本理念，而其中最为核心的应当是切实保障基本人权，原因有以下几点：

---

〔1〕 吕世伦、张学超：《“以人为本”与社会主义法治——一种法哲学上的阐释》，载《法制与社会发展》2005年第1期。

〔2〕 徐亚文：《“以人为本”的法哲学解读》，载《中国法学》2004年第4期。

首先，重大突发事件的发生往往会造成大规模人员伤亡，例如，在2008年“5·12汶川地震”中，共有69227人死亡，374643人受伤，17923人失踪；在新冠肺炎疫情防控中，截至2020年7月11日24时，全国累计报告确诊病例83594例，累计4634人死亡[1]。我国《宪法》第33条第3款规定：“国家尊重和保障人权”，而生命权、健康权是最为基本的人权。在应急管理法律制定时，核心理念应当是尽可能消除或减少突发事件所带来的人员伤亡，具体制度的设计也应紧紧围绕该理念进行展开。

其次，重大突发事件的发生往往会使公民的基本生存权无法得到保障，例如，在新冠肺炎疫情防控初期，“封城”“封村”“封小区”等应急处置措施的实施导致基本物资供应不正常，特别是湖北某些疫情较为严重的地区，基本物资面临供应严重不足的情况。生存权的最低要求是使获得了生命形式的人能够活下去，请求权形态表现的生存权最终要求国家在立法、行政和司法三个方面发挥积极作用并在法律上和物质条件上向生存权主体提供双重支持。[2] 针对上述情况，国家及时主动地提供了大量物资并通过各种途径进行发放，例如，2020年1月26日，国家发改委发现武汉市部分蔬菜品种出现供应偏紧的情况，立即组织协调山东省寿光市紧急调运了350吨蔬菜；2月9日，国务院联防联控机制召开新闻发布会，会上国家发展改革委经贸司副司长陈达表示，国家发改委等部门在江浙沪地区安排了1万吨中央储备冻猪肉，专门为武汉备用，近日将发运2千吨到武汉市。[3] 在制定应急管理法律时，应有专门的规定保障公民的基本生存权。

再次，应急处置措施的实施可能会损害公民的人身自由权。突发事件的紧急性要求法律应当赋予应急管理机关一定的行政应急权，但应急主体自由裁量权的扩大，也有可能会损害公民的人身自由等合法权益。比如，2020年2月13日，在河南濮阳华龙区孟轲乡惠寨村，一位村民因多次出入检查口却从不戴口罩，工作人员多次劝解未果，于是工作人员就将其绑在墙柱上强制性地对其进

---

[1] 《截至7月11日24时新冠肺炎疫情最新情况》，载国家卫生健康委员会网站，http://www.nhc.gov.cn/xcs/yqfkdt/202007/93c41cbce0664608b8119e7d295b4a5b.shtml，最后访问日期：2020年7月12日。

[2] 徐显明：《生存权论》，载《中国社会科学》1992年第5期。

[3] 《安排了1万吨中央储备冻猪肉专门为武汉市备用》，载澎湃新闻，https://www.thepaper.cn/news Detail - forward - 5877347，最后访问日期：2020年7月13日。

行批评教育。[1] 防疫工作人员将村民绑在柱子上的目的在于进行说服教育，有利于疫情的防控，但手段是严重违法的，该市有关部门认为，这种行为属于“方法不当”，实际上，已严重侵犯了公民的人身自由。为保障公民的人身自由权，应急管理法律应当对行政应急权和应急处置措施作出合理的规制。

最后，突发事件应对过程中可能还会损害公民的平等权。托马斯·阿奎那认为，隐含于分配正义观念中的平等，并不是机械的平等，而是比例的平等。[2] 但在突发事件应对过程中，公民的平等权更接近于机械的平等。一方面，公民要求国家保护其生命、健康、财产、人身自由等方面的权利是平等的，应急管理机关不能有选择性地进行救济。另一方面，国家事前采取的预防、预警措施以及事后的救济措施也应当是平等的。比如，在预警方面，虽然目前社会公众可以通过电视、手机、互联网等各种途径获取突发事件预警信息，但考虑到突发事件发生时间、各地的信息化水平等因素，现实安装的预警装置可能是当前最为有效的预警途径。但是，以四川长宁地震为例，成都等较大的城市可能已经安装较为完备的预警装置，突发事件应急处置难度更大、预警信息接收可能性更小的边远农村反而预警装置较为缺乏。另外，预警装置的安装在地区间也存在较大的差异，四川等突发事件易发地区的预警装置会较为完备，其他地区则不会给予太多重视。在制定应急管理法律时，某些制度的建构应体现权利公平原则。

二、举国应对重大突发事件

“集中力量办大事”是中国共产党的领导和中国社会主义制度的本质优势。实际上，我国一直在各个领域发挥着这一制度优势，并形成了举国体制思想。改革开放以来，我们党提出的沿着中国特色社会主义道路，集中力量进行社会主义现代化建设的思想等，都是这种举国体制思想的体现。这一体制的特点和优点，一是充分发挥了执政的中国共产党的统筹协调和整合作用；二是充分发挥了人民政府的政策规范和引导作用，集中全国、全社会的资源和力量，在特定

---

〔1〕《河南濮阳！老人未戴口罩，被绑在柱子上骂，官方：方法不当！》，载 https://baijiahao.baidu.com/s? id = 1658872706043502700&wfr = spider&for = pc，最后访问日期：2020 年 7 月 13 日。

〔2〕［美］E. 博登海默：《法理学：法律哲学与法律方法》，邓正来译，中国政法大学出版社 2004 年版，第 33 ~ 34 页。

条件下和一定时限内，向既定的战略目标领域集中或整合或调配，从而完成重大战略任务或解决急迫科技课题。[1]

应急管理领域是否需要秉持举国体制思想呢？从实践中来看，重大突发事件带来的损害是极为巨大的，以突发事件发生区域地方人民政府或一个部门的处置能力往往无法应对，集全国之力应对重大突发事件所带来的危害就成为突发事件应急管理的应有之义。

纵观历次重大突发事件的应急处置过程，我国一直在运用举国应急体制思想指导应急管理实践。例如，在新冠肺炎疫情防控中，国家在各个方面举全国之力支持湖北省的疫情防控工作。第一，针对湖北医护人员严重不足的情况，国家卫生健康委员会派出3.2万余名医务人员驰援湖北武汉。这些医务人员主要来自呼吸、感染、重症等专业，其中有1.1万名重症专业医务人员，占全国重症医务人员资源的10%。第二，针对湖北基本生活物资严重不足的情况，国家以在各地调运、动用储备物资、鼓励捐献等形式及时将物资送往武汉等地。第三，2020年2月7日，国务院联防联控机制新闻发布会公布，国家卫生健康委员会建立了16个省支援武汉，以外地市的一一对口支援关系，以一省包一市的方式，全力支持湖北省加强病人的救治工作，维护好人民群众的生命安全和身体健康。[2] 第四，此次疫情防控是一场名副其实的“人民战争”，在前线，医务人员、科技人员、社区工作者、志愿者等日夜坚守；在后方，有工厂车间加班加点生产有社区村庄群防群控，也有十多亿人默默地自限于居室住宅。[3]

2020年5月14日，中央政治局常务委员会召开会议，会议指出，要发挥新型举国体制优势，加强科技创新和技术攻关，强化关键环节、关键领域、关键产品保障能力。[4] 新型举国体制是指以国家发展和国家安全为最高目标，科学统筹、集中力量、优化机制、协同攻关，以现代化重大创新工程聚焦国家战略制高

---

〔1〕《重磅话题|习总书记多次提到的“新型举国体制”新在何处?》，载搜狐网，https://www.sohu.com/a/326945946_617310，最后访问日期：2020年7月13日。

〔2〕《外省支援湖北并非一对一 正版对口支援表来了》，载中国新闻网，http://www.chinanews.com/sh/2020/02-10/9085607.shtml，最后访问日期：2020年7月13日。

〔3〕房宁：《举国抗疫彰显中国政治制度优势》，载新华网，http://www.xinhuanet.com/politics/2020-07/10/c_1126219676.htm，最后访问日期：2020年7月13日。

〔4〕《中共中央政治局常委会召开会议 习近平主持》，载中国新闻网，http://www.chinanews.com/gn/2020/05-14/9184557.shtml，最后访问日期：2020年7月14日。

点，着力提升我国综合竞争力、保障实现国家安全的创新发展体制安排。新型举国体制之“新”，其一在于与市场经济的高度结合；其二在于与全球化的紧密联系；其三在于与数字文明的高度结合。

在应急管理法律的制定及应急管理法律体系的建构中，也应遵循新型举国体制理念，在传统的“集中力量办大事”的意义上，还应形成新型举国应急管理体制。一方面，新型举国应急管理体制更要求补齐短板、跟踪发展、超前布局，从而实现关键核心技术重大突破，不断增强科技实力和创新能力〔1〕，以提升突发事件的预防、预警、应急处置能力。另一方面，新型举国应急管理体制要让市场在资源配置中起决定性作用，同时更好发挥政府作用，集中力量办大事，加强各种力量的统筹协调，以切实提高国家应对突发事件的能力。

三、践行人类命运共同体理念

党的十八大以来，习近平总书记共提“人类命运共同体”100 多次〔2〕。当今时代潮流、国际力量对比、国与国联系增强促成了共同价值的生成，推动了真正的人类命运共同体的显现；而人类命运共同体是共享尊严、共享发展成果、共享安全保障、共掌世界命运的共同体；打造人类命运共同体的现实路径是合作共赢。〔3〕 习近平总书记指出：“要树立世界眼光，更好把国内发展与对外开放统一起来，把中国发展与世界发展联系起来，把中国人民利益同各国人民共同利益结合起来”。〔4〕

重大突发事件面前，没有一个国家是孤岛。面对新冠肺炎疫情，习近平总书记指出，在这场攸关全人类健康福祉、世界发展繁荣的斗争中，团结合作是最有力的武器。世界各国应该以团结取代分歧、以理性消除偏见，凝聚起抗击疫情的强大合力，加强合作，共克时艰，维护人类共同家园。由此可见，维护人类

〔1〕 参见余建斌：《以新型举国体制助力重大科技创新》，载《人民日报》2020 年 3 月 31 日，第 5 版。

〔2〕 邵发军：《习近平“人类命运共同体”思想及其当代研究价值》，载《社会主义研究》2017 年第 4 期。

〔3〕 饶世权、林伯海：《习近平的人类命运共同体思想及其时代价值》，载《学校党建与思想教育》2016 年第 7 期。

〔4〕 《十八届中央政治局就坚定不移走和平发展道路进行第三次集体学习》，载《人民日报》2013 年 1 月 30 日，第 2 版。

健康福祉,必须摒弃种种傲慢偏见、政治较量和意识形态铁幕,形成全球性的联防联控。因此,只有团结合作才是最有力的武器。只有构建人类命运共同体才是人间正道。[1]

应急管理法律中含有关于突发事件全球治理的制度。例如,《突发事件应对法》第15条规定,"中华人民共和国政府在突发事件的预防、监测与预警、应急处置与救援、事后恢复与重建等方面,同外国政府和有关国际组织开展合作与交流";《传染病防治法》第8条第2款规定,"国家支持和鼓励开展传染病防治的国际合作",等等。实际上,我国也在一直践行这些制度。

在新冠肺炎疫情防控中,中国本着公开、透明、负责的态度,及时发布疫情信息,回应各方关切,用事实坚定信心,用沟通赢得信任。中国积极主动同国际社会开展交流合作,全力争取国际支援,并邀请国际专家并肩作战,汇聚起国际社会患难与共、携手抗疫的强大合力。众多国际和地区组织负责人对我们表达慰问和支持。中国人民铭记在心,更懂得"涌泉相报"。面对疫情全球蔓延的严峻形势,习近平总书记强调,要深化国际防控合作,发挥我国负责任大国作用。习近平总书记先后与各国政要通过电话等形式进行沟通,在国际战"疫"中传递出"情"与"义"。中国本着合作共赢的友邻精神向多国捐赠检测试剂盒、防护设备、诊疗药品等抗疫物资,提供抗疫和诊疗经验,同时向意大利、伊朗、伊拉克等国派出志愿专家团队。此外,本着"最终战胜疫情,关键要靠科技"的精神,中国一直和国际社会进行科研合作,加强病毒研究、药品疫苗、检测试剂研发,及时共享科研数据和成果,共同研究应对策略。特别是第一时间与国际社会分享病毒基因组序列,为快速诊断作出独特贡献。钟南山院士团队多次与欧美顶尖医学专家通过视频会议分享中国的救治经验,为他们答疑解惑,分享我国对新冠肺炎患者特别是危重症患者救治方面的经验。世界卫生组织传染病专家科霍夫认为,正是通过国际合作,我们才逐渐建立起病毒的知识体系,而这些认识对抗击疫情非常重要。[2]

---

[1] 彭雪华、崔发展:《应对全球突发事件 践行人类命运共同体理念》,载中国社会科学网,http://ex.cssn.cn/gd/gd_rwxn/gd_ktsb_1696/gzzhxgsdrlmygtt/202006/t20200617_5144408.shtml?COLLCC=3291122908&,最后访问日期:2020年7月14日。

[2] 彭雪华、崔发展:《应对全球突发事件 践行人类命运共同体理念》,载中国社会科学网,http://ex.cssn.cn/gd/gd_rwxn/gd_ktsb_1696/gzzhxgsdrlmygtt/202006/t20200617_5144408.shtml?COLLCC=3291122908&,最后访问日期:2020年7月14日。

在此次新冠肺炎疫情防控中，大多数国家都认识到了国家间充分合作应对重大突发事件的必要性，寻求突发事件的全球治理路径是大势所趋。但是，2020年5月29日，美国总统唐纳德·特朗普宣称，美国将终止与世界卫生组织的关系，并将本该向世界卫生组织缴纳的会费重新调配至美国全球卫生优先事项。7月6日，美国政府正式通知联合国秘书长安东尼奥·古特雷斯，美国有意退出世界卫生组织，[1]此举无疑是倒行逆施。美国如若最后真的退出世界卫生组织，无疑会对突发事件的全球治理造成极大的损害，但另一方面，这也是中国进一步担任更为重要的全球治理角色，推进人类命运共同体建设的良好机遇。在应急管理法律体系的完善过程中，我们应践行人类命运共同体理念，更加重视突发事件国际合作、全球治理制度的建构。

第三节　应急管理法律的基本原则

有效率的但必须是有限制的行政权是现代行政法所关注的最基本的问题，它成为构建现代行政法基本原则的逻辑起点。[2]突发事件具有发生的突然性，法律也不可能对如何应对突发事件作出全面的规定，因此应对突发事件时行政机关也会获得比常态情况下更大的自由裁量权。但是，行政机关的自由裁量权不是没有限度的，在应急法律规范对其未作出明确规定的情况下，就要依靠法律原则来确定行政机关行使自由裁量权的合理范围。

法律原则是法律的基础性真理、原理或为其他法的要素提供基础和本源的综合性原理或出发点。应当说，相比其他法律，法律原则在应急管理法律中发挥着更加重要的作用。应急管理法律应当遵循以下六个原则：依法行政原则，比例原则，行政效能原则，行政公开原则，权利公平原则和预防为主、预防与应急相结合原则。

一、依法行政原则

依法行政原则是行政法的首要原则，即行政机关在行使行政权的过程中要

---

〔1〕《柳叶刀：美国非法退出世卫威胁全球及美国民众健康安全》，载新浪网，https://tech.sina.com.cn/roll/2020-07-14/doc-iivhvpwx5292321.shtml，最后访问日期：2020年7月14日。

〔2〕章剑生：《现代行政法总论》，法律出版社2014年版，第51页。

受到立法机关制定的法律的约束，还要接受司法机关对其所作行为合法性的监督。行政机关接受法律的约束体现为两个方面：第一，法律产生行政。无法律便无行政，所有行政机关的产生必须要有法律依据，所有行政机关的职责必须要有法律授权；第二，法律高于行政。行政机关行使行政权时要受到相关法律的约束，又可称为法定职权必须为、法无授权不可为。法定职权必须为是指法律赋予的职责行政机关必须履行，既不允许不作为，又不允许乱作为，而是要求行政机关合理、高效的作为；法无授权不可为是指法律没有赋予的职权行政机关不得行使，行政机关履行职责不得越权，越权作出的行政行为是无效的，并应承担相应的法律责任。此外，依法行政原则还要求必须有行政相对人的参与、必须接受司法监督等。

依法行政原则在突发事件应对法律中表现为：第一，行政主体的应急管理权在有关法律中得到明确规定，如《突发事件应对法》规定了国务院、地方各级人民政府等主体的应急处置权，各地具体实施办法也相应地规定了当地政府及有关部门在处理突发事件时的权力；第二，突发事件应对法律规定了行政主体的法定职权范围，如《突发事件应对法》建构了行政主体从预防与应急准备到事后恢复与重建的职权框架，并规定了法律责任加以约束；第三，应急管理权的行使遵守法定程序，应急管理权分为常态下的应急管理权与非常态下即突发事件来临时的应急管理权，常态下的应急管理权必须遵守法律预设程序，非常态下虽可变通但能依照法律程序的情况下仍需依照法律程序。

突发事件应对工作具有特殊性，但应急管理机关也应遵循依法行政原则。首先，在应急管理部成立的背景下，应在相关法律中确认应急管理部及各地应急管理部门的合法地位、明确其应履行的职责，以确保应急管理机关在行使职权时于法有据；其次，应急管理机关在应对突发事件时难免会遇到法律并未规定或法律虽已规定但当时状况下加以适用并不合理的突发状况，此时应急管理机关如果坚持绝对的依法行政原则便无法有效应对此突发状况，因而法律必须规定应急管理机关在非常态状况下的紧急处置权，使其在履行职责时不必受到违反依法行政原则事后还需承担法律责任的困扰；另外，依法行政原则也包括行政程序正当原则，但应急管理机关可能在紧急情况下无法按照常态状况下的程序开展应急处置，因而法律必须简化应急管理机关在非常态状况下履行职责的法定程序，并赋予其一定的自由裁量权，保证应急管理机关在遵从依法行政原则下高效开展应急处置工作。

在新冠肺炎疫情防控过程中，绝大多数应急处置措施均有法可循，如《传染病防治法》第 39 条赋予了医疗机构对病人、病原携带者、疑似病人以及密切接触者采取隔离措施的权力；《传染病防治法》第 41 ~ 43 条赋予了县级以上地方人民政府实施隔离、封锁等措施的权力；《传染病防治法》第 45 条赋予了国务院和县级以上人民政府紧急调集人员或者调用储备物资，临时征用房屋、交通工具以及相关设施、设备的权力；等等。但是，此次疫情防控过程中也存在许多应急主体违法的现象，如 2020 年 2 月 16 日，网上流传的一段视频显示，孝感市一家三口在家里打麻将，被人举报后，当地疫情防控志愿者进家里，二话不说直接打砸，随后与户主家的儿子发生了肢体冲突，麻将机也被拖出直接砸毁，引起了网民的热烈讨论。事情在持续发酵之后，到了 2 月 18 日，人民网发文对此进行了犀利的表态，人民网表示：严控不能失控，"硬核"不能乱来。无论状态多紧急，无论事态多严重，法治的底线都必须守住，合法的权利都应该被保障，这是依法防控的核心要义。任何部门都不能因为带着防控疫情的红袖标就可以任性妄为，这既不合情也不合理，更不合法。[1] 因此，在未来的突发事件应急管理过程中，依法行政原则还需得到进一步的贯彻。

二、比例原则

行政法中比例原则又称"禁止过分"原则或最小侵害原则，是指行政权力的行使除了有法律依据这一前提外，行政主体还必须选择对行政相对人或行政相关人侵害最小的方式进行，并使其与所追求的行政目的之间保持平衡。比例原则又可分为合目的性原则、适当性原则与损害最小原则。合目的性原则是指行政机关做出的行政行为必须符合法律目的。在通常情况下，法律都会说明其制定与实施的目的，行政机关的自由裁量权范围也相对较小。但在特殊情况下，法律目的会规定得较为模糊，因而需要行政机关在行使自由裁量权时综合考虑立法背景、条文间的关系等因素。适当性原则是指行政机关所作的行政行为不仅要符合法律目的，而且其在履行职责时所选择的具体措施与手段应为法律所必需。行政机关应当考虑需要达到什么样的目的，然后根据具体的情况判断欲

---

〔1〕《如此战疫群众很生气：打麻将被扇耳光 未戴口罩捆墙上》，载新浪财经，http://finance.sina.com.cn/china/gncj/2020-02-19/doc-iimxxstf2571579.shtml，最后访问日期：2020 年 7 月 16 日。

采取的措施是否能够高效合理地达到此目的。损害最小是指行政机关在可以采用多种方式实现某一目的的情况下，能不损害当事人的合法权益就不损害，如果必须予以损害，就应当采用对当事人权益损害最小的方式。

前文已述，制定突发事件应对法律应兼顾效率与民主，《突发事件应对法》也作了相关规定，如其第 11 条规定，有关人民政府及其部门采取的应对突发事件的措施，应当与突发事件可能造成的社会危害的性质、程度和范围相适应；有多种措施可供选择的，应当选择有利于最大限度地保护公民、法人和其他组织权益的措施。这就要求应急管理机关采取应急措施的目的应是突发事件的解决，而不能借应对或预防突发事件来完成其他行政任务，以符合目的性原则；应急管理机关在选择应急处置措施时，应选择最为高效的应对方法，需尽可能避免浪费应急力量与应急资源，且其所使用的应急手段与最后的处理结果之间应存在正当性，以符合适当性原则；在应对突发事件时能不损害就不损害人民的私人权益，在不得不损害的情况下要选择对人民侵害最小的方式，如在应急资源足够的情况下不应征用私人财产，在恢复交通、电力等线路时应尽量少占用土地、破坏农田等，以符合损害最小原则。

以新冠肺炎疫情防控为例，应急管理主体实施的应急处置措施是否合理也需通过比例原则予以考量。比如，武汉市新型冠状病毒感染的肺炎疫情防控指挥部于 2020 年 1 月 23 日凌晨发布消息，“为全力做好新型冠状病毒感染的肺炎疫情防控工作，有效切断病毒传播途径，坚决遏制疫情蔓延势头，确保人民群众生命安全和身体健康，自 1 月 23 日 10 时起，武汉全市城市公交、地铁、轮渡、长途客运暂停运营；无特殊原因，市民不要离开武汉；机场、火车站离汉通道暂时关闭。恢复时间另行通告”。[1] 武汉“封城”是否符合比例原则呢？钟南山在接受南方都市报记者采访时表示，“中央在 1 月 23 日提出武汉要封城。我们也曾经进行了预测，如果封城行动再往前面 5 天，到现在为止，全国的病例数大概是 2 万；但是如果再推后 5 天，全国到 3 月份后的发病峰值可能有 17 万”[2]。可见，武汉“封城”的举措是全国发病人数和疫情迅速得到控制的关键原因之

〔1〕《武汉封城！》，载 https://baijiahao.baidu.com/s?id=1656494341847581714&wfr=spider&for=pc，最后访问日期：2020 年 7 月 16 日。

〔2〕《钟南山：武汉封城若推后 5 天，全国发病峰值可能有 17 万》，载 https://baijiahao.baidu.com/s?id=1661302786524714112&wfr=spider&for=pc，最后访问日期：2020 年 7 月 16 日。

一，结合后来海外特别是欧洲各国的疫情蔓延状况，可以认为，武汉“封城”的举措完全符合比例原则。

三、行政效能原则

行政法在赋予行政机关职权时应遵照权责统一原则，即所谓有权必有责，“责”是指行政责任，而“权”则是指行政效能。传统意义上的行政效能是指行政机关依法履行管理职责，要拥有法律、法规赋予其相应的强制执法手段，用国家强制力作保障，行使行政优益权，保证政令畅通。其主要强调行政机关履行行政职责时的强制性与权威性，目的在于促使行政相对人服从行政机关作出的行政行为。当前，有学者认为行政效能原则不能仅强调行政机关作出行政行为的权威性，还要对行政管理的效果加以规定，因而提出行政效能原则又可分为行政手段有效实现目标原则与行政手段效益最大化原则。[1] 行政手段有效实现目标原则类似于比例原则中的合目的性原则，但二者关注的角度并不相同。合目的性原则要求行政机关作出的行政行为符合法律目的，而行政手段有效实现目标原则要求行政机关作出的行政行为必须要达到行政目的，后者更注重行政行为作出后的结果如何。行政手段效益最大化原则类似于比例原则中的损害最小原则，但前者的实现会更加复杂。损害最小原则仅要求行政权力的行使必须选择对行政相对人侵害最小的方式进行，并没有考虑行政机关此时要付出怎样的行政成本，而行政手段效益最大化原则需对各种成本进行综合量化，选择付出代价最小的一种措施，但此种情况下有可能会给行政相对人带来更大的侵害，因而法律需要建构相应的制度对行政相对人额外遭受的损害加以补偿。

突发事件来临时强调应急管理机关提高应急处置措施的效率，而追求效率的内在要求便是有效实现目标与行政手段效益最大化，因而突发事件应对法律要遵循行政效能原则。行政手段有效实现目标原则要求突发事件应对法律所规定的应急手段不仅应符合解决突发事件的目的，而且在突发事件来临时能够合理高效地加以应对。行政手段效益最大化原则要求应急管理机关在应急处置过程中在坚持效率第一位的前提下，还应付出尽可能小的应急成本，此种成本不仅包括私人财产，还包括国家的应急力量与应急资源等。上文已述，与比例原则所不同的是，行政手段效益最大化原则并不纯粹强调保护私人的财产利

---

〔1〕 参见沈岿：《论行政法上的效能原则》，载《清华法学》2019 年第 4 期。

益，当私人财产的损害可以减少更多的国家财产损害时，应急管理机关可以考虑使用私人财产，但事后必须对私人财产的所有者或使用者给予合理的补偿。另外，突发事件应对工作的特殊性要求事前做好各方面的预防工作，如此可能使得突发事件来临时损害大为降低，因此突发事件应对法律应规定完善的预防、监测制度，如《突发事件应对法》第5条规定突发事件应对工作实行预防为主、预防与应急相结合的原则。应急管理机关在常态状况下也应履行好自己的职责，此亦符合行政效能原则中行政手段效益最大化原则的要求。

四、行政公开原则

行政公开原则是程序正当原则的首要要求，是指除涉及国家秘密、商业秘密和个人隐私外，行政机关实施行政管理应当做到信息公开，以实现公民的知情权。现代行政法越来越重视政府信息的公开，《行政许可法》《行政处罚法》等均规定了行政公开原则，且于2007年通过了《政府信息公开条例》。要求政府信息公开一方面是为了督促行政机关恪尽职守，防止出现滥政、懒政等情况，即所谓“阳光是最好的防腐剂”“电灯是最好的警察”；另一方面是为了保证公民能及时了解所需知晓的信息，根据政府发布的信息安排未来的工作、生活。

突发事件具有发生的突然性，行政机关如果不及时发布突发事件有关情况，极易造成民众恐慌且会因为不了解情况而处置不及时导致产生更大的损失，因而行政公开在应对突发事件时至关重要。《突发事件应对法》第53条规定，履行统一领导职责或者组织处置突发事件的人民政府，应当按照有关规定统一、准确、及时发布有关突发事件事态发展和应急处置工作的信息。法律虽然作此规定，但实践中突发事件来临时行政机关封锁消息的情况也为数不少，因此不少学者主张建立突发事件信息权威发布制度〔1〕，以保障信息发布的及时性、权威性。应急管理部成立以后，被赋予建立灾情报告系统并统一发布灾情的职责，且据应急管理部有关人员表示，应急管理部现在正在建设中国应急信息网，这个网将打造一个面向公众的、权威的信息发布平台，日常状态下主要是侧重风险的预报预警和科普知识宣传，应急状态下，将第一时间发布救灾和

〔1〕 如马怀德教授认为，建立突发事件信息权威发布制度，即县级以上的地方各级政府都建立或确定自己的信息发布平台和渠道，事先向社会公布。马怀德、周慧：《〈突发事件应对法〉存在的问题与建议》，载《人民论坛》2012年第7期。

灾情的重要信息。中国应急信息网面向公众开放后,《突发事件应对法》相关规定会得以更好的实施。

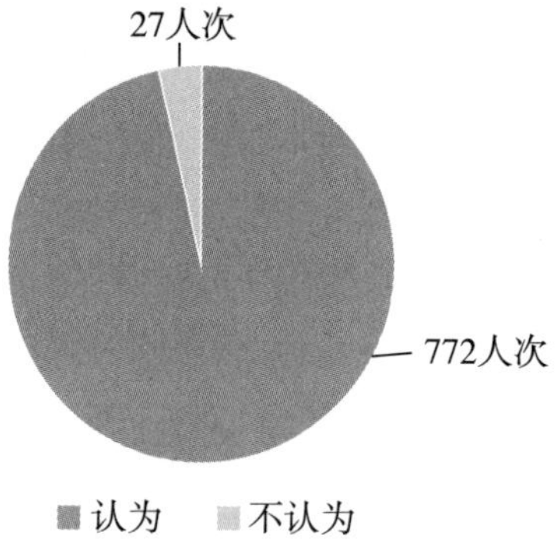

图5 问题:您是否认为及时发布突发事件相关信息有助于公众更好的应对突发事件所带来的危害

当前,公众对突发事件的发生及应急处置的进展情况极为关注,如图5所示绝大多数人都觉得相关信息的及时公开变得越来越重要。在新冠肺炎疫情防控过程中,相关信息的公开存在两大亮点。一方面,中国应急信息网作为应急管理部发布应急信息的网站,在此次疫情防控过程中并未发生较大的作用,但中央及各地卫生部门在每天上午均会准时发布前一天的疫情状况,有突发疫情状况时如境外输入病例归国刻意隐瞒病情也会第一时间向社会公布。官方网站发布疫情状况后,各种类型的媒体均会及时转载,如人民日报和央视网每天通过微博和微信等形式转载全国的疫情状况,各地媒体如河南日报通过各种途径每天转载当地的疫情状况,可以说基本达到了公众无需刻意查询就能掌握实时疫情状况的程度。另一方面,公开的信息较为详细,公众想要了解的信息基本上均能在公开的信息中查询。笔者在国家卫生健康委员会上查询到2020年3月1日的疫情信息,内容如下:

3月1日0—24时,31个省(自治区、直辖市)和新疆生产建设兵团报告新增确诊病例202例,新增死亡病例42例(湖北42例),新增疑似病例141例。

当日新增治愈出院病例2837例,解除医学观察的密切接触者8154人,重症病例减少255例。

截至3月1日24时,据31个省(自治区、直辖市)和新疆生产建设兵团报告,现有确诊病例32652例(其中重症病例7110例),累计治愈出院病例44462

例，累计死亡病例2912例，累计报告确诊病例80026例，现有疑似病例715例。累计追踪到密切接触者663240人，尚在医学观察的密切接触者46219人。

湖北新增确诊病例196例（武汉193例），新增治愈出院病例2570例（武汉1958例），新增死亡病例42例（武汉32例），现有确诊病例30543例（武汉25903例），其中重症病例6872例（武汉6225例）。累计治愈出院病例33757例（武汉21185例），累计死亡病例2803例（武汉2227例），累计确诊病例67103例（武汉49315例）。新增疑似病例80例（武汉70例），现有疑似病例527例（武汉340例）。

累计收到港澳台地区通报确诊病例148例：香港特别行政区98例（出院36例，死亡2例），澳门特别行政区10例（出院8例），台湾地区40例（出院12例，死亡1例）。[1]

由该疫情通报信息可知，国家每天公布的疫情数据不仅详细列举了昨日新增病例和现有确诊病例，还根据地区、确诊和疑似等作了详细的分类列举。各地公布的数据也较为详细，甚至公布出确诊病例的出行状况等，基本满足了公众根据国家公布的疫情信息作好自我防护的需要。

五、预防为主、预防与应急相结合原则

《突发事件应对法》第5条规定："突发事件应对工作实行预防为主、预防与应急相结合的原则"。此项原则是在总结《突发事件应对法》颁布之前的突发事件应对工作实践经验的基础之上加以规定的，是突发事件应对工作特有的法律原则。

过去的突发事件应对法律注重突发事件发生后的救援、恢复与重建而忽视了事前的预防与监测。突发事件来临时便组织应急力量与应急物资赶赴相关区域进行处置，并创建临时性应急指挥机构对突发事件的应对工作进行指导与监督，突发事件结束时各应急力量便回到原来的部门履行原来的职责。在按照此种模式进行多年突发事件应对工作后，国家发现"事后型"的应急管理体制存

---

[1] 《截至3月1日24时新冠肺炎疫情最新情况》，载国家卫生健康委员会网站，http://www.nhc.gov.cn/xcs/yqtb/202003/37c1536b6655473f8c2120ebdc475731.shtml，最后访问日期：2020年7月16日。

在极大的弊端。首先,某些突发事件如社会安全事件的发生与否是可以进行人为控制的,某些突发事件如自然灾害是可以提前进行监测的,社会安全事件如果发现得及时可能还未真正发生便已经解决,自然灾害如果能够提前一段时间监测到并加以预警便可以对人员、财产进行转移,将会极大地减少人员伤亡、财产损失。其次,在重大突发事件的应对过程中需要大量的应急队伍与应急资源,如果不在常态状况中进行准备,突发事件来临时可能会面临应急队伍不专业、应急资源不充足等问题,从而会影响救援效率,扩大突发事件带来的损害。因此,应急管理部门应在突发事件来临前的常态状况下注重专业救援队伍的建立与培训,并建立应急资源储备保障制度。另外,"事后型"管理体制注重应急与救援的本质决定了应急管理部门制度的不完善。国家如果仅关注特定突发事件的事后救援,就不会建立综合性常设应急管理机关,而只会设立针对某种类型、某次突发事件的临时性的应急指挥机构。临时性应急指挥机构没有固定的人员,既不利于应急管理经验的积累,也不利于事后法律责任的追究,且有些具有指挥权的人员并不具备突发事件应对的专业知识,对专业救援工作的展开甚至有负面影响。

《突发事件应对法》的一大进步即是从"事后型"管理体制转变为"循环型"管理体制,以横向上规定突发事件的类型、纵向上规定突发事件的生命发展周期作为其立法主线。突发事件的生命发展周期的各阶段即预防与应急准备、监测与预警、应急处置与救援、事后恢复与重建在总则之后分列四章,该法在第5条规定"突发事件应对工作实行预防为主、预防与应急相结合的原则",且突发事件的预防与应急准备制度占了整部法律的较大篇幅,突发事件应对机制更为完善,在促使行政主体改变以往观念,更加重视突发事件的预防与监测预警方面卓有成效。《突发事件应对法》颁布之后,其他应急管理法律也大多采用此种立法主线,且笔者认为,在以后制定或修改应急管理法律时也应继续采用此种立法主线。

六、权利公平原则

(一)权利公平原则的含义和依据

行政公平原则是行政法的基本原则之一,是指行政机关实施行政行为,必须依法平等地对待任何相对人,不能因相对人的身份、民族、性别、宗教信仰等的不同而对之予以不平等的待遇。[1] 行政公平原则是民主国家的必然要求，其本身则要求行政机关履行行政职责时应严格遵守法律规定，不能因私情或偏见等因素减损行政相对人的合法权益，如我国《行政许可法》第57条规定，“有数量限制的行政许可，两个或者两个以上申请人的申请均符合法定条件、标准的，行政机关应当根据受理行政许可申请的先后顺序作出准予行政许可的决定”，此时，行政机关就不能因为后受理的行政相对人实力较强、对当地经济发展作出较大贡献或与某些行政机关工作人员具有私人关系等因素而剥夺前受理行政相对人的合法资格。行政法上的权利公平原则是行政公平原则的重要内容，它主要是指在涉及相对人权利配置、权利实施、权利救济上的平等对待。[2] 权利公平不是绝对的，其内涵是同等情况同等对待，不同情况差别对待。权利公平原则在权利配置中表现为立法者在配置权利时应尽可能做到适用范围的全面性，并避免地区间、城乡间、阶层间的权利配置产生不合理的差异；权利公平原则在权利实施中表现为行政机关在行使职权过程中应对具有相同或类似情况的行政相对人给予同样的权利或机会，不能因为某些不相关的原因便减损行政相对人的法定权利；权利公平原则在权利救济中表现为司法机关或复议机关应根据权利公平原则审查行政机关作出的行政行为是否合法或合理。另外，权利公平原则在行政补偿或国家救助等方面也应发挥重要的作用。

权利公平原则不仅是理论界普遍承认的行政法原则，还具有宪法与法律的依据。首先，我国《宪法》第33条第2款规定“中华人民共和国公民在法律面前一律平等”，第3款规定“国家尊重和保障人权”，《宪法》第34条规定我国年满18周岁的公民，不分民族、种族、性别等差异，都有选举权与被选举权，均是权利公平原则在宪法上的体现。另外，行政法也为权利公平原则提供了明确依据，如《行政许可法》第5条第1款规定“设定和实施行政许可，应当遵循公开、公平、公正、非歧视的原则”，第3款规定“符合法定条件、标准的，申请人有依法取得行政许可的平等权利，行政机关不得歧视任何人”等。权利公平原则在宪法和行政法中均有所体现，当其他部门行政法的制度涉及行政相对人之间的权利公平问题时，应当对权利公平原则作出明确规定。

---

[1] 姜明安主编：《行政法与行政诉讼法》，北京大学出版社2015年版，第80~81页。

[2] 李玉、朱培：《论权利公平原则在行政法中的实施》，载《东南大学学报（哲学社会科学版）》2013年第s2期。

（二）应急管理法律中应体现权利公平原则

“循环型”应急管理体制要求体现权利公平原则。《突发事件应对法》颁布之前，我国一直实行“事后型”应急管理体制，不重视事前采取预防、监测与预警措施，因而往往也仅强调效率的重要性。《突发事件应对法》颁布之后，突发事件应对工作开始从“事后型”管理体制向“循环型”管理体制进行转变[1]，从预防与应急准备到事后恢复与重建四个阶段的分章规定，代表应急处置与救援在当前仅是突发事件应对工作的其中一个环节，预防、监测、预警等应急措施在突发事件应对工作中也应发挥其应有的作用。应急处置措施一般是在非常态状况下采取的，其目的是在突发事件发生后尽可能减少突发事件所带来的损害，具有较强的紧迫性，此种情况会迫使应急管理机关被赋予更大的权力，社会公众则负有更多的忍受义务，因而强调权利公平原则是不太现实的。但是，其他三个阶段特别是预防与应急准备、监测与预警则与其不同，应急管理机关往往在常态状况下完成此三个阶段所需履行的职责。常态状况下的突发事件应对工作较行政机关的其他行政职能虽有所不同，但一般不具有如同应急处置与救援阶段的紧急性，因此应受行政法原则更多的限制，而目前应急管理机关在履行职责时存在应急公共设施配置不均衡等问题，因而权利公平原则应在突发事件应对法的某些制度中得以体现。

“共治型”应急管理体制要求体现权利公平原则。社会主义制度的优越性使得我国政府拥有足够的人力、物力、财力应对突发事件所带来的危害，因而长期以来，我国一直实行“独揽型”应急管理体制，即国家独自负责突发事件应对工作，社会公众没有参与应急处置的法定义务，也没有可以参与突发事件应对工作的意识。当前，随着复合型突发事件发生频率的增加以及突发事件所带来的衍生型、次生性危害的增多，政府独自应对突发事件所带来的危害已满足不了现实的需要，因而《突发事件应对法》于2007年颁布实施，并在其第6条规定了社会动员机制，第26条规定建立民间救援队伍，第38条规定了单位或人员报告突发事件信息制度，第57条规定了突发事件发生地公民参加应急救援工作的义务，我国突发事件应对工作开始由“独揽型”应急管理体制向“共治型”

---

[1] 戚建刚：《〈突发事件应对法〉对我国行政应急管理体制之创新》，载《中国行政管理》2007年第12期。

应急管理体制进行转变。国家鼓励社会应急力量参与突发事件应对之初，具备何种条件的社会应急力量可以参与以及如何参与都处于一种不明确的状态，导致2008年汶川地震期间灾区涌入大批仅凭救灾热情而无救灾能力的志愿者，不仅未对抗震救灾提供帮助，反而造成了交通堵塞、资源浪费等消极影响。国家应鼓励社会应急力量参与应对突发事件，但欲发挥社会应急力量应有的作用需建立一个完善的参与机制。首先，完善的参与机制应包括对社会应急力量的遴选机制，即依据突发事件对社会应急力量的需求评估以及各社会应急力量的救援能力确定参与应对突发事件的社会应急力量的数量和名单，未被选拔的社会应急力量均不允许参与突发事件。其次，突发事件应对法还应赋予有权参与应对突发事件的社会应急力量应急权力，包括协助采取应急处置措施与紧急征用权等。另外，《突发事件应对法》还应规定对社会应急力量的保障措施，以提高社会应急力量的救援水平与积极性。社会应急力量参与机制仅关注各社会应急力量的应急救援水平，因而需要权利公平原则的规制。在遴选阶段，社会应急力量成立的目的便是参与应对突发事件，如果不能保证选拔的公平性，一些救援水平较高的社会应急力量便可能不享有参与应对突发事件的权利，会严重影响突发事件应对效率与未受到公平对待的社会应急力量参与应对突发事件的积极性。在对社会应急力量采取保障措施方面更应体现权利公平原则，有关机关对所有参与应对突发事件的社会应急力量及人员都应提供合理的保障措施，并尽量避免偏私，以确保社会应急力量能得到公平对待。

应急管理部的成立要求体现权利公平原则。《突发事件应对法》颁布之前，我国一直实行"单灾种"型应急管理体制，即每个部门负责一项或几项特定突发事件的应对工作，各部门之间严重缺乏信息交流、共同训练，导致在应对综合性突发事件时存在协同性不足等问题，因而《突发事件应对法》规定各级人民政府履行指挥或协调应对突发事件的职责，我国长期以来实行的"以条为主"的应急管理体制转变为"以块为主"的应急管理体制。"以块为主"的应急管理体制的一大优势在于各地政府负责本地的突发事件应对工作，不仅可以较为有效地消除部门间的协同障碍，而且可以针对当地易发、多发突发事件采取较为高效的应急处置措施，突发事件发生地公民的人身、财产权益也能得到较好的保护。但是，"以块为主"的应急管理体制会造成地区间相互阻碍、地方政府无能力完全应对突发事件以及“条外有条”“块外有块”[1]的问题，因而急需一个专门的中央部门负责全国范围内的突发事件应对工作，应急管理部于2018年挂牌成立。应急管理部不仅将原有13个部门的应急管理职能进行整合，改变了以往的“单灾种”型应急管理体制，而且弱化了各级政府在突发事件应对工作中的作用，“以块为主”的应急管理体制被目前的整体性治理理念[2]所代替。应急管理部需履行多项职责，其中包括建立灾情报告系统并统一发布灾情、统筹应急力量建设和统一调度物资储备职责。灾情信息的发布、应急力量的建设与物资储备的调度对突发事件发生后采取应急处置措施至关重要，而且直接关系到突发事件发生地公民人身、财产权益的受危害程度，因而应急管理部在履行上述两项职责时应注意遵循权利公平原则，以保证各地区公民所享有的突发事件信息知情权与被救助权的均衡性。

（三）权利公平原则在应急管理法律中的落实

1. 监测、预警制度中应体现权利公平原则

《突发事件应对法》第41、42条分别规定了建立健全突发事件监测、预警制度。突发事件的监测是指国家设立专业监测机构，配备专业监测人员与监测设备，并根据实际情况设立监测点，以获取突发事件来临前的预兆信息的突发事件应对措施。突发事件的预警是指预警机构根据监测机构监测到的突发事件信息进行综合评估后将突发事件的种类、级别以及其他信息通过各种途径向社会公众告知并提醒应急管理机关做好应急准备的突发事件应对措施。监测是预警的前提，预警是监测的目的，监测和预警水平的提高会使社会及时了解到突发事件的发生与发展情况，不仅可以提醒应急管理机关与社会公众提前做好应急准备，以最大限度降低突发事件所带来的人身、财产等方面的危害，还能极大地节省为应对突发事件所耗费的人力、物质等资源。因此，监测、预警制度的完善与监测、预警水平的提高对及时、高效应对突发事件有重要的作用。

上文已述，出于突发事件应对经验的不足与科学水平的限制，我国长期以来一直实行“事后型”应急管理体制，国家和社会对监测、预警机制并没有给予

---

〔1〕林鸿潮、詹承豫：《非常规突发事件应对与应急法的重构》，载《中国行政管理》2009年第7期。

〔2〕戚建刚、乌兰：《应急管理部的行政法建构——基于整体性治理理念的分析》，载《北京行政学院学报》2018年第5期。

足够的重视。随着近年来突发事件发生频率的提高与突发事件应对经验的积累，国家开始越来越重视监测和预警在突发事件应对过程中的作用，突发事件监测和预警技术也取得了较大的进步。比如，在 2019 年 6 月 17 日的四川长宁地震中，由成都高新减灾所与应急管理部门（包括原市县地震部门）联合建设的大陆地震预警网，成功预警该次地震。震中附近的一些宜宾、成都的民众的电视、手机、专用地震预警终端等发出预警提示，宜宾提前 10 秒地震预警、成都提前 61 秒预警，引起了全国人民的极大关注。

突发事件监测和预警水平的提高所带来的效果值得社会公众关注，但我们也应关注监测与预警制度中目前存在的公平问题。国家完善监测、预警机制的目的在于履行公共治理职责，以尽可能减少突发事件对人们造成的人身和财产损害，因而公民享有国家对突发事件进行监测并向其告知突发事件发生、发展信息的权利。但是，目前我国的突发事件监测与预警并没有在全国范围内覆盖，不同地区的公民在监测与预警方面实际享有的权利也有所不同。在监测方面，国家往往在突发事件易发多发区域设立较多的监测点，在其他地区的监测力度则会大大降低。另外，目前我国的监测工作大多由地方政府负责，各地政府对突发事件监测的重视程度以及监测技术水平的不同都会造成各地公民实际享有权利大小的区别。在预警方面，虽然目前社会公众可以通过电视、手机、互联网等各种途径获取突发事件预警信息，但考虑到突发事件发生时间、各地的信息化水平等因素，现实安装的预警装置可能是当前最为有效的预警途径。但是，还是以四川长宁地震为例，成都等较大的城市可能已经安装较为完备的预警装置，突发事件应急处置难度更大、预警信息接收可能性更小的边远农村反而预警装置较为缺乏。另外，预警装置的安装在地区间也存在较大的差异，四川等突发事件易发地区的预警装置会较为完备，其他地区则不会给予太多重视。因此，在制定或完善突发事件应对法中的监测、预警制度时，应对监测、预警范围的全面性作出规定，以符合权利公平原则。

2. 社会应急力量制度中应体现权利公平原则

上文已述，社会应急力量参与应对突发事件法律制度的完善包括确定遴选机制、具体应急权力与保障措施三个方面。社会应急力量的应急权力可分为应急处置权和紧急征用权，因两种应急权均具有单方性、强制性、优益性等特征，是一种强大的支配力量和调控力量，所以其性质为国家公权力中的行政权力。因此，社会应急力量在行使应急处置权与紧急征用权时的地位为授权行政主体,又可称为被授权组织,其在行使应急权力时也不会存在权利配置是否公平的问题。但是,遴选制度、保障制度与应急权力制度不同,它们涉及社会应急力量之间是否得到平等对待的问题,因而应体现权利公平原则。

遴选机制建立的目的是选拔具有突发事件应对能力的社会应急力量有序参与突发事件应急处置,其在实施过程中会选拔出一定数量的社会应急力量赋予应急权力,也会淘汰其余的社会应急力量,因而在遴选制度建立及具体实施过程中,都应注重选拔的公平性,确保最具有参与突发事件应对资格的社会应急力量被赋予应急权力。当前,社会应急力量的遴选大致有“网上登记备案 + 应急救援申请”“技能竞赛选拔 + 救援资格赋予”“省级应急管理机关选拔 + 各省之间相互援助”三种较为可行的模式,三种模式虽然具有不同的选拔方式,但核心内涵均为在进行需求评估后选拔具有足够应急救援能力的社会应急力量参与突发事件应对工作,因而在此过程中最重要的考察因素便是社会应急力量的应急救援能力,过多地考虑地域、私人关系等因素不仅会损害其他社会应急力量公平参与突发事件应急处置的权利,还会降低突发事件应急处置的效率。

社会应急力量的保障是指社会应急力量在通过遴选被赋予突发事件应急权力并参加突发事件应急处置过程中,有关部门应实施一定的保障措施弥补、表彰社会应急力量在此次突发事件应对中所做的牺牲、贡献,包括常态状况下的保障措施、应急处置阶段的保障措施与事后的保障措施,其中常态状况下的保障措施包括建立专门管理机构和相关社会团体、加强资金等方面的支持、建构政府购买公共服务机制等,应急处置阶段的保障措施包括交通部门应给予社会应急力量充分便利、确保社会应急力量能够及时了解突发事件信息、加强对社会应急力量的现场保障等,事后的保障措施则主要是加强对参与突发事件应对工作的社会应急力量的表彰与补助等。保障措施本质上是赋予社会应急力量一定权利,属于权利配置或权利救济的范畴。应急管理机关在采取保障措施时应注重社会应急力量间的公平性,保证社会应急力量在同等情况下能够得到同等对待,如政府在购买公共服务过程中仅应考虑相关因素,对因参与突发事件应急处置而伤亡的人员应给予公平且合理的补助或抚恤,以保证社会应急力量参与突发事件应对的积极性,以更好的发挥社会应急力量在突发事件应急处置过程中的作用。

3. 应急征用及补偿制度中应体现权利公平原则

行政征用是指国家为了公共利益的需要,根据法律法规强制取得集体所有土地的使用权、公民私有财产的使用权或劳务，并给予适当补偿的法律制度。[1] 而应急征用作为行政征用的一种类型，是指应急管理部门或应急救援队伍为应对突发事件所带来的危害，依照法律法规的规定，对单位或个人的财产使用权或劳务进行占用，并给予适当补偿的制度。《突发事件应对法》及其他突发事件应对法律法规大多规定了应急征用及补偿制度，其中《突发事件应对法》第12条规定，“有关人民政府及其部门为应对突发事件，可以征用单位和个人的财产。被征用的财产在使用完毕或者突发事件应急处置工作结束后，应当及时返还。财产被征用或者征用后毁损、灭失的，应当给予补偿。”第52条规定，“履行统一领导职责或者组织处置突发事件的人民政府，必要时可以向单位和个人征用应急救援所需设备、设施、场地、交通工具和其他物资”。应急征用虽与其他行政征用有所不同，但类型大致相似，包括公用性征收、管制性征用、事实征用等。

有征用必有补偿，西方的补偿制度即起源于征用的补偿。[2] 突发事件应急处置具有紧急性，应急征用也不能严格依照行政征用的法定程序，但在事后仍然需对被征用人进行补偿。应急征用与其他行政征用的补偿标准大致相同，都应当遵循合理补偿原则，即对征用使用的价值予以公平补偿。法律应当对应急征用补偿标准予以明确，同时也应保证补偿标准的一致性，即一方面应制定全国统一的应急征用补偿标准，以确保地区间不存在不合理的补偿差距；另一方面应以被征用财产或劳务的被使用价值为最重要的考量因素，确保被征用人能够得到公平补偿，贯彻行政法上的权利公平原则。

4. 事后恢复与重建制度中应体现权利公平原则

《突发事件应对法》中规定的事后恢复与重建制度大多是国家救助措施。国家救助，系指在突发事件中合法权益遭受损害的当事人，由国家提供一定的物质资料、社会服务和发展机会，从而救济其权益、帮助其顺利度过事件危机的制度。[3] “给付行政”“生存照顾”乃现代行政之任务的新行政法理念[4]，行政的任务乃在于人民的生存照顾之上。因此，当人民因突发事件的发生而无法获

---

〔1〕 沈开举：《论征收征用权》，载《理论月刊》2009年第2期。

〔2〕 沈开举主编：《行政补偿法研究》，法律出版社2004年版，第15页。

〔3〕 禹竹蕊：《突发事件处置中的紧急救援与国家救助》，载《经济师》2017年第3期。

〔4〕 李广宇：《新行政诉讼法逐条注释》(上)，法律出版社2015年版，第97页。

得最基本的物质资料时，有权利寻求国家的救助，国家则相应的具有救助的任务。

我国突发事件应对法规定的国家应采取的事后恢复与重建措施大致包括修复公共设施、提供资金和物资支援、制定优惠政策以及制定救助、补偿、抚慰、安置等善后工作计划等。目前，国家在突发事件事后恢复与重建阶段投入力度较大，但突发事件应对法在规定国家救助措施时，也应对国家救助的公平性加以保障。事后恢复与重建阶段最应注重权利公平原则，因为物资分配等救助措施的公平与否在被救助人之间显而易见，如汶川地震后各级纪委收到不少关于救灾物资分配不公的举报材料〔1〕，原因之一便在于灾民对灾后重建资金和物质分配方案产生不满。国家在采取救助措施时应注意地区间以及被救助人之间的公平性，公平不代表毫无差别，而是应根据各地区或被救助人遭受损害的程度等因素制定救助计划。另外，在事后恢复与重建阶段落实权利公平原则最好的方法便是完善救助程序，即在资金和物资分配、优惠政策及善后工作计划的制定过程中应听取被救助人的意见，从而保证最终的分配方案能被大多数人接受。因此，突发事件应对法的事后恢复与重建制度中不仅应存在体现权利公平原则的条款，还应完善制定救助方案过程中的法律程序，以保证救助的公平性。

---

〔1〕 王万华：《略论我国社会预警和应急管理法律体系的现状及其完善》，载《行政法学研究》2009年第2期。

第三章 应急管理法律中的具体制度

纵观现行有效的应急管理法律，整体框架的建构均以“循环型”应急管理机制为基础，“预防与应急准备”“监测与预警”“应急处置与救援”“事后恢复与重建”制度是其中最为核心的内容。这说明，绝大多数突发事件的应急管理方法都有较大的共性，明确应急管理法律中的这些具体制度，也是健全应急管理法律体系的重要基础。

第一节 预防与应急准备制度

预防与应急准备是突发事件应对中最为重要的阶段，应急管理法律中的预防与应急准备机制主要包括制定预案、调查登记危险源并进行风险评估、整合应急资源并建立应急救援队伍、组织开展应急知识的宣传与应急演练等制度。

一、应急预案制度

（一）应急预案的概念

预案即预先制定的行动方案，指的是根据国家地方法律、法规和各项规章制度，综合本部门、本单位的历史经验、实践积累和当地特殊的地域、政治、民族、民俗等实际情况，针对各种突发事件类型而事先制定的一套能切实迅速、有效、有序解决问题的行动计划或方案，旨在使得政府应急管理更为程序化、制度化，做到有法可依、有据可查。[1]

应急预案的最早期雏形是二战期间出现的民防计划，当时由于空袭等战争行为给平民造成巨大伤亡和使基础设施遭到严重破坏，英国等参战国纷纷制定

---

〔1〕 钟开斌、张佳：《论应急预案的编制与管理》，载《甘肃社会科学》2006 年第 3 期。

了以保护公众安全为目标的民防战略或计划。二战后这一做法又演变扩展到应对自然灾害和技术灾难等领域。[1] 当前，一般认为，应急预案是指在突发事件应对过程中应急管理机关组织管理、指挥协调应急资源和应急行动的整体计划和程序规范。应急预案有广义和狭义之分，广义的应急预案是指包括个人的所有主体为应对突发事件制定的计划，而狭义的应急预案仅指行政机关制定的适用于全国或其所管辖的行政区域的计划或方案。

《突发事件应对法》第18条规定，应急预案应具备组织指挥体系与职责、预防与预警机制、处置程序、应急保障措施以及事后恢复与重建措施等内容。专项应急法律也多对其所调整类型的突发事件的应急预案内容作出了规定。例如，《传染病防治法》第20条第1款规定，县级以上地方人民政府应当制定传染病预防、控制预案，报上一级人民政府备案。第2款规定了传染病预防、控制预案应当包括的主要内容。[2] 2005年，温家宝总理在全国应急管理工作会议上强调，"国家总体应急预案是全国突发事件应急管理的总纲，具有法规的法定效力"[3]。其他应急预案相较于法律而言，是对应急措施所作的更为细化的规定，其根据法律制定，并将法律的规定具体为实践中的操作流程，性质应当为行政规定（也可以称为"其他规范性文件"）。但是，绝大多数由行政机关制定的应急预案虽然不具备法律规范的性质，但应急主体在履行应急管理职责时依然要严格遵守。

（二）我国的应急预案体系

《突发事件应对法》第17条第1款规定，"国家建立健全突发事件应急预案体系"，此款规定说明建立健全应急预案体系是国家机关的法定义务。国务院通过制定《国家突发事件总体应急预案》（2005年）对应急预案体系作出了规定。国家总体应急预案将我国的应急预案体系划分为六个层次，即总体预案、

---

〔1〕 刘铁民：《突发事件应急预案体系概念设计研究》，载《中国安全生产科学技术》2011年第8期。

〔2〕 《传染病防治法》第20条第2款规定："传染病预防、控制预案应当包括以下主要内容：（一）传染病预防控制指挥部的组成和相关部门的职责；（二）传染病的监测、信息收集、分析、报告、通报制度；（三）疾病预防控制机构、医疗机构在发生传染病疫情时的任务与职责；（四）传染病暴发、流行情况的分级以及相应的应急工作方案；（五）传染病预防、疫点疫区现场控制，应急设施、设备、救治药品和医疗器械以及其他物资和技术的储备与调用。"

〔3〕 熊新光、顾铖祎：《对应急预案几个基本问题的思考》，载《中国应急管理》2012年第6期。

专项预案、部门预案、地方预案、企事业预案与重大活动预案。《突发事件应对法》又规定了各类预案的制定部门，其第17条第2款规定国务院负责制定总体预案、组织制定专项预案，国务院各部门负责制定部门预案，第17条第3款规定地方各级政府与县级以上各级政府有关部门根据本地区的实际情况制定相应的地方应急预案，第23、24条规定了矿山、建筑施工单位、危险物品生产单位、公共交通工具、公共场所等易出现突发事件的经营单位制定具体应急预案的法定义务。此外，各地的突发事件应对立法对预案制度也作了适应本地情况的规定，如《江西省突发事件应对条例》将制定总体应急预案、组织制定专项应急预案的职责赋予给县级政府，部门预案由县级以上政府有关部门制定，且规定了鼓励基层群众性自治组织根据实际情况制定本辖区的应急预案。又如《北京市实施〈中华人民共和国突发事件应对法〉办法》中除规定市、县级人民政府以及相关部门负有制定各类突发事件应急预案的职责外，还规定了乡镇人民政府、街道办事处、机关、团体和企业、事业单位、大型社会活动的主办者等制定突发事件应急预案的义务。

我国的各类突发事件应急预案数量庞大。国务院于2006年颁布了《国家突发公共事件总体应急预案》，并在此后相继颁布了数十种专项应急预案；国务院各部门根据其职责也制定了相应的应急预案，如《草原火灾应急预案》《重大沙尘暴灾害应急预案》；地方各级人民政府也根据各地突发事件的多发类型及特点制定了总体应急预案与专项应急预案，如《北京市突发事件总体应急预案》《四川省地震应急预案》。

（三）应急预案的作用

应急管理法律的最主要目的在于为应急管理机关提供连贯的行为指引，但基于我国长期“骨骼式”立法的惯例，仅凭法律规定恐怕难以达到此项目的，因而就需要应急预案发挥更为具体的作用。总体而言，应急预案大致能够发挥以下作用：（1）应急预案有利于应急管理机关在发生突发事件时进行有效预测。应急预案规定了突发事件的性质与级别，在突发事件来临时，应急管理机关可以进行有效对照从而决定投入适当的应急救援力量和应急资源，还有利于更加快速的对突发事件的性质、特点等加以判断，从而更加及时、高效地开展应急处置工作。（2）应急预案为应急管理机关实施应急处置措施提供了依据。《突发事件应对法》以及其他的应急管理法律法规虽然规定了应急管理机关需履行何种职责，但大都是原则性、概括性的制度，而应急预案是这些法律的具体化，在应急预案中为应急管理机关提供行为依据更切合实际。(3)应急预案还有利于对各应急主体的职责进行具体规定，使得各类应急主体更为明确自己应当如何开展应急管理工作，有利于提高突发事件应对的效率。

应急预案在突发事件应对过程中实际发挥的作用如何？以新冠肺炎疫情防控为例，首先，国家和各地应急管理机关根据应急预案确定和调整疫情防控应急响应级别，如河南省人民政府于2020年3月18日发布调整新冠肺炎疫情防控应急响应级别的通告，内容为“根据国家有关法律法规规定和《河南省突发公共事件总体应急预案》，结合我省新冠肺炎疫情防控形势，河南省人民政府决定，自3月19日0时起，我省重大突发公共卫生事件应急响应级别由Ⅰ级调整为Ⅱ级。调整后，各地要继续按照分区分级疫情防控工作要求，统筹推进疫情防控和经济社会发展工作”[1]。其次，各应急主体根据应急预案开展应急处置工作，如为落实防疫要求，2020年1月20日和22日，上海市文化和旅游局两次向全市文旅相关单位和企业发出紧急通知，要求全力做好新冠肺炎疫情防控工作，1月23日，上海市多个景区景点便启动紧急预案，采取测体温、循环消毒、限流、延期举办活动等措施对疫情进行防控。[2] 另外，具有完善的应急预案也是企业复工、学校复学的重要前提条件，如2020年3月11日，新疆维吾尔自治区教育厅下发通知，对精准有序做好新疆2020年春季学期开学工作作出安排，其中一项要求便是“以县(市、区)、高校为单位，一校一策，细化疫情防控方案，完善应急处置预案”。[3] 由此可见，应急预案在当前突发事件应急管理实践中发挥着较为重要的作用。

(四)应急预案的编制原则

根据2004年国务院办公厅印发的《国务院有关部门和单位制定和修订突

---

[1] 《河南省人民政府关于调整新冠肺炎疫情防控应急响应级别的通告》，载河南省人民政府门户网站，https://www.henan.gov.cn/2020/03-18/1306662.html，最后访问日期：2020年7月17日。

[2] 《限流、消毒、测体温成“标配”，上海多景区景点启动应急预案》，载澎湃新闻，https://www.thepaper.cn/newsDetail_forward_5612405，最后访问日期：2020年7月17日。

[3] 《新疆初高中、中职毕业年级3月16日首批开学复课》，载搜狐网，https://www.sohu.com/a/379255547_260616，最后访问日期：2020年7月17日。

发公共事件应急预案框架指南》(国办函〔2004〕33号)的相关规定,应急预案的编制原则如下:

1. 以人为本,健全机制。要把保障人民群众的生命安全和身体健康作为应急工作的出发点和落脚点,最大限度地减少突发公共事件造成的人员伤亡和危害。要不断改进和完善应急救援的装备、设施和手段,切实加强应急救援人员的安全防护和科学指挥。要充分发挥人的主观能动性,充分依靠各级领导、专家和群众,充分认识社会力量的基础性作用,建立健全组织和动员人民群众参与应对突发公共事件的有效机制。

2. 依靠科学,依法规范。制定、修订应急预案要充分发挥社会各方面,尤其是专家的作用,实行科学民主决策,采用先进的预测、预警、预防和应急处置技术,提高预防和应对突发公共事件的科技水平,提高预案的科技含量。预案要符合有关法律、法规、规章,与相关政策相衔接,与完善政府社会管理和公共服务职能、深化行政管理体制改革相结合,确保应急预案的全局性、规范性、科学性和可操作性。

3. 统一领导,分级管理。在国务院统一领导下,组织有关部门、单位制定和修订本部门的突发公共事件应急预案。要按照分级管理、分级响应和条块结合、以块为主的原则,落实各级应急响应的岗位责任制,明确责任人及其指挥权限。

4. 加强协调配合,确保快速反应。应急预案的制定和修订是一项系统工程,要明确不同类型突发公共事件应急处置的牵头部门或单位,其他有关部门和单位要主动配合、密切协同、形成合力;要明确各有关部门和单位的职责和权限;涉及关系全局、跨部门、跨地区或多领域的,预案制定、修订部门要主动协调有关各方;要确保突发公共事件信息及时准确传递,应急处置工作反应灵敏、快速有效;充分依靠和发挥人民解放军和武警部队在处置突发公共事件中的骨干作用和突击队作用;充分发挥民兵在处置突发公共事件中的重要作用。

5. 坚持平战结合,充分整合现有资源。要经常性地做好应对突发公共事件的思想准备、预案准备、机制准备和工作准备,加强培训演练,做到常备不懈。按照条块结合,资源整合,降低行政成本的要求,充分利用现有资源,避免重复建设,充分发挥我国社会主义制度集中力量办大事的优越性。

6. 借鉴国外经验,符合我国实际。借鉴国外处置突发公共事件的有益经验,深入研究我国实际情况,切实加强我国应急能力和机制的建设,提高社会管理水平，要充分发挥我们的政治优势、组织优势，在各级党委和政府的领导下，发挥基层组织的作用，建立健全社会治安综合治理、城乡社区管理等社会管理机制。[1]

二、突发事件调查、登记、风险评估制度

突发事件的调查、登记、风险评估是应急管理机关在常态情况下进行的主要工作之一，也是应急管理机关及时发现潜在突发事件的主要途径。《突发事件应对法》第20条规定，县级人民政府对本行政区域内容易引发自然灾害、事故灾难和公共卫生事件的危险源、危险区域调查、登记并进行风险评估，省级和设区的市级人民政府对本行政区域内容易引发特别重大、重大突发事件的危险源、危险区域进行调查、登记、风险评估。各专项应急管理法律以及地方应急管理法规也大多在其所调整的范围内对突发事件调查、登记、风险评估制度做了规定。例如，《传染病防治法》第18条规定："各级疾病预防控制机构在传染病预防控制中履行下列职责……（二）收集、分析和报告传染病监测信息，预测传染病的发生、流行趋势；（三）开展对传染病疫情和突发公共卫生事件的流行病学调查、现场处理及其效果评价；（四）开展传染病实验室检测、诊断、病原学鉴定……"；《上海市实施〈中华人民共和国突发事件应对法〉办法》第13条规定，区、县人民政府负有对本行政区域内重大危险源、危险区域的调查、登记、风险评估职责，还规定了区、县人民政府对排查结果应定期向市人民政府备案的制度。对突发事件的危险源进行调查、登记并及时向社会公布，对危险源、危险区域进行风险评估并责令有关单位采取安全防范措施，是突发事件应对中预防与应急准备阶段一项重要的制度。

（一）突发事件调查、登记制度

《突发事件应对法》未实施之前，"事后型"的应急管理机制使得应急管理机关只注重突发事件的处置与救援而忽视了事前对某些突发事件的危险源或危险区域进行及时预防。但是，如果能够在突发事件发生前有效对危险源或危

---

[1]《国务院办公厅关于印发〈国务院有关部门和单位制定和修订突发公共事件应急预案框架指南〉的函》，载国务院办公厅网站，http://www.gov.cn/xxgk/pub/govpublic/mrlm/200803/t20080328_32127.html，最后访问日期：2021年1月22日。

险区域实施监控与防范措施,则可从源头上消除或减少突发事件的发生,或者将突发事件限制在某一区域内,从而可以极大减少突发事件的发生概率或减轻突发事件带来的损害。

《突发事件应对法》等一系列应急管理法律颁布之后,各级政府及相关部门开始研究对突发事件危险源与危险区域采取事先防范措施,特别是特大城市对此更为重视,其中某些突发事件调查、登记的方法也值得其他地方借鉴。比如,上海市在《突发事件应对法》颁布之后便立即开展对重大危险源监控的研究,并构思了一套包括事故采集系统、事故应急预案系统与事故应急指挥系统的监控体系。[1] 信息采集系统主要功能是对危险源与危险区域的采集,并完成危险源级别的分析、风险的预测等工作;事故应急预案系统主要采集重大危险源单位的应急计划、地理位置及周边区域信息;而事故应急指挥系统则主要包括现场数据采集系统及应急救援辅助决策系统,将采集的信息通过应急救援辅助决策系统加以分析,并结合现场专家给出的意见以更好地进行应急指挥。

应急管理部成立之后,国务院安委会办公室、国家减灾委办公室、应急管理部联合印发《关于加强应急基础信息管理的通知》。该通知明确,应急管理部规划和建设全国应急管理大数据应用平台,各地区、各有关部门、各行业企业将各自掌握的安全生产、自然灾害防治领域的风险和隐患信息以及灾害事故信息逐步接入,协同做好灾害事故的防范处置工作。此外,该通知还要求深化应急基础信息的分析和应用,运用大数据等先进技术分析重大风险和重大隐患信息变化情况,深化巨灾和复合型灾难研究,完善应急指挥调度体系,大力推进"互联网+监管"系统建设,建立新型监管机制。

在常态情况下,行政检查是突发事件调查、登记制度的重要工作方式之一。行政检查是依法享有行政职权的行政主体,为实现行政管理职能,达成行政目的,对行政利害关系人履行法律文本规定的义务或履行行政活动方式确定的义务情况,所进行的强制检查、了解的行政活动。[2] 建立健全常态化行政检查机制对行政利害关系人的行为具有约束力和影响力,能够促使其遵守行政规范性

---

〔1〕 徐文辉:《上海市重大危险源监控和应急救援信息系统建设方案研究》,载《中国安全科学学报》2007年第10期。

〔2〕 朱维究、刘永林:《论行政检查与行政法实施——以确保行政规范性文件得到真正落实为视角》,载《政治与法律》2012年第7期。

文件和履行行政法义务，及时预防其可能实施的违法行为。在应急管理领域，行政检查作为应急管理机关负有的职责之一，在及时消除公共安全隐患、从源头消除突发事件方面发挥了重要的作用。例如，广西壮族自治区安全生产委员会2020年开展了安全生产“强监管严执法年”专项行动。2020年，全区煤矿、非煤矿山、危险化学品、烟花爆竹、交通运输、建筑施工、消防、民用爆炸物品、工贸、文化旅游等10个重点领域相关部门共出动明察暗访组2269个，交叉检查组2211个，出动检查人员385996人次，检查单位198081家，排查出事故隐患687225处，其中重大隐患968处，责令停止违法行为70855起，公开曝光隐患和违法行为1238家，责令停产、停业、停止建设2252家，暂扣或吊销许可、资格6567个，关闭非法违法企业334家，处罚罚款22499.61万元，实施联合惩戒298家。2020年全年，全区发生各类生产安全事故2933起，造成1862人死亡，事故起数、死亡人数同比分别减少955起、278人，分别下降24.6%、13%。其中较大事故27起，造成108人死亡，事故起数、死亡人数同比分别减少3起、5人，分别下降10%、4.4%。未发生重大及以上生产安全事故，安全生产形势持续稳定趋好。[1]

调查、登记制度不仅能够在突发事件发生前发挥作用，在重大突发公共卫生事件的常态化防控过程中，也能发挥巨大的作用。例如，2020年4月左右，新冠肺炎疫情在我国得到了基本控制，继续采取各种“超常措施”已与我国的防控形势不相适应。2020年4月8日，习近平总书记在中共中央政治局常务委员会会议上特别强调，认清当前形势，做好较长时间应对疫情的思想准备和工作准备，“要坚持在常态化疫情防控中加快推进生产生活秩序全面恢复”。[2] 常态化疫情防控意味着一方面要加快复工复产，另一方面还要继续做好疫情防控工作，调查、登记则是在常态化疫情防控中最为重要的措施。例如，2020年2月29日，国家政务服务平台推出“防疫健康信息码”，公众可以通过“国家政务服务平台”微信小程序中“防疫信息码”入口，或者部分省市的公众也可以通过微信城市服务中“防疫健康码”入口进行健康码的申领服务。在进行实名认证，并

---

[1] 《广西：安全生产“强监管严执法年”专项行动取得明显成效》，载应急管理部网站，https://www.mem.gov.cn/xw/gdyj/202101/t20210126_377789.shtml，最后访问日期：2021年2月7日。

[2] 《疫情防控进入“常态化”，我们该怎么办?》，载人民日报，https://baijiahao.baidu.com/s?id=1663638370302593584&wfr=spider&for=pc，最后访问时间：2021年1月22日。

简单上报个人健康状况之后,即可申领自己的防疫信息码,凭码即可出入社区、办公楼等地方。在常态化疫情防控中,“出示绿码”已成为进入酒店、影院等公共场所的必备条件,健康码已成为疫情防控中政府依托科技和大数据进行调查、登记的新手段。

(二)突发事件风险评估制度

突发事件风险评估,是指通过对事件发生的可能性及后果严重性进行量化评估,将事后被动应对转变成事前主动防控,从而为管理者及时作出防范措施、合理配置应急资源提供决策依据,是突发事件应急体系建设的重要组成部分。[1] 应急管理机关及有关单位做好风险评估工作,可以对突发事件发生的可能性、性质、类别以及应提前采取哪些应急处置准备作出有效预测,对可以排除风险的及时采取措施加以消除,比如关闭有关危险区域、转移危险源,对不能事前消除危险的,突发事件来临时有关部门也可以及时高效地加以应对。

国外的突发事件风险评估机制研究起步较早,且已经形成多种较为成熟的风险评估模型,但我国目前还未对风险评估制度引起足够的重视,仅有极少数较为发达的地区对突发事件风险评估制度有所探索。在我国,较为成功的探索之一是中德灾害风险管理合作项目中的广东省公共风险治理与预案优化子项目,深圳市宝安区是该子项目的试点地区。宝安区应急管理办公室为该区各机构可以顺利开展突发事件风险评估工作,在借鉴国外先进经验并结合该区域现实情况的基础之上制定了《宝安区突发事件风险评估办法》与《宝安区突发事件风险评估操作》,建立了包括风险评估准备、风险识别、风险分析与风险评价在内的风险评估流程。[2]

突发事件风险评估准备是一项烦琐但很重要的工作,包括建立合理的风险评估机制、确立风险评估机构、确定相关机构、人员的职权与责任、依据相关法律和预案统筹突发事件的类别、确定突发事件的评估范围、制定评估方案、筹集突发事件风险评估所需的资源等。风险识别是指突发事件风险评估机构应当

---

〔1〕 任美璇等:《广西市级疾控机构风险评估人员素质、构成及认知能力分析》,载《现代预防医学》2020年第10期。

〔2〕 孙玉卫等:《风险评估模型在深圳市宝安区中德灾害风险管理试点项目中的应用研究》,载《中国应急管理》2012年第2期。

在复杂的风险状态中找到该风险可能引发的突发事件类别,包括信息资料收集、确认风险、建立风险识别表三个步骤。风险分析是指突发事件风险评估机构分析该风险发生的原因、发展的过程以及可能产生的后果。风险分析需要分析出哪些风险需要处理,哪些风险不需要处理,还需要分析风险的等级等。风险评价是指突发事件风险评估机构经过以上三个步骤之后,通过计算风险值与确定风险评价标准来最终确认风险到底能否被接受。如果风险在相关区域可以被接受,那么就无须开展任何应急处置措施,如果风险不能被接受就应当及时采取处置措施,比如将危险源转移或彻底消除,将危险区域暂时或永久性关闭等。

突发事件的风险评估是运用科学的方法对突发事件的发生加以防范,是一项较为有效的事前预防措施,因而我国也应完善突发事件的风险评估制度。因风险评估制度的建立可能需要借鉴外国经验、较为先进的科学技术与众多专家学者的长期研究,因而此项制度的推广应当是自上而下的。国家相关部门应当加强对突发事件风险评估的研究并确立一套较为科学、完善的制度,可以通过试点向全国范围内加以推广,各地的应急管理水平也将会得到提高。

在突发公共卫生事件应对领域,据世界卫生组织2012年出版的《突发公共卫生事件快速风险评估》一书介绍:突发公共卫生事件的风险等级取决于发生地的社会、经济、环境和政治背景以及当地医疗卫生水平(如临床和公共卫生服务)。对于某些危害,卫生部门和其他相关部门及机构(如负责动物源性疾病的动物卫生部门)之间的沟通协作机制也会影响事件的风险水平。风险评估包括三个环节:危害评估、暴露评估和背景评估。在风险评估团队完成对危害、暴露和背景的评估后,依据评估结果可确定风险水平,此过程为风险描述。风险矩阵是风险描述的有效辅助工具,可用于整合危害发生可能性及其发生后果的严重性。另外,同调查、登记一样,风险评估也不仅存在于突发事件发生前,也存在于防控过程中。以新冠肺炎疫情防控为例,国家根据各地的新增确诊人数及潜在风险等对以街道为单位确定疫情风险等级,并根据各地的防控情况及时加以调整。疫情期间,国务院官方网站、国家卫生健康委员会官方网站均设专栏提供疫情风险等级查询服务,各地政府和媒体也会以各种形式向公众及时公布。

三、应急资源与应急救援队伍制度

《突发事件应对法》第26、32条规定了应急管理机关整合应急资源、建立应急救援队伍的制度。关于应急资源，第 32 条规定国家建立健全应急物资储备保障制度并完善应急物资体系，设区的市级人民政府及突发事件多发地区的县级人民政府建立应急物资保障制度，并可以根据当地实际情况，与有关企业签订协议以保障应急物资的供给。关于应急救援队伍，第 26 条将其分为专业应急救援队伍与非专业应急救援队伍，其中县级以上人民政府应当建立专业性救援队伍，政府有关部门可以建立应急救援队伍。单位应当建立由本单位职工组成的非专业性应急救援队伍，而县级以上人民政府及其有关部门可以建立非专业性应急救援队伍。

(一)应急资源制度

关于《突发事件应对法》第 26 条规定的应急资源与第 32 条规定的应急救援物资的区分问题，有学者认为，国家灾害应急体系中的应急资源分为应急物资、应急工程、灾害风险立体监测系统、特种应急装备等四类，[1]因而应急救援物资应当是应急资源的一种。但依据《突发事件应对法》的规定来看，其并未对两者进行具体区分，而是加以混用，且在中央与地方的各种文件中也大多未区分应急资源与应急救援物资有何不同，因此当前在适用有关突发事件应对法律时将应急救援物资就理解为应急资源较为符合实际。

《突发事件应对法》与各地的突发事件应对条例或具体实施办法均规定了各级政府及相关部门建立应急资源储备的职责。国家有关部门和各级政府也制定了相应的文件如《民政部关于进一步加强救灾应急物资储备工作的通知》、广东省人民政府办公厅《关于进一步加强应急物资储备工作的意见》等来加以具体操作，国家发展和改革委员会发布《应急物资分类及产品名录》将应急资源分为 13 类 239 种。目前，国家已经建立数十个中央救灾物资储备库，同时各地人民政府或相关部门也已建立众多适合当地发生或可能发生的突发事件情况的应急资源储备库，且国家与专门的应急资源生产企业签订行政合同以保证应急资源的生产、储备。另外，在当前综合性突发事件频发的情况下，国家正在探寻新型应急资源保障模式，一方面不仅重视应急救援时的应急资源保障，而且越来越重视预防、监测、预警与事后恢复方面应急资源的提供；另一方面在国家

[1] 佘廉、郑华卿：《基于国家应急能力建设的应急资源分类探讨》，载《中国应急管理》2014 年第 4 期。

财政支出为主的情况下，国家也在探寻更多的应急资源来源，包括社会捐赠、巨灾保险等。

应急管理部成立之前，应急资源方面我国存在应急组织体制无法确保在非常规突发事件中有效调度全部资源、非常规突发事件应急准备所需的资源投入难以获得保障等问题，[1]但目前应急管理部负有统筹应急力量建设和统一调度物资储备职责，应急资源存在的某些问题也会相对得到解决。但应当注意的是，在某些特大非常规突发事件发生时，国家的应急资源储备往往就显得捉襟见肘，如在新冠肺炎疫情防控过程中，因疫情已在全国范围内蔓延，且所需医疗物资如口罩、防护服等往往仅能使用一次或数次，所需的应急资源数量便极为巨大，国家的储备物资显然已经远远满足不了现实的需求，戴用“柚子皮”“塑料袋”等材料自制的口罩上街的图片和视频在网络爆红。与此同时，大量质量不合格的口罩涌入市场并进行高价售卖，对市场秩序和人民群众的生命健康安全造成了极大的损害。总体而言，此次疫情中应急资源的缺失并未对我国造成严重的影响，但其中的经验教训却值得我们进行深刻的总结。令人欣喜的是，通过这次疫情我们开拓了许多应急资源获取渠道，如很多身在国外的中国人在外国购买大量口罩并通过各种途径运回国内、很多国家运送大量医疗物资向中国施以援手等。在疫情防控期间，国内首条口罩高速生产线也已投产，这条生产线每分钟生产口罩400至600只，日产量稳定在50万只以上。[2] 此次疫情过后，国家应进一步完善我国的应急资源制度，确保突发事件来临时应急资源的储备及生产能够基本满足我国的需要。

（二）应急救援队伍制度

1. 专业性应急救援队伍：“单灾种”型到综合型

专业性应急救援队伍是指由国家机关或者某些社会团体建立的专门负责应对突发事件的救援队伍。在我国，专业性应急救援队伍主要包括消防、地震、洪水、核事故、森林火灾、海事、矿山、化学事故应急救援力量以及医疗救护力

〔1〕 林鸿潮、詹承豫：《非常规突发事件应对与应急法的重构》，载《中国行政管理》2009年第7期。

〔2〕《国内首条口罩高速生产线投产日产口罩50万只以上》，载http://finance.sina.com.cn/chanjing/cyxw/2020-03-19/doc-iimxyqwa1537363.shtml，最后访问日期：2020年7月17日。

量,[1]各应急力量由负责某类突发事件应急管理工作的国家机关组建和管理,在突发事件发生时也主要依靠上述应急救援队伍负责实施具体的应急处置措施。过去,国家主要按照某类突发事件由某类专业应急救援队伍负责处置的体制开展突发事件应对工作,比如地震灾害发生时,由地震灾害应急救援队伍负责抗震救灾。此种体制具有应急救援队伍专业性较强、应对突发事件效率较高的优势,但突发事件往往造成很严重的破坏,需要大量的应急救援队伍投入到应急处置中,因而我国一方面面临专业性应急救援队伍数量严重不足的问题,另一方面又面临应急救援队伍资源浪费的问题。

面对"单灾种"型应急救援队伍体系的弊端,国家寻求建立综合性应急救援队伍。自汶川地震以来,各地就开始建立以消防部队为主体的综合性救援队伍,省级政府大多成立应急救援总队、设区的市级人民政府大都成立应急救援支队。2018 年,应急管理部挂牌成立,公安消防部队、武警森林部队不再归属武警部队管辖,而是转制后与安全生产等应急救援队伍一并作为综合性常备应急骨干力量,由应急管理部管理。应急管理部的成立将以前的各个专业性应急救援队伍转变为综合性应急救援队伍,且未来将联合训练、协作培养,这是将国家的应急资源和力量做进一步的整合和优化,是国家进一步重视综合性应急救援力量建设的体现。

2. 非专业性应急救援队伍:规模扩大化、地位合法化

我国长期以来的应急管理思想是突发事件应对工作仅是国家的职责,公民、法人、社会组织并没有任何参与救援的义务,国家应组建应急救援队伍负责应急处置,在重大突发事件发生时军队也负有应急救援的使命。受此种思想的长期影响,我国并未有很多社会组织或个人组建应急救援队伍参与突发事件应对工作,但在当前突发事件多发且日益复杂的情况下,非专业应急救援队伍的参与亦必不可少。汶川地震后,国家也开始越来越重视非专业性救援力量在突发事件应对中的协助作用,并通过立法鼓励各地区建立由成年志愿者组成的应急救援队伍,其主体力量主要依托高校、村(居)民委员会、志愿者协会等,且呈现出规模越来越大的趋势。[2] 非专业性应急救援组织因很多都是自愿成立的,并没有参与应急救援的合法地位,因而在突发事件应对过程中应急权利与其他

---

〔1〕 王责任:《关于我国应急救援队伍建设的研究》,载《中国应急救援》2011 年第 1 期。

〔2〕 秦远:《社会力量参与应急救灾新发展》,载《中国减灾》2019 年第 11 期。

保障都不确定。

应急管理部成立之后，开始重视非专业性应急力量的合法化建设，通过组织非专业性救援力量之间的竞赛、与专业应急救援力量的交流合作以及建立社会应急力量参与抢险救灾网上申报系统等方式保障非专业应急救援队伍的权利，提高其参与应急救援热情，也有利于吸纳更多的社会力量参与突发事件应对工作。具体而言，一是组织全国骨干社会应急力量进行培训，如应急管理部组织的全国骨干社会应急力量培训班于2020年9月30日在国家陆地搜寻与救护基地（浙江）正式开训。培训历时4天，开设地震、山岳、水域、交通事故救援等领域理论与实操课程，由浙江省消防救援总队、贵州省消防救援总队、中国地震应急搜救中心选派的示范示教队负责具体教学工作，通过全流程实操、现场展演等形式，将体能、技能、战术、心理等训练穿插融合，让练兵备战更科学、更高效。[1] 二是开展社会救援力量技能竞赛，如应急管理部于2018年12月27日发布关于开展全国首届社会救援力量技能竞赛的通知，定于2019年3月至5月组织开展全国首届社会救援力量技能竞赛，以竞赛带动训练、带动能力提升，支持引导社会救援力量参与应急工作。[2] 三是组织引导社会应急力量积极参与突发事件应急处置工作。如在2020年6月，我国江南、华南和西南东部发生了当年强度最大、范围最广、持续时间最长的降雨过程，共有148条河流发生超过警戒水位的洪水，局部地区发生了洪涝灾害。应急管理部副部长孙华山主持召开专题会议，研究部署汛期引导社会应急力量参与抗洪抢险相关工作。浙江、江西、湖南、广东、广西、贵州等地区应急管理部门协调引导蓝天救援队、菠萝救援服务中心等社会应急力量参与抗洪抢险工作，共搜寻打捞因洪涝失踪人员3人，转移群众1000余人次，并协助当地应急管理部门发放救援物资。[3]

---

〔1〕《全国骨干社会应急力量培训班开训》，载应急管理部网站，https://www.mem.gov.cn/xw/bndt/202009/t20200930_366909.shtml，最后访问日期：2021年2月7日。

〔2〕《应急管理部关于开展全国首届社会救援力量技能竞赛的通知》，载应急管理部网站，https://www.mem.gov.cn/shjyfw/tzgg_3324/201812/t20181227_245892.shtml，最后访问日期：2021年2月7日。

〔3〕《应急管理部门组织引导社会应急力量积极参与抗洪抢险》，载应急管理部网站，https://www.mem.gov.cn/shjyfw/tzgg_3324/202006/t20200612_354066.shtml，最后访问日期：2021年2月7日。

四、应急知识宣传与应急演练制度

《突发事件应对法》较为重视对应急知识的宣传与应急演练，其中第 29 条规定了县级政府及其有关部门、乡级政府、街道办事处、基层群众性自治组织以及企事业单位的应急知识宣传及应急演练义务，第 30 条规定了学校的应急知识教育义务。另外，新闻媒体负有无偿进行应急知识公益宣传的法定义务。问卷调查（见图 6）显示，看到过新闻媒体对突发事件应对知识的宣传的人数占总调查人数的 82.35%，可见新闻媒体目前在对突发事件应对知识的宣传方面发挥着重要的作用。

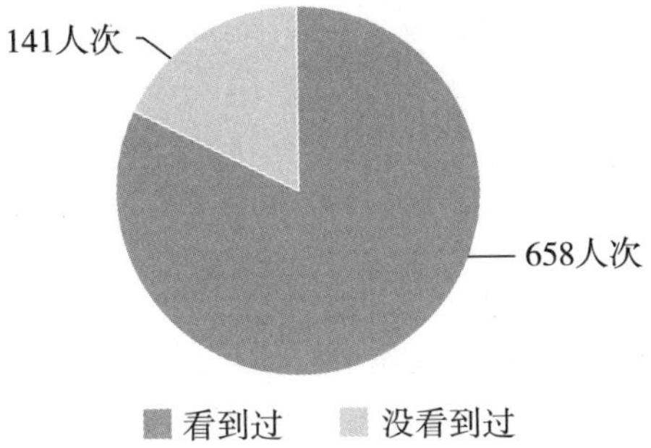

图 6　问题：您是否看到过新闻媒体对突发事件应对知识的宣传

有些地方的突发事件应对条例或具体实施办法比应急知识宣传与应急演练规定得更为具体以适应当地的实际状况，比如《四川省突发事件应对办法》第 25 条规定，县级以上地方人民政府及其有关部门应当每年组织不少于 1 次的综合应急演练或专项应急演练，必要时可以组织跨地区、跨行业的应急演练。

应急知识宣传在应对突发事件时至关重要，因为突发事件来临往往是瞬间性的，应急救援队伍到达事发现场时突发事件很可能已经结束，因而在专业的应急救援人员开展应急处置措施前，受到突发事件影响的组织和个人应当先行开始自救与互救，此时就要求其具备一定的应急知识。当前，我国的应急知识宣传主要依靠乡县两级人民政府以及基层群众性自治组织，其通过发放应急知识手册或通过媒体来对应急知识进行宣传。此外，另一个十分重要的应急知识宣传主体是学校。一方面，学生在应对紧急状况方面经验较少，如果不加以教育，重大突发事件来临时学生可能是最大的伤亡主体。另一方面，学校本就承担教学的义务,应急知识宣传的受众最为集中,其对应急知识的宣传具有天然的优势,也有利于从小全面的培养学生的应急知识。

在非瞬间性的突发事件发生时,应急知识宣传就显得更为重要,如在新冠肺炎疫情防控的整个过程中均贯穿着对公众新型冠状病毒感染防控知识的宣传。在这种可能持续很长一段时间的突发事件中,事中的宣传可能比事前的宣传更为有效,且途径也更加多样化。在新冠肺炎疫情防控中,很多地方的应急管理机关发布了新型冠状病毒感染防控知识宣传手册,对什么是新型冠状病毒、新型冠状病毒的传播途径、哪些人容易感染新型冠状病毒、新冠肺炎的早期症状、如何识别、判断及就医选择、如何保护自己远离新型冠状病毒传染、在家中怎样预防新型冠状病毒传染等方面做了详细的介绍。很多医疗卫生领域的专家也对平时的防护方法做了介绍,如钟南山院士带领的广州呼吸健康研究院研究团队发布了关于新型冠状病毒感染肺炎的居家康复及防护策略,[1]李兰娟院士也对消毒及抵抗病毒的措施作出介绍[2]。实践证明,应急知识宣传对此次疫情防控产生了极大的作用,如全民均有出行戴口罩的意识,郑州输入性病例郭某鹏虽多次出行但未对其他人造成传播。

应急演练可以帮助应急管理机关发现突发事件应急预案中存在的问题并结合演练经验加以完善,从而可以在应对突发事件时更好地发挥预案的作用。当前,各地政府对应急演练越来越重视,通过完善应急演练制度、注重科学谋划争取做到全面联动、全员参与。例如,2021 年春节前夕,为进一步做好新冠肺炎疫情防控工作,切实提高大规模人群核酸检测应急处置能力,多地政府组织开展了全员核酸检测(实战演练),如河南省信阳市政府于 2021 年 2 月 5 日发布通告,通知于 2 月 7 日进行全员核酸检测演练,在全市各区县均设立了演练点,并制定了详细的演练方案,具体通告内容如下:

---

〔1〕《钟南山团队发布新型冠状病毒感染肺炎居家康复及防护策略》,载 http://www.bjnews.com.cn/news/2020/02/01/682706.html,最后访问日期:2020 年 7 月 17 日。

〔2〕《国家卫生健康委员会高级别专家组李兰娟:新型冠状病毒怕酒精不耐高温》,载澎湃新闻,https://www.thepaper.cn/newsDetail_forward_5599595,最后访问日期:2020 年 7 月 17 日。

关于在信阳市多点位组织开展大规模人群核酸检测（实战演练）的通告[1]

为进一步做好新冠肺炎疫情防控工作，提高大规模人群核酸检测应急处置能力，经市疫情防控指挥部研究，决定在全市各县（区）多点位开展全员核酸检测（实战演练）。现将有关事项通告如下：

一、演练时间

2021 年 2 月 7 日（星期日）8:30 至 12:30。

二、涉及区域及检测对象

（一）涉及区域

浉河区五星街道办事处七里棚社区

平桥区陆庙办事处陆庙居委会范湾村民组

罗山县丽水街道邵洼社区

潢川县定城办事处东湖社区 A 区

固始县产业集聚区新棚社区

息县项店镇李店村李店村民组

淮滨县桂花街道办事处新村社区

光山县弦山街道办事处椿树岗社区

商城县鲇鱼山街道办事处美人岗村、幸福社区、木河社区

新县新集镇艾洼居委会锦绣花城小区

（二）检测对象

涉及区域内所有常住人口和流动人口。

三、检测地点

按照便于群众就近检测的原则，依据涉及区域人口规模，在涉及区域设置采样点。参检人员请按照社区（村）工作人员的组织安排，分批次、分时段到通知的采样点参加采样检测。

---

〔1〕《关于在信阳市多点位组织开展大规模人群核酸检测（实战演练）的通告》，载信阳市人民政府网站，http://www.xinyang.gov.cn/2021/02-06/2092164.html，最后访问日期：2021 年 2 月 7 日。

四、检测要求

(一)演练现场需拉警戒线、实施人员管控、开展环境消杀等,相关工作人员需按要求穿戴医疗防护装备。

(二)接受检测人员要携带身份证或户口簿(居住证),积极配合工作人员,服从现场管理,做好个人防护、佩戴口罩、保持1米以上间隔距离、有序排队;未成年人需由监护人陪同。

(三)对行动不便的老人、残障人士、婴幼儿以及其他确实不能到现场采样点采样的居民,请提前向社区(村)报备,提供上门采样服务。

(四)所有参检人员,在采集完样本后,应及时返回居住地。请广大居民不必恐慌,主动配合、自觉遵守。

(五)演练期间,请无关人员不要围观,不进行拍摄,不将相关信息、图片、视频等上传网络。

五、检测费用

所有参检人员均免费检测。

六、交通组织

为确保演练安全,对涉及区域内的小区和村庄出入路口实施管控措施、部分道路实行临时限行措施,进出涉及区域的车辆、人员按指定线路绕行。特种车辆、疫情防控指挥车辆、参与核酸检测保障车辆不受限制。

由于演练带来的不便,请广大居民和社会各界予以理解和支持,不恐慌、不造谣、不传谣,为做好疫情防控工作贡献自己的力量。

信阳市新型冠状病毒感染的
肺炎疫情防控工作指挥部办公室
2021年2月5日

必要的应急演练不仅可以提高应急管理机关的应急处置能力,也可以帮助人们在突发事件发生时及时躲避或逃离危险,如在2008年汶川地震中,四川省绵阳市安县桑枣中学在校学生2300多名,却没有出现有一人伤亡的情况,其也是在受灾区域唯一一个没有发生伤亡的学校,校长叶志平因而被称为“最牛校长”。桑枣中学未发生伤亡的原因就在于校长在平时便十分重视学生的应急演练,而且在地震发生时,全校正在组织应急演练活动。

第二节　监测与预警制度

监测与预警是"循环型"应急管理机制的第二个阶段,也是广义上预防机制的重要组成部分。在监测与预警阶段,应急管理机关的主要职责是收集突发事件信息并建立突发事件信息系统、建立健全突发事件监测制度、建立健全突发事件预警制度、发布或调整预警级别、对即将发生的突发事件采取措施等,其中最主要的就是建立健全突发事件的监测、预警制度。《突发事件应对法》第41、42条分别规定了建立健全突发事件监测、预警制度,其他应急管理法律也大多对监测、预警制度有所规定。监测是预警的前提,预警是监测的目的,完善的监测和预警制度对及时应对突发事件具有重要的作用。

一、监测制度

(一)突发事件监测体系

监测水平的提高首先要依靠科学高效的监测体系。以前,因为科技水平的限制,国家不仅未足够重视对突发事件的监测,而且社会也未对此加以关注。随着科学技术的提高与突发事件的发生频率增加,国家和社会越来越重视通过有效的监测来及时预防或发觉突发事件,以提前做好应对突发事件的准备。《突发事件应对法》第41条规定了突发事件的监测制度,赋予县级以上人民政府及有关部门进行突发事件监测的法定义务,要求其建立健全基础信息数据库,完善监测网络,划分监测区域,确定监测点,明确监测项目,提供必要的设备、设施,配备专职或兼职人员,对可能发生的突发事件进行监测。应急管理部成立之前,在"单灾种"应急管理体制之下,各突发事件应对部门负责本部门的突发事件监测任务,各部门之间不仅缺乏技术和信息上的沟通与交流,而且造成监测资源的浪费。应急管理部成立之后,其下设风险监测和综合减灾司,负责统筹、指挥全国范围内应急管理部负有应对职责的突发事件类型的风险监测工作,同时,其他行业主管部门负有相关行业领域的灾害监测、预警职责。而应急管理部未负有应急职责的突发事件类型如突发公共卫生事件则由原来的负责部门进行监测,但监测部门之间也应加强相互沟通和交流。

突发事件的监测不应仅是国家机关的职责,有关社会组织或个人也应对国家机关的监测工作加以协助，如《北京市实施〈中华人民共和国突发事件应对法〉办法》第39条规定："本市建立专业监测和社会监测相结合的突发事件监测体系。"国家机关不应忽视社会监测的作用，一方面，突发事件往往并不是由国家机关最先发觉的，而是得到了社会组织或个人报知的相关消息；另一方面，某些社会组织的监测技术可能要好过专业监测机关，而专业监测机关可以与其建立合作关系，不仅有利于监测效率的提高，还能有效节约国家资源。此外，《四川省突发事件应对办法》第33条规定："建立健全省、市、县、乡、村、社六级联动的群防群测体系，以农村村社、城镇社区、基层单位为单元组织群众参与有关突发事件应对，分级落实突发事件预警预测、隐患监测和信息预报通报及应对处置责任。"因此，当前我国应实行专业监测为主、专业监测与社会监测相结合、群防群测的突发事件监测体系。

（二）突发事件监测技术

监测能力的提升除需依靠完善的监测体制，更重要的是依靠精准的监测技术与专业的监测人员。随着科学技术水平的提升，我国现已综合运用太空站、卫星、互联网、专门监测仪器来搜集突发事件信息，并通过着手建立突发事件监测系统来对此信息加以分析处理。当前，应急管理部利用全球54颗遥感卫星初步建成应急管理的天眼监测系统，又搭建了态势分析的"瞭望塔"防汛抗旱应急会商系统和信息辅助决策系统，[1]监测制度亦应在应急管理信息化背景下加以完善。2020年3月18日，中国气象局印发《关于全国地面气象观测自动化改革正式业务运行的通知》，宣布从4月1日起，地面气象观测自动化改革将从全国试运行切换调整为正式业务运行。这意味着，我国地面气象观测将实现全面自动化。自动化改革在增强观测能力、提升信息化水平、优化观测业务流程、释放基层人员红利等方面成效明显。[2]

除应急管理部等国家应急管理机关外，各地政府和高校等科研单位也在着力提高突发事件应急监测能力，例如，"十三五"期间，青海省优化观测台网布

---

〔1〕 丁怡婷：《应急管理部几位工作人员讲述：十八般武艺，样样要练精》，载《人民日报》2019年5月12日，第2版。

〔2〕《中国气象局：我国地面气象观测将实现全面自动化》，载澎湃新闻，https://www.sohu.com/a/381434376_260616，最后访问日期：2020年7月17日。

局，填补空白监测区域，已初步建成多学科相结合、定点观测与流动观测相结合、区域台网和专用台网相结合的地震监测体系。全省地震监测能力由原来的4.0级提升为3.0级，其中西宁市及周边地区由原来的2.5级提升为1.5级，格尔木市及周边地区由2.5级提升为2.0级；[1]中国科学技术大学交叉合作团队与中国地震局地震预测研究所科研团队合作，推出世界首个人工智能地震监测系统——“智能地动”监测系统。该系统在位于四川、云南两省的中国地震实验场试用了一年。经中国地震局基于2019年446个地震评估结果对比显示，“智能地动”监测系统与专业人员人工计算处理结果的准确性非常接近，且仅需1秒至2秒时间即可报出所有地震震源参数。而目前世界上最先进的美国国家地质调查局自动速报系统，需要3分钟至5分钟计算时间后才能报出地震信息。[2]

（三）信息报告制度

在某些突发事件如自然灾害的监测过程中，科学技术发挥着至关重要的作用。但在事故灾难、社会安全事件、突发公共卫生事件等突发事件中，专业的监测设备可能发挥不了多大的作用，对其有效监测需要有关单位和人员及时报告潜在的风险信息，以便应急管理机关及时处理，因此信息报告制度也极为重要。《突发事件应对法》第38条规定了县级人民政府在基层单位设立专职或兼职信息报告员的法定义务，也规定获悉突发事件信息的社会组织或个人应当及时将该信息报告给有关国家机关或专业机构。另外，地方的突发事件应对立法如《上海市实施〈中华人民共和国突发事件应对法〉办法》规定了市应急联动中心通过“110”以及其他紧急求助电话号码接收社会组织或个人报告的突发事件信息，《广东省突发事件应对条例》规定应建立统一的突发事件信息报送系统，形成突发事件信息报送快速反应机制和舆情收集、分析机制，上述办法均有利于突发事件信息的及时报送。

除社会组织或个人发现突发事件信息向监测机构或应急管理部门上报外，

---

〔1〕《优化观测台网布局，青海地震监测水平提升为3.0级》，载中华网，https://tech.china.com/article/20210205/20210205710949.html，最后访问日期：2021年2月7日。

〔2〕《中科大推出人工智能地震监测系统》，载中国网，http://union.china.com.cn/zhuanti/txt/2020-03/04/content_41080533.html，最后访问日期：2021年2月7日。

监测机构或应急管理部门也负有向上级部门上报其掌握的突发事件信息的职责。以突发公共卫生事件为例，根据《突发公共卫生事件应急条例》第20条规定，突发事件监测机构、医疗卫生机构和有关单位发现有本条例第19条规定情形之一的[1]，应当在2小时内向所在地县级人民政府卫生行政主管部门报告；接到报告的卫生行政主管部门应当在2小时内向本级人民政府报告，并同时向上级人民政府卫生行政主管部门和国务院卫生行政主管部门报告；县级人民政府应当在接到报告后2小时内向设区的市级人民政府或者上一级人民政府报告；设区的市级人民政府应当在接到报告后2小时内向省、自治区、直辖市人民政府报告；省、自治区、直辖市人民政府应当在接到报告1小时内，向国务院卫生行政主管部门报告；国务院卫生行政主管部门对可能造成重大社会影响的突发事件，应当立即向国务院报告。不难发现，在制度层面，我国已经形成了较为精细的突发公共卫生事件应急上报体系。

二、预警制度

（一）突发事件预警体系

监测制度的完善、监测水平的提高带来的是应急管理机关更加及时的预警，而预警水平的提高则要依靠一套科学的突发事件预警管理体系。突发事件预警管理体系主要由预警收集系统、预警分析系统、预警决策系统和预警执行系统构成，具有信息收集、数据处理、预警对策、风险评估、趋势预测等多种功能。[2] 预警收集系统的主要任务是确定预警信息来源渠道、收集汇总和传输信息[3]，其主要有信息管理、预警指标功能。预警分析系统主要有信息管理、风险评估、预测评价与预警对策功能。其中信息管理功能主要包括信息甄别、信息转化与信息加工，风险评估功能则主要考虑突发事件因素暴露频率、因素潜伏期、类别与集中度以及预警工作部署与落实程度等。预警决策系统主要有数据处理、指标统计、监测评估、趋势预测和系统维护功能。而预警执行系统的主要

---

[1] 《突发公共卫生事件应急条例》第19条规定了四类情形，分别为：（一）发生或者可能发生传染病暴发、流行的；（二）发生或者发现不明原因的群体性疾病的；（三）发生传染病菌种、毒种丢失的；（四）发生或者可能发生重大食物和职业中毒事件的。

[2] 张维平：《突发事件预警管理体系的构建及运行》，载《中国人民公安大学学报（社会科学版）》2009年第1期。

[3] 余廉：《企业预警管理论》，河北科学技术出版社1999年版，第128页。

功能便是信息发布。

(二)突发事件预警发布系统

为提升国家和公众应对突发事件的反应时间,降低突发事件带来的损害,国家预警信息发布中心于2015年2月26日成立,挂靠中国气象局公共气象服务中心。该中心是国务院应急管理部门面向政府应急责任人和社会公众提供综合预警信息的权威发布机构,是国家应急管理体系的重要组成部分。其主要承担国家突发事件预警信息发布系统(简称"国家预警发布系统")建设及运行维护管理,为相关部门发布预警信息提供综合发布渠道,研究拟定相关政策和技术标准,开展预警信息科普与宣传等工作。国家预警发布系统依托气象业务体系建成"一纵四横、一通四达"预警发布体系,即前端横向连通16个政府部门,纵向连通国家、省、市、县,后端建立一条直通各级应急责任人的专用通道,以及专线接入电视台、应急广播、移动运营商和ABT互联网平台,形成了上下相互衔接、规范统一、多部门应用的综合自然灾害、事故灾难、公共卫生事件、社会安全事件四大类突发事件的预警信息发布业务体系,实现我国76类预警信息的统一发布,为国家和公众提供精准的预警信息服务。据中国气象局应急减灾与公共服务司副司长廖军介绍,国家预警发布系统汇聚了15个防灾减灾部门一共71类预警信息,气象灾害本身占整体自然灾害的70%以上,这个是目前取得的成效;另外一个成效就是充分利用气象部门过去的整个业务体系,包括现有一些传播资源,包括利用社会上一些资源,还有利用各个部委的发布资源,把所有的这些资源如何与预警信息发布系统对接起来,通过发布平台把预警信息的覆盖面比过去提升了很多,面向公众的覆盖率基本上可以达到85%。[1]

(三)突发事件预警过程

同采取突发事件应急处置措施的要求相同,国家机关发布预警信息最重要的就是要注重效率。在立法对有关国家机关的机构、权限、程序和法律责任作出详细规定的前提下,负有预警职责的机关应当在对突发事件危险源进行监测、识别、分析、评估后及时向社会发布预警信号。《突发事件应对法》第42条

---

〔1〕《国家突发事件预警信息发布系统成效如何?气象局回应》,载中国新网网,https://www.chinanews.com/gn/2017/11-03/8367758.shtml,最后访问日期:2021年2月7日。

规定,国家机关应当按照突发事件的紧急程度、发展势态和可能造成的危害程度分为四级向社会及时发布,这也要求国家应提前向社会进行普及预警知识,以便预警发布后受影响的社会组织或个人能够及时转移或加以应对。

在以前监测、预警机制不完善的情况下,突发事件的具体情况需要逐级上报,有关部门可能在突发事件发生后的很长时间才了解到具体情况,应急管理机关接到突发事件信息并采取应急处置措施时,突发事件可能已经发生了很长时间,更不用提向突发事件发生区域进行提前预警。而现在随着监测、预警技术的提高与体系的完善,突发事件特别是自然灾害发生前便可向公众发布预警信息,比如2019年6月17日的四川长宁地震,宜宾提前10秒地震预警、成都提前61秒预警,引起了全国人民的极大关注。提前数秒便可能挽救无数人的生命,政府的权威性也会得到提升。

在突发公共卫生事件中,预警机制同样应该发挥重要的作用。国家耗资7.3亿元巨资建设的国家传染病与突发公共卫生事件网络直报系统(下文简称疾控直报专网)从2004年开始运行,但有人质疑,在此次新冠肺炎疫情防控过程中疾控直报专网并没有发挥预警作用。据相关媒体报道,疾控直报专网并非没有发生作用,但其数据来源完全取决于上报数据,由于种种因素,疾控直报专网无法与医院内部网络进行直接连通。采集不到数据,这一系统自然无从发挥。[1] 2020年2月3日,国家卫生健康委员会发布了《关于加强信息化支撑新型冠状病毒感染的肺炎疫情防控工作的通知》。各地卫生健康委员会根据通知不断改进采集方式,多数医院开始采用网络直报的方式,逐渐发挥了专网的作用。本次疫情为传染病预警机制的完善提供了经验教训,一方面,国家应当进一步探索开发更为科学的预警系统,有条件的其他主体比如民营企业也可以参与进来;另一方面,要进一步重视数据的重要性,把疫情防控工作做踏实做到位,需要借助AI+大数据技术,既要打通行业内“部—省—市—区(县)”自上而下的垂直领域数据,又要横向打通跨行业部门“信息孤岛”。从顶层设计就要实时结构化信息互联互通,业务联防联动。

---

[1] 《让大数据为疫情预警——大数据在疾控应用中的方方面面》,载https://36kr.com/p/1725258366977,最后访问日期:2020年7月17日。

第三节　应急处置与救援制度

应急处置与救援是“循环型”应急管理机制的第三个阶段，也是长期以来国家最为重视的阶段。在应急处置与救援阶段，应急主体的主要职责是调动应急救援队伍与应急资源、采取应急处置措施、发布突发事件事态发展和应急处置工作信息等。

一、应急救援队伍与应急资源的调动制度

《突发事件应对法》第 48 条规定的应急救援队伍主要是由应急管理部管理的转制后的公安消防部队、武警森林部队，以及安全生产等应急救援队伍，该法第 26 条规定的由成年志愿者组成的应急救援队伍以及社会力量在必要情况下也应予以协助，在重大突发事件发生时，军队也是应对突发事件的主要力量。应急资源依类别可以分为应急物资、应急工程、灾害风险立体监测系统与特种应急装备四类，而依阶段可以分为预防阶段所需的应急资源、监测与预警阶段所需的应急资源、应急处置与救援阶段所需的应急资源与事后重建阶段所需的应急资源，这里主要讨论应急处置与救援阶段的应急资源调动问题。

在突发事件应急处置与救援阶段，首先需要考虑的问题便是如何在短时间内调动足够的应急救援队伍与应急资源开展应急处置措施。一方面，高效率的应急救援队伍与应急资源调动需要完善的应急保障措施，即在常态状况下应有充足的应急救援队伍进行训练并随时准备开展应急处置措施，而在突发公共卫生事件中，以各级各地医院为主的医疗人员便需承担对病人进行医学救护的主要责任。重大突发事件来临时还需要解放军、武警部队的参与，因此军队应根据《突发事件应对法》第 28 条的规定有计划的在全国各地特别是突发事件易发、多发区域建立专门的应急资源储备库并做好常态下的维护工作，以便在突发事件发生时能够及时地进行调配。另一方面，高效率的应急救援队伍与应急资源调动还需要交通等部门的全力配合，比如铁路部门应当安排足够的车次保证应急救援队伍与应急资源及时运往受灾区域，高速公路管理单位应当给予奔赴突发事件发生区域的救援队伍或应急资源车辆一定的照顾如免除高速通行费。另外，国家亦应安排合理的救助机制，保证在突发事件发生地的应急救援队伍与应急资源不足的情况下及时从相近区域加以调配。

当前我国的应急救援队伍与应急资源的调动能力如何？以新冠肺炎疫情防控为例，虽然疫情已在全国范围内蔓延，但截至2020年3月19日，全国累计报告确诊病例80967例，其中湖北省累计确诊病例67800例，而湖北省的确诊病例中有50005例为武汉市确诊病例，[1]国内绝对重灾区一直在武汉，武汉的医护力量和医疗物资严重不足。在此种情况下，中央应对新型冠状病毒感染肺炎疫情工作领导小组在2020年1月26日召开的第一次会议中要求调配全国资源，优先保障湖北省武汉市及湖北省其他各地急需的医护力量和医疗物资，截至2020年3月9日，全国已经有346支医疗队抵达武汉和湖北各地，医务人员已经达到了4.26万人，其中重症专业的医务人员达到1.9万人。在速度方面，从医疗机构接到指令到医疗队组建完成，一般不超过2个小时。从医疗队集结到抵达武汉，一般不超过24小时，为高效应对疫情、救助病人奠定了重要的基础。[2] 另外，军队在支援地方抗击新冠肺炎疫情中发挥了巨大的作用，国务院联防联控机制于2020年3月2日举办新闻发布会，介绍军队支援地方抗击新冠肺炎疫情有关情况。据介绍，从1月24日除夕夜开始，军队先后派出3批共4000多名医护人员驰援武汉，形成了前方指导组、联勤保障部队、一线医护人员的支援力量体系。全军63所定点收治医院开设收治床位近3000张，1万余名医护人员投入一线救治。截至3月1日，武汉火神山、泰康同济、妇幼光谷等3所医院集中收治地方重症患者3467人，治愈689人。全军定点收治医院和军队支援湖北医疗队累计收治新冠肺炎患者4450例，已治愈出院1000例。[3] 由此看出，当前我国的应急救援队伍与应急资源的调动已较为高效，这也是我国如此迅速地控制住疫情并得到全世界普遍赞扬的关键因素之一，其本质原因则在于中国特色社会主义的制度优势。

二、突发事件应急处置中的紧急救助制度

《突发事件应对法》第49～51条规定了突发事件发生后应急管理机关应当

---

〔1〕《截至3月19日24时新冠肺炎疫情最新情况》，载国家卫生健康委员会网站，http://www.gov.cn/xinwen/2020-03/20/content_5493386.htm，最后访问日期：2020年7月18日。

〔2〕《全国有多少医务人员驰援湖北和武汉？女性医务人员占比多少？关注今日发布会问答》，载http://baijiahao.baidu.cnm/s? id=16606160//02386278/&wfr=spider&for=pc，最后访问日期：2020年7月18日。

〔3〕《军队四千多名医护人员驰援武汉》，载国务院新闻办公室网站，http://www.scio.gov.cn/34473/34474/Document/1674518/1674518.htm，最后访问日期：2020年7月18日。

采取的救助、控制、保护等应急处置措施，有些地方如《四川省突发事件应对办法》第39条还规定了事发地人民政府的先期处置权。在突发事件的应急处置与救援过程中，应贯彻“生命第一”、保护基本人权的原则，因而在众多应急处置措施中实施紧急救助措施应当是最为重要的。紧急救助措施又称紧急救援，是指对突发事件中正在遭受损害的人及其财产，提供一定的解救行动的制度。[1]其中对遭受损害的人进行紧急救助是主要的，而对财产的救助则是相对次要的。

受突发事件影响区域的公民享有国家紧急救助的最重要的权利基础便是生命健康权。生命健康权作为基本人权的一种，是指人的生命健康不可被剥夺且在受到危害时应得到国家机关保护，是人所固有的、不可转让的权利。[2]很多国家虽然并没有明文规定生命健康权，但几乎所有的国家都承认生命健康权作为一项“自然法”权利的内涵，我国一直将基本人权原则作为宪法上的一项基本原则，其他部门法也十分注重对生命健康权的保护。突发事件的发生往往会带来人员的伤亡与财产的损失，特别是在重大自然灾害发生时，可能会造成数万人的伤亡，因而应急管理机关在实施各种应急处置措施时，应当首先实施组织营救和救治受害人员等紧急救助措施，还应实施与救助措施相匹配的向受危害的人员提供暂时性场所与生活必需品的保障、保护措施，才符合宪法中的基本人权原则，才能保证生命健康权受到更大程度上的保护。

在新冠肺炎疫情防控过程中，国家便将保护公民生命健康权牢牢放在了第一位。习近平总书记在2020年2月23日的统筹推进新冠肺炎疫情防控和经济社会发展工作部署会议上的讲话中指出，要紧紧扭住城乡社区防控和患者救治两个关键，切实提高收治率和治愈率、降低感染率和病亡率。要继续加大救治力度，多渠道扩增收治床位，尽早实施医疗干预，尽可能让患者在轻症阶段得以治愈。要加大重症患者救治力度，加快推广行之有效的诊疗方案，加强中西医结合，疗效明显的药物、先进管用的仪器设备都要优先用于救治重症患者。[3]为解决发热门诊排起百米长队，医疗资源紧张、床位不足已经引起市民恐慌等

---

〔1〕禹竹蕊：《突发事件处置中的紧急救援与国家救助》，载《经济师》2017年第3期。

〔2〕白钢、林广华：《宪政通论》，社会科学文献出版社2005年版，第88页。

〔3〕习近平：《在统筹推进新冠肺炎疫情防控和经济社会发展工作部署会议上的讲话》，载《人民日报》2020年2月24日，第2版。

问题，火神山医院和雷神山医院从开始建设到投入使用均仅花费了十天左右的时间。2020 年 2 月 15 日，在武汉举行的国务院新闻办公室发布会上，国家卫生健康委员会党组成员、副主任，湖北省委常委王贺胜介绍，目前已开放 9 个方舱医院，有 6960 多张床位，在院的患者达到了 5606 名。[1] 国家不惜任何代价而实施的种种紧急措施均是为了尽最大可能保证患者的生命健康安全，成果也较为显著，截止到 2020 年 3 月 19 日，武汉累计治愈出院病例已达到 41389 例，[2] 每日新增治愈出院病例数百例。

应急管理机关实施应急处置措施，在注重保护公民生命健康权的同时，也应尽量对受到突发事件影响的财产加以保护。公民的私有财产是公民生存与发展必不可少的基本要件，宪法应对财产权加以保护也是共识，但突发事件应对工作相较于其他的行政事务具有很大的特殊性，因而即便对财产加以保护也应坚持“生命第一，财产第二”、危机情况下只救援小型动产等原则。

三、突发事件应对中的紧急处置权

突发事件严重到一定程度时社会治理就会进入到非常态化阶段，此时政府也相应的拥有了紧急处置权。政府在行使紧急处置权时，自由裁量权虽扩大但也应遵照突发事件应对法律的原则和目标，比如《突发事件应对法》第 52 条规定的征收征用权，不仅要符合比例原则，而且事后要给予适当的补偿；又如《上海市实施〈中华人民共和国突发事件应对法〉办法》第 33 条规定，“突发事件应急处置应当坚持人员安全优先。承担突发事件处置职责的部门和单位在制订现场处置方案时，应当优先考虑对受突发事件危害人员的救助，并注意保障参与应急救援人员的生命安全”，因此在处理突发事件时不能一味追求效率，也要在尽可能减少人员伤亡的情况下开展应急处置工作。

《突发事件应对法》对紧急处置权作出明确规定的是第 52 条，应急管理机关享有必要时向单位和个人行使应急征用权。突发事件应急处置与救援阶段的应急征用权不同于常态时的征用权，应急征用权作为紧急处置权的一种，是

---

〔1〕《王贺胜：目前已开放 9 个方舱医院》，载新华网，http://www.xinhuanet.com/2020-02/15/c_1125577514.htm，最后访问日期：2020 年 7 月 18 日。

〔2〕《截至 3 月 19 日 24 时新冠肺炎疫情最新情况》，载国家卫生健康委员会网站，http://www.gov.cn/xinwen/2020-03/20/content_5493386.htm，最后访问日期：2020 年 7 月 18 日。

在较为紧急的情况下作出的，因而不可能按照常态状况下的程序进行处理。应急征用权的程序虽可简化，但仍应遵循比例原则，即必须在合目的性与适当性的情况下作出，还应确保在最小范围内损害公民、法人、其他组织的私人财产权益。应急征用的物资一般情况下应当是应急处置所必需的重要物资，在新冠肺炎疫情防控过程中，便有应急管理机关行使应急征用权的情况，如血液制品属于国家战略性储备资源，在处理重大灾害、疫情防控等方面通常能发挥重要的作用。2020 年 2 月 5 日，上海莱士血液制品股份有限公司发布公告，上海市经济和信息化委员会经上海市人民政府授权，根据《突发事件应对法》规定，决定紧急征用公司药品及生产能力，通知公司全力做好原材料、人员的调配等，要求公司严格执行排产要求，按照全市统一部署，全力以赴做好生产，保障疫情防控工作。[1] 为保障重点防疫物资的生产供应，应急征用企业应当成为财政政策支持的重点，比如对应急征用企业的技术改造给予财政补贴，对剩余防疫物资实行政府收储，让企业安心生产。另外，在突发事件应对过程中虽可行使应急征用权，但并不意味着因处理突发事件而不用对被征用人加以补偿，在突发事件应对工作结束后，有关部门应当按照相关法律向被征用人给予合理的补偿。

四、突发事件应急处置中的信息公开

《突发事件应对法》第 53 条规定政府应当按照有关规定统一、准确、及时发布有关突发事件事态发展和应急处置工作的信息。公民享有信息权，特别是在突发事件来临时，行政机关如果及时将真实情况发布，公众就可能在突发事件来临时进行有效应对，但过去我国在突发事件来临时，部分地方政府隐瞒或虚报情况（如图 7 所示），不仅导致因情况不明损失巨大，而且会造成民众听信各种渠道散布的虚假信息，造成社会的恐慌，也会对政府的权威性造成极大的损害。《政府信息公开条例》于 2008 年实施、2019 年修订，其中第 9 条规定涉及公民、法人或者其他组织切身利益的、需要社会公众广泛知晓或者参与的政府信息，行政机关应当主动公开。应急管理部成立以后着手建设中国应急信息网，在应急状态下，将第一时间发布救灾和灾情的重要信息。

---

〔1〕《上海莱士：上海市经信委决定终止对公司的应急征用》，载 http://finance. sina. com. cn/roll/2020 - 03 - 16/doc - iimxyqwa0983740. shtml，最后访问日期：2020 年 7 月 18 日。

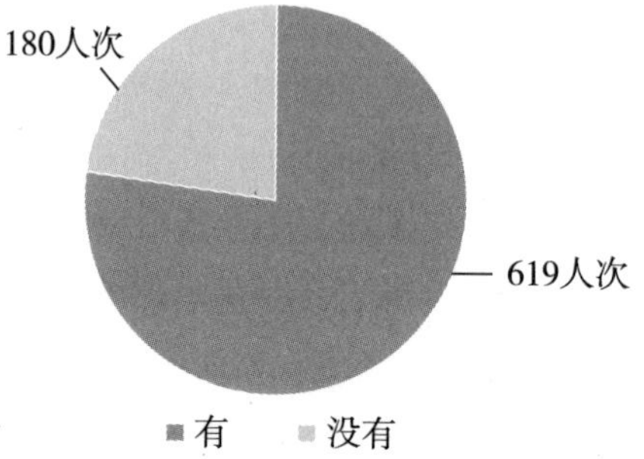

图7 问题:疫情期间,您是否接收到过谣言或者小道消息

应急信息在突发事件事前、事发、事中和事后的监测预警、应急响应、应对处置和恢复重建的决策过程中,发挥着重要的支撑与保障作用。应急信息的高效、及时沟通,有利于突发事件的快速应对和处置,有效的信息发布是公众及时获取突发事件相关信息,进而采取措施应对的必要条件。一方面,通过信息公开,避免了有些决策者行为不当的可能,对决策者是一种监督,对公众是一种保护。另一方面,也应该看到,社会实践中的决策必然有两难之处。信息公开不但有助于决策者更充分、有效的分析、研判形势,以作出最优选择,并不断调试应对策略;也有助于个人在程序上保持正当性。即使力不能及,也不至于陷入伦理危机。对决策者,何尝不也是一种保护。[1]

第四节 事后恢复与重建制度

事后恢复与重建是"循环型"应急管理机制的第四个阶段,也是绝大多数类型突发事件的最终阶段。在事后恢复与重建阶段,行政应急主体的主要职责是停止执行应急处置措施、制定恢复重建计划并开展恢复重建工作、总结经验教训并给予相关人员表彰或奖励等。

---

〔1〕《应急管理,信息公开也是对决策者的保护》,载 https://www.sohu.com/a/380978498_260616,最后访问日期:2020 年 7 月 18 日。

一、应急处置的结束制度

（一）立法上的制度设计

《突发事件应对法》第 58 条突发事件应急处置的结束制度作出了总体性的规定，即“突发事件的威胁和危害得到控制或者消除后，履行统一领导职责或者组织处置突发事件的人民政府应当停止执行依照本法规定采取的应急处置措施，同时采取或者继续实施必要措施，防止发生自然灾害、事故灾难、公共卫生事件的次生、衍生事件或者重新引发社会安全事件。”但是，各类型突发事件的专项应急管理法律大多未对应急处置的结束制度作出专门规定。有些地方立法根据《突发事件应对法》第 58 条的规定作出了制度上的细化，如《广东省突发事件应对条例》第 45 条规定，突发事件的威胁和危害得到基本控制或者消除后，宣布启动应急响应的人民政府应当及时宣布结束应急响应，停止执行应急处置措施，同时采取或者继续实施疫病防治、疫情或者灾害监控、污染治理、宣传疏导以及心理危机干预等必要措施。此外，许多应急预案对应急处置的结束制度作出了规定，如《国家突发公共事件总体应急预案》规定，特别重大突发公共事件应急处置工作结束，或者相关危险因素消除后，现场应急指挥机构予以撤销；《上海市突发公共事件总体应急预案》规定，突发公共事件应急处置工作结束，或者相关危险因素消除后，由负责决定、发布或执行机构宣布解除应急状态，转入常态管理。

（二）应急处置结束的法律意义

在人类面临重大的生存危机或安全威胁时，既要让国家机关充分放开手脚，又要为它戴上必要的“镣铐”，最好的办法就是设计好紧急状态的结束机制，保证紧急状态从一开始就注定是一种短暂的临时状态。从这一点来说，紧急状态的结束相对于它的开始，在法律上更具根本意义。[1] 应急处置的结束意味着国家或某一地区要从非常态下的应急管理转为常态下的行政管理，对公民权利的保障和社会秩序的恢复均具有重要的法律意义。具体而言，第一，在应急处置状态下，应急管理机关享有紧急处置权，公民的人身自由等基本权利可能会

---

〔1〕 林鸿潮：《应急法概论》，应急管理出版社 2020 年版，第 228 页。

受到一定程度的限制,但这种状态必然不能是长时间可持续的,在非必要情况下仍保持应急处置状态,就会变成对公民权利的非法损害。第二,为提升突发事件应急处置效率,减少突发事件带来的损害,国家在应急处置状态下往往会采取“特事特办”的思路,对影响突发事件应急处置的公民、法人或其他组织采取更为严厉的措施。例如,2021 年修订实施的《行政处罚法》第 49 条规定,发生重大传染病疫情等突发事件,为了控制、减轻和消除突发事件引起的社会危害,行政机关对违反突发事件应对措施的行为,依法快速、从重处罚。但在常态情形下,行政处罚等行政行为的作出必须要严格依据法律所规定的程序和幅度。第三,应急处置状态的结束也意味着社会秩序的恢复。一方面,在应急处置状态下,社会处于一种不正常的状态,如在新冠肺炎疫情防控过程中,学校基本处于封闭状态,学生不可随便出入,进入社区、公共场所等地需要测体温或出示健康码,这对整个社会来说均是一种负担;另一方面,在重大突发事件应急处置状态下,国家会遭受极大的财产损失,社会的正常秩序和公共设施等都有可能遭受破坏,而应急处置状态的结束,也意味着恢复和重建的开始,应急处置状态晚结束一天,国家、社会、公民都有可能要承担各种损失。

二、国家救助制度

突发事件事后恢复中的国家救助,是指在突发事件应对工作结束之后,国家对在突发事件中造成损害的人给予一定物质、政策、工作等方面的帮助,使其能尽快地摆脱突发事件带来的影响,回归正常生活。突发事件事后恢复中的国家救助不同于应急处置中的紧急救助制度,具体表现为:第一,权利基础不同。应急处置中紧急救助的权利基础是公民的生命健康权与财产权,而事后恢复中紧急救助的权利基础则是人的生存权。生存权的本源性权域即最低生活水准权,具体包括生命体的维护、有尊严的生活和安全的生活[1],另外,生存权的相关性权域还包括受教育权、劳动权、社会保障权等。第二,主体不同。应急处置中的紧急救助的主体有很多,包括应急管理机关、军队、其他国家机关、非政府性救援力量等等,但事后恢复中的国家救助主体只能是国家。第三,救助方式不同。应急处置中的紧急救助主要是解救正在遭受突发事件损害的人或财产,而事后恢复中的国家救助则主要是提供物质资料、心理辅导、工作或受教育机

---

〔1〕 汪进元:《论生存权的保护领域和实现途径》,载《法学评论》2010 年第 5 期。

会等。

突发事件结束后,最重要的便是恢复原有社会秩序,大致应当做好以下几项工作:

第一,《突发事件应对法》第59条规定的保障公民的基本生活条件。基本生活条件保障的便是公民的生存权,是最基本的人权,除了提供维持生命的食物外,还应尽快修复被损坏的交通、通信、供水、供电、供气、供热等公共设施;另外,国家还应保障受突发事件影响的当事人的未来生存必不可少的物质资料,提供一定的工作岗位以及及时恢复突发事件发生区域的教育并加强对受灾学生的补助等。

第二,《突发事件应对法》第60条规定的对受突发事件影响地区的重建工作予以资金、物资和人力上的支持,其又可分为上级政府的支持与其他地区的支援。其他地区支援方面,目前中国在巨灾应对中经常采取的对口援助机制,是以上级政府强制性的安排为基础的,[1]未来当然也可采取更加合理的支援方式。

第三,拓宽重建资金来源渠道并做好资金的统筹利用工作。除了国家以及各地政府对突发事件发生区域的对口支援外,当地政府应当积极自主寻找重建资金渠道来加快事后恢复效率。另外,政府应当注重考虑重建资金的利用机制,以保证重建资金最为合理的利用。如在汶川地震后,中央与四川政府通过设立地震灾后恢复重建基金与财政信贷政策来确保专款专用,使受突发事件影响的群众得到了妥善的安置。[2]

第四,《突发事件应对法》第61条规定的国务院制定扶持受影响地区有关行业发展的优惠政策,比如简化行政审批手续、提供税收优惠、加大转移支付力度等,以确保该地区不会因突发事件导致经济衰退,从而更快地恢复原有社会秩序。如在新冠肺炎疫情防控过程中,各级财政部门加大了财政领域重点扶持政策的有效推动,并按照各自授权范围和职能原则,重点保障、积极帮扶和有力支持了市场主体的疫情防控、复工复产和经济社会的稳定发展。一是出台了财

〔1〕 应松年、林鸿潮:《国家综合防灾减灾的体制性障碍与改革取向》,载《教学与研究》2012年第6期。

〔2〕 游克斌等:《恢复重建政策的区域经济影响及其应对——以汶川地震为例》,载《中共四川省委省级机关党校学报》2008年第3期。

政贴息、税费减免等一系列政策，重点支持了重点行业企业复工复产，帮助包括个体工商户在内的中小微企业渡过难关、重振信心；二是按照统筹使用原则，集中使用部分中央部门筹建资金，统筹用于疫情防控，保障脱贫攻坚和全面建成小康社会等重点支出；三是在《预算法》框架内加大了财政转移支付力度，进一步向受疫情影响较大的地方倾斜，确保地方和基层保工资、保运转、保基本民生；四是按照政府债券相关管理规定，适度扩大地方政府专项债券发行规模，按照资金跟着项目走的原则，指导地方做好项目储备和前期准备工作，尽快形成有效投资。2020 年 2 月 29 日，国家税务总局又下发《关于支持个体工商户复工复业等税收征收管理事项的公告》（国家税务总局公告 2020 年第 5 号），明确了疫情期间个体工商户和小微企业实行征收率为 1% 的增值税优惠政策。[1]

三、奖励和抚恤制度

《突发事件应对法》第 61 条规定，公民参加应急救援工作或者协助维护社会秩序期间，其在本单位的工资待遇和福利不变；表现突出、成绩显著的，由县级以上人民政府给予表彰或者奖励。县级以上人民政府对在应急救援工作中伤亡的人员依法给予抚恤。其他应急管理法律也有对奖励和抚恤制度作出的相关规定。

在重大突发事件发生时，应急处置人员不仅付出了大量的时间与精力，也承担着远超常人的压力与风险。对他们的贡献作出相应的表彰与奖励，也是政府与社会应尽的义务。一方面，从个体公平的角度上看，每一个舍己为人的奉献者，都绝不能被忽略或遗忘，而应为其善举获得应有的报偿；另一方面，从宏观大局的角度上看，只有让“善有善报”的大众愿景变为社会现实，我们才能让善恶与是非更加分明，从而提升社会的整体道德水准。因此，对应急处置人员给予适当的奖励，既是社会公平的需要，也是社会文明的需要。

当前，国家和地方政府均较为重视对应急处置人员的奖励和抚恤，以新冠肺炎疫情防控为例，为进一步完善激励机制，落实关心关爱一线医务人员的人事激励措施，人力资源社会保障部发布《进一步落实关心关爱疫情防控一线医

[1] 《把钱用在最需要的地方：疫情防控中的法治财税保障》，载澎湃新闻，https://www.thepaper.cn/newsDetail_forward_6488057，最后访问日期：2020 年 7 月 18 日。

务人员相关人事激励措施的工作指南》[1]，要求各地进一步做好疫情防控期间各类医务人员的及时奖励工作。此外，各地政府也都规定了相应的奖励和抚恤措施，各单位也大多予以落实。值得提出的是，为支持我国的新冠肺炎疫情防控工作，蒙古国总统2020年2月访华时宣布向中方赠送3万只羊。湖北省委、省政府决定，将这些羊肉分给在湖北“保卫战”、武汉“保卫战”中为取得决定性成果作出重大贡献的省内新冠肺炎医疗救治定点医院一线医务工作者、全国各地援鄂医疗队，以及在湖北省新冠肺炎疫情防控中因公殉职人员的家属。其中，送给省内新冠肺炎医疗救治定点医院一线医务工作者的羊肉，将以市州为单位发往定点医院；送给全国各地援鄂医疗队的羊肉，将以各省（市、区）、新疆生产建设兵团等为单位发往目的地；送给因公殉职人员家属的羊肉，将安排一一送到家中。[2]

四、经验总结制度

《突发事件应对法》第62条规定了有关政府应及时查明突发事件的发生经过和原因，总结经验教训并制定改进措施的制度。在突发事件应对工作结束后，对此次应急处置中的经验教训加以总结是极为必要的，一是可以查明突发事件的发生原因，以便在未来对此加以防范；二是可以总结应急处置工作中的先进经验与不足之处，以便对突发事件应对法律与应急预案加以完善；三是我国目前的应急管理法律制度仍不完善，应急管理机关加强经验总结工作，可以将相关经验反馈给立法机关，通过立法予以制度化，以完善我国的应急管理法律制度，健全国家应急管理法律体系，提升突发事件应对效率。

在应急管理部成立之前，我国在应对重大突发事件时一直采用临时性应急指挥部负责指挥，对某类突发事件负有应对职责的国家机关负责具体应急处置，军队及非政府性应急救援队伍加以协助的“单灾种”型应急管理体制。临时性应急指挥部的人员都是流动的，突发事件应对工作结束后便回到了各自原先的岗位，因而极不利于突发事件应对经验的总结。应急管理部成立之后，人员

[1]《进一步落实关心关爱疫情防控一线医务人员相关人事激励措施的工作指南》，载人力资源和社会保障部网站，http://www.mohrss.gov.cn/gkml/rsgl/sydwrsgl/202003/t20200304_361276.html，最后访问日期：2021年2月8日。

[2]《蒙古来的3万只羊如何分配？全国都有份》，载 https://baijiahao.baidu.com/s?id=1684145427743915528&wfr=spider&for=pc，最后访问日期：2021年2月8日。

较为固定，机制较为健全，专项指挥部不再是临时性的且在应急管理部常设办公室履行常态下的职责，有利于对突发事件应对工作中经验教训的总结。

第五节　法律责任制度

一、概述

突发事件应对过程中或应急处置结束后，还要追究造成此次突发事件或在突发事件应对中具有过错的相关人员的法律责任。首先，《突发事件应对法》第63、64条分别规定了国家机关与有关单位应承担法律责任的情形。从条文中可以看出，国家机关及其相关人员承担的是严格责任，即不以突发事件的严重程度为追责前提，但有关单位只有在“导致发生严重突发事件”或“造成严重后果”等情况下才承担法律责任，即在发生一般性突发事件时，有关单位免责。其次，《突发事件应对法》亦规定了编造并传播虚假突发事件信息，扩大突发事件的发生或危害，以及违反应急管理机关发布的命令、采取的措施的单位或个人的法律责任。另外，还应当追究因不遵守应急处置相关规定，对社会秩序或他人生命财产安全造成损害的人员的法律责任。

二、党纪和政务处分

党纪处分是指党组织、党的纪律检查机关依据相关党内法规，对有违反党章和其他党内法规、违反国家法律法规、违反党和国家政策、违反社会主义道德与危害党、国家和人民利益的行为，且应当受到党纪责任追究的党组织和党员进行惩戒的处分措施。[1] 政务处分是监察机关对公职人员采取的内部纪律惩戒措施。它与党纪处分一样具有适用于国家机关内部成员的性质，并且政务处分与党纪处分的救济方式相同。从法理上看，政务处分与行政处分性质相同，都属于国家机关对公职人员的纪律处分。[2] 党纪处分和政务处分依处分之轻重大致都可以分为三档：第一档为申诫类处分。如党纪处分中的警告、严重警告，政务处分中的警告、记过、记大过。第二档为职务类处分。如党纪处分中的

---

〔1〕 秦前红、张晓瑜：《政务处分与党纪处分适用衔接的若干问题》，载《中南民族大学学报（人文社会科学版）》2021年第1期。

〔2〕 朱福惠：《论监察法上政务处分之适用及其法理》，载《法学杂志》2019年第9期。

撤销党内职务、留党察看,政务处分中的降级、撤职。第三档为资格类处分。如党纪处分中开除党籍,政务处分中的开除公职。

在新冠肺炎疫情防控过程中,大量人员因不依法履行职责或其他原因受到了党纪政务处分。例如,根据安徽网报道,岳西县店前镇农业综合服务中心工作人员王某某,在疫情防控期间违反有关规定,被岳西县纪委监委给予党纪政务处分。2020 年 1 月 21 日,王某某参与店前镇村民薛某某组织的聚餐,其中聚餐成员吴某某于 2020 年 1 月 27 日被确诊为新冠肺炎患者。同年 1 月 28 日,岳西县疾病预防控制中心将吴某某被确诊为新冠肺炎患者的情况告知王某某,并于次日向其送达《实施医学观察告知书》和《医学观察者注意事项》。王某某在明知已被实施医学观察的情况下,不执行居家隔离要求,于同年 1 月 29 日至 2 月 1 日间先后外出拜年、组织和参与聚餐以及与他人聚集打牌。2020 年 2 月 1 日,王某某驾驶摩托车前往菖蒲镇港河村卫生室测量体温,在路经劝返卡口点时,王某某未向值班人员如实说明原因,且不听劝阻,强行通过王屋组、大屋组两处劝返卡口点,造成较为恶劣的社会影响。王某某身为中共党员、国家公职人员,本应严格要求自己,遵守党的纪律和国家法律法规规定,但其不落实党中央关于重大疫情防控要求,拒不执行岳西县委、县政府在紧急状态情况下依法发布的决定,在明知自己被医学观察的情况下,不执行居家隔离规定,走亲访友、聚集聚餐,不服从防控管理要求,冲卡闯关,造成较为恶劣的社会影响,其行为已违反政治纪律和国家法律法规。根据《中国共产党纪律处分条例》《中华人民共和国监察法》《事业单位工作人员处分暂行规定》之规定,经 2020 年 2 月 5 日岳西县纪委常委会议、县监察委员会会议研究,给予王某某党内严重警告、降低一个岗位等级处分。[1]

三、行政责任

与党纪和政务处分的对象不同,在突发事件应对过程中,公民、法人或其他组织因为实施违法行为但尚未构成犯罪的,可能需要承担行政责任。从应急管理法律和其他相关法律的规定来看,公民、法人和其他组织承担的行政责任主要是行政处罚。根据 2021 年修订的《行政处罚法》的规定,行政处罚是指行政

---

〔1〕《违反疫情防控规定,岳西一工作人员受到党纪政务处分》,载 https://baijiahao.baidu.com/s?id=1657795254294496199&wfr=spider&for=pc,最后访问日期:2021 年 2 月 8 日。

机关依法对违反行政管理秩序的公民、法人或者其他组织,以减损权益或者增加义务的方式予以惩戒的行为。值得注意的是,新修订的《行政处罚法》在两处规定了与突发事件相关的行政处罚制度,其中第 18 条规定,国家在城市管理、市场监管、生态环境、文化市场、交通运输、应急管理、农业等领域推行建立综合行政执法制度,相对集中行政处罚权;第 49 条规定,发生重大传染病疫情等突发事件,为了控制、减轻和消除突发事件引起的社会危害,行政机关对违反突发事件应对措施的行为,依法快速、从重处罚。

实际上,在突发事件应急管理的整个过程中都贯穿着行政处罚。在突发事件未发生的事前应对阶段,行政机关负有行政检查等监督管理职责,如发现行政相对人的行为有致使发生突发事件的危险,行政机关可能会作出行政处罚决定。例如,2020 年 10 月 21 日,龙岗区应急管理局执法人员在深圳市添脉网络科技有限公司进行执法检查时,发现该公司未按照规定制定生产安全事故应急救援预案、未定期组织应急救援演练等七项问题。执法人员当即开具《责令限期整改指令书》,要求该公司于 2020 年 11 月 5 日前完成整改。2020 年 11 月 10 日,龙岗区应急管理局执法人员对该公司进行复查,发现该公司未按照规定制定生产安全事故应急救援预案、未定期组织应急救援演练等两项问题,其行为违反了《安全生产法》第 78 条的规定。2020 年 12 月 14 日,龙岗区应急管理局依据《安全生产法》第 94 条第(6)项的规定,对该公司处以责令停产停业整顿 10 日,并处 5.3 万元罚款的行政处罚;对该公司直接负责的主管人员洪某处以 1.2 万元罚款的行政处罚。[1]

在突发事件应急处置阶段,公民、法人或其他组织如果作出妨碍应急处置工作、破坏社会秩序的行为,行政机关也会作出行政处罚的决定,且根据《行政处罚法》的规定,要依法快速、从重处罚。例如,2020 年 1 月 28 日吕梁市市场监督管理局收到《山西省市场监督管理局关于有关问题线索的转办函》,转办内容为国务院"互联网 + 督查"平台接到群众举报,"离石区某药房疫情期间抬高价格售卖口罩"。接到通知后,吕梁市市场监督管理局立即组织执法人员会同离石区市场监督管理局执法人员对离石区某药房销售口罩相关情况进行了核查。执法人员通过查阅购销记录、购销价格等相关资料,发现该药房于 2020 年 1 月

[1] 《警示丨第一批安全生产领域行政处罚典型案件通报》,载 https://mp.weixin.qq.com/s/Rlk7A6rOL4mQk_I2KsTHvA,最后访问日期:2021 年 2 月 8 日。

24 日从山东临沂某有限公司购进 3M9031 口罩 40 个,购进价为 14.6 元/个,以 20 元/个的价格全部出售。当时正处于新冠肺炎疫情发生期间,而该药房销售防护口罩价格明显高于购进价格,存在哄抬价格销售口罩的违法行为。该药房的上述行为违反了《价格法》第 14 条规定,依据《价格法》第 40 条"经营者有本法第十四条所列行为之一的,责令改正,没收违法所得,可以并处违法所得五倍以下的罚款"之规定,吕梁市市场监督管理局对吕梁市离石区某药房作出警告、没收违法所得 128.4 元并处违法所得 5 倍罚款 642 元的行政处罚决定。[1]

四、刑事责任

《突发事件应对法》第 68 条规定,违反本法规定,构成犯罪的,依法追究刑事责任。与突发事件应对相关的犯罪,在犯罪主体上既有可能是公职人员,也有可能是一般的个人或者单位,而导致刑事责任的原因大致可以分为三类:一是因导致或者扩大突发事件的刑事责任,二是妨碍应急处置秩序引起的刑事责任,三是突发事件应对工作中的职务犯罪,下面将通过个案分别予以阐释。

(一)导致或者扩大突发事件的刑事责任

余某某等人重大劳动安全事故、重大责任事故案(检例第 94 号)

2015 年 6 月,B 矸石发电公司热电联产项目开工建设。施工中,余某某、双某某为了加快建设进度,在采购设备时,未按湖北省发展与改革委员会关于该项目须公开招投标的要求,自行组织邀请招标。张某某收受无生产资质的重庆某仪表有限公司(简称仪表公司)负责人李某某给予的 4000 元好处费及钓鱼竿等财物,向其采购了质量不合格的"一体焊接式长颈喷嘴"(简称喷嘴),安装在 2 号、3 号锅炉高压主蒸汽管道上。项目建成后,余某某、双某某擅自决定试生产。

2016 年 8 月 10 日凌晨,B 矸石发电公司锅炉车间当班员工巡检时发现集中控制室前楼板滴水、2 号锅炉高压主蒸汽管道保温层漏气。赵玉某、王某某赶到现场,未发现滴水情况和泄漏点,未进一步探查。8 月 11 日 11 时许,锅炉运行人员发现事故喷嘴附近有泄漏声音且温度比平时高,赵玉某指示当班员工继

[1] 《吕梁市离石区某药房哄抬价格受到行政处罚》,载 https://mp.weixin.qq.com/s/ns5Au4Rusoz8lRtjN1z79g,最后访问日期:2021 年 2 月 8 日。

续加强监控。13时许,2号锅炉主蒸汽管道蒸汽泄漏更加明显且伴随高频啸叫声。赵玉某、王某某未按《锅炉安全技术规程》《锅炉运行规程》等规定下达紧急停炉指令。13时50分至14时20分,叶某某先后三次接到B研石发电公司生产科副科长和A化工集团生产调度中心调度员电话报告"2号锅炉主蒸汽管道有泄漏,请求停炉"。叶某某既未到现场处置,也未按规定下达停炉指令。14时30分,叶某某向赵某某报告"蒸汽管道泄漏,电厂要求停炉"。赵某某未按规定下达停炉指令,亦未到现场处置。14时49分,2号锅炉高压主蒸汽管道上的喷嘴发生爆裂,致使大量高温蒸汽喷入事故区域,造成22人死亡、4人受伤,直接经济损失2313万元。

2018年8月21日,当阳市人民法院以重大劳动安全事故罪分别判处被告人余某某、双某某、张某某有期徒刑5年、4年、5年;以重大责任事故罪、帮助毁灭证据罪分别判处被告人赵某某有期徒刑4年、6个月,数罪并罚决定执行4年3个月;以重大责任事故罪分别判处被告人叶某某、赵玉某、王某某有期徒刑4年、5年、4年。

(二)妨碍应急处置秩序引起的刑事责任

河南省郭某鹏妨害传染病防治案

被告人郭某鹏,男,1990年7月出生,某公司劳务派遣人员,住郑州市二七区。2020年2月29日,郭某鹏从郑州乘火车至北京;3月1日,从北京首都机场乘飞机经阿联酋阿布扎比中转,于3月2日到达意大利米兰彭萨机场;3月3日,乘飞机从意大利米兰到达法国巴黎;3月4日,乘飞机从法国巴黎回到意大利米兰;3月6日,乘飞机从意大利米兰中转阿布扎比,于3月7日到达北京首都机场;当日下午,乘坐火车返回郑州,回到家中。3月8日、3月9日两天乘坐地铁到位于郑州市郑东新区的单位上班并在单位就餐,下班乘坐地铁回家。3月9日下班后,郭某鹏出现发热、咽痛等症状,自行至中原路与大学路交叉口附近的仟禧堂大药房买药,步行回家后服用。当晚,其母亲郭某玲得知郭某鹏发烧后,熬制了罗汉果和甘草给郭某鹏喝。

3月6日,河南省郑州市发布《郑州市新冠肺炎疫情防控领导小组办公室通告第21号》,规定境外入郑人员严格落实"隔离观察"和"如实申报"措施。3月10日8时许,郑州市公安局大学路分局民警在工作中发现郭某鹏近期存在出入境情况,打电话给郭某鹏核实,郭未接电话。后拨打其母亲郭某玲电话,郭某玲否认郭某鹏去过国外。而后又拨打郭某玲电话要求郭某鹏下楼。在公安民警明确告知大数据显示其去过国外后,郭某鹏承认有过出境史。在调查、核实其出入境轨迹后,郭某鹏被送至二七区集中隔离点进行观察,随后被确诊为新冠肺炎。后经排查,与郭某鹏密切接触的40余名人员均已被隔离观察。

3月11日,郑州市公安局大学路分局对郭某鹏、郭某玲以涉嫌妨害传染病防治罪立案侦查。郑州市公安局大学路分局主动听取郑州市二七区人民检察院的意见建议。3月27日,郭某鹏被采取监视居住强制措施。3月30日,郑州市公安局大学路分局侦查终结,将本案移送审查起诉。郑州市二七区人民检察院经审查认为,本案事实清楚,证据确实充分,向郑州市二七区人民法院提起公诉,并提出有期徒刑一年零六个月的量刑建议。4月3日,法院经审理,采纳检察机关量刑建议,判处郭某鹏有期徒刑一年零六个月,郭某鹏表示认罪认罚。

(三)突发事件应对工作中的职务犯罪

在上文所述的余某某等人重大劳动安全事故重大责任事故案(检例第94号)中,当阳市人民检察院办理本案过程中,依照当时的法定权限深挖事故背后的国家工作人员职务犯罪。查明:当阳市发展和改革局原副局长杨某未落实省、市发展与改革委员会文件要求,未对B矸石发电公司设备采购招投标工作进行监管,致使该公司自行组织邀标,采购了质量严重不合格的喷嘴;当阳市质量技术监督局特监科原科长赵某怠于履行监管职责,未对B矸石发电公司特种设备的安装、使用进行监督检查;宜昌市特种设备检验检测研究院技术负责人韩某、压力管道室主任饶某、副主任洪某在对发生事故的高压主蒸汽管道安装安全质量监督检验工作中,未严格执行国家行业规范,对项目建设和管道安装过程中的违法违规问题没有监督纠正,致使存在严重质量缺陷和安全隐患的高压主蒸汽管道顺利通过监督检验并运行。2017年3月至5月,当阳市人民检察院分别对5人以玩忽职守罪提起公诉(另,饶某还涉嫌构成挪用公款罪)。2018年8月21日,当阳市人民法院分别以玩忽职守罪判处5名被告人有期徒刑3年6个月至有期徒刑3年缓刑4年不等。后5人均提出上诉,宜昌市中级人民法院裁定驳回上诉,维持原判。

第四章　域外应急管理法律机制

2020年年初，新冠肺炎疫情开始在我国流行后，国家及时采取了一系列疫情防控措施，使疫情在短时间内便得到了有效控制，向世界展示了中国特色社会主义的制度优势。随后，新冠肺炎在全球范围内大流行，但国际防疫形势丝毫不容乐观，特别是欧美发达国家，因长期以来的医疗体系及社会经济不平等，以及政党间的“反对式”政治治理模式等种种原因，疫情并未得到及时有效的控制。但应当注意的是，我国整体上的疫情治理优势不代表具体应急法律机制不存在丝毫弊端，同时，也不能因欧美国家和政府疲软的疫情应急能力而否定其所有的应急法律制度。在我国应急管理法律体系的建构过程中，我们应当尽量避免域外应急管理法律机制中的弊端，同时，也可以适当参考域外较为科学的相关制度。

第一节　突发性事件法律应对的国际考察概述

在突发性事件中，包含事前预防、事中处理、事后完善的突发性事件处理（或称应急管理）是一国履行公共管理职能的重要组成部分，是考验和衡量一国危机处理能力和管理水平现代化的重要衡量指标。

现代社会，突发性事件处理是履行公共管理职能的重要组成部分，与经济职能、政治职能共同构成现代化国家的基本配置，因而得到世界各国的广泛关注。与中国突发性事件处理制度建构较晚、体系化不成熟相比，美国、日本、俄罗斯、英国由于特殊国情和法治发展较为成熟的双重因素，形成了各具特色、全方位、立体化、多层次的应急管理体制机制。

美国形成了FEMA主导体制，日本形成了三级应急管理体制模式，俄罗斯形成了“大总统”“大安全”模式，英国形成了“中央—地方”分级模式。这些有益经验的系统考察和深入研究对于推动我国应急管理制度的建构和完善有着重要的意义。本章中除包括的俄罗斯模式、日本模式和英国模式外,美国由于其模式的特殊性和全面性,将在本章中着重进行叙述。

此外,介于2020年初全球各地暴发的新型冠状病毒流行病疫情,本章最后部分会对这次疫情问题较为突出的几个重点国家,包括意大利、韩国以及印度的突发性公共卫生事件相关法律法规做出概述,以供参考。

一、俄罗斯应急管理法律机制

俄罗斯是世界上少数几个为了灾害的预防和管理,在各级政府中建立专门服务机构的国家之一,在突发事件的应急管理中俄罗斯呈现的是总统率领和决策、执行机构综合处理的"大安全"模式。

苏联解体后,俄罗斯的政治结构、经济形态和社会都发生了重大变化,正是在应对危机的过程中,俄罗斯形成了与美国有所不同的应急管理体系,形成了以总统为总指挥、以联邦安全会议为决策中心、应急管理支援和保障体系全面协调执行、各部门和地方全面配合的既有分工又相互协调的综合性应急管理体系。

俄罗斯应急管理体系具有"大总统""大安全"的特点。所谓"大总统",是指俄罗斯总统在应急管理体系中拥有比美国总统更为广泛的权力。总统不仅仅作为国家首脑执行立法机构的决策,而是成为整个应急管理的核心主体,任何重大的应急管理方案与行动都必须由总统来决定,从而直接拥有了应急管理的决策权和执行权。所谓"大安全",是指从中央到地方,逐步建立了不同级别的、专职专人的、具有综合性、协同性的管理职能机构,即俄联邦、联邦主体(州、直辖市、共和国、边疆区等)、城市和基层村镇四级垂直领导紧急状态机构。而且俄罗斯设有专职国家安全战略的重要机构——联邦安全会议,该机构常设12个跨部委的委员会:宪法安全、国际安全、信息安全、经济安全、生态安全、社会安全、国防工业安全、独联体安全、边防政策、居民保健、动员与动员准备和科学委员会。这12个跨部门委员会差不多囊括了国家安全的所有方面,组织功能十分周密完备。联邦安全会议既是俄罗斯国家安全决策的最高机构,也是俄罗斯总统的"权杖"。这一强有力的中枢决策机构是俄罗斯应急管理体系的一大特色。

在纵向组织体系上,俄罗斯在俄联邦、联邦主体(州、直辖市、共和国、边疆区等)、城市和基层村镇四级设置了垂直领导的应急管理机构。为强化应急管理机构的权威性和统一性,紧急情况部在俄联邦和联邦主体之间设立了 8 个区域中心,每个区域中心的应急管理工作由紧急情况部的区域分部负责。联邦、区域、联邦主体和城市紧急情况机构下设指挥中心、救援队、信息中心、培训基地等管理和技术支撑机构,确保紧急情况部发挥中枢协调作用。

在具体实施环节,俄罗斯还建有"全国紧急情况预防和应对体系(USEPE)",覆盖了俄罗斯联邦的各个行政区划单位,形成了横向协调、纵向贯通的全国应急管理组织体系。

二、英国应急管理法律机制

英国应急体制的设立源于特殊的国家背景和地理环境。从地理因素来看,受到地理位置和气候因素特殊性的影响,英国洪水、风暴潮、长时间高温干旱频发,地质性塌方和地陷也极易发生。从经济角度来看,英国经济高度依赖国际间贸易,作为最早的工业国之一,英国工业化程度较高,但依然存在技术事故危机和燃料危机的影响。从政治因素来看,英国由大不列颠岛上的英格兰、威尔士和苏格兰以及爱尔兰岛东北部的北爱尔兰以及一系列附属岛屿共同组成,是典型的多民族国家,由于不同文化背景和宗教信仰的影响,公共卫生事件、地区恐怖袭击也成为影响英国发展的主要因素。[1]

为纾解地理因素、经济因素、政治因素所带来的社会突发事件的影响,英国较早建立了中央协调、地方主导的应急管理体制,通过突发事件条例,也称民事紧急状态法(The Civil Contingencies Act 2004[2],CCA)以及应急响应和恢复指导意见(The Emergency Response and Recovery guidance,ERRG)为统领,协调中央和地方各自优势,整合各部门应急管理能力和资源,实行突发性事件的体系化、系统性的分级处理模式。

第一,依托相关法律法规,形成体系化、全方位的制度性保障。英国政府在 2004 年率先出台了突发事件条例,也称民事紧急状态法,并在此基础上,建立中央政府应对措施,对中央政府回应和应对突发性事件作出了系统性的规定。中央政府应对措施,规定了英国应对和从紧急情况中恢复的具体安排,强调不论

---

〔1〕 Naim Kapucu, *Emergency and Crisis Management in the United Kingdom: Disasters Experienced, Lessons Learned, and Recommendations for the Future.*

〔2〕 Civil Contingencies Act 2004, http://www.legislation.gov.uk/ukpga/2004/36/contents.

原因或地点如何，要求中央政府采取协调一致的行动。它描述了英国中央政府如何组织应对，以及英格兰中央、地区和地方各级之间的关系，以及英国中央政府与苏格兰、威尔士和北爱尔兰地方政府之间的关系，侧重于描述对于需要英国中央政府参与的突发性事件如何响应和处理。[1] 此外，英国还建立了中央政府应急处理培训方案（The Central Government Emergency Response Training Program，CGERT），旨在通过法规，系统说明和展示国家战略一级发挥危机管理作用所必需的知识、技能。该方案的主要目的是为不同部门、机构、其他相应组织之间的分工合作作出具体规定，并对之在处理突发性公共事件之中如何向内阁简报室（COBR）汇报处理和应对进度作出了明确的规定。

第二，严格依照宪法性法律规定，遵循君主立宪制，注重发挥地方的积极性。在突发性事件处理的中央和地方权力划分上，英国强调地方为主，注重发挥地方的作用，形成“中央—地方”的制度设计。

地方层面，英国形成了卓有特色的“金、银、铜”三级处置方式。“金”层级官员要解决“做什么”的问题，重点考虑事件发生的原因，可能对政治、经济、社会等方面产生的影响，需要采取的措施和手段，以及这些措施和手段是否符合法律规定、是否会造成新的人员伤亡、是否会对环境和饮用水等产生影响等。“银”层级官员主要解决“如何做”的问题，根据“金”层级下达的目标和计划，对任务进行分配，迅速地向“铜”层级下达执行命令，并可根据不同阶段的处置任务和特点，任命相关部门人员分阶段牵头负责。“铜”层级官员在现场负责具体实施应急处置任务，决定正确的处置和救援方式，直接管理应急资源的使用。

中央层面的突发事件应急处理主要分为三个部分：第一是超出地方处置范围和能力的事件，该事件虽超出地方处理能力范围，但不需要其他机关之间协调配合即可处理，因而由相关中央部门出头协调，作为主要负责部门，处理跨区域的事件即可。第二是大范围影响、需要多部门配合的事件。此时，由中央政府指定一个主要负责机构，协调内阁简报室、军队、情报机构等相关部门共同进行处置。第三是全国性、灾害性事件，此时在首相等的领导下，启动内阁简报室

〔1〕 *The central government's concept of operations*，https://www.gov.uk/government/publications/the-central-government-s-concept-of-operations.

机制(COBR 机制),[1]决定全国范围内的应对举措。

三、日本应急管理法律机制

日本堪称是一个地理环境上多灾多难的国家,由于位于亚欧板块和太平洋板块的交界处,一直以来日本地壳运动活跃,地震和火山爆发事件频发。由于自然突发性事件频发的特殊性,日本应急管理制度成熟,形成了“首相—中央—地方”的三级应急管理体制,推行三者协调配合的格局。

日本应急管理三级体制由首相作为最高指挥官统领整个突发性事件的处理,中央部门内阁官房负责整体协调和联络,中央防灾委员会负责制定防灾基本计划、防灾业务计划、应急处理对策等。在地方一级,由于日本实行地方自治体制,地方根据国家防灾基本计划的要求,并结合本地区的特征,制定本地区的防灾减灾计划。目前,日本全国的47个都道府县、2000多个市町村相互签订了72小时相互援助协议。

当重大灾害发生时,首相首先征询中央防灾委员会意见,然后决定是否在内阁府成立紧急救灾对策总部进行统筹调度,并在灾区设立紧急救灾现场指挥部,以便就近指挥。内阁府作为应急管理中枢,承担汇总分析日常预防预警信息、制定防灾减灾政策以及中央防灾委员会日常工作的任务。各类突发公共事件的预防和处置,由各牵头部门各司其职、各负其责,实行相对集中管理。例如,内阁府牵头无明确主管部门负责事件的应急救援工作,经济产业省牵头负责生产事故的应急救援工作,总务省消防厅牵头火灾、化学品等工业事故的应急救援工作。

第二节 突发事件法律应对的美国模式

一、美国应急管理体制

(一)历史考察

美国的联邦应急管理体制已经存在了200余年,共分为四个阶段:

---

[1] COBR 机制是指以内阁办公室的紧急事务秘书处作为政府推进协调机制的重要机构。它以促进跨部门合作为宗旨,监督各中央部门应急计划、业务连续性计划、物资准备等工作。

1. 19 世纪初到 20 世纪 30 年代

在 19 世纪初，新罕布什尔州（New Hampshire）港口城市朴茨茅斯（Portsmouth）发生了一系列毁灭性的火灾。为应对这些突发事件，1803 年美国第七届国会通过了一项法案，对朴茨茅斯商人延长了关税的征收时间用以减轻他们的负担。这被广泛认为是美国联邦政府通过的第一个在灾难发生后提供救济的法案。[1]

在 1803 年到 1930 年之间，美国政府为灾后救济或赔偿通过了 100 多次特别立法。例如，纽约大火（1835 年）后，对纽约市的商人免征关税。1893 年 6 月，约翰·福特剧院（John T. Ford's Theater, located in Washington, D. C.）倒塌后，第 54 届国会通过了一项立法，对在剧院里受伤的人进行赔偿。[2]

2. 20 世纪 30 年代至 60 年代：零散管理时期

1929 年经济大萧条（Great Depression）开始后，美国总统赫伯特·胡佛（Herbert Hoover）于 1932 年委托重建金融公司（Reconstruction Finance Corporation, RFC）。[3] RFC 建立目的是向银行和机构贷款，以应对突发的经济萧条，刺激经济活动。此外，RFC 还负责在灾难发生后发放联邦资金。RFC 可以被认为是第一个有组织的联邦灾难响应机构。

1934 年，公路局被授权为灾后的公路重建提供资金。The Flood Control Act of 1944（防汛法）还赋予美国陆军工兵部队管理防洪和灌溉工程的权力，从而在洪水后的灾难恢复中发挥了重要作用。[4]

3. 1979 ~ 2003 年：联邦应急管理局作为独立机构

根据 1978 年第 3 号重组计划以及 1979 年 4 月 1 日吉米·卡特总统的行政命令，联邦应急管理局（Federal Emergency Management Agency, FEMA）正式成

---

[1] History of Federal Domestic Disaster Aid Before the Civil War Archived December 14, 2011, at the Wayback Machine, Biot Report #379: July 24, 2006. Suburban Emergency Management Project.

[2] "Guide to House Records: Chapter 23 Ford's Theater Disaster". Archives. gov. Retrieved September 8, 2016.

[3] RFC 是 1932 年至 1957 年间由美国联邦政府管理的一家政府公司，为州和地方政府提供财政支持，并向银行、铁路、抵押贷款协会和其他企业提供贷款。它的目的是增强国家的信心，帮助银行在大萧条开始后恢复日常功能。RFC 在新政下变得更加突出，并在第二次世界大战期间继续运作。它于 1957 年由于不再需要刺激贷款而被解散。

[4] US Fish and Wildlife Service, "Flood Control Act of 1944", Digest of Federal Resource Laws of Interest to the U. S. Fish and Wildlife Service. Retrieved August 9, 2019.

立。1979 年 7 月,卡特签署了 12148 号行政命令,将救灾工作移交给新的联邦一级机构。

新成立的联邦应急管理局从住房和城市发展部(Department of Housing and Urban Development ,HUD)吸收了联邦保险管理局(Federal Insurance Administration)、国家防火和控制管理局(the National Fire Prevention and Control Administration)、国家气象服务社区准备计划(the National Weather Service Community Preparedness Program)、联邦总务管理局准备局(the Federal Preparedness Agency of the General Services Administration)和联邦灾害援助管理局(the Federal Disaster Assistance Administration)的活动。联邦应急管理局还被赋予此前是由美国国防部的国防民防机构(the Department of Defense's Defense Civil Preparedness Agency)履行的监督国家民防的职责。

联邦应急管理局所应对的第一起突发事件是 20 世纪 70 年代末倾倒有毒废物到纽约尼亚加拉瀑布(Niagara Falls)的拉夫运河(Love Canal)的事件。此外,联邦应急管理局还对三里岛核事故(Three Mile Island nuclear accident)做出了回应,在这起事故中,核电站发生了部分核心熔毁。这些灾难虽然表明联邦应急管理局作为独立机构(independent agency)能够正常运作,但也暴露出一些效率低下的问题。

1993 年,克林顿(Bill Clinton)总统任命詹姆斯·李·威特(James Lee Witt)为联邦应急管理局局长。1996 年,该机构被提升到内阁级别[1],但在布什总统时代该种特权并没得到延续。[2] 冷战结束后也使得该机构的资源从民防转向了自然灾害准备。

联邦应急管理局通过重组和行政命令成立后,由国会赋予其职责,继续扩大联邦应急管理局的权力。这些责任包括《国家大坝安全计划法》(National Dam Safety Program Act)规定的大坝安全;根据《斯塔福德救灾和紧急援助法》(the Stafford Disaster Relief and Emergency Assistance Act)提供的救灾援助;根

---

〔1〕 *President Clinton Raises FEMA Director to Cabinet Status*,Federal Emergency Management Agency, 26 February 1996.

〔2〕 Fowler, Daniel,*Emergency Managers Make It Official*: *They Want FEMA Out of DHS*,CQ Politics, 19 November 2008. Retrieved March 3, 2010. During the Clinton administration, FEMA Administrator James Lee Witt met with the cabinet. His successor in the Bush administration, Joe M. Allbaugh, did not.

据1977年的《减少地震灾害法》(the Earthquake Hazards Reduction Act of 1977),并经第12699号行政命令进一步扩大的关于联邦建筑物的安全要求,以及第12941号行政命令涉及对联邦建筑物进行地震改造所需的费用估计;1987年《无家可归者救助法案》(the Stewart B. McKinney Homeless Assistance Act of 1987)规定的紧急食物和住所;1986年《紧急规划和社区知情权法》(Emergency Planning and Community Right – to – Know Act of 1986)规定的危险材料。

此外,联邦应急管理局还根据1996年《大规模杀伤性武器法案》(Weapons of Mass Destruction Act)通过《纳恩—卢格—多梅尼西修正案》(Nunn – Lugar – Domenici amendment)获得了反恐授权,由国会通过定期拨款和紧急拨款相结合的方式为联邦应急管理局提供资金。

4. 2003年至今:联邦应急管理局作为国土安全部的子部门

2001年9月11日的9·11恐怖袭击之后,美国国会于2002年通过了《国土安全法案》(the Homeland Security Act of 2002),设立了国土安全部(the Department of Homeland Security,DHS),以便更好地协调处理执法、防灾救灾、边境保护和民防事务的不同联邦机构。[1] 联邦应急管理局于2003年3月1日正式并入国土安全部并成为国土安全部应急准备和反应理事会的一部分,雇用了2600多名全职雇员。2007年3月31日,它再次成为联邦紧急事务管理局,但仍留在国土安全部。

2003年1月,布什总统任命迈克尔·布朗(Michael D. Brown)任联邦应急管理局局长。布朗在就任时曾声称,联邦应急管理局并入国土安全部将是对联邦应急管理局的打击,其"从根本上切断了联邦应急管理局的核心职能""打击了机构士气""破坏与各州和利益相关者之间长期、有效和经受考验的关系"。在他看来,2003年重组是对恐怖袭击或自然灾害做出"无效且不协调"的处理反应。[2]

2005年的卡特里娜飓风表明,进一步统一职能和再次重组的设想并不能解决联邦应急管理局以前面临的问题。2006年2月15日美国政府出版局(the

〔1〕 *Serving America's Disaster Victims: FEMA Where Does it Fit?* Homeland Security Policy Institute, 13 January 2009.

〔2〕 Grunwald, Michael et al., *Brown's Turf Wars Sapped FEMA's Strength*, The Washington Post, 18 April 2007, at A01.

U. S. Government Printing Office)透露,目前联邦应急管理局的资金为"危险"状态,应急管理专业人士证实,与反恐措施的准备相比,自然灾害准备的资金得到的优先考虑较少。实际上,在自然灾害发生前做好准备的任务与备灾职能分离,是减轻突发事件伤害,提高国家突发事件应急能力的重要举措。[1]

2008 年秋季,联邦应急管理局与广告委员会(The Advertising Council, commonly known as the Ad Council)合作,进行了"准备就绪"运动(Ready Campaign)的协调工作,即在全国范围内通过公共服务广告(the national public service advertising)运动,旨在教育和授权美国人做好准备,应对包括自然和人为灾害在内的紧急情况。

(二)联邦制与应急管理局

由于灾难等突发性事件给各州和地方带来的损失可能急剧增加。美国国会规定,在总统的批准和州长的要求下,联邦援助(Federal assistance)可为各州所使用。其中,由于突发性事件造成政府设施修缮的公共援助,由联邦政府出资 75%,其余部分由地方政府承担(除非由于特殊原因,国家提供援助或贷款)。联邦应急管理局并不赔偿州政府或地方政府不当维护的建筑物,也不支付设施升级或改善的费用。联邦紧急事务管理局协调但不资助小企业管理局或农民家庭管理局提供的救灾援助。联邦应急管理局的赠款援助资金来自财政收入共享、住房和城市发展部以及交通部备灾赠款。[2]

目前,美国许多州都有自己的救灾机构。如果发生超出州运行能力的灾难,该机构的负责人将建议州长是否宣布进入紧急状态。经总统批准,宣布国家进入紧急状态,也可以使得一个州获得联邦援助。值得注意的是,宣布国家进入紧急状态并不能保证得到联邦政府的援助。各州也依赖互助协议,如民防和灾难协约。互助协议可以是相邻的州、市、县或整个地区之间的互助协议。

---

〔1〕 Senate Bipartisan Committee (February 15, 2006), *The Final Report of the Select Bipartisan Committee to Investigate the Preparation for and Response to Hurricane Katrina*, U. S. Government Printing Office: Washington, D. C.

〔2〕 Settle & Allen (1985). *Financing Disaster Mitigation, Preparedness, Response, and Recovery*, 45 Public Administration Review 101(1985).

这些协议允许各机构共享资源,以便更好地为紧急情况做好准备。[1]

值得注意的是,地方政府对影响当地灾害反应的四个因素负有最直接的责任。第一,税基消耗的程度(the extent of tax base depletion);第二,销售税收流失的范围(the scope of lost sales tax revenue);第三,获得其他形式的收入(access to other forms of revenue);第四,城市债务总额(count of city debt)。拥有基本完整的税基,地方政府就能保持稳定的收入来源。没有受到灾难伤害的企业将能够继续产生销售税收入。拥有大量财政收入储备和强有力的互助协议的城市将有更大的应对能力。而那些拥有大量市政债务却无力偿还州或联邦贷款的城市将处于困境。

二、美国突发事件法律应对的组织实施机制

自1992年以来,美国总体应急预案经历了四次重大修订。1992年,《联邦响应预案》(Federal Response Plan,FRP)。2004年,"9·11"事件以后,美国各级政府基于"共同应对"理念,制定《全国响应预案》(National Response Plan,NRP)。2008年,经历了卡特里娜飓风之后,联邦政府修订了NRP,由之前的预案变成了《全国响应框架》(National Response Framework,NRF)。

从联邦部门机构设置来看,美国的应急管理属于国土安全部的职责范畴。2002年,《国土安全法》颁布后,美国成立了国土安全部,旨在进一步增强美国国内安全保障。通过此次机构改革,联邦政府把应对恐怖威胁的内容纳入国家整体安全战略,并将美国联邦应急管理署合并为其下属部门。

(一)联邦组织体系

2002年《国土安全法案》(Homeland Security Act)颁布前夕,一些人呼吁联邦应急管理局继续作为一个独立机构存在。后来,在卡特里娜飓风事件过后,批评人士呼吁将联邦应急管理局从国土安全部撤下[2]。现今,联邦应急管理局作为国土安全部的一个主要机构,对国土安全部负责,联邦紧急事务管理署

---

[1] Settle & Allen (1985). *Financing Disaster Mitigation, Preparedness, Response, and Recovery*, 45 Public Administration Review 101(1985).

[2] *Serving America's Disaster Victims: FEMA Where Does it Fit?* Homeland Security Policy Institute, January 13 2009.

署长直接向国土安全部部长报告。2003 年 3 月,联邦应急管理局与其他 22 个联邦机构一起成为国土安全部的重要组成部分,国土安全部采取协调一致的办法,积极应对自然和人为的紧急情况和灾难,确保美国的国家安全。例如,联邦应急管理局负责管理全国洪水保险计划(the National Flood Insurance Program),对美国国内洪水突发事件作出积极的管理和应对。

此外,联邦应急管理局也是国家连续性计划理事会(National Continuity Programs Directorate,前国家安全协调办公室)的所在地。在此之前,国家安全协调办公室负责制定、执行和验证整个机构的行动连续性和政府计划的连续性,并监督和维持连续性准备工作,包括 Mount Weather 紧急行动中心。自 2007 年起,联邦应急管理局还开始接管国内准备中心(Center for Domestic Preparedness)。

(二)地方组织体系

美国应急管理体系的核心在各州。对于一般灾害,各州调动本州资源开展应急救援行动。对于重大灾害,联邦政府按程序启动应急救援,总统指派专人担任联邦协调官。随后,联邦协调官、联邦相关部门和受灾州的负责官员联合成立应急救援现场办公室,调动和协调联邦应急救援资源,开展救援工作。同时,根据工作需要,应急救援现场办公室下设若干工作小组,负责信息收集处理、协调联络、灾情评估和通信等。现场应急救援工作完成后,联邦政府还会帮助受灾州开展灾后重建、赈灾资金发放和保险理赔。

美国地方的应急组织参照美国巡回法院设置的方式,采取区域管辖原则,全国共设置了十一个地方应急管理组织。(见表 4－1)

表 4－1　美国地区应急管理区域

	管理机构所在地	所管辖地区(缩略用语)
区域一	Boston, MA	CT, MA, ME, NH, RI, VT
区域二	New York, NY	NJ, NY, PR, USV
区域三	Philadelphia, PA	DC, DE, MD, PA, VA, WV
区域四	Atlanta, GA	AL, FL, GA, KY, MS, NC, SC, TN
区域五	Chicago, IL	IL, IN, MI, MN, OH, WI
区域六	Denton, TX	AR, LA, NM, OK, TX

续表

	管理机构所在地	所管辖地区
区域七	Kansas City, MO	IA, KS, MO, NE
区域八	Denver, CO	CO, MT, ND, SD, UT, WY
区域九	Oakland, CA	AZ, CA, HI, NV, GU, AS, CNMI, RMI, FM
区域十	PAO	AS, CNMI, GU, HI
区域十一	Bothell, WA	AK, ID, OR, WA

三、美国应急反应机制建构

美国突发事件的应急管理响应是基于小型分散的团队而设立的,这些团队在国家灾难医疗系统(National Disaster Medical System,NDMS)、城市搜救(Urban Search and Rescue ,USAR)、灾难殡葬行动响应小组(Disaster Mortuary Operations Response Team ,DMORT)、灾难医疗援助小组(Disaster Medical Assistance Team ,DMAT)和移动应急响应支持(Mobile Emergency Response Support,MERS)等领域依托各自的专业型发挥着不可替代的作用。

(一)国家应对协调中心

联邦应急管理局国家反应协调中心(National Response Coordination Center,NRCC)是联邦应急管理局总部的一个多机构中心,旨在协调联邦政府对重大灾害和紧急情况的整体支持,支援区域一级行动的灾难性事件。联邦应急管理局联邦应急管理局人员及其他适当的人员(包括非政府组织和私营部门的代表)组成,其受委托后积极管理和回应突发性公共事件,对之作出回应或预警。[1] 在反应的最初阶段,联邦应急管理局将作为整体,重点关注预计的、潜在的或不断升级的重大事件活动。

联邦应急管理局国家反应协调中心(NRCC)与受影响地区协调,并提供必要的资源和政策指导,以支持事件级的行动。联邦应急管理局国家反应协调中心(NRCC)工作人员专门在国家一级提供紧急管理协调、规划、资源部署、收集

〔1〕 *National Response Framework*: *Second Edition*(PDF). Fema. gov. May 2013, Retrieved October 3, 2018.

和传播事件信息,积极有效地应对上述事件。联邦应急管理局将国家反应协调中心(NRCC)作为应急管理的重要组成部门,将之用于应急事件的处理和预防,例如,2013 年国家反应协调中心(NRCC)对科罗拉多州洪水事件进行了应急管理活动。[1]

(二)国家灾难医疗系统

2006 年 12 月 18 日,根据布什总统签署的 Pandemic and All – Hazards Preparedness Act(《流行和重病防御法案》),国家灾难医疗系统(National Disaster Medical System,NDMS)从国土安全部转移到卫生与公众事务部(the Department of Health and Human Services)。

国家灾难医疗系统(NDMS)由向灾难受害者提供医疗和相关护理的团队组成。这些团队包括医生、护士、药剂师等,通常由医院、公共安全机构或私人组织赞助。此外,由美国公共卫生服务队受委托的军官组成快速部署部队(Rapid Deployment Force ,RDF) 用以协助发展中国家监测系统。

灾难医疗救援队(Disaster Medical Assistance Teams,DMAT)在灾难中提供医疗服务,通常由医生和护理人员组成,此外灾难医疗救援队(DMAT)还由国家护理反应小组(National Nursing Response Teams,NNRT)、国家药物反应小组(National Pharmacy Response Teams ,NPRT)和兽医医疗援助小组(Veterinary Medical Assistance Teams ,VMAT)等协助提供法医检验服务、净化化学和生物制剂等服务。

(三)移动应急响应支持

移动应急响应支持(Mobile Emergency Response Support,MERS)为美国各地公共安全提供通讯支持。例如,他们可以在突发事件附近区域驾驶一辆装有卫星上行链路、电脑、电话和发电设备的卡车进入该区域,以便救援人员能够与外界沟通。此外,还有可空运的移动空中运输电信系统(Mobile Air Transportable Telecommunications System, MATTS)、便携式手机发射塔(portable cell phone towers)等。

---

[1] *Homeland Security Today*: *FEMA Monitors Colorado Flooding*; *Supports State*, *Local Response*, HSToday. us. Archived from the original on September 21, 2013. Retrieved December 16, 2017.

2019年7月4日、5日，美国加利福尼亚州南部地区相继发生6.4级和7.1级强震，刷新当地近20年来最强烈地震纪录。联邦应急管理局利用国家无线应急系统向有关区域近亿部电子设备进行了广播，公告和预警可能出现的突发事件。移动应急响应支持（MERS）利用手机短信的闪烁的警示牌和警示音对国家紧急情况、突发事件或公众危险事件予以示警。[1]

四、美国突发事件应对的特点分析

（一）有法有据，权责明确

联邦政府应急管理是根据《减灾和紧急救助法》授权，并按《联邦响应计划》部署开展灾害及突发事件应急管理工作的。《联邦响应计划》由参加计划的27个政府部门和美国红十字会的首脑共同签署。各部门职责和任务在应急计划中得到明确界定；国土安全部负责协调联邦应急准备、计划、管理和灾害援助，并制定援助政策。一旦发生紧急事件，按分级负责的原则，先由当地政府负责应对处置；地方能力不足时，请求州政府援助；当超出州本地应急能力时，可由州长提请总统宣告灾害或紧急状态。在总统正式宣告后，国土安全部启动《联邦响应计划》，各有关部门即可直接按各自职责分工采取协调行动，有效应对。有时可能同时出现应对不同性质的几个紧急事件的情况，但对政府各部门来讲，实际上是一套应急工作班子。采取一套班子、多方应急的方式，有利于降低运作成本，提高工作效率。

2011年3月11日发生的日本大地震对美国社会产生了强烈震动，美国参议院迅速召开了专门听证会，考虑如何应对类似的重特大突发事件风险。2011年3月30日，美国总统奥巴马签发的《总统政策第8号指令》（PPD－8）取代了《总统国土安全政策指令》（HSPD－8）。《总统政策第8号指令》（PPD－8）出台后，美国政府发布了一系列应急管理的重要文件，并对已有的应急管理的重要文件进行了重新审定或更新，使应急管理的工作文件体系更加清晰、翔实，更符合加强全国应急准备和提升核心能力的需要，具体体现在以下方面：

一是制定完成了《全国准备目标》《全国准备系统》两份核心文件，明确界定了新的核心能力，以及建立能力的方法和途径，同时每年发布《全国准备报

---

〔1〕 Here's what Vail learned when it tried out the "Presidential Alert" messaging system FEMA will test Wednesday Denver Post, 2018－10－01.

告》;二是重新审视了《全国响应框架》,将其分解、充实并调整为《全国预防框架》《全国保护框架》《全国减缓框架》《全国响应框架》《全国恢复框架》等5个框架,更加明确了公民、社区、民间机构、地方政府、联邦政府部门、总统等在这一领域的职责;三是新制定了《跨机构减缓计划》《跨机构响应计划》《跨机构恢复框架》等文件,以促进跨机构之间的合作和协调;四是出台和更新了一批支撑性文件,进一步审查和完善了综合准备指南的一系列文件,比如,指导如何制作应急预案的《综合准备指南101(2.0版本)》(CPG 101 Version 2.0),指导如何开展风险分析与评估的《综合准备指南201》,指导如何开展信息传递和资源整合的《综合准备指南502》等文件。

2014年,美国联邦应急管理署的第二个应急管理发展"五年规划"提出,要推动社会组织应急管理全面制度化。而《FEMA战略规划(2018－2022)》是在对以往规划延续的基础上,为解决应急管理中出现的新问题制定的。

(二)全社会参与理念

"全社会参与"的理念实际上是美国政府从治理的最基础方面来思考加强应急管理工作,它涵盖各种不同类型的社区,既包括不同地点、兴趣、信仰、环境的社区,也包括地理上的和虚拟中的社区。从实际来看,它是对以往美国应急管理工作的深刻总结。

《全国应急准备系统》中指出,"国家应急准备系统的力量依赖于如何确保整个社会有机会参与实现国家安全和抗逆力的目标"。一方面,明确界定了概念,"全社会参与是指一种包括居民、应急管理实际工作者、组织和社区领导者,以及政府官员能够共同理解和评估各自社区的需求,并决定用最好的方法来组织和保护他们财产、能力和兴趣的方式"。另一方面,明确界定了具体的参与主体,全社会参与的主体既包括个体和家庭,也包括以信仰为基础的社区组织,非营利组织,学校和研究机构,媒体,还包括联邦政府、州政府、地方政府、部落政府、领地等在内的政府,并将其落实在具体的应急管理政策中。美国国土安全部助理部长大卫·考夫曼(David Kaufman)对此曾评价,"公众越了解我们的社区,公众就能更好地了解他们的真实生活中所面临的安全问题,继而能够帮助我们更好地开展与应急管理有关的活动"。

（三）科技助力

应急通信信息系统在美国应急体系中起着关键作用，通过集群无线网、卫星通信等设施收集信息并加以分析观察，以起到预防在先、提前准备的作用。我们在考察访问中印象较深的是网间联接设备，由于警察、消防等部门都有各自的通讯系统，自成体系，频率、媒介各不相同，在调度指挥时需要联接互通，而网间联接设备，沟通了各系统之间的通讯联系，使各种通信网的利用率提高，联系高效，指挥灵活，保证了在紧急状态下应急指挥调度的效率。

在2019年7月美国国庆日前后，加利福尼亚州南部地区相继发生的强震中，联邦应急管理局利用国家无线应急系统向有关区域近亿部电子设备进行了广播，公告和预警可能出现的突发事件，有效应对了近20年来的最强地震，减少了人员伤亡。

第三节 各国在突发性公共卫生事件中的应对政策

一、意大利应对突发性公共卫生事件的模式

（一）概述

意大利是个历史悠久的国家，其在应对突发性公共事件的法律政策方面也有很有经验。意大利作为一个民主共和国，国家元首是总统，其行政权由部长理事会掌握，部长理事会由总理（正式称为部长理事会主席）领导。立法权则是由众议院和参议院共同行使。司法部门则是独立于任何其他权力的自治权力部门。意大利的领土分为二十个地区，再分为省市等。

在公共卫生突发事件方面，意大利《宪法》承认保护公民健康是一项基本的个人权利且符合公共利益，同时也体现了保护人权的原则。在这一宪法框架内，意大利《综合卫生法》（Consolidated Health Laws）和其他各项法律和法规条款将应对公共卫生危机的责任分配给了国家和地区政府，当国家受到流行病威胁时，政府应下达命令授权采取措施应对传染病，建立报告系统，并授予了特殊药品上市的权力。卫生部长和国家卫生局在这一领域起着领导作用。宪法保障信息自由，包含公共卫生信息的自由。意大利同时保持着与世界卫生组织、欧洲机构和其他国际组织积极合作。

(二)公共卫生危机管理系统结构

在意大利,保护公民健康和公共卫生危机的处理受到成文法和行政法规的约束,这些基于宪法基本原则的法律法规是为了保护公民的个人权利以及社会公共利益而存在。意大利《宪法》进一步规定,只有在不违反尊重人格原则的前提下,才可以依法实施公共保健法律政策。[1]

意大利卫生部下属的国家卫生服务局(National Health Service)旨在确保全体人民在面对卫生和流行病时的健康与福祉,它的职责是协调、干预或执行与个人和集体卫生健康相关的各机构与部门的工作。意大利中央和地方政府共同负责国家卫生服务的实施,且法律赋予卫生部门必要的权力,以强制性地执行公共卫生健康控制方案与治疗措施。[2]

意大利《综合卫生法》包含多项与传染病相关的具体规定。一方面,其规定卫生部长可以在上级卫生委员会的建议下,发布受特殊程序和措施约束的传染病清单。该法案规定了各级负责部门应与卫生部协调报告传染性疾病的制度。同时,法案还提供了针对传染性疾病的预防措施、必要的应对手段以及消毒程序。当意大利面临流行传染病的威胁时,法案授予卫生部部长权力,为应对流行传染病的传播,可发出特别命令对房屋进行检查和消毒、组织特殊服务和医疗救助,同时相应地采取针对性的保护措施。再者,根据规定,卫生部长令需及时发布在国家官方公报上,做到信息公开。另一方面,根据有关兽医法规的规定,该法案还要求市兽医局和市卫生局之间进行协调,报告可传播给人类的动物疾病。[3]

根据意大利法律的规定,预防、监测和应对包括流行病在内的公共卫生紧急情况,即便是由恐怖主义分子造成的恐怖袭击行为,也应由中央、区域和市政各级政府官员和公务员负责。应对紧急情况的程序应自上到下发布,首先,由

---

〔1〕 *Constitution of the Italian Republic art.* 32, https://www.senato.it/documenti/repository/istituzione/ costituzione_ inglese.pdf.

〔2〕 Law No. 833 of December 23, 1978, National Health Service Institution, Gazzetta Ufficiale della Repubblica Italiana, http://www.normattiva.it/uri-res/N2Ls? urn:nir:stato:legge:1978-12-23;833.

〔3〕 Royal Decree No. 1265 of July 27, 1934, as amended, approving the Consolidated Health Law, in Codice della Sanita' (Torino, UTET 1999).

卫生部长评估并作出有关决定,如若认定国家正处于危机情况,应发布法令以触发对特定紧急情况的应急预案。其次,在总理的监督,以及在内政部长的正式授权下,民防部门负责处理自然灾害或人类活动造成的紧急情况,并同时处理因灾害强度和范围而引起的其他相关事件,中央和地方政府各级公共部门需要相应地在此过程中开展协调工作。

依据1998年颁布的法律,[1]区域和地方政府可以对突发卫生事件进行紧急干预。而中央政府部门的干预行为则应根据紧急情况的相关性和严重性而定。在宣布进入紧急状态后,总理可任命一名特别专员来负责应对事件。[2]

(三)公共卫生部门的权力

意大利《宪法》第32条规定,除非法律另有规定,否则不得强迫任何人接受治疗,法律无权违反因保护人权而施加的限制。虽然公共卫生部门被赋予权力可以采取多种保护措施以防止疾病在公共卫生危机中传播,但在一定程度上,公共卫生部门的权力也相应地受到了宪法的限制与制约。例如,在施以强制性医疗的同时,行政部门的行为也会受到宪法保障尊重人权、保护隐私的相关法律规定的限制。但一些学者指出,在预防流行病和传染病方面,意大利《宪法》似乎更倾向于集体的公共卫生利益,而不是个人利益。

此外,意大利卫生部门可以对来自危险地区的旅行者实施更为严格的控制措施,例如,要求航空公司或其他承运人提供有关其乘客行程的详细信息,进行卫生健康检查,并要求被感染者住院。卫生部可以在领土边界、港口和机场设立的卫生检查站对进口货物、旅行者和移民采取国际预防措施和公共卫生措施。[3]

对于违反意大利公共卫生法的行为,相关法律规定了对违规行为施以行政和刑事制裁,其中包括监禁条款。惩罚性行为包括卫生专业人员未能在紧急情况下提供援助、卫生专业人员违反报告程序以及在公共卫生危机中未能遵守当

---

〔1〕 Legislative Decree No. 112 of March 31, 1998, Granting Administrative Powers and Competences of the State to the Regions and Local Entities, in Accordance with Chapter I of Law No. 59, of March 15, 1997, http://www.normat tiva.it/uri-res/N2Ls? urn:nir:stato:decreto.legge:1998-03-31;112vig.

〔2〕 Consolidated Health Laws art. 49.

〔3〕 Royal Decree No. 327 of March 30, 1942.

局的合法命令等。此外,依照意大利《刑法典》的规定,对传播有害细菌、病毒引起的大规模流行病的行为,最高可判处无期徒刑。[1]

(四)公共卫生危机管理系统的透明度

公众获取官方信息的权利是意大利《宪法》第21条所规定的一项人民基本权利。意大利宪法法院根据第21条作出的判决既强调了提供和发布新闻、自由表达观点和评论的权利,同时也强调获得信息的权利。这种理念意味着信息可以源自多种渠道、可以自由获取,并且在法律上没有设立任何对新闻和思想传播的障碍。[2]

意大利《综合卫生法》向中央政府保留了有关国家卫生信息系统的行政职责。还要求中央政府协调(1)建立公共和私人实体合作的区域信息系统,(2)对所公布的数据进行统计分析,[3](3)向国家议会提供必要的信息,以及(4)提供任何其他的国内相关报告。尤其是在公共卫生危机发生期间,需要确保卫生部长可以通过任何适当的方式,在包括网站、报纸、公共和私人广播电视台上及时通畅地发布公共卫生信息。

(五)与世界卫生组织的合作

意大利政府与世界卫生组织保持密切合作,随时应对突发性公共卫生危机。卫生部可以通过其网站向公众通报国际动态以及世卫组织的标准和准则。同时,意大利通过立法程序颁布了相关法律,落实并实施了1973年修订的《国际卫生条例》。[4] 意大利同时还是2005年签订的《国际卫生条例》的缔约国。[5]

---

[1] Penal Code, art. 415, available at http://www.altalex.com/index.php? idnot=36766.

[2] Italian Constitutional Court, Decision No. 105 of 1972, Consulta Online, http://www.giurcost.org/decisioni/1972/0105s-72.html.

[3] Consolidated Health Laws art. 118.

[4] Law No. 106 of February 9, 1982, G. U. 87 of Mar. 30, 1982, Approval and Implementation of the International Sanitary Regulations Adopted at Boston on July 25, 1969, Amended by the Additional Regulations Adopted in Geneva on May 23, 1973, http://www.normattiva.it/uri-res/N2Ls? urn:nir:stato:legge:1982-02-09;106@originale.

[5] States Parties to the International Health Regulations (2005), World Health Organization, http://www.who.int/ihr/legal_issues/states_parties/en/.

（六）案例：意大利应对西非埃博拉病毒疫情的国家措施

为了应对在西非暴发的埃博拉疫情，意大利卫生部于 2014 年 4 月 4 日发布了一项通函，建议采用所有可行的监控方式，以应对间接入境，尤其是针对几内亚和其他几个已出现埃博拉病例的邻国。该通函旨在最大限度地减少埃博拉疫情在意大利蔓延的风险，同时向包括意大利红十字会在内的多个重要政府部门和机构发出了警报。

2014 年 5 月 14 日，意大利众议院举行了一场议会辩论，以审查意大利卫生系统在预防和抗击埃博拉病毒中的准备情况。[1] 辩论强调了一个事实，即在 2014 年 5 月之前的几个月里，意大利目睹了成千上万的非洲非法移民涌入其南部边境，其中许多人来自受埃博拉疫情严重影响的西非地区。在辩论中，许多与会者认为，这种情况应该要求国家政府，特别是卫生部采取行动，以解决非法移民问题，并向公众提供透明且及时的信息，尤其是在关乎儿童保护的方面。同时，参加会议的一些参与者还建议政府在全国范围内实施公共卫生警戒以保护公众，但政府并未采纳该建议。

意大利卫生部在对议会要求的回应中表示，会要求所有抵达意大利沿海地区的移民在进入移民中心之前进行全面的临床评估，以排除任何疑似感染埃博拉病毒、具有相关体征或症状的人员，必要时将采取隔离措施。对此移民中心还配备了专门的卫生人员，其职责是为了确保来往于卫生部的信息可以传递通畅，并在公共卫生发生危机时立即采取相应的措施。尽管议会辩论产生了一些新的法规，但意大利此时尚未提出包含针对埃博拉疫情的特别措施或具体的立法法案。

2014 年 10 月 14 日，意大利国家传染病研究所（National Institute for Infectious Diseases）更新了《西非埃博拉病毒疑似、确诊病例和接触者管理操作程序》手册。该程序手册包括三个部分：第一部分描述了埃博拉病毒及其所产生的疾病；第二部分规范了对埃博拉病人的治疗；第三部分对涉及疾病治疗的其他阶段，包括对消毒和卫生、废物处理、人员安排和卫生人员监视等作出了相关规定。

---

〔1〕 XVII Legislature, Transcript of Assembly Session No. 228, of May 14, 2014, http://www.camera.it/leg17/410? idSeduta=0228&tipo=stenografico#.

首先，对于可疑患者，医疗卫生人员必须遵守一系列医疗指南，包括患者所处区域的卫生状况，患者转移隔离病房或设施的程序，以及指定医师进行即时治疗等。同时，对待非法移民的疑似患者，政府有权对其进行遣返或转移到其他医疗机构进行后续医治。

其次，主治医生需对患者做出医疗诊断，例如无风险、怀疑有低风险或高风险。如果患者的特征是低风险或高风险，则需要在专门应对传染病的设施中对其进行治疗。为避免在治疗时传染其他患者，医生与患者都必须严格遵守卫生程序。

同时，埃博拉病毒测试只能在可疑患者中进行。如果测试结果呈阴性，但症状仍在，则需要持续观察至少 48 小时，且在这个过程中接触患者仍然需要保持必要的隔离措施，直到对病人进行第二次测试。如果第二次测试结果依然为阴性，则可将患者转移到康复病房中去。

值得注意的是，该程序手册指出，对于病人的出院标准，并没有相关的国际准则、标准或程序。但是，根据意大利国家传染病研究所以往的经验和对类似情况的观察，该程序手册确立了必须同时满足两个条件的病人才能达到出院标准：(1)患者处于良好和稳定的临床状态；(2)在至少 24 小时的间隔内对患者进行了至少两次埃博拉病毒检测，且结果均呈现阴性。此外在实验室进行的诊断活动必须符合规定的最低要求。在患者身上取得的样本也应遵守“三重包装规则”，样品的运输同样应遵守相应的规定。

最后，该程序手册还列出了在患者死亡时，卫生人员在卫生和净化方面应采取的相应措施。

二、韩国应对突发性公共卫生事件的模式

(一)概述

韩国的卫生与福利部是主要负责应对韩国公共卫生危机的政府机构。韩国疾病预防控制中心(Korea Centers for Disease Control and Prevention)是由卫生与福利部设立的，作为其下属机构疾病预防控制中心有权应对与传染病相关的紧急情况。

韩国《传染病控制和预防法》的立法目的包括了预防传染病暴发与流行，其详细规定了预防和控制传染病的必要措施。韩国《检疫法》则规定了防止传染

病在韩国境内及境外传播的措施。此外,韩国还拥有整套传染病监测系统,确保当某人感染了受关注的传染病时,可以在指定的医院进行住院和治疗。

(二)韩国公共卫生危机管理系统的结构

韩国卫生与福利部应负责与公民健康、卫生和预防流行病相关的事务。韩国2009年颁布的《传染病控制和预防法》旨在通过预防对公民健康有害的传染病的传播,并规定了预防和控制的必要事项,其为改善和保证公民健康做出了重要贡献。[1] 该法案赋予韩国卫生与福利部诸多权力和义务,例如,根据该法规定,卫生与福利部长的职权可以部分下放给韩国疾病预防控制中心主任。[2]

此外,韩国卫生与福利部需要每五年制定并实施一项"传染病预防和控制的总体规划"。总体规划必须包括以下内容:预防和控制传染病的基本目标和方向;预防和控制重大传染病的项目计划及具体实施方法;培训专家并增强传染病的应急准备能力;传染病的统计和信息管理方案。[3]

为审议与预防和控制传染病有关的重大政策,在韩国卫生与福利部之下设有传染病控制委员会,职责包括起草总体计划和危机控制措施。[4] 委员会由卫生与福利部副部长主持,[5]在委员会对问题进行审议之后,卫生与福利部长依照委员会给出的意见与建议制定并实施针对传染病的危机控制措施。[6] 措施包括应急机构的响应系统;紧急情况的确认和决策系统;储存和供应医疗用品计划;教育和培训计划;甚至是在每种紧急情况下的公民行为准则。[7]

值得注意的是,韩国的卫生与福利部长可以建立由私人专家组成的组织以支持传染病控制项目,参与总体规划的实施以及卫生事务方面的国际合作。[8] 例如,韩国疾病预防中心其实就是这样一个组织,它包含以下职能:检疫、传染病控制、传染病监测、流行病情报服务、生物恐怖主义准备和响应以及公共卫生

---

[1] 韩国《传染病控制和预防法》,法案编号9847,于2009年12月29日通过,并于2013年5月22日修订,法案编号11645。

[2] 韩国《传染病控制和预防法》第76条第1款。

[3] 韩国《传染病控制和预防法》第7条第1款。

[4] 韩国《传染病控制和预防法》第9条第1和第2款。

[5] 韩国《传染病控制和预防法》第10条第2款。

[6] 韩国《传染病控制和预防法》第34条第1款。

[7] 韩国《传染病控制和预防法》第34条第2款。

[8] 韩国《传染病控制和预防法》第8条第1款。

危机响应。此外,韩国会成立公共卫生危机应对小组,负责国家新发疾病应对的规划和运行,例如禽流感人感染和大流行性流感的应对和管理、公共卫生官员的教育和培训以及公共卫生危机和国际合作。[1]

(三)传染病监视

韩国《传染病控制和预防法》根据传播速度、危险程度和危害程度对传染病作出了一定的分级分类:

一方面,韩国将传染病分为五个级别。第一级为传染病通过饮用水或食物传播,具有大规模暴发的风险,需要在暴发或流行时立即采取控制措施。这些疾病包括霍乱、伤寒、副伤寒、细菌性痢疾、结肠炎杆菌感染性肠炎和甲型肝炎。第二级为可以通过疫苗接种预防和控制的传染病,但要遵守韩国国家疫苗接种计划。这些疾病包括白喉、百日咳、破伤风、麻疹、腮腺炎、风疹、小儿麻痹症、乙型病毒性肝炎、脑炎、水痘和乙型流感嗜血杆菌。第三级为需要持续监测并制定控制措施以防止其暴发的传染病。这些疾病包括疟疾、结核病、汉森氏病、猩红热、脑膜炎球菌性脑膜炎、军团菌病、创伤弧菌败血症、流行性斑疹伤寒、鼠类斑疹伤寒、灌木斑疹伤寒、钩端螺旋体病、布鲁氏菌病、炭疽、狂犬病、出血热合并有肾综合征、流感、艾滋病和克雅氏病。第四级为根据卫生与福利部条例指定的,在韩国新近暴发或可能暴发的传染病,或有可能传播到韩国以外国家的流行病。第五级为通过寄生虫感染传播的传染病,并被韩国卫生与福利部条例指定为需要通过定期调查并进行监视的传染病。

另一方面,韩国政府还对传染病的类型作出了分类。一是指定的传染病:由卫生与福利部指定的传染病,不包含在上文第1~5级中的传染病,需要进行监视以调查它们是否属于流行病。二是受到世界卫生组织(WHO)监视的传染病:在国际公共卫生紧急事件中通报并检测的传染病,由卫生与福利部公开宣布。三是通过生化恐怖主义传播的传染病:同样由卫生部公开宣布,属于病毒病原体通过故意行为或恐怖主义传播的传染病。四是性传播传染病:由卫生与福利部长宣布的通过性接触传播的传染病。五是人畜共患病:由病原体传播的传染病,且病原体可以从动物传播给人类,反之亦然,由卫生部宣布并需要辅以

---

[1] Hye-Young Lee et al., *Public Health Crisis Preparedness and Response in Korea*, 4 Osong Pub. Health Res. Persp.

监视。六是医院内传染病:由从事医疗活动或接受医疗的病人传染的疾病,由卫生部宣布并需要辅以监视。[1]

依据韩国《传染病控制和预防法》,医生必须向其所属的医疗机构负责人或医疗机构的主管公共卫生诊所报告以下传染病情况:一是当医生诊断出患者或在检查患者尸体时发现其感染了以上所列的任何一种疾病。二是当患者感染了第1至4级中所涵盖的疾病后死亡。[2]

此外,从医生那里收到上述类型的报告的医疗机构必须将其转发给主管的公共卫生诊所。[3] 同时,依据韩国《传染病控制和预防法》规定,任何人但凡是怀疑某人感染或死于上述任何一种疾病,均应通知公共卫生诊所的主管负责人。[4] 凡是有第1组传染病的确认或疑似病例,或因第1组疾病导致的死亡,以下人员均有义务进行医学检查或诊断,或向其所在的公共卫生诊所报告:在家庭单位中,一家之主应上报,而在没有一家之主的情况下,则任意一名家庭成员应将情况上报。在学校、医院、政府机关、公司、娱乐场所、礼拜场所、船只、营业场所、饭店、旅馆或其他聚会场所,则该机构的负责人、经理、所有人或代表应上报。[5] 对于违反该法条有关规定的,可处以不超过200万韩元(约合11600人民币)的罚款。[6] 收到传染病通知的公共卫生诊所负责人必须向上级单位负责人报告疾病细节,然后再将其报告给卫生与福利部[7],并依据信息创建相关统计数据。[8] 在卫生与福利部认为传染病已经暴发并且“随后很可能会大流行”后,应依法展开流行病学调查。[9]

(四)公共卫生部门的权力

韩国的地方政府有权指定医疗机构成为传染病控制机构。卫生与福利部

---

[1] 韩国《传染病控制和预防法》第2条。
[2] 韩国《传染病控制和预防法》第11条第1款。
[3] 韩国《传染病控制和预防法》第11条第2款。
[4] 韩国《传染病控制和预防法》第12条第2款。
[5] 韩国《传染病控制和预防法》第12条第1款。
[6] 韩国《传染病控制和预防法》第81条。
[7] 韩国《传染病控制和预防法》第13条第1款。
[8] Byungguk Yang, *Infectious Disease Surveillance System in Korea*, *Thirty-first Asia-Pacific Advanced Network Meeting*, http://www.apan.net/meetings/HongKong2011/Session/Slides/Medical/6-6.pdf.
[9] 韩国《传染病控制和预防法》第18条。

制定的条例要求指定医疗机构需建立必要的设施，用以预防传染病以及检查和治疗感染的患者，同时规定建立此类设施所发生的费用应由地方政府支持并予以补贴。[1] 如果发生大规模感染，导致医疗机构过载，出现难以容纳所有被感染患者的情况，则卫生与福利部部长和地方政府首脑可以指定其他医疗机构在一定时期内分担病人，临时担任传染病控制机构，并建立隔离病房、疗养院和门诊用以应对疫情。[2]

2014 年 8 月，为应对埃博拉疫情，韩国卫生与福利部指定了共 17 家设有检疫单位的医院，作为官方机构以收治埃博拉患者。[3] 但是，一位韩国传染病流行病学专家同时指出：

尽管有 17 家政府指定的医院设有隔离病房，但这些病房是为治疗空气传播的传染病（如流感）而建造的。因此，目前韩国尚无医院设计用于对通过体液传播的疾病（如埃博拉）提供测试和治疗。[4]

对于感染了传染病的人，必须按照卫生与福利部的要求在指定的传染病控制机构住院。如果此类机构床位已满，则卫生与福利部或地方政府可允许患者在其他医疗机构住院。[5] 此外，政府必须向要住院的患者发出通知，[6] 对于拒绝住院治疗的患者，罚款金额最多可高达 300 万韩元（约合 17500 人民币）。[7] 政府可以授权有关公职人员进入住宅、运输工具（如轮船，飞机或火车）或其他地点进行调查或对患者实施医学诊断。如果医学诊断结果为阳性，确定为感染者时，相关公职人员需要护送患者到指定的医疗机构进行住院治疗。[8]

同时，政府有权要求以下任何人进行医学诊断或接种预防传染病的必要疫苗：被传染病感染的患者的家属或其同居者；住在或经常出没于疫情重点地区

---

[1] 韩国《传染病控制和预防法》第 36 条第 1 款和第 2 款。

[2] 韩国《传染病控制和预防法》第 37 条第 1 款。

[3] Say Health Experts, *South Korea Ill - Prepared for Possible Ebola Outbreak*, Straits Times (Oct. 20, 2014), http://www.straitstimes.com/news/asia/east-asia/story/south-korea-ill-prepared-possible-ebola-outbreak-say-health-experts-201410.

[4] Moran Ki, *What Do We Really Fear? The Epidemiological Characteristics of Ebola and Our Preparedness* Epidemiology & Health (Aug. 18, 2014), http://www.ncbi.nlm.nih.gov/pmc/articles/PMC4153011/pdf/epih-36-e2014014.pdf.

[5] 韩国《传染病控制和预防法》第 41 条第 1 款和第 2 款。

[6] 韩国《传染病控制和预防法》第 43 条。

[7] 韩国《传染病控制和预防法》第 80 条第 2 款。

[8] 韩国《传染病控制和预防法》第 42 条。

的人员；与被感染患者有过亲密接触的人员。[1] 在取得阶段性成果后，为了防止传染病爆发后的进一步传播，政府有义务采取以下全部或部分措施：对被传染病病原体或病人感染的地点或当地交通实施管制；将怀疑被传染病病原体感染的人员安置到指定医院住院或隔离一段时间；禁止使用、接收、转移、遗弃或洗涤被传染病病原体污染或被疑似病患使用过的物品；对被传染病病原体感染的场所进行消毒或采取其他必要措施；禁止在一些区域洗衣或处理废物，需按规定统一处理。[2]

（五）检疫法

根据韩国《检疫法》，在疫情期间任何进入或离开韩国的运输工具（包括船舶、飞机、火车或公共汽车）、人员和货物都必须接受检疫检查。[3] 除负责检疫的公职人员外，任何人均不得在得到签发检疫许可证书之前乘坐运输工具。[4]

此外，根据韩国《检疫法》的规定，需要检疫的疾病包括霍乱、病虫害、黄热病、SARS、禽流感、流行性流感以及其他在国外暴发并可能在韩国境内同时暴发的传染病。[5]

检疫站负责人需要对下列事项进行检疫检查：运输工具的卫生状况；旅客和机组人员的检疫控制事项；食物储存的状态和运输工具中货物的状态；传染病传播媒介的状态。[6]

根据收集到的信息，检疫站负责人可以采取以下措施用以应对：隔离已经感染的患者以及疑似感染的患者；监视或隔离与已感染患者有过接触，或暴露在传染病感染范围内，即使还没有任何症状的人员；对受传染病病原体污染或怀疑受污染的货物进行消毒，或禁止其运输；对任何被传染病的病原体污染或怀疑被污染的设施进行消毒，并禁止或限制该设施的使用；对尸体进行尸检，检查尸体是否被传染病病原体污染；要求运输工具的负责人或货物的所有人对运

[1] 韩国《传染病控制和预防法》第46条。

[2] 韩国《传染病控制和预防法》第47条。

[3] 韩国《检疫法》法案编号1273，于1963年2月9日通过，并于2013年7月30日修改，法案编号11972。

[4] 韩国《检疫法》第13条第1款。

[5] 韩国《检疫法》第2条。

[6] 韩国《检疫法》第12条第1款。

输工具或货物进行消毒,消灭可能存在的传染病病原体;对人员进行医学检查,确认他们是否感染了传染病;为传染病的防控人员接种疫苗。[1]

检疫所负责人可以要求当地政府监视在其辖区内疑似感染者的健康状况。[2] 如果确认某人感染了传染病,则当地政府必须立即采取必要的措施,如隔离,并立即将确认的诊断信息通知有关卫生检疫所。[3]

卫生与福利部可要求司法部禁止可能对韩国公共卫生构成重大威胁的外国人员进入或离开韩国,并禁止已经被感染的韩国国民离开韩国。[4]

当有传播检疫性传染病的风险存在时,对于打算进入或离开韩国的人员,卫生检疫所可以采取以下任何措施来应对:要求人员提供旅行的目的、地点和时间信息;要求人员提供与传染病有关的健康状态信息;索取证明疫苗接种的文件;实施医疗检测以便确认该人员是否感染了传染性疾病。[5]

(六)案例:韩国应对西非埃博拉病毒疫情时的国家措施

世界卫生组织在2014年8月8日《国际卫生条例》紧急委员会上,就关于2014年西非埃博拉病毒疫情的第一次会议上发表声明后,[6]韩国卫生与福利部副部长张玉珠与十个有关部门和机构举行了紧急会议,并讨论了世界卫生组织的公告和埃博拉病毒预防和控制的措施。会议结束后,韩国卫生与福利部发布了特别旅行咨询,敦促居住在这些受埃博拉影响国家的韩国人立即返回韩国,并要求身处其他国家和地区的韩国人,取消或推迟前往受埃博拉病毒影响国家的不必要旅行。

此外,韩国政府还宣布,将对来自尼日利亚和其他三个受埃博拉疫情严重影响国家的入境旅客进行隔离,在入境时进行体温筛查,并在一段时间内进行严密监控(最多21天)以应对埃博拉病毒感染。来自这四个受埃博拉病毒影响国家的直航或中转航班的入境旅客,将被隔离在下飞机的登机口而不是在一般

---

[1] 韩国《检疫法》第15条第1款。
[2] 韩国《检疫法》第17条第1款。
[3] 韩国《检疫法》第17条第2款。
[4] 韩国《检疫法》第24条。
[5] 韩国《检疫法》第26条。
[6] Ebola Outbreak in West Africa *Statement on the First Meeting of the IHR Emergency Committee on the* 2014 WHO (Aug. 8, 2014), http://www.who.int/mediacentre/news/statements/2014/ebola-20140808/en/.

的检疫区。韩国政府通过与这四个受埃博拉病毒影响国家的航空公司、移民局和使馆的合作,并通过旅行者的自愿举报,成功地预先锁定了从这些国家或从经过埃博拉疫情影响国家旅行后进入韩国的人员。值得注意的是,来自四个受埃博拉疫情困扰国家的过境旅客在进入韩国时也将经历隔离程序,而从非洲直飞或从非洲经第三国起飞的乘客会将接受更严格的检查。[1]

三、印度应对突发性公共卫生事件的模式

印度中央政府和州政府有权管理与健康相关的事务。印度中央政府制定了《流行病法》作为预防和应对危险流行病的主要立法框架。该法案授权中央政府采取必要措施,处理出入境的危险流行病。该法案还授权印度各州政府采取措施或颁布法律法规,以应对在各行政区管辖范围内的流行病发展。在此类紧急情况下,印度各州政府通常通过州卫生法或市政法规将权力下放给地区专员。因此,印度解决危机的责任实际是在地区一级。

(一)公共卫生危机管理

印度是一个由 28 个州和 7 个地区组成的联邦制国家,中央政府和各州政府之间的立法职责由印度宪法划分。印度的中央政府(也称为联邦政府)和州政府在宪法上均有权就公共卫生事宜进行立法。印度联邦法律主要涉及港口检疫,包括对海员和与海洋医院有关的检疫。[2] 联邦法律也可涉及州际人口流动和隔离。州法律则可规定与公共健康、卫生、医院和药房有关的事项。[3] 中央政府和州政府的法律法规也可规定防止传染性疾病在各州之间传播的事宜,进而防止其影响人类以及动物或植物。[4]

1. 印度联邦法

1897 年通过的印度《流行病法》中指出,法案的目的是更好地预防危险流

---

[1] *Government Steps Up Measures to Prevent Ebola from Entering Korea*, MOHW (Sept. 1, 2014), http://english. mw. go. kr/front_eng/al/sal0101vw. jsp? PAR_MENU_ID = 1002&MENU_ID = 100201&page = 1&CONT_SEQ = 304721.

[2] India Const. 7th Sched. , List I, Entries 28 & 81.

[3] Id. List II, Entry 6.

[4] Id. List III, Entry 29.

行病的传播。[1] 印度《流行病法》授权州政府和中央政府采取必要的措施来控制疾病的进一步传播。因此,当州政府在确信其行政区内正受到危险疾病暴发的威胁时,可以采取或授权采取包括隔离在内的一切措施,以防止传染性疾病的暴发。[2] 同样,中央政府在面对流行病暴发迫在眉睫,且当前法律规定不足以防止这种暴发时,可以采取措施对离开或到达港口的任何船只进行检查,拘留任何到达或准备出航的人员。[3]

依照印度《流行病法》,任何违反该法律所制定的法规或命令的人员,会被控违反印度《刑法》第188条。[4] 一经定罪,可被判处监禁一个月、罚款或两者兼施。依照印度《刑事诉讼法》中的规定,由初审裁判官酌情决定是否进行审判。

一些批评家指出,1897年的印度《流行病法》"是部既古老又愚钝的法律",需要"进行大刀阔斧的改革,以应对不断出现的新型传染病所带来的负担"。他们认为,需要重新审视一些问题,例如"流行病的定义、领土边界问题、伦理和人权原则、官员的权力以及惩罚的形式等。"[5] 此外,印度国家疾病控制中心(National Centre for Disease Control)参与制定了印度《公共卫生突发事件法》,希望通过该法来处理印度因灾害和生物恐怖主义而引起的公共卫生紧急情况。[6] 近年来,印度有一些州政府在应对大流行的H1N1("猪流感")流感和其他传染病时,出现了援引1897年的印度《流行病法》的情况。[7]

2. 旅客隔离

为应对流行病,印度政府有权对到达印度的访客实施隔离。任何船舶或飞机需符合相关卫生规定,例如印度卫生官员有权要求查看飞机旅程日志,以了

---

〔1〕 Epidemic Diseases Act, No. 3 of 1897, pmbl.

〔2〕 Id. § 2.

〔3〕 Id. § 2A.

〔4〕 Indian Penal Code, No. 45 of 1860.

〔5〕 Binod K. Patro, Jaya Prasad Tripathy & Rashmi Kashyap, *Epidemic Diseases Act* 1897, *India*: *Whether Sufficient to Address the Current Challenges*?, 18 J. Mahatma Gandhi Inst. Med. Sci. 109 (2013).

〔6〕 Centre for Epidemiology and Parasitic Diseases, National Centre for Disease Control, http://nicd.nic.in/ index2.asp? slid = 496&sublinkid = 143.

〔7〕 T. Dikid et al., *Emerging & Re-emerging Infections in India*: *An Overview*, 138 Indian J. Med. Res. 19 (2013).

解飞机可能经过的地点。[1] 卫生官员还可以检查飞机、乘客及其机组人员，并在飞机抵达后对其实施医疗检查。卫生官员必须依照传染病的类型来分别采取特定的预防措施，[2] 例如，某些疾病只需要一段时间的隔离（如黄热病、鼠疫、霍乱、天花、斑疹伤寒和复发性发热）而有些疾病则不需要实施任何隔离措施。[3]

除了在公众健康受到严重威胁的紧急情况下之外，机场的卫生官员不应以普通的传染病为由，阻止飞机出入境或装载货物、燃料或其他补给物资。但是，对于符合相关规定的被感染者，则必须下机并隔离，且需要将其遣送至医院或其他被授权的地点进行隔离。必要时，卫生官员还可以要求被隔离者在监视期间，固定时间上报自身健康状况。[4]

此外，为避免发生潜在的感染与传播，卫生官员有权禁止任何表现出疾病症状的人员，以及与其有过密切接触的人员登机。当在机场发生诸如斑疹伤寒或回热症这样的情况，卫生官员有责任对任何有可能传播这种疾病的国际旅行人员进行消毒处理。根据要求，卫生官员必须向航空器的机长作出说明，要求其针对该航空器特征，采取必要的方法及措施以确保卫生安全。[5] 同时，法规要求航空公司工作人员报告在飞行中观察到的任何可疑病例，以及可疑的传染性疾病症状。

在埃博拉病毒肆虐的时期，为应对当时的疫情，印度卫生部在 2014 年 8 月宣布，将开始筛选来自受灾国家或从中过境的旅行者，并在他们抵达印度后对其进行追踪。同时在飞机公告上告知旅客在入境时必须进行强制性自我报告。政府还在机场和港口建立设施，以管理并及时隔离表现出该疾病症状的旅行者。[6] 卫生部规定监视系统将跟随旅行者四个星期，并建议出现症状的人员进行自我报告。2014 年 8 月 26 日，六名印度国民从非洲国家利比里亚返回后被

---

〔1〕 Aircraft Act, No. 22 of 1934; Indian Aircraft (Public Health) Rules, 1954, R. 2(8).

〔2〕 Id. R. 9 – 29.

〔3〕 Id. R. 30 – 32.

〔4〕 Id. R. 56 &58 &61.

〔5〕 Id. R. 36(1) &39 &54.

〔6〕 Nita Bhalla, *India Goes on Alert for Ebola, with Thousands of Nationals in West Africa*, Reuters (Aug. 8, 2014), http://in.reuters.com/article/2014/08/08/ebola – india – virus – west – africa – idINKBN0G80OA20140808.

隔离,不过他们所有人在经过病毒测试后结果均呈阴性。[1]

1955 年《印度港口卫生规则》也规定了类似的检疫限制,[2]并且根据《印度港口法》,同样的法规也可适用于客船、货船和游轮。[3]

3. 州政府的法律

在州政府的层面,为应对突发性公共卫生事件,各州政府也制定了多种措施。例如,为了防止天花的暴发,印度各州政府均颁布法律,对 13 岁以下的儿童进行疫苗接种。[4] 再者,印度旁遮普州的《疫苗接种法》规定全州必须对儿童进行疫苗的初次接种和二次接种。如果该州的疫苗接种官员有理由相信孩子没有接种疫苗,则可以通知孩子的监护人,要求监护人带孩子进行疫苗接种。在不遵守通知的情况下,地方治安法官可以召唤监护人,并要求监护人解释为何不服从监督通知。如果解释不令人满意,地方治安法官则有权要求监护人在规定的时间内对该儿童进行疫苗接种,并出具疫苗接种证明。[5]

(二)公共卫生当局的权力

印度的每个州都被划分为地区,每个地区的专员不仅是地区行政首长,而且还要负责税收,并负责维护其管辖范围内的法律和秩序,[6]是联系人民与政府之间的关键纽带。

为了应对公共危机,在流行病暴发后,印度《流行病法》可赋予各州政府广泛的权力。[7] 在这种紧急情况下,州政府通常会通过州卫生法或市政法规将这些权力下放给地区专员。因此,解决危机的责任也在于地区一级。

---

〔1〕 Sneha Shankar, Ebola Alert: *Six Indians Isolated at Delhi Airport Test Negative, More People Expected to Arrive and Be Tested*, International Business Times (Aug. 26, 2014), http://www.ibtimes.com/ebola-alert-six-indians-isolated-delhi-airport-test-negative-more-people-expected-arrive-1669216.

〔2〕 Indian Port Health Rules, 1955.

〔3〕 Indian Ports Act, No. 15 of 1908, http://www.mumbaiport.gov.in/writereaddata/linkimages/6177609667.pdf.

〔4〕 E.g., Punjab Vaccination Act, No. 49 of 1953.

〔5〕 Id. §§ 13-14.

〔6〕 Introduction, District Administration Sangrur, http://sangrur.nic.in/html/dcrole.html.

〔7〕 Epidemic Diseases Act, No. 3 of 1897, § 2(1).

1. 州政府与市政府

当州政府在发现州内有危险疾病暴发的威胁时，且在仅仅依据现行法律法规不足以解决疾病暴发问题的情况下，则可以采取要求或授权的方式制定临时法规，并及时进行通知与公示，保证公开透明。临时法规同样具有法律约束力，公众需要遵守临时法规，以防止疾病暴发或疾病的大范围传播。

此外，州政府还可以采取其他措施。例如对临时住所、外地人员、公路或铁路旅行的人员进行检查，一旦被检查的人员疑似有感染传染疾病的可能，就可以对其实施医疗检查、接种疫苗或在医院进行隔离等措施。

再者，州政府可以通过一般命令或特别命令授予专员在其地区内行使1897年印度《检疫法》的权力。其中许多权力相比于市政法规定与印度《公共卫生法》的规定更为详尽，例如：将人员转移到单独的医疗场所，针对患有疾病的人，专员有权转移患者到任何医院或医疗场所；对建筑物或建筑物内的物品进行清洁或消毒；在暴发流行病时采取特别措施。[1]

2. 政治和公民权利

就其本质而言，印度《流行病法》的适用范围很广，足以使行政机关或下级官员在应对由危险疾病暴发引起的紧急情况时，与其他公共部门组成联动合作，共同应对问题。而且在合作无法进行或实现时，则可以动用惩罚机制，对不遵守该法律的行为施加限制，或对构成违法犯罪的行为，实行相应的刑事惩罚。[2]

但是，中央政府和州政府可动用的隔离权以及检疫权同样可能会影响公众的政治和公民权利。印度宪法保障公民的基本权利，且会对其施以司法审查。司法机关在公民基本权利的问题上，往往不会采取回避的态度，尤其是在对基本权利构成侵犯的行政命令上。隔离，是一种对在印度全境自由行动、旅行这一基本权利产生限制的行政行为。[3] 但是，这项权利应在国家以公众利益为目的，而同时施加合理限制的前提下使用。如上所述，为应对宪法问题，印度《流行病法》第4条包括一项保护条款，该条款赋予了政府豁免权，因此可以对行使

---

[1] "Municipal Acts of Delhi, Gujarat, West Bengal, Tamil Nadu and Manipur," Table 1 : Existing Legal Frameworks, Indian J. Pub. Health, http://www.ijph.in/viewimage.asp? img = IndianJ-PublicHealth_2010_54_1_11_70539_t1.jpg

[2] Epidemic Diseases Act § 3.

[3] India Const. art. 19(1)(d).

在该法案授权下的任何行政行为,相应地免于诉讼或其他法律程序。[1]

另外,隐私权在印度并不是一项基本权利。印度最高法院认为,隐私权是生命权的重要组成部分,但它并不是绝对的,尤其是在防止犯罪、骚乱、保护公民健康、道德、基本权利和自由等方面,应受到相应的限制。

在2003年的SARS病毒流行期间,印度国内对当时出台的严格隔离检疫措施、患者面临的歧视以及缺乏隐私和机密性表示密切关注。甚至也有报告称被隔离的人们以及他们的邻居会因为被隔离而感到羞耻。[2]

(三)公共卫生危机管理系统的透明度

印度的政体是以西方民主制度为基础的,印度的司法机关有义务保证政府行政行为和行政命令的透明度。印度公众也经常要求对行政命令和法规进行司法审查。印度议会还颁布了《信息自由法》,呼吁政府行政行为透明化。该法案赋予了公众多项权利,包括以书面或电子申请等多种形式,从任何政府公共机构中获取信息。[3]

(四)印度与世界卫生组织的合作

1997年,世界卫生组织建立了国家脊髓灰质炎监测项目,通过对脊髓灰质炎的监测,在大规模疫苗接种与公民免疫方面为印度政府提供技术支持。[4]

2008年,世界卫生组织与印度国家疾病控制中心合作,启动了一个试点项目,在印度的五个城市为市民接种狂犬病疫苗。该项目同时对卫生专业人员进行针对动物咬伤的医疗培训,加强了宣传,提高了公众对被动物咬伤后及时治疗必要性的意识。尤其是通过在人口密集区域,例如公共汽车和其他公共场所

---

〔1〕 Epidemic Diseases Act § 4.

〔2〕 Sanjay Nagral, *SARS: Infectious Diseases, Public Health and Medical Ethics*, 11 Indian J. Med. Ethics 70 (2003).

〔3〕 Freedom of Information Act, No. 5 of 2003.

〔4〕 *Surveillance, at the Heart of India's Polio Success Story*, WHO Country Office for India, http://www.searo.who.int/india/topics/poliomyelitis/surveillance/en/. For more information on WHO - India cooperation, see WHO Country Office For India, Country Cooperation Strategy India 2012 - 2017 at 29 (2012), http://www.who.int/countryfocus/cooperation_strategy/ccs_ind_en.pdf?ua=1.

张贴信息进行宣传。[1]

除了这些项目，世界卫生组织还会在所有紧急情况下提供援助，例如地震、流行病、任何可能在该国发生的紧急医疗事件、或恐怖主义造成的灾难等。世卫组织区域办事处每年举办一次为期十天的培训班，培训有关国家间的流行病防范和应对措施，以提高区域对疾病暴发的早期发现和应对能力。具体而言，世界卫生组织多年来通过研讨会等会议形式，协助印度国家疾病控制中心与南亚和东南亚邻国的公共卫生系统更紧密地合作，以应对任何可能的突发性公共事件。[2]

---

〔1〕 Patralekha Chatterjee, *India' s Ongoing War Against Rabies*, Bulletin of the World Health Organization (Dec. 2009), http://www.who.int/bulletin/volumes/87/12/09-021209/en/.

〔2〕 K. S. Jayaraman, *India Upgrades Its Disease Surveillance Network*, Nature (Aug. 17, 2009), http://www.nature.com/news/2009/090817/full/news.2009.825.html.

第五章　应急管理法律体系的衔接

健全国家应急管理法律体系，首先要完善我国应急管理法律的基本框架，厘清应急管理法律体系的范围；其次要明确各类应急管理法律的立法定位及立法事项，提升应急管理法律体系的逻辑性；最后还要确保制度间的连贯性和制度的有效性。

第一节　应急管理法律体系

一、应急管理法律体系的概念、类型

“法律体系也就是法律规范的体系”[1]，是指由一国现行的全部法律规范按照不同的法律部门分类组合而形成的一个呈体系化的有机联系的统一整体。[2] 法律体系有以下几个特点：第一，法律体系是由一个国家的全部现行法律构成的整体。第二，法律体系是一个由法律部门分类组合而形成的呈体系化的有机整体。第三，法律体系的理想化要求是门类齐全、结构严密、内在协调。第四，法律体系是客观法则与主观属性的有机统一。[3]

应急管理法律体系，则是指一国现行的应急管理法律规范按照不同的突发事件应对类别分类组合而形成的一个呈体系化的有机联系的统一整体。应急管理法律体系有以下特点：首先，应急管理法律体系的建构以突发事件的主要类型和我国的应急管理体制为基础。其次，应急管理法律体系是由各类立法机关制定的各个层次的应急管理法律规范构成的整体。再次，应急管理法律体系

---

〔1〕［英］约瑟夫·拉兹：《法律体系的概念》，吴玉章译，中国法制出版社2003年版，第54页。

〔2〕张文显主编：《法理学》，高等教育出版社、北京大学出版社2018年版，第100页。

〔3〕张文显主编：《法理学》，高等教育出版社、北京大学出版社2018年版，第100页。

是由各类立法机关制定的应对各类突发事件的应急管理法律规范构成的整体。又次，应急管理法律体系是一个高度衔接的呈体系化的有机联系的统一整体。最后，应急管理法律体系的内部构成会随着国家应急管理经验的不断积累不断发生变化。

纵观世界各国，不同的立法模式和惯例会形成不同的应急管理法律体系。当前，应急管理法律体系大致可以分为两种模式：一是应急管理规范层次比较单一的应急管理法律体系，即绝大部分应急管理规范都由同一个立法机关即最高立法机关制定，而应急管理法律体系也仅由这些应急管理规范和其他一些应急预案或命令构成。例如，美国经过长期发展已形成了一套比较完善的应急管理法律体系，从宪法、综合性法律、各种单行法到直接规范运作机制的应急预案和计划等。美国于 1947 年通过《国家安全法》、1950 年通过《灾害救助法》与《联邦民防法》、1976 年通过《国家紧急状态法》、1988 年通过《罗伯特·斯坦福救灾与应急救助法》、1992 年出台《美国联邦紧急救助法案》等。日本也采用这种模式。[1] 二是应急管理规范层次多元化的应急管理法律体系，即应急管理法律体系中不仅具有最高立法机关制定的应急管理法律规范，而且还有数量众多的地方立法机关以及行政立法主体制定的应急管理规范。例如，"非典"疫情之后，我国应急管理相关的法律法规不断完善，初步形成以《宪法》为依据，以《突发事件应对法》为核心，以相关单项法律法规为配套的应急管理法律体系。[2] 俄罗斯等国家也是采用此种应急管理法律体系建构模式。

二、我国当前的应急管理法律体系

在我国，全国人大及其常委会制定的绝大多数法律都有制定配套立法文件的规定，这种"骨骼式立法"导致法律规定得过于原则化，从而过分依赖下位法配套，[3] 应急管理法律规范也不例外。《突发事件应对法》和专项应急管理法律在某些制度上仅作出了原则性的规定，应急管理机关在具体履行这些制度时需要依据行政法规、部门规章、地方性法规、地方政府规章甚至是其他规范性文

---

〔1〕 黎昕、王晓雯：《国外突发事件应急管理模式的比较与启示——以美、日、俄三国为例》，载《福建行政学院学报》2010 年第 5 期。

〔2〕 《关于完善我国应急管理法律体系的提案》，载民革中央网站，http://www.minge.gov.cn/n1/2020/0518/c431845-31713570.html，最后访问日期：2020 年 7 月 11 日。

〔3〕 参见童之伟、苏艺：《我国配套立法体制的改革构想》，载《法学》2015 年第 12 期。

件的规定，而这些法律规范共同构成了我国当前的应急管理法律体系。

（一）宪法

《宪法》是我国整个法律体系中的基本法。通说认为，一方面，宪法是赋予国家的存在以基础的基本法，宪法规定了国家的目标、国家的根本制度、国家机构的设置等。另一方面，宪法是人的尊严和基本权利的基础法，宪法规定了人民所享有的基本权利。[1] 在突发事件应急管理领域，一方面，行政应急权是一项具有单方性和强制性的国家公权力，应急管理机关行使该项权力需要得到法律的明确授权；另一方面，应急管理机关依据行政应急权采取应急处置措施时，很可能会对公民的合法权益造成损害，因此，宪法应当对应急管理作出一定的法律规定。时间上，我国《宪法》直接和间接规定了多条应急管理法律制度，《宪法》第 10 条第 3 款规定，“国家为了公共利益的需要，可以依照法律规定对土地实行征收或者征用并给予补偿”；第 13 条第 3 款规定，“国家为了公共利益的需要，可以依照法律规定对公民的私有财产实行征收或者征用并给予补偿”；第 21 条规定，“国家发展医疗卫生事业，发展现代医药和我国传统医药，鼓励和支持农村集体经济组织、国家企业事业组织和街道组织举办各种医疗卫生设施，开展群众性的卫生活动，保护人民健康……”；第 33 条规定，“……中华人民共和国公民在法律面前一律平等。国家尊重和保障人权……”；等等。

（二）《突发事件应对法》

2007 年颁布实施的《突发事件应对法》不同于专项应急管理法律规范，其制定的目的不是为特定类别的突发事件提供具体的应对措施，而是为我国整体层面上的应急管理工作提供总括性、原则性的规定，因而有学者将《突发事件应对法》认定为应急管理法律中的基本法。[2] 实际上，目前的《突发事件应对法》并没有应急管理基本法的地位，但确实一直在发挥应急管理基本法的作用。《突发事件应对法》除附则外共有六章：第一章为总则，对突发事件的概念、应急管理机制、突发事件应对原则、应急管理主体、应急征用及补偿等基本制度作出了规定；第二到第五章分别对“循环型”应急管理机制的四个环节“预防与应急

---

〔1〕 林来梵：《宪法学讲义》，法律出版社 2015 年版，第 58 – 59 页。

〔2〕 中国安全生产科学研究院：《完善我国应急管理法律法规体系》，载《劳动保护》2018 年第 6 期。

准备”“监测与预警”“应急处置与救援”“事后恢复与重建”中的具体制度作出了规定；第六章对各类主体的法律责任作出了规定。2020 年 4 月，全国人大正式启动了《突发事件应对法》的修定工作，笔者认为，此次修定将会明确《突发事件应对法》的应急管理基本法地位，并在制度层面规定的更具普适性与现实性。

（三）专项应急管理法律

专项应急管理法律，是指全国人大及其常委会为应对特定类型突发事件而制定的法律，是系列相关法律规范的总称。在《突发事件应对法》颁布之前，我国实行的是“单灾种型”应急管理体制，专项应急管理法律发挥着最为重要的作用。实际上，虽然近年来的应急管理体制有所改变，但相较于《突发事件应对法》，专项应急管理法律对突发事件应急管理制度规定的更为详细，因而目前仍然发挥着十分重要的作用。当前，从类型上看，专项应急管理法律已制定的较为完备。比如，安全生产类应急管理法律有安全生产法、矿山安全法、矿产资源法、煤炭法、港口法等；自然灾害类应急管理法律有防震减灾法、水法、防洪法等；公共卫生类应急管理法有传染病防治法等。从专项应急管理法律规定的内容上看，结构大致都与《突发事件应对法》相似，但内容更为具体、更具有可操作性。以《传染病防治法》为例，该法除附则外共分为八章：第一章为总则，规定了传染病的类型、应急管理主体等制度；第二章为传染病预防，规定了各类应急管理主体的监测、预防职责；第三章为疫情报告、通报和公布，规定了各类应急管理主体的预警职责；第四章至第七章规定了应急处置措施，分别为疫情控制、医疗救治、监督管理、保障措施；第八章为法律责任。

（四）专项应急行政法规和部门规章

国务院制定的行政法规和国务院各部委制定的部门规章均属于行政立法范畴。在我国，行政立法是指行政机关根据法律的规定或最高国家立法机关的授权制定规范性文件的活动。[1] 行政机关享有行政立法权，但并不因此意味着行政机关可不受限制地就任何事项进行立法，行政机关的立法在立法事项上是受限制的。[2] 在实践中，行政机关多依专项应急管理法的授权而制定法规或规

〔1〕 王压非：《配套立法辨析》，载《郑州大学学报（哲学社会科学版）》2012 年第 6 期。

〔2〕 刘莘：《依法行政与行政立法》，载《中国法学》2000 年第 2 期。

章，在性质上，属于专项应急管理法的配套立法。基于我国长期以来的立法特点，专项应急行政法规和部门规章的数量更为庞大，据中国安全生产科学研究院在 2018 年的统计，仅安全生产类应急行政法规就有 35 部之多。[1]

（五）地方性法规和地方政府规章

地方性法规是省级和设区的市级人大及其常委会根据本行政区域的具体情况和实际需要制定的规范性文件，是地方立法机关行使立法权的体现。中央制定的法律适用于全国，具有"普适"的性质，但不可能完全顾及地方差异，且地方性事务对立法的需要是多层次、多样化、多方位的，不可能都从中央立法中寻找答案。[2] 因此，地方立法机关在必要情况下可以行使其立法权。在新冠肺炎疫情防控过程中，地方性法规发挥了较大的作用，比如，四川省人大颁布的《四川省人民代表大会常务委员会关于依法做好当前新冠肺炎疫情防控工作的决定》，在指导四川省各部门进行疫情防控时发挥了较大的作用。

地方政府规章是指省级和设区的市级人民政府，根据法律、行政法规、地方性法规制定的规范性文件，其可以就"为执行法律、行政法规、地方性法规的规定需要制定规章的事项"和"属于本行政区域的具体行政管理事项"做出规定。[3] 在突发事件应急管理领域，省级和设区的市级人民政府可以依据其行政管理权限或法律、法规的授权并根据本行政区域的具体情况和实际需要制定地方政府规章，其功能在于进一步细化法律规定的应急制度。比如，地方政府规章可以根据本行政区域的实际情况就突发事件的预防、监测、预警、风险评估、信息发布等制度作出具体规定，如上海市政府于 2019 年制定的《上海市突发事件预警信息发布管理办法》。

（六）其他

1. 其他法律

在全国人大及其常委会制定的法律中，除《突发事件应对法》和专项应急管

---

〔1〕 中国安全生产科学研究院：《完善我国应急管理法律法规体系》，载《劳动保护》2018 年第 6 期。

〔2〕 封丽霞：《中央与地方立法权限的划分标准："重要程度"还是"影响范围"?》，载《法制与社会发展》2008 年第 5 期。

〔3〕 《立法法》第 82 条。

理法外，还有一些法律也对突发事件应急管理相关事项作出了规定。比如，《民法典》第245条规定："因抢险救灾、疫情防控等紧急需要，依照法律规定的权限和程序可以征用组织、个人的不动产或者动产。被征用的不动产或者动产使用后，应当返还被征用人。组织、个人的不动产或者动产被征用或者征用后毁损、灭失的，应当给予补偿"；《刑法》对应急管理相关法律责任的规定等，也应纳入到应急管理法律体系之中。

2. 应急预案

应急预案是在辨识和评估潜在的重大危险、事故类型发生的可能性、发生过程、事故后果及影响严重程度的基础上，对应急管理机构与职责、人员、技术、装备、设施（备）、物资、救援行动及其指挥与协调等方面预先做出的具体安排。[1] 它明确了在突发事件发生前、发生过程中以及结束后，谁或哪个机构负责做什么，何时做，如何做，以及相应的策略和资源准备等。[2] 在我国，各类主体均能制定应急预案，国家机关可以根据权限制定应急预案，个人也可以为家庭或自己制定应急预案，因而将所有的应急预案纳入应急管理法律体系之中是不科学的。笔者认为，应当将规制应急管理主体的应急预案纳入到应急管理法律体系之中，而其性质为其他规范性文件。

3. 其他规范性文件

除应急预案外，其他相关规范文件能否纳入应急管理体系中，学界存在争论。这些行政规范性文件包括"规定、决定、命令，甚至通知和座谈会纪要等"。[3] 笔者认为，这些数量庞大的其他规范性文件不宜被纳入到应急管理法律体系，原因有二：第一，法律规范最本质的特征是受国家强制力保障实施，而司法强制是国家强制力保障法律实施的最主要或最终形式。[4] 我国法院在进行司法审查时适用法律法规、参照规章，其他规范性文件并不受司法强制的保障，因而在外延上不应被纳入法律规范的范畴。第二，其他规范性文件往往是针对某一具体事项作出的规定，其虽然也针对不特定人作出，但与法律、法规、规章在稳定性等方面具有较大差别。另外，法律、法规、规章往往是其他规范

---

〔1〕 钟开斌、张佳：《论应急预案的编制与管理》，载《甘肃社会科学》2006年第3期。

〔2〕 刘功智、刘铁民：《重大事故应急预案编制指南》，载《劳动保护》2004年第4期。

〔3〕 李杰：《其他规范性文件在司法审查中的地位及效力探析》，载《行政法学研究》2004年第4期。

〔4〕 董皞：《判定法律冲突之问题研究》，载《法律科学（西北政法大学学报）》2014年第1期。

性文件的制定依据，其他规范性文件本身的合法性还需接受司法机关的审查。因此，为提升突发事件应对制度的稳定性和连贯性，法律、法规、规章应尽可能规定得更为完善，以此减少其他规范性文件在突发事件应对中的适用。

三、我国应急管理法律体系中存在的问题

当前，我国虽然已初步建立了突发事件应急管理法律体系，但从近几年的突发事件应急处置实践中可以看出，我国的应急管理法律体系仍然存在种种弊端，无论从整体框架还是具体内容，应急管理法律体系都还有较大的完善空间。笔者将我国目前的应急管理法律体系中存在的问题大致归纳为两个方面。一方面，应急管理法律体系结构上存在以下问题：(1)不同类别的法律规范定位不清晰，导致法律之间的衔接程度严重不足。(2)法律规范数量过于繁杂，实践中难以选择和适用。(3)存在大量重复立法现象。(4)存在空白立法现象。另一方面，应急管理法律体系内容上存在以下问题：(1)《突发事件应对法》和专项应急管理法律的可操作性不强。立法内容较为原则、抽象，缺乏具体的实施细则、办法相配合，客观上造成了无法可依的结果。(2)许多法律长时间未得到及时修订，应急管理机制与《突发事件应对法》不相匹配，现有制度也已不适应现实的需要。(3)不同类别的法律规范之间有些存在制度冲突的现象。

第二节　应急管理法律的体系衔接

一、概述

从世界范围来看，很多国家将某一类型的突发事件应对制度全规定在了一部法律之中，其不存在各类应急管理法律之间如何进行衔接的问题。而在我国，“骨骼式立法”在当前不仅存在因立法权限不明而导致的重复立法、空白立法问题，还会出现法律冲突等其他一系列问题。

有学者认为，“法法衔接”是对同一立法主体制定的不同法律之间的要求，针对不同立法主体来说要求可能高了一些，“因为每一个立法主体都或多或少地享有一定程度的立法自由裁量权，下位法的立法事项与上位法的立法事项之

间的重复和交叉是不可避免的，只要立法精神保持一致就符合立法原则的要求"[1]。但笔者认为，在应急管理法律中，法律之间的不衔接可能会导致应急管理机关之间相互推诿责任，也可能会使应急管理机关找不到采取应急处置措施的法律依据，等等，而这些问题无疑会严重影响突发公共卫生事件的应对效率。因此，在现有的应急管理法律框架下，应尽可能提升法律之间的衔接程度，而这种衔接的要求不仅应适用于同一立法主体制定的不同法律，还应适用于各个不同层次的法律，以此进一步提升突发事件应对效率，进一步发挥应急管理法的"方法"功能，进一步符合应急管理法的立法目的。

二、突发事件应对法的"法法衔接"

（一）"法法衔接"的概念及调整对象

"法法衔接"作为一个在最近两年刚刚流行的专门术语，在《宪法》或《立法法》中并没有对其加以明确的规定。"法法衔接"一词出现的背景是2018年《监察法》出现之后，就《监察法》的一系列规定是否与《宪法》《刑事诉讼法》等相关法律"相一致"引起了学术界及实务部门的高度关注。[2] "法法衔接"的本质意义在于立法机关在制定一系列相关法律时应注重不同法律之间功能上的配合，还要避免重复立法，保证每一项法律都有自己专门的调整对象、调整范围及立法价值等，是一个立法层面上的问题。"法法衔接"不是要求所有的相关性立法均要符合衔接要求，因为不同的立法机关制定的法律往往具有法律位阶上的差异、法律效力上的高低，此种情况下处理法律之间关系的方法是"不相抵触"，即所谓下位法服从上位法，而不需"法法衔接"加以调整。"法法衔接"主要应调整的是同一立法机关制定的具有相关性的法律之间的协调问题，且负责解决衔接问题的也应是该立法机关，如目前研究最为热门的《监察法》与《刑事诉讼法》之间的衔接问题，二者均是由全国人大制定、通过并实施的，因而全国人大及其常委会也应负责对其加以修改或完善以符合"法法衔接"的要求。

（二）突发事件应对法的"法法衔接"问题

一直以来，《突发事件应对法》虽然实际在发挥应急管理法律的基本法的作

[1] 莫纪宏：《人大立法中的"法法衔接"问题研究》，载《人大研究》2019年第5期。
[2] 莫纪宏：《人大立法中的"法法衔接"问题研究》，载《人大研究》2019年第5期。

用,但该地位仍然未得到明确,这就会导致出现如下几个问题:第一,应急主体在实践中优先适用哪部法律不明确;第二,《突发事件应对法》和专项应急管理法发生法律冲突后,哪部法律的规定无效不明确;第三,《突发事件应对法》目前不是专项应急管理法律的上位法,专项应急管理法律原则上无需依据《突发事件应对法》制定,这种情况可能会导致两者之间的连贯性不足,不能有效发挥行为指引作用。因此,有必要明确《突发事件应对法》和专项应急管理法律的定位及各自的立法事项。

(三)突发事件应对法的"法法衔接"路径

1. 明确《突发事件应对法》的地位及内容

《突发事件应对法》不同于专项突发事件应急法律,其制定的目的不是为特定类别的突发事件提供具体的应对措施,而是为我国整体层面上的应急管理工作提供总括性、原则性的规定,因而有学者将《突发事件应对法》认定为突发事件应对法律中的基本法。[1] 当前,我国突发事件应对法律的立法模式为除制定部《突发事件应对法》外,其他均是"一事一立法",即针对不同类别的突发事件制定专项应急管理法,如《防震减灾法》《安全生产法》《防洪法》,等等。与突发事件应急管理法的立法模式相类似的还有国家安全法,全国人大常委会首先制定了基本法律《国家安全法》,其后又制定了《反间谍法》《反恐法》《境内外国非政府组织管理法》《网络安全法》等一系列与国家安全相关的单行法律,而《国家安全法》仅是对国家安全制度作了原则性的规定。[2] 因此,笔者认为,与《国家安全法》在国家安全法律中的地位相类似,《突发事件应对法》同样可以作为突发事件应对法律中的基本法。

如果将《突发事件应对法》定性为突发事件应对法律中的基本法,其主要功能便不是为特定突发事件的应对提供具体方法,而是为专项应急法和其他类型的应急法的制定确定立法原则、基本理念、应急管理机制等总体要求以及为行政立法的制定提供立法依据。《突发事件应对法》在应急管理过程中发挥着极为重要的作用,但其于2007年颁布实施,很多制度已不符合实践的需要。2020年4月,全国人大正式启动了《突发事件应对法》的修定工作,笔者认为,这次修

---

[1] 中国安全生产科学研究院:《完善我国应急管理法律法规体系》,载《劳动保护》2018年第6期。

[2] 莫纪宏:《人大立法中的"法法衔接"问题研究》,载《人大研究》2019年第5期。

定应当在提升整个突发事件应急法律体系衔接程度的理念下进行。具体来说，《突发事件应对法》应在以下几个方面作出修改：

第一，明确《突发事件应对法》作为突发事件应对法典的地位。“有的单行法本身并不具有法典的特性，却对某一个领域的法律关系作出了总体的要求”，[1]《突发事件应对法》当前正具有此等特征。法典地位的缺失使得《突发事件应对法》与其他由全国人大常委会制定的专项应急法律在效力上处于平行地位，当具体制度出现冲突时，专项应急法律的规定不仅不是当然无效的，其作为特别法可能还会优于《突发事件应对法》而适用。明确《突发事件应对法》的法典地位，不仅可以使整个突发事件应对法律体系在立法原则、基本理念等方面更加统一，还可以在法律适用时减少不必要的冲突。

第二，目前《突发事件应对法》只调整自然灾害、事故灾难、公共卫生事件和社会安全事件四大类别的突发事件，但突发事件却不止包括以上几种，核事故等类型的突发事件并没有纳入到《突发事件应对法》的调整范围。但是，《突发事件应对法》作为突发事件应对法律的基本法律，其调整范围应该包括所有的突发事件类别，因而应对《突发事件应对法》中突发事件的范围规定作出相应的调整。

第三，《突发事件应对法》应当对适用于所有类型的应急管理制度作出尽可能详细的规定。全国人大及其常委会制定的法律过于原则化，使得应急管理机关在具体适用时不得不在其他立法中寻找法律依据是当前突发事件应对法的一大弊端。2014 年，张德江委员长在作《全国人民代表大会常务委员会工作报告》时强调：“针对一些法律规定比较原则、需要制定的配套法规和规章过多等问题，强调要科学严密设计法律规范，能具体就尽量具体，能明确就尽量明确，努力使制定和修改的法律立得住、行得通、切实管用。”[2]因此，为确保《突发事件应对法》在实践中不被束之高阁，其制度的设计就应更为具体。当然，具有法典地位后的《突发事件应对法》调整所有类型的突发事件，而每种类型的突发事件应对均有其特殊之处，因此适用于所有类型的应急管理制度的数量是有限的。

第四，《突发事件应对法》对其不宜具体规定的事项应当作出授权立法规

---

〔1〕 莫纪宏：《人大立法中的“法法衔接”问题研究》，载《人大研究》2019 年第 5 期。

〔2〕 童之伟、苏艺：《我国配套立法体制的改革构想》，载《法学》2015 年第 12 期。

定。“随着政府职能的强化和社会事务的繁杂多变，欲求事事均有议会立法为根据，殊不可能。要有效地适应国家职能的巨变，还必须赋予行政机关以一定的立法权力来满足行政管理的需要。”〔1〕《突发事件应对法》应当对总体上的应急管理机制作出规定，但预防、监测、预警、风险评估等具体制度的设计一般由行政机关制定配套立法来完成。授权立法不仅赋予了行政机关制定法律的权力，同时也是一项义务，为避免因法律未及时制定而导致应急管理机关没有相应的行为指引，《突发事件应对法》还应规定被授权立法主体未及时立法的责任制度。

2. 修改专项突发事件应对法律的相关规定

当前，应急管理法的数量极其庞大，既包括全国人大及其常委会制定的突发事件应对法律，也包括国务院制定的应急条例，地方立法机关或政府也制定了众多的应急条例或办法，而本部分仅对全国人大及其常委会制定的突发事件应对法律如何有效衔接作出探讨。全国人大及其常委会已制定了数十部专项应急法律，基本涵盖了所有的突发事件类型，但是在适用过程中却存在很多问题，需要从以下几个方面进行完善：

第一，随着科学技术的不断发展，当前社会也存在越来越多的不稳定因素，新种类的突发事件随时有可能出现，因而立法者应针对新出现的突发事件种类及时制定相应的法律规范，以保证应急管理机关在履行突发事件应对工作时有法可依。

第二，《突发事件应对法》于2007年颁布实施，但并未明确其在突发事件应对法律中的地位，因而其他专项应急法律在制定时并未考虑与《突发事件应对法》的衔接，导致有很多重复性的规定。目前，应急管理机关在适用突发事件应对法律时，难以确定应该适用《突发事件应对法》还是专项应急管理法律，因而当前应对突发事件应对法律中的制度进行整理，以实现基本应急管理法与专项应急管理法之间的有效衔接。《突发事件应对法》作为基本应急法律，应着重对突发事件应对中的一般性制度作出规定，而专项应急法律则应注重具体的应急制度。因此，专项应急管理法律中一些具有普遍适用性的制度可以进行删除，由《突发事件应对法》作出规定，相反，《突发事件应对法》中的具体制度则应移至相应的专项应急管理法中去。在特定突发事件的应对过程中，根据特别法优

---

〔1〕 苗连营：《行政立法及其控制》，载《郑州大学学报(哲学社会科学版)》1998年第6期。

先于一般法适用的规则，应首先适用该类突发事件的专项应急法律，当专项应急法律未作规定时，才需适用《突发事件应对法》的一般性规定。

第三，除专项应急法律的内容需要修改外，其体制也应作出相应的改变。过去，我国的突发事件应对工作只重视突发事件发生后的应急处置而不足够重视预防与应急准备、监测与预警制度，因而专项应急法律在制定时并未像《突发事件应对法》一样规定"循环型"应急管理机制。[1] "循环型"应急管理机制对预防、监测与预警较为重视，能够更加高效地对突发事件所带来的危害进行处置，而且《突发事件应对法》作为突发事件应对中的基本法律，其他专项应急管理法律规定的突发事件应急机制应当与其相对应，因此，应对未规定"循环型"应急管理机制的专项应急法律作出相应的修改。

三、专项应急管理法律的衔接

（一）专项应急管理法律存在的衔接问题

应急管理部成立之前，我国实行"单灾种"型应急管理体系，全国人大及其常委会在制定《突发事件应对法》作出较为原则性规定的情况下，又根据不同的突发事件类型、不同的应急管理机关制定出多部专项应急管理法律，如《防震减灾法》《消防法》《安全生产法》等；国务院依据全国人大的立法模式制定出多项单行行政法规，如《危险化学品安全管理条例》《铁路安全管理条例》等；另外，各地首先依据《突发事件应对法》制定出突发事件应对条例或《突发事件应对法》的具体实施办法，此外还会根据本地区情况制定相应的地方性法规、行政规章。

应急管理部成立后，依据数十部单行法律法规行使职责，现行的分部门"单灾种"型立法模式的弊端很快就显现出来了，因为这些法律只是指明了相关突发事件发生后如何应对，没有指明在综合管理中各个法律规章如何衔接配合。目前我国应急管理有关法律法规是否适应应急管理部的成立，是否适应新时代应急管理工作，这些都需要认真思考。另外，行政应急单行法的立法已覆盖法律、行政法规、规章和其他规范性文件，但依然存在针对某些突发事件的立法空白，法律适用有交叉混乱的状况。应加快整理应急管理的法律法规、规章政策，

---

〔1〕 戚建刚：《非常规突发事件与我国行政应急管理体制之创新》，载《华东政法大学学报》2010 年第 5 期。

根据统一、权威、高效的要求，真正实现法规融合衔接，为应急管理部优化协同高效提供科学的法治保障。

（二）专项应急管理法律的衔接路径

提升专项应急管理法律内部的衔接程度，本质上还是要明确各类应急管理法律的立法定位和立法事项，具体如下：

1. 专项应急管理法律

与《突发事件应对法》为我国整体层面上的应急管理工作提供总括性、原则性规定的定位不同，专项应急管理法律作为应急管理机关在传染病防控中最重要的法律依据，在制度设计上也应尽可能规定的更为具体。第一，专项应急管理法应当对其所调整的突发事件领域的应急管理制度作出全面的规定，为减少应急管理机关在紧急情况下的找法时间，国务院或中央部委制定的专项应急管理法实施条例、办法等规范性文件也应被整合进专项应急管理法律之中。第二，专项应急管理法在基本原则、立法理念、总体的应急管理机制等方面应与《突发事件应对法》保持一致，以防止出现因法律冲突而导致的应急管理机关相互推诿应急职责等情况。第三，专项应急管理法应当对必要的法律保留事项作出规定。法律保留事项是指我国《立法法》第 8 条规定的只能由全国人大及其常委会制定的法律规定的事项。在突发公共卫生事件应急处置过程中，也可能会涉及“限制人身自由的强制措施和处罚”“对非国有财产的征收、征用”等事项，为保证应急管理机关在必要情况下采取应急征用等措施时具有法律依据，专项应急管理法律应当有所规定。第四，专项应急管理法律在规定应急措施时，应当尽量明确应急措施的实施主体及法律责任。应急措施实施主体的不明确既可能导致被授权立法主体和应急管理机关不作为，也可能导致无权实施应急措施的主体越权作为。

2. 完善行政法规和部门规章

国务院制定行政法规和国务院各部委制定部门规章均属于行政立法范畴。在我国，行政立法是指行政机关根据法律的规定或最高国家立法机关的授权制定规范性文件的活动。[1] 行政机关享有行政立法权，但并不因此意味着行政机

---

〔1〕 王压非：《配套立法辨析》，载《郑州大学学报（哲学社会科学版）》2012 年第 6 期。

关可不受限制地就任何事项进行立法，行政机关的立法在立法事项上是受限制的。[1] 在实践中，行政机关多依单行法律的授权而制定法规或规章，在性质上，属于此单行法律的配套立法。在应急管理法律中，为保证专项应急管理法律的具体性和可操作性，所有涉及突发事件应对的基本制度均应在专项应急管理法律中有所规定。但是，法律不会对某些制度规定的过于细化，此时便需要行政法规和部门规章来完成使法律具体化的工作。在当前的专项应急管理法律中，存在很多授权立法规定。例如，《传染病防治法》第 17 条第 2 款规定，“国务院卫生行政部门制定国家传染病监测规划和方案……”，第 24 条规定：“各级人民政府应当加强艾滋病的防治工作，采取预防、控制措施，防止艾滋病的传播。具体办法由国务院制定”等。因此，行政法规和部门规章应主要完成专项应急管理法规定的基本制度的具体化工作，使法律在有完善的配套立法的情况下能够更有效地发挥其行为指引作用。

3. 地方性法规和地方政府规章

我国《立法法》规定的地方立法权其实是“有限制的立法权”，地方性法规不仅需要根据地方情况、特点制定，在立法权限方面也受到了法律严格的限制。在突发事件应急管理领域，笔者认为，地方立法机关可以针对如下事项制定地方性法规：一是根据本行政区域的具体情况和实际需要制定更为具体、更具有操作性的《突发事件应对法》以及专项应急管理法的实施办法、实施条例，如上海市人大于 2018 年修正的《上海市实施〈中华人民共和国突发事件应对法〉办法》；二是综合运用有关的几个法律、行政法规，制定有针对性地解决本地方特定问题的地方性法规，[2] 如在新冠肺炎疫情防控过程中，四川省人大颁布的《四川省人民代表大会常务委员会关于依法做好当前新冠肺炎疫情防控工作的决定》。另外，地方人大及其常委会和地方人民政府不仅应在其立法权限内及时制定地方性法规和地方政府规章，防止出现空白立法，还应在制定时避免法律冲突和重复立法，确保整个突发公共卫生事件应对法律体系能够有效衔接。

---

〔1〕 刘莘：《依法行政与行政立法》，载《中国法学》2000 年第 2 期。

〔2〕 向立力：《地方立法发展的权限困境与出路试探》，载《政治与法律》2015 年第 1 期。

第三节 应急管理法律的事项衔接

一、避免重复立法

所谓重复立法,不是指下位法复制的所有的上位法的内容,而仅指其中不必要重复的内容。重复立法是地方立法中普遍存在的问题。它不仅徒增法律运行的成本,而且损害了中央立法的权威,贬抑了地方立法权的应有功能。[1]从法律衔接的视角来看,法律的衔接要求法律体系的各个组成部分之间具有逻辑性,而重复立法显然是对这种逻辑性的破坏。有学者认为,必要的重复立法是指:(1)作为下位法的立法依据而引用上位法的有关条款;(2)作为下位法的适用依据或适用条款而引用上位法的有关规定;(3)上位法规定必须由下位法援引规定的内容。[2] 在突发事件应急管理法律中,也有必要的重复立法内容和不必要的重复立法内容。笔者认为,应急管理法律中必要的重复立法内容包括:(1)对《突发事件应对法》立法目的的重复。重复《突发事件应对法》立法目的的规定有利于保证法律之间制度的一致性。(2)对上位法法律原则的重复。重复"预防为主、预防与应急相结合"等基本原则有利于防止下位法在制定时只注重应急处置,而忽视了对事前预防、监测等制度的规定。(3)专项应急管理法律以及必要情况下的地方性法规可以重复《突发事件应对法》的法律结构。《突发事件应对法》分章对预防与应急准备、监测与预警、应急处置与救援、事后恢复与重建等制度作出了规定,绝大多数类型的突发事件的应对也需遵循"循环型"应急管理机制,因而对突发公共卫生事件的应对作出全面性规定的专项应急管理法和某些地方性法规可以重复《突发事件应对法》的法律结构。(4)对上位法法律规则中前提条件的重复,包括适用范围、主管机关、名词(术语)含义、但书条款与除外条款等。[3] 专项应急管理法律中不必要的重复立法主要体现在对上位法法律规则的重复上,特别是在某些地方性法规中,为求大求全,具

---

〔1〕 汤善鹏、严海良:《地方立法不必要重复的认定与应对——以七个地方固废法规文本为例》,载《法制与社会发展》2014 年第 4 期。

〔2〕 李林:《关于我国立法权限划分的理论与实践》,载《法学研究》1998 年第 5 期。

〔3〕 汤善鹏、严海良:《地方立法不必要重复的认定与应对——以七个地方固废法规文本为例》,载《法制与社会发展》2014 年第 4 期。

体内容直接重复或基本重复上位法。[1] 笔者认为，地方立法中的大量重复性规定不仅起不到实际的作用，反而会对整个应急管理法律体系的逻辑性造成破坏，地方性法规和地方政府规章应当破除这种整全性的立法思维，仅根据本行政区域的具体情况和实际需要制定相应的制度即可，这样才能真正地发挥地方立法在突发事件应对中的作用。

二、填补空白立法

空白立法既包括某项法律制度的缺失，又包括被授权的行政立法主体未及时制定相关配套立法，其不仅会影响法律的权威和效力，也会影响法律的执行和实施。在应急管理法律中，法律制度的缺失一般表现为应急措施和应急主体的缺失。比如，法律应建立社会应急力量的遴选机制，并授予遴选后的社会应急力量一定的突发事件应急权力；又如，法律应赋予疾病预防控制机构在突发公共卫生事件应对中实施强制性应急处置措施的权力。实际上，法律制度的缺失大多是全国人大及其常委会在制定法律时出现的漏洞，《突发事件应对法》和专项应急管理法律可以不对某些制度做较为详细的规定，但必须对制度本身作出规定，以防止应急管理机关在突发事件应对过程中缺少行为指引和行为依据。应急管理法律中的空白配套立法主要是指被授权的行政机关未对某项制度制定部门规章和地方政府规章，这些规章大多是对某项制度作出的细化规定，相对于全国人大及其常委会制定的法律，它们能够更好地发挥行为指引作用。另外，享有立法权的地方人大及其常委会也应根据本行政区域内的具体情况及时制定地方性法规，特别是在重大突发事件发生时，需要及时结合本地区的灾情作出相应的规定。

三、防止法律冲突

全国人大及其常委会制定的专项应急管理法应当依据《突发事件应对法》对其所调整的突发事件应对制度作出全面性规定，下位法在必要的情形下也会制定与上位法重复的规定。因此，即使明确了各类法律的立法定位及立法事

---

[1] 任尔昕、宋鹏：《关于地方重复立法问题的思考——正确理解并遵循立法的科学原则》，载《法学杂志》2010 年第 9 期。

项，立法事项之间的重复和交叉是不可避免的，[1] 立法机关还要防止法律之间出现抵触情形。通说认为，所谓法与法之间的“抵触”，系指上位法与下位法针对同一事项作出规定，下位法与上位法的规定内容不一致，即下位法的规定违背了上位法的原则和条文规定。[2] 在应急管理法律中，法律冲突既包括专项应急管理法律的规定与《突发事件应对法》的不一致，也包括下位法的规定与上位法相抵触。当前，突发事件应对法中存在法律冲突的情况，比如，《突发事件应对法》第 44 条规定，县级以上地方各级人民政府应当“定时向社会发布与公众有关的突发事件预测信息和分析评估结果”，“及时按照有关规定向社会发布可能受到突发事件危害的警告”，但《突发公共卫生事件应急条例》第 25 条第 2 款规定，“国务院卫生行政主管部门负责向社会发布突发事件的信息。必要时，可以授权省、自治区、直辖市人民政府卫生行政主管部门向社会发布本行政区域内突发事件的信息”，这就造成了突发事件信息发布主体规定之间的冲突。实际上，在新冠肺炎疫情防控过程中，信息发布主体规定的抵触就造成了信息发布方面的问题。相较于法律衔接，不出现法律冲突其实是对立法主体设定的较低的要求，在提升应急管理法律的衔接程度时，更要确保制度之间不出现法律冲突。

---

〔1〕 莫纪宏：《人大立法中的“法法衔接”问题研究》，载《人大研究》2019 年第 5 期。

〔2〕 胡建淼：《法律规范之间抵触标准研究》，载《中国法学》2016 年第 3 期。

第六章　应急管理法律制度的完善

在历次重大突发事件应对过程中，我国的应急管理法律制度已显现出种种弊端，健全国家应急管理法律体系，不仅要提升应急管理法律体系的衔接程度，还要着重对应急管理法律中的具体制度进行完善。

第一节　应急管理体制规定的完善

一、明确党在应急管理中的统筹领导地位

全国人民代表大会在 2018 年修改宪法时，在正文第 1 条增加"中国共产党领导是中国特色社会主义最本质的特征"的规定，在根本法层面进一步巩固了中国共产党的执政地位。实际上，中国共产党的领导一直以来都是我国作为社会主义国家最本质的特征，是党在领导革命、建设、改革过程中我国人民自发的选择。当前，中国特色社会主义进入新时代，各种新的矛盾扑面而来，为进一步扩大改革开放成果，更要确立中国共产党在我国的绝对领导地位。因此，习近平总书记强调，"必须坚持党政军民学、东西南北中，党是领导一切的，坚决维护党中央权威，健全总揽全局、协调各方的党的领导制度体系，把党的领导落实到国家治理各领域各方面各环节"。[1]

在突发事件应急管理领域，党在重大突发事件的应对过程中也发挥着十分重要的作用。例如，在新冠肺炎疫情防控过程中，我国之所以能够取得令世界为之瞩目的抗疫成绩，最本质的原因还是在于中国共产党在疫情防控中的绝对领导。面对严峻的疫情形势，2020 年 1 月习近平总书记主持召开中共中央政治

---

〔1〕 习近平：《坚持和完善中国特色社会主义制度 推进国家治理体系和治理能力现代化》，载《当代党员》2020 年第 3 期。

局常委会会议，详细听取新冠肺炎疫情的防控工作汇报，对疫情防控从全国的层面进行全局研判、指挥和部署，并作出重要指示和批示，为疫情防控工作有效开展提供了根本原则、指明了方向。疫情发生后，党中央一声号令，全国上下积极响应、迅速行动。各级党委和政府以“两个维护”的政治自觉，坚决服从党中央的统一指挥和统一调度，将疫情防控作为当前最重要的政治任务，党员们也自觉践行初心和使命。“全国上下一盘棋，党中央充分发挥资源调配的优势，集中力量办大事。各个地区的战‘疫’被置于全国总体战‘疫’布局中，各条战线在党中央的统一领导下，有条不紊地积极开展抗‘疫’行动。”[1]

从更为具体的层面来看，在应对重大突发事件时，仅凭地方政府或一个部门自身的应急力量与资源可能是远远不够的，还要依靠与军队、交通、卫生、电力等各部门的协同配合，此时就需要一个专门的机构来加以协调并统一指挥，《突发事件应对法》第 8 条规定的突发事件应急指挥机构就负有此项职能。在实践中，因各个单位大多没有领导与被领导的关系，互相推诿职责的情况时有发生，此时就需要党委来领导突发事件应急指挥机构。在新冠肺炎疫情防控过程中，从中央到地方均成立各种形式的应急指挥机构领导疫情防控工作。中央政治局常委会会议于 2020 年 1 月 25 日决定成立中央应对新冠染肺炎疫情工作领导小组（以下简称“中央应对疫情工作领导小组”），在中央政治局常委会领导下开展工作，加强对全国疫情防控的统一领导，统一指挥。[2] 其中，小组组长为中央政治局常委、国务院总理李克强，副组长为中央政治局常委王沪宁。另外，各地均成立由当地党政主要负责人亲自挂帅的应对疫情工作领导小组或防控指挥部，领导开展各地的疫情防控工作。

有学者指出，在突发事件应对工作实践中，党委发挥的作用有目共睹。而随着“党的领导”入宪入法，在《突发事件应对法》中明确党对突发事件应对工作的领导，其时机条件已然成熟。[3] 他还认为，应当在突发事件应急管理体制、

---

〔1〕 于滨：《疫情防控彰显中国特色社会主义制度优越性》，载《学校党建与思想教育》2020 年第 10 期。

〔2〕《中共中央政治局常务委员会召开会议 研究新型冠状病毒感染的肺炎疫情防控工作 中共中央总书记习近平主持会议》，载新华网，http://www.gov.cn/xinwen/2020-01/25/content_5472188.htm，最后访问日期：2020 年 5 月 28 日。

〔3〕 王学辉：《〈中华人民共和国突发事件应对法〉修改建议稿》，载 https://mp.weixin.qq.com/s/SebJziviiSNAEwdp7pUvpw，最后访问日期：2021 年 2 月 20 日。

突发事件应对分工、应对职责组织体系等部分融入党的领导元素，以回应实际需要，保障突发事件应对机制的高效有序运转。[1] 笔者赞同上述观点。随着突发事件危害性逐渐增强，应急主体也呈现出越来越多元化的趋势。打造多元化的应急管理格局，在法律层面明确党在应急管理中的统筹领导地位是其中应有之义。

二、明确应急管理部的应急管理职权

应急管理部的成立是依据 2018 年中共中央印发的《深化党和国家机构改革方案》，其职责也是通过该方案向社会公布的。但根据职权法定原则，一切行政行为以行政职权为基础，无职权即无行政，而行政职权来源于法，受制于法，否则即为违法的权力，构成一种越权行为。[2]《深化党和国家机构改革方案》并不是法律，因而亦不是应急管理部行使职责的依据。应急管理部在 2018 年成立后便开始行使职责，组建一年间，应急管理部累计启动数十次应急响应，派出近百个工作组赶赴各地指导开展防灾救援救灾和事故处置工作，但法律依据并不明确。有学者认为，其行政权力的法律依据是调整原来行使相应应急管理职责的国家行政机关的法律规范，[3]但整合后成立的应急管理部要依据数十部单行法律法规行使职责极易造成各部门职责分配不明确而导致效率低下的问题，因此，立法机关急需着手修改《突发事件应对法》相关规定或制定一部专门针对应急管理部职责的法律以明确应急管理部行使职责的法定依据。

根据《深化党和国家机构改革方案》的规定，应急管理部的职责可以大致概括为八类：第一，履行组织制定应急行政管理规划的职责；第二，履行组织制定国家总体应急预案的职责；第三，履行指导应急救援和灾害防治，指导各地区各部门应对突发事件工作的职责；第四，履行建立灾情报告系统并统一发布灾情职责；第五，履行统筹应急力量建设和统一调度物资储备职责；第六，推动应急预案体系建设和预案演练，组织灾害救助体系建设职责；第七，承担国家应对特别重大灾害指挥部工作的职责；第八，负责安全生产综合监督管理和工矿商贸

---

〔1〕 王学辉：《〈中华人民共和国突发事件应对法〉修改建议稿》，载 https://mp.weixin.qq.com/s/SebJziviiSNAEwdp7pUvpw，最后访问日期：2021 年 2 月 20 日。

〔2〕 胡建淼主编：《行政法学》，复旦大学出版社 2003 年版，第 38～39 页。

〔3〕 戚建刚、乌兰：《应急管理部的行政法建构——基于整体性治理理念的分析》，载《北京行政学院学报》2018 年第 5 期。

行业安全生产监督管理的职责。此外,有学者认为,如要实现改革者初衷,行政法明确应急管理部职责类型和属性仅仅是第一步,而且是最基础的第一步。在"整合优化应急力量和资源,推动形成统一指挥"的目标引导下,行政法需要为应急管理部处理与中央国家行政机关之间、与地方国家行政机关之间,以及与非政府组织、企事业单位,甚至个人之间的关系提供组织形式和运行规则。[1]

应急管理部未成立之前,我国未有专门的中央部委负责应急管理工作,因而没有像公安、教育等部门自上而下的领导体系,各地对应急管理机构的设置也大有不同,因此各地的应急管理机构一般只受各级人民政府的领导。在上述情况下,应急管理法律无法统一规定应急管理主体,只能将应急管理职责赋予各级人民政府,并一直按照各级人民政府负责、县级人民政府为主的应急管理体制开展突发事件应对工作。应急管理部成立之后,对突发事件的应急管理职权较为明确,各地也应依照应急管理部设置本地的应急管理机关。中央与地方的应急管理机构设立之后负责统一履行特定应急管理职责,其他类型的突发事件仍由原先的国家机关负责。有人认为,应急管理法律因无统一的应急管理机关而不得不临时赋予各级人民政府应急管理职责,在现行应急管理体制下,地方人民政府的应急管理职权应当被逐步削弱。笔者认为,这种观点是错误的。根据我国行政体制的特点,地方人民政府负责应对本行政区域内的突发事件具有其他主体无可比拟的优势,探索地方人民政府负责、中央应急管理机关支持的应急管理机制更有利于突发事件的应对。因此,完善应急管理法律中的应急管理体制规定,不在于削弱地方人民政府的应急管理职权,而在于明确两者的定位与各自所能发挥的作用,并提升两者间的协同能力。

此外,《突发事件应对法》在明确政府的领导地位后,规定了办事机构的设置和职能问题,并授权由国务院规定,以保证全国的统一,[2]但国务院对地方应急管理机关的设置至今未做统一规定。应急管理部成立之后,有的地方特别是省级政府成立了与其相应的部门,如河南省于2018年11月29日挂牌成立应急管理厅;有的地方的应急管理机关仍为应急管理办公室;有的地方则成立了应急管理委员会。上文已述,对《突发事件应对法》中应急管理主体的修改需要依

---

[1] 戚建刚、乌兰:《应急管理部的行政法建构——基于整体性治理理念的分析》,载《北京行政学院学报》2018年第5期。

[2] 于安:《〈突发事件应对法〉的实施问题》,载《理论视野》2009年第4期。

靠各地应急管理机关的名称、人员、编制等的统一设置，而且各地应急管理机关机构与职能的不统一会影响中央应急管理机关开展应急统筹工作，也不利于各地政府有效地实施突发事件应对法律，因此国务院及其有关部门应当对各地应急管理机关的统一设置作出制度上的规定。

三、明确社会应急力量的应急权力

现代突发事件的发生不仅呈现出复合型[1]特点，且往往具有衍生性、次生性，突发事件的危害后果亦往往具有国际性、多样性和不确定性，[2]因此，以往的“单灾种”型应急管理体系已不能适应当前突发事件应对工作的需要。为解决“单灾种”型应急管理体系的弊端，学者们探讨多年的应急管理机构大部制改革得到了国家的积极回应，应急管理部于 2018 年应运而生。应急管理部整合了原有 13 个应急管理部门的职能，实现应急管理对象、应急管理职能、应急管理过程三个方面各自内部要素的高度统一，[3]以推动形成统一指挥、专常兼备、反应灵敏、上下联动、平战结合的中国特色应急管理体制。应急管理部的成立也推动了我国应急救援队伍的改革，公安消防部队、武警森林部队转制与安全生产等应急救援队伍一并作为综合性常备应急骨干力量，专业应急救援队伍正在实现由专项性向综合性的转变。专业应急救援队伍建设虽在不断发展，但还是存在数量较少，不能满足我国当今发展需要[4]等问题，因而在应对重大突发事件时，还应注重社会应急力量的参与。社会应急力量因与民间社会结合较为紧密，在某些情况下相对于专业救援队伍会更为快速地发觉突发事件并实施应急处置措施，可以有效降低突发事件带来的危害。问卷调查（见图 8）显示，绝大部分调查对象均赞同民间救援队伍协助开展突发事件应对工作。但是，当前我国应急管理法律并未明确社会应急力量的具体应急权力与保障措施，导致社会应急力量开展应急处置工作存在诸多阻碍，严重影响其参与突发事件应对的积极性。因此，应急管理法律应当对社会应急力量的应急权力作出明确规定。

---

〔1〕 应松年：《巨灾冲击与我国灾害法律体系的完善》，载《中国应急管理》2010 年第 9 期。

〔2〕 戚建刚：《非常规突发事件与我国行政应急管理体制之创新》，载《华东政法大学学报》2010 年第 5 期。

〔3〕 高小平、刘一弘：《应急管理部成立：背景、特点与导向》，载《行政法学研究》2018 年第 5 期。

〔4〕 王责任：《关于我国应急救援队伍建设的研究》，载《中国应急救援》2011 年第 1 期。

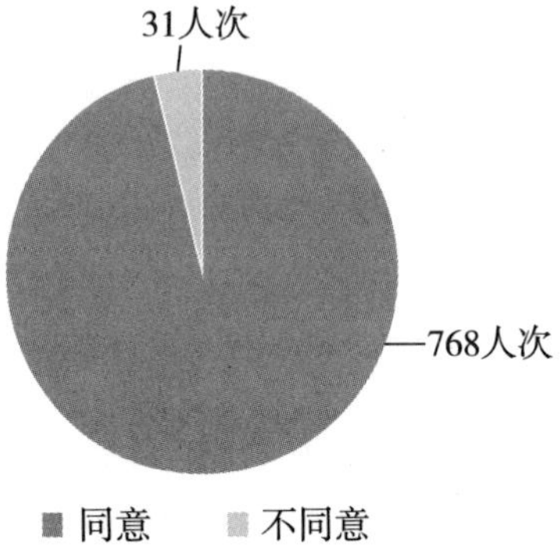

图8　问题:您是否赞同民间救援队伍协助开展突发事件应对工作

(一)我国社会应急力量建设现状

1. 我国社会应急力量的基本情况

社会应急力量是指民间社会中自发形成的参与突发事件应急处置的救援力量,有广义与狭义之分,广义上的社会应急力量包括数量庞大的志愿者、相关企业事业单位以及从事应急救援工作的社会组织等,而狭义上的社会应急力量仅指从事应急救援工作的社会组织,即非政府性应急救援队伍。本部分所说的社会应急力量仅指狭义上的社会应急力量。

社会应急力量参与突发事件应对工作大致始于汶川地震期间,因而2008年被称为我国的公益元年。社会应急力量参与应急救援初始,绝大多数组织或人员并不具备采取应急处置措施的经验,且尚未形成拥有专业人员、专业设备的应急救援队伍,而是仅凭热情赶赴灾区,结果不仅未对专业应急救援队伍加以协助,反而造成交通状况混乱、应急资源浪费等消极影响。问卷调查(见图9)显示,超过半数的调查对象不赞同凭热情赶赴灾区,自行采取抗震救灾措施的做法,因此,国家有关部门发布文件建议社会应急力量不要贸然进入灾区参与应对突发事件,而是鼓励社会公众以社会捐赠等形式支持应急管理机关的应急处置与救援工作。汶川地震后的十余年间,尽管国家并未给予社会应急力量太多支持,但社会应急力量建设还是取得了较为迅速的发展。相较于社会公众参与应对突发事件刚兴起之时,目前的社会应急力量不仅具有较为专业的设备、具备应急知识的人员,而且在常态状况下还会进行较为系统的训练。此外,社会应急力量的数量大幅增长,组织形式也更为正规化。据民政部社会组织管理局副局长黄茹透露，截至2019年一季度，全国各级民政部门共登记社会组织约82.6万家，其中社会救援领域的有1200多家。[1] 社会应急力量的日趋专业化、规模化理应使其在突发事件应对过程中发挥更大的作用。

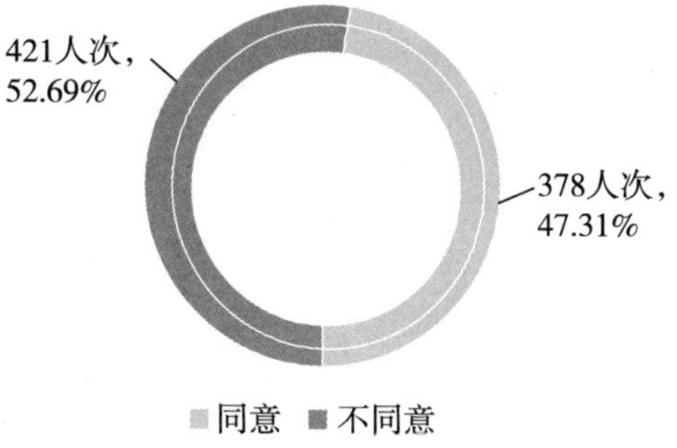

图9　问题:2008年汶川地震期间，很多人凭热情赶赴灾区，自行采取抗震救灾措施，您是否赞同此种做法

2. 我国社会应急力量的制度现状

《突发事件应对法》颁布之前，我国的突发事件应对工作一直实行“独揽型”应急管理体制，即国家组建应急管理机关负责应对突发事件，专业性应急救援队伍在应急管理机关的指挥下负责实施应急处置措施，国家不要求社会组织或公民参与应急处置，社会公众也没有参与突发事件应急处置的意识。2007年颁布实施的《突发事件应对法》首次规定了社会应急力量参与突发事件应对工作的制度，我国突发事件应对工作开始由“独揽型”管理体制向“共治型”管理体制进行转变。[2] 例如，《突发事件应对法》第11条规定了公民、法人和其他组织参与突发事件应对工作的法定义务，第26条规定了县级以上人民政府及有关单位建立非专业性应急救援队伍的职责等。此后，各地的突发事件应对法律也大多规定了有关社会应急力量的制度，比如《四川省突发事件应对办法》第10条规定县级以上地方人民政府建立突发事件应对社会动员机制，《北京市实施〈中华人民共和国突发事件应对法〉办法》第30条规定依托社会力量建立专业应急救援队伍的，应当签订协议，明确双方的权利和义务。突发事件应对法

〔1〕 秦远:《社会力量参与应急救灾新发展》，载《中国减灾》2019年第11期。

〔2〕 戚建刚:《〈突发事件应对法〉对我国行政应急管理体制之创新》，载《中国行政管理》2007年第12期。

律对社会应急力量参与应急处置制度虽都有所涉及,但大多数法律都未对社会应急力量如何参与应急处置、享有何种应急管理权力以及国家应给予何种保障等作出明确规定。

随着社会应急力量的不断发展,国家开始重视社会应急力量在突发事件应对过程中的作用,并制定一系列政策加以规范。在中央层面,民政部于2015年发布《民政部关于支持引导社会力量参与救灾工作的指导意见》,从基本原则、救灾范围、主要任务、工作要求方面对地方政府支持引导社会力量参与救灾工作提出相关要求。在地方层面,大多数地区的应急管理机关并不重视社会应急力量在突发事件应对过程中的作用,因而也未制定和实施相对完善的有关社会应急力量的政策。对社会应急力量参与应对突发事件较为重视的大多是突发事件易发、多发区域的政府或其应急管理机关,如广东省于2015年颁布了《广东省社会力量参与救灾促进条例》,四川省于2017年成立全国首个省级层面的社会力量参与防灾减灾救灾统筹中心等,均为其他地方建立和完善社会应急力量参与应对突发事件机制作出了良好的示范。应急管理部于2018年成立之后整合了原有13个应急管理部门的职能,因而原属于民政部的统筹社会应急力量的职能也转由应急管理部行使。应急管理部自开始履行应急管理职能后便较为重视社会应急力量建设工作,比如应急管理部于2019年正式上线运行社会应急力量参与抢险救灾网上申报系统,可实现社会应急力量网上登记备案和审核、灾情信息发布、救援申请、抢险救援管理等功能。又如应急管理部于2019年举办全国首届社会应急力量技能竞赛,并分为各地区的培训考核赛与全国集中竞赛两个阶段。此外,应急管理部于2019年打造的面向公众的、权威的信息发布平台中国应急信息网专门设立了"社会力量之家"版块,其下包括注册登记、技能竞赛、测评考核、典型事迹等栏目,对社会应急力量参与应急处置、提高专业素养、提升社会认同感均具有重要意义。

(二)社会应急力量的应急权力制度中存在的问题

1.社会应急力量的遴选模式缺失

当前,我国的社会应急力量数量较多,但其成立与发展缺少应急管理部门的引导与规范,而是均处于"野蛮生长"状态,因此每支社会应急力量的人员组成、专业设备、救援能力等状况均有所不同。为更加高效地开展突发事件应对工作,突发事件应对法律需要对社会应急力量的应急权力及保障措施作出明确规定，但如果法律赋予所有的社会应急力量应急权力，不仅有可能造成如汶川地震期间无论有无应急救援能力的社会力量均蜂拥而至，最后未对抗震救灾工作加以协助，反而影响正常应急处置工作的秩序，还有可能会出现不具备救援能力的社会应急力量为谋取不正当利益而滥用法律赋予的应急权力的情况。因此，法律不应简单将非常规突发事件应急权力赋予所有的社会应急力量，而是在规定应急权力之前首先确立社会应急力量的遴选制度，其后将应急权力仅赋予遴选后合格的部分，才能真正发挥社会应急力量在突发事件应急处置中的作用。

2. 社会应急力量的具体应急权力不明确

突发事件应对法律虽然规定了社会动员机制、非专业性应急救援队伍建设以及社会应急力量参与突发事件应对义务，但并未对社会应急力量的具体应急权力作出明确规定，导致现行法律无法为社会应急力量参加突发事件应对提供畅通途径和必要空间。[1] 在现实状况中，社会应急主体因不具有法律的明确授权，导致其参与突发事件应对工作可能会面临各方面的阻碍，如在2008年南方雪灾期间，某电网企业派出的应急救援队伍在抢修电力设施时，不可避免地对些许农田、农作物造成了破坏，但电网企业并不享有非常态状况下的临时征用权，导致事后面临大量的民事侵权诉讼。突发事件应对法律授权缺失会严重阻碍社会应急力量参与突发事件应对工作的积极性，为确保社会应急力量在进行应急处置时不必遭遇合法性难题，相关法律应尽快对其具体应急权力作出明确规定。

3. 社会应急力量的保障制度不完善

国家鼓励社会应急力量参与突发事件应对工作的同时，还应注重完善针对社会应急力量的保障制度。突发事件应对法律虽规定了社会应急力量具有协助应急管理机关进行突发事件应急处置的义务，但并未规定如何对社会应急力量加以保障，导致目前社会应急力量不仅需要自费购买救援设备、自主寻找训练场地、自己搜集突发事件信息还要自行承担应急处置风险。另外，法律保障制度的缺失导致社会公众与有关单位缺乏对社会应急力量的认同感，而认同感的缺失则会对社会应急力量建设产生极大的阻碍。一方面，认同感的缺失不仅会导致社会公众不想参与突发事件应急处置，而且会使社会应急力量的成员承

---

[1] 林鸿潮、詹承豫：《非常规突发事件应对与应急法的重构》，载《中国行政管理》2009年第7期。

受来自家庭和社会的质疑；另一方面，认同感的缺失也会导致有关单位不能为社会应急力量提供必要的便利，如在台风“山竹”肆虐期间，有一支来自河南的民间救援队伍，在返程途中路过湖南，被收取了过路费，公路方表示没有政策支持民间救援队伍免费通行，此举无疑会削弱社会应急力量参加突发事件应对的积极性，与国家鼓励社会应急力量参与突发事件应急处置的政策背道而驰。

（三）社会应急力量的遴选模式

为避免突发事件应急处置过程中社会应急力量的无序参与，突发事件应对法律应对社会应急力量的遴选模式加以规定。结合当前应急管理机关对社会应急力量的管理方式，遴选模式大致可以分为以下几种：

1. 网上登记备案＋应急救援申请

“网上登记备案＋应急救援申请”模式是应急管理部目前正在采用的社会应急力量遴选方式。应急管理部于2019年上线运行抢险救灾网上申报系统，其中便包括网上登记备案与应急救援申请两大功能。网上登记备案是指社会应急力量需事先在申报系统登记队伍基本情况，并通过所在省份的应急管理部门审核[1]，登记与审核的内容包括社会应急力量队伍的人员组成、专业救援设备配置以及应急救援水平等核心因素，网上登记备案是应急救援申请的前置程序。应急救援申请是指社会应急力量在网上登记备案并通过网上申报系统的审核后，有权在突发事件发生时申请参加应急救援，而应急管理机关则要对提出申请的社会应急力量所在地区是否距突发事件发生区域较为接近、应急救援水平是否足够参与该突发事件应急处置等情况进行综合审查确定其是否可以参加本次突发事件应急救援工作。应急管理机关批准某支社会应急力量的救援申请后，其便享有应对本次突发事件的应急权力以及国家提供的相应保障措施。

2. 技能竞赛选拔＋救援资格赋予

应急管理部于2019年举办全国首届社会应急力量技能竞赛，分为各省内部的培训考核赛和全国集中技能竞赛。旨在通过竞赛活动，组织凝聚一批具备一定水平的社会应急力量，不断提高社会应急力量的凝聚力、组织力和动员力，

---

〔1〕《救灾车辆申报后可免费！——社会应急力量参与抢险救灾网上申报系统上线》，载《中国公路》2019年第8期。

营造全社会学应急知识、练应急本领、强应急技能的浓厚氛围,并向公众宣传应急知识和技能,提高全社会自救互救技能和水平,共同推动应急救援事业的发展。[1] 此次社会应急力量竞赛虽筛选出一批技术过硬、遵规守纪的社会应急队伍,但应急管理机关并未通过竞赛形式达到选拔突发事件发生时有权利参加应急救援的社会应急力量之目的,但通过技能竞赛确定某些社会应急力量的应急救援资格也是遴选的一种可行方式。省级应急管理机关与应急管理部分别通过培训考核赛和全国集中技能竞赛对参赛社会应急力量依照各应急项目作出省内排名与全国排名,当突发事件发生时,应急管理机关可以依据最近一次竞赛的排名状况、所在地区及所需社会应急队伍数量确定哪些应急救援力量具有本次突发事件的应急救援资格。另外,根据社会应急力量参与突发事件应对的自愿性原则,具有应急资格的应急救援力量在不能或不愿参加应急救援时,应急管理机关可以根据排名往后顺延以确定最终参与应急救援的社会应急力量名单。

3. 省级应急管理机关选拔 + 各省之间相互援助

“省级应急管理机关选拔 + 各省之间相互援助”模式是吸收我国长期以来实行的“以块为主”的应急管理体制与地方政府间的对口援助机制理念形成的一种社会应急力量遴选模式。“省级应急管理机关选拔”具有两个方面的含义:一方面,各省应急管理部门负责统筹管理本省内的社会应急力量,并精准掌握本省各个社会应急力量的成员、专业设备以及专业救援能力等情况,以便在突发事件发生时能够组织有足够救援能力的社会应急力量参与应急处置;另一方面,社会应急力量参与突发事件应急救援以省内选拔为主,即应急管理机关在平时应指导本省的社会应急力量针对本省易发、多发的突发事件类型开展训练,在突发事件发生时则首先选拔本省的社会应急力量参与应对突发事件。“各省之间相互援助”是指当本省的社会应急力量数量不足以协助应急管理机关采取应急处置措施时,可以请求相邻、相近省份应急管理机关调派有救援能力的社会应急力量参与突发事件应急处置,而具体由哪些省份负责援助既可由省级应急管理机关之间事前签订援助协议确定,也可由应急管理部统筹确定。

---

[1] 《全国首届社会应急力量技能竞赛　全国集中技能竞赛在重庆正式开幕》,载中国应急信息网,https://www.mem.gov.cn/xw/bndt/201905/t20190507_260928.shtml,最后访问日期:2020 年 7 月 19 日。

以上三种社会应急力量遴选模式各有优势。“网上登记备案 + 应急救援申请”模式的优势在于应急管理机关在信息化时代下利用网上申报系统可以更为全面地统筹全国范围内的社会应急力量参与突发事件应对工作，可以最大化地发挥国内应急力量在应急救援中的作用，但其也可能存在网上登记备案与省级应急管理部门审核协同性不足导致社会应急力量对自身情况进行虚假登记而未被发现的隐患，因而该模式在具体操作过程中对各部门的职责还应进行细化以增强不同部门间的协同性。“技能竞赛选拔 + 救援资格赋予”模式的优势在于应急管理机关可以保证参与突发事件应对的社会应急力量的应急救援水平。另外，此模式还有利于激发社会应急力量之间的竞争意识，竞争会促使应急队伍为提高竞赛名次更注重专业技能的训练，社会应急力量的整体水平也会有所提升。“省级应急管理机关选拔 + 各省之间相互援助”模式的优势则在于：第一，可以促使省级应急管理机关更加重视本省的社会应急力量的建设工作；第二，本省的社会应急力量不仅对突发事件发生区域更为熟悉，且其针对本省的易发、多发突发事件的应急救援水平相对较高；第三，该模式较为合理地遵循了社会应急力量参与应急处置的就近原则，应急反应能力更快，应急处置效率更高。在实践操作时，应急管理部与各地应急管理机关应根据突发事件级别、突发事件发生区域的情况以及各地社会应急力量的实际状况确定最合理的遴选模式，以保证遴选制度发挥其应有的作用。

（四）社会应急力量的应急权力制度建构

社会应急力量的应急权力可分为应急处置权和紧急征用权，因两种应急权均具有单方性、强制性、优益性等特征，是一种强大的支配力量和调控力量，所以其性质为国家公权力中的行政权力。行政权力一般只能由行政机关行使，但是行政机关以外的社会组织经过法律、法规、规章的授权，以自己的名义行使职权，并独立承担相应的法律后果，也可以成为行政主体，即授权行政主体。[1] 因此，社会应急力量在行使应急处置权与紧急征用权时的地位为授权行政主体，又可称为被授权组织。

1. 应急处置权

习近平总书记在2019年中央政法工作会议中指出，要完善党委领导、政府

---

〔1〕 胡建淼主编：《行政法学》，复旦大学出版社2003年版，第58页。

负责、社会协同、公众参与、法治保障的社会治理体制，打造共建共治共享的社会治理格局。在应对突发事件过程中，政府独自管理的模式正在发生改变，政府、市场和社会合作共治的制度选择，已经成为应急管理新的发展趋势。[1] 我国的应急管理体制也已开始由“独揽型”向“共治型”进行转变，但无论多少主体参与应急救援，应急管理机关及其建立的应急救援队伍都是突发事件应对的主导力量。国家鼓励社会应急力量参与突发事件应对工作，但其并不是突发事件应对工作的主导力量，而是仅发挥对国家应急力量的辅助作用，因而突发事件应对法律应依照应急管理机关可采取的应急处置措施对社会应急力量的具体应急权力作出规定。因此，社会应急力量行使应急处置权时主要可以采取以下几个方面的应急处置措施：

第一，紧急救助措施。紧急救助措施保护的是公民的生命健康权，是第一位的。社会应急力量在选拔过程中主要考查的便是其成员、设备的专业性以及救援能力，因而社会应急力量参与应对突发事件最主要的工作便是协助应急管理机关采取救助措施。社会应急力量采取的紧急救助措施与国家救援队伍大致相同，应包括协同搜救受害人员、伤病员紧急运送与救治、疏散或撤离在突发事件发生区域并受到威胁的人员等。另外，有学者认为财产权也应在紧急救助措施保护之列，因而应在坚持“生命第一，财产第二”原则的前提下对遭受突发事件损害的财产也采取紧急救援措施。[2]

第二，保障措施。保障措施是指为保护突发事件发生区域人员的生命健康权和生存权而采取的应急措施。社会应急力量可采取的保障措施应包括紧急救援物资运输、救灾物资接收发放、紧急救援人员后勤服务保障、灾害现场清理、医疗救护和卫生防疫以及抢修被损坏的交通、通信、供水、供电、供气、供热等公共设施等。

第三，协助采取行政强制措施。《突发事件应对法》第 49 条规定，履行统一领导职责的人民政府可以采取迅速控制危险源，标明危险区域，封锁危险场所，划定警戒区，实行交通管制以及其他控制措施；禁止或者限制使用有关设备、设施，关闭或者限制使用有关场所，中止人员密集的活动或者可能导致危害扩大

---

〔1〕 戚建刚：《我国危机处置法的立法模式探讨》，载《法律科学（西北政法学院学报）》2006 年第 1 期。

〔2〕 禹竹蕊：《突发事件处置中的紧急救援与国家救助》，载《经济师》2017 年第 3 期。

的生产经营活动以及采取其他保护措施。控制和保护等行政强制措施是一种强制性的权力，其实施会对公民的人身、财产产生直接影响，对公民权利自由的干预力度较大[1]，理论上只能由法律明确授权的行政机关行使。但是，突发事件应急处置具有紧急性，当应急管理机关无法独自及时地采取控制和保护等行政强制措施时，可以要求社会应急力量加以协助，但社会应急力量不能擅自决定或独立实施行政强制措施。

2. 紧急征用权

在我国，征用就是国家为了公共利益的需要，根据法律法规强制取得集体所有土地的使用权、公民私有财产的使用权或劳务，并给予适当补偿的法律制度。[2] 突发事件应急处置因具有紧急性，应急救援队伍自己携带的设备可能不足以实施救助措施，应急救援队伍抢修供电、供水等公共设施时可能会不可避免地占用有关单位和个人的农田或其他场地，因而《突发事件应对法》第52条规定了"履行统一领导职责或者组织处置突发事件的人民政府，必要时可以向单位和个人征用应急救援所需设备、设施、场地、交通工具和其他物资"的应急征用制度。应急征用相较于一般行政征用具有被征用财产所需要的紧急性、征用决定作出程序的简化性等特点，但目前所有的行政征用行为都只能由国家机关作出，社会应急力量并不享有征用权。社会应急力量在应急处置过程中虽只发挥对国家应急力量的协助作用，但并不意味着其不会单独采取应急处置措施，在没有国家应急力量在场而社会应急力量因需立即采取救助或保障措施不得不强制使用单位或公民财产的情况下，如果其不享有征用权，就可能会在事后遭遇财产权利人提起的民事侵权诉讼，并不得不支付侵权赔偿。因此，突发事件应对法律应当对社会应急力量的紧急征用权作出规定，但也要在其具体可以实施哪些征用措施方面加以细化，此外，还要对社会应急力量滥用紧急征用权进行防范。

突发事件应对法律应对社会应急力量的紧急征用权作出明确规定，但并不是所有位阶的法律都有规定紧急征用权的立法权限，为避免出现法律对社会应急力量的紧急征用权作出规定但却无效的局面，我们需要对哪些法律有权规定

[1] 刘玲：《论突发公共安全事件应对中的政府职责》，载《沈阳工业大学学报（社会科学版）》2011年第4期。

[2] 沈开举：《论征收征用权》，载《理论月刊》2009年第2期。

进行明确。我国《宪法》第13条第3款规定:“国家为了公共利益的需要,可以依照法律规定对公民的私有财产实行征收或者征用并给予补偿。”但并未明确此处的法律是广义的法律还是狭义的法律。而《立法法》第8条规定对非国有财产的征收、征用只能制定法律,此处的法律仅指狭义的法律。因此,征用权仅能由全国人大及其常委会制定的法律进行规定。当前,虽然还未有任何立法对社会应急力量的紧急征用权作出明确规定,但存在大量政府及其部门以及地方立法机关对应急管理机关的征用权作出规定的情况。政府部门无权创制应急征用规则,也无权细化应急征用条款,且下位法对上位法征用规则的抄袭或细化于法治有害无益。[1] 因此,在建构社会应急力量的紧急征用法律制度时,只能由全国人大及其常委会作出规定,其他位阶的法律不应擅自创建该制度,以免影响社会应急力量行使紧急征用权的合法性。

(五)社会应急力量的保障制度建构

1. 常态状况下的保障措施

首先,应当建立专门管理机构和相关社会团体。随着社会应急力量的壮大且在突发事件应对工作中发挥越来越重要的作用,政府应进一步强化对社会应急力量的指导与监督,进一步细化社会应急力量参与突发事件应对的协调、沟通和保障工作,因而当前有必要建立一个专门的机构履行对社会应急力量的管理职责。目前,应急管理部已设置的21个机关司局中并没有专门负责社会应急力量管理的机构,也未成立专门的部属单位,而是由应急管理部各司局协调履行对社会应急力量的管理职责。在地方应急管理机关中,只有少数突发事件易发、多发地区的应急管理机关近几年对专门设置了社会应急力量管理机构,如四川省于2017年成立四川省社会力量参与防灾减灾救灾统筹中心,承担全省的社会力量参与突发事件应对的管理工作,是全国第一家从省级层面统筹社会力量参与突发事件应对的专门机构。专门机构的建立对社会应急力量的管理是极为必要的,各级应急管理机关可以根据实际情况选择设立内部机构或归其领导但独立挂牌的部门,以更为有效地履行对社会应急力量的管理职责。另外,国家或社会应急力量之间可以建立如救灾协会之类的社会团体,也可以依

---

[1] 叶必丰:《规则抄袭或细化的法解释学分析——部门规则规定应急征用补偿研讨》,载《法学研究》2011年第6期。

托相关基金会,促进社会应急力量间的信息共享、专业交流、共同训练等,以提高社会应急力量间的协同能力,最终则会提高突发事件应急处置的效率。

其次,应当加强资金、设备等方面的支持。国家对社会应急力量参加突发事件应对采取"自愿参加、自助为主"原则,因而目前社会应急力量的专业设备、所需资源以及训练场地等都是自己购置的。社会应急力量因不具有营利性,自己所能拿出的资金也是极为有限的,因而严重影响其提高专业救援水平。国家欲加强社会应急力量在突发事件应对过程中的作用,就需提高社会应急力量的救援水平,而最为直接的方式便是加强对社会应急力量资金、设备等方面的支持。应急管理机关应探索将资金、设备提供给社会应急力量的具体方法,以保证此项资金、设备得到最为高效的利用,避免某些社会应急力量依靠该措施谋取不正当利益。

最后,建构政府购买公共服务机制。政府购买公共服务,以公共资源为引导的政府与民间组织的合作,正在成为政府职能转型、公共事业社会化中一个方兴未艾的领域。[1] 提供公共服务是政府的基本职能之一,当政府自身缺乏向社会供给所有公共服务的能力时,政府购买公共服务机制便开始兴起。当前,我国正实现从"管制型"政府向"服务型"政府的转变,政府应向社会提供更多公共服务的要求使得我国诸多领域的政府购买公共服务机制正在不断完善,而突发事件应急管理也是政府的一项重要公共管理职责,因而也可以在该领域建构政府与社会应急力量之间购买公共服务制度。政府在突发事件应对领域购买公共服务不仅可以减轻应急管理机关的应急处置压力,提高应急救援效率,而且也可以减轻作为非营利性组织的社会应急力量的资金压力,以提高社会应急力量的救援水平与积极性,因此,政府购买公共服务对社会应急力量而言也是一种保障措施。在建立突发事件应对领域的政府购买公共服务机制时,不仅要谨慎挑选所合作的社会应急力量,还要针对购买对象、购买程序、采购预算等方面建立完备的法律制度。

2. 应急处置阶段的保障措施

一方面,交通部门应给予社会应急力量充分便利。交通部门应给予社会应急力量充分便利有两点原因:第一,突发事件应对工作具有紧急性,要求救援队

---

〔1〕 郑苏晋:《政府购买公共服务:以公益性非营利组织为重要合作伙伴》,载《中国行政管理》2009年第6期。

伍应尽快赶赴灾区采取应急处置措施，如果各地的交通部门因政策、路况等原因对社会应急力量产生阻碍，将会影响突发事件应对工作的效率；第二，社会应急力量参与应对突发事件具有公益性，其不仅冒着生命危险前往灾区实施应急处置措施，还要自备人员、设备、物资以及运输工具。如果交通部门还要在途中收取过路费，不仅会增加社会应急力量的资金压力，还会严重打击社会应急力量参与应对突发事件的积极性，对突发事件的高效处置产生消极的影响。当前，交通部门能对社会应急力量作出的便利措施有两种：一是保证社会应急力量的优先通行，二是免收社会应急力量所乘车辆的过路费。但是，不同路段可能有不同的政府或单位进行管理，因而应急管理部与省级应急管理机关应完善与交通部门的沟通协调机制，确保社会应急力量能够最为快速赶赴灾区参与突发事件应急处置。

另一方面，要确保社会应急力量能够及时了解突发事件信息。及时正确掌握突发事件信息是采取突发事件应对措施的前提，应急救援队伍如果未了解突发事件发生、发展情况便实施应急处置措施可能不仅无益于突发事件应对，还会扩大应急救援人员的伤亡。政府负有公共管理职责，其不仅有强大的信息收集机构，而且也会收到有关单位或社会公众对其所了解的突发信息状况的报送，因而国家应急力量可以及时掌握较为准确的突发事件信息。社会应急力量与国家应急力量不同，其只是一个民间救援组织，所需突发事件信息全部需要依靠政府发布获得，因此，政府如欲使社会应急力量在突发事件应对中发挥更大的作用，就要确保社会应急力量能够及时了解突发事件的发生、发展信息。社会应急力量了解突发事件信息有很多渠道，除从中国应急信息网与其他网络途径获取外，应急管理部还应着手建立社会力量参与救灾工作信息化平台，针对社会应急力量进行专门信息发布。有关机构在突发事件应急处置期间还应保持与社会应急力量间对话机制的畅通，以确保社会应急力量在应急处置过程中遇到的问题能第一时间被应急管理机关知晓并尽可能解决。另外，应急管理机关也可以邀请社会应急力量参加灾情会商、工作部署等会议[1]，以增强国家应急力量与社会应急力量之间的协同性。

---

〔1〕 应松年、林鸿潮：《国家综合防灾减灾的体制性障碍与改革取向》，载《教学与研究》2012年第6期。

3. 事后的保障措施

突发事件应对工作结束后对社会应急力量的保障措施便是加强表彰与补助。表彰形式大致有以下三种：一是通过应急管理部网站以及其他各类媒体对突发事件应对中具有典型事迹的社会应急力量作出宣传，不仅可以提高社会公众对社会应急力量的认同感，激发更多公民参与应对突发事件，还能提高社会应急力量参与突发事件应对的积极性，促使其在常态状况下继续开展训练，提高应急救援水平。二是对参加突发事件应急处理做出贡献的人员，给予表彰和奖励[1]，以提升其作为社会救援人员的荣誉感。三是建立应急救援人员服务认证制度，以鼓励社会公众组建或参加社会应急队伍，进一步发挥社会应急力量在突发事件应对过程中的作用。突发事件应对工作结束后还要对某些社会应急人员进行补助，一是对参加突发事件应急处置的社会应急人员，给予适当补助和保健津贴。二是事前为参加应急救援的社会应急人员购买人身保险，或事后为自费购买人身保险的人员予以补助。三是对参加突发事件应急处置导致受伤、死亡的社会应急人员，给予本人或家庭相应的补助或抚恤。

四、提升应急主体间的协同能力

在应急管理部成立之前，我国突发事件应对工作存在严重的“条块”问题。其中在《突发事件应对法》颁布前主要是“条”之上的问题。“条”即指“单灾种”应急管理体系，在此体系下，每个部门负责一类或几类突发事件应对工作，各部门之间的应急管理人员、应急救援队伍、应急物资等相互独立，且部门之间交流极少，造成在综合性突发事件来临之时各部门缺乏配合意识与能力，从而使突发事件应对工作不能保证效率。《突发事件应对法》规定了分级负责、属地管理的应急管理体系，即由以“条”为主变为以“块”为主。“块”是指各级人民政府领导其下属部门负责本地的突发事件应对工作，相较于“单灾种”应急管理体系而言，以“块”为主初步解决了部门与部门之间缺乏沟通协同的问题，且可以集当地政府全部之力来应对突发事件，具有一定的积极意义。但《突发事件应对法》并未彻底解决“条块”问题，在实行以“块”为主的应急管理体系后，又出现了“条外有条”“块外有块”的弊端。“条外有条”是指各地政府虽直接领导本级

[1] 付子堂：《法眼看“非典”（下）——非典危机与突发公共卫生事件应急法律制度》，载《中国律师》2003 年第 8 期。

大多数行政机关,但仍有少数行政机关归中央或省级人民政府垂直管辖,地方政府对其无领导职权,因而这些机关在某些情况下可能不会对政府作出的突发事件应对措施加以配合,造成政府无法高效实施应急处置措施。"块外有块"是指地方政府一方面可能会因为政策的不同、利益的驱使对其他地方的突发事件应对产生阻碍;另一方面可能会因为政府间的沟通机制不完善,导致不能及时对突发事件发生区域及时进行帮助。应急管理部成立之后,其享有对突发事件的统一指挥权,一定程度上消除了以"条"为主与以"块"为主的弊端,但应急管理部作为国务院的一个部门,在履行应急管理职责时,除依靠专项应急指挥部,仍未建立与其他相关部门的沟通机制。专项应急指挥部仅是在应急处置与救援阶段发挥作用,而"平战结合"的应急管理部在常态情况下也需要与其他部门加以沟通配合,如应急管理部在对自然灾害的监测过程中需要及时知晓气象部门所掌握的信息,因而突发事件应对法律应建构应急管理部门与其他相关部门的协同配合机制,以确保新时代的应急管理工作能够真正消除"条块"问题带来的阻碍。

提升应急主体间的协同能力大致有以下几种措施:第一,应急管理法律应当进一步明确突发事件应急指挥机构的职能,规定由党政机关主要负责人作为应急指挥机构的负责人,以消除应急主体之间的壁垒。第二,应急管理法律应当明确应急主体未尽到协同职责的法律责任,倒逼相关部门进行配合。第三,提升应急主体间的协同能力还应依赖平台的建设,国家可以针对预防、预警、应急处置等不同阶段建立交流沟通平台,以提高应急主体间的协同能力。

第二节　预防与应急准备制度的完善

一、完善应急预案制度

(一)健全应急预案体系

当前,我国已制定有一百余万件应急预案,[1]但预案的体系并不健全。应

[1] 刘冰、刘瑛:《构建突发事件应急管理法律机制的思考——兼谈河北省应急管理法律机制的完善》,载《河北法学》2014年第10期。

急预案的体系包括综合应急预案、专项应急预案和现场处置方案,另外在必要情况下还应针对专项应急预案制定一系列配套预案。综合应急预案是指在总体上对突发事件类别、应急管理机关及职责、突发事件应对原则、应对体制和应对机制等做出规定的综合性文件,如我国在2006年颁布的《国家突发公共事件总体应急预案》;专项应急预案是指依据总体应急预案针对某类特定突发事件所做的有关应急处置措施与应急处置程序的专门文件,如《生产安全事故应急预案》;现场处置方案是指针对具体的装置、场所或设施、岗位所制定的应急处置措施,其一般是单位内部制定的并要求单位人员熟知的具体处置办法。我国的应急预案数量庞大,但预案制定时往往都是单独性的,并没有考虑如何完善预案之间的体系,比如铁路部门会针对铁路在遇到地震、公共卫生事件、危险化学品运输事故等突发事件制定专项应急预案,但除此之外,还应考虑天气等因素影响,因而还应制定如气象预案等配套预案以形成完整的预案体系。因此,我国当前急需对预案进行整理、完善,以形成切实高效的应急预案体系。

总体而言,应急预案体系应当在应急管理法律体系的基础上进行建构,但内容应当更具有可操作性。应急预案体系的第一个层次是国务院制定的《国家突发公共事件总体应急预案》,与《突发事件应对法》在应急管理法律体系中发挥的作用类似。应急预案体系的第二个层次是中央应急管理部门针对某一类型突发事件制定的专项应急预案及配套应急预案。应急预案体系的第三个层次是地方人民政府制定的本行政区域内的突发事件综合应急预案和专项应急预案。应急预案体系的第四个层次是地方政府的各职能部门根据各自的应急职责制定的应急预案。其中,应急预案体系的第五个层次是法律规定的其他单位应当制定的应急预案。例如,《突发事件应对法》第23条规定,矿山、建筑施工单位和易燃易爆物品、危险化学品、放射性物品等危险物品的生产、经营、储运、使用单位,应当制定具体应急预案。此外,所有公民、法人或其他组织均可以为其个人或单位制定应急预案,但不宜被纳入突发事件应急预案体系之中。

(二)提高应急预案的可操作性

我国的应急预案普遍存在的一个问题便是缺乏可操作性。自《国家突发公共事件总体应急预案》颁布以来,各部门就开始相继制定各种各样的应急预案,名称虽不相同,但大致都是根据《国家突发公共事件总体应急预案》的体系构建的。总体应急预案对其他应急预案的制定和实施起统领与指导作用,因而大多都是原则性、纲领性的规定,但其他专项应急预案的目的在于指导应急管理机关如何具体开展应急处置措施,其制度应规定的较为详细。目前我国所有种类的应急预案还没有能够达到指导应急管理机关高效开展应急处置工作的目标,应急管理机关多数时间还要凭借应急经验行使紧急处置权,因而需要对应急预案的规定作出进一步的细化与完善。

应急管理法律在规定应急管理机关制定应急预案的职责时,还应尽量明确应急预案的内容。首先,总体预案应当对全国或本行政区域内突发事件应急处置的一般事项作出尽量具体的规定。其次,专项应急预案应当对其所调整的突发事件类型作出科学连贯的规定,其中地方人民政府制定的专项应急预案必须考虑本行政区域内的实际状况。最后,地方政府的职能部门以及《突发事件应对法》第 23 条规定的单位应当制定更为具体的应急预案,确保应急预案能够发挥连贯的行为指引作用。

(三)提高应急预案与应急管理法律间的协调程度

应急预案与应急管理法律之间存在的问题大致包括两点:一是应急预案的某些规定可能不具有合法性。一方面,应急预案最初是在突发事件应对工作未有明确法律依据,但应急管理机关还需积极采取应急管理措施的背景下产生的,因而某些应急预案制定在前,突发事件应对法律实施在后,就有可能造成应急预案的某些规定并不符合突发事件应对法律的规定。另一方面,应急预案的数量庞大,制定机关也颇为复杂,因而应急预案的水平也参差不齐,某些应急预案在制定时可能并没有依据应急管理法律的规定,存在合法性问题也不足为奇。二是有些应急预案照搬法律条款。[1] 应急预案与应急管理法律有各自不同的功能,如果应急预案照搬法律条款,不仅显示不出预案的特点,甚至没有存在的必要。

提高应急预案与应急管理法律间的协调程度,应当从以下几个方面进行完善:第一,修改应急预案中与应急管理法律相抵触的规定,防止应急管理机关依

---

〔1〕 王万华:《略论我国社会预警和应急管理法律体系的现状及其完善》,载《行政法学研究》2009 年第 2 期。

据应急预案作出无效的应急处置行为;第二,专项应急预案的整体框架应当与其所调整的突发事件类型的专项应急管理法律的整体框架大致相同;第三,应急预案应当是依据应急管理法律在应急主体、应急管理机制、应急事项等方面作出更为细化的规定,防止应急预案照搬法律条款。此外,实践中还存在应急预案间有规定相冲突的情形,有学者建议,不同地方突发事件应急预案有冲突的,由各地方人民政府的应急管理部门协商解决;协商不成的,由其共同上一级人民政府的应急管理部门处理。[1]

二、完善风险评估机制

当前,我国并没有较为明确的风险评估机制,各地应急管理机关一般负责本区域的风险评估工作。但风险评估的过程包括风险评估准备、风险识别、风险分析、风险评价四个步骤,每个步骤中又需要完成很多工作,既包括确定风险评估范围、搜集危险源与危险区域信息、确定编制与预算等需要大量人力的工作,又包括制定风险评估标准、建立风险识别表、确定风险承受能力等需要专业人员的工作。对危险源、危险区域的风险评估过程较为复杂且需要专业的人员,地方各级政府特别是县市级政府可能并没有能力完成对本区域的危险源、危险区域进行全面、科学评估的能力,但如果仅靠人员有限的中央或省级风险评估机构开展评估工作,恐怕更难以做到风险的全面评估,因此,我国在风险评估方面继续采取"以块为主"的方式且行政机关仅依靠自己的评估力量的风险评估体制是极为不科学的。风险评估机构应采取引进多元风险评估主体,并对风险评估的流程通过规章的方式加以规范[2]等方式切实完善突发事件风险评估机制。

此外,风险评估机制的完善还需要科学技术的支撑。例如,在大数据背景下,结合云计算、移动互联网、物联网、GIS 等信息化技术,数据已经渗透到社会的各个行业和业务职能部门,大数据已经成为当代国家战略性资源。在突发事件应急管理领域,利用大数据平台,建立风险评估大数据体系,是提升应急管理

[1] 王学辉:《〈中华人民共和国突发事件应对法〉修改建议稿》,载 https://mp.weixin.qq.com/s/SebJziviiSNAEwdp7pUvpw,最后访问日期:2021 年 2 月 20 日。

[2] 马怀德等:《突发事件应对的地方立法创新:对北京范本的解读》,载《国家行政学院学报》2008 年第 4 期。

机关风险评估能力的重要方式。融合大数据、云计算、移动互联网、物联网、政府协同管理等诸多因素的风险评估与管控工作,能有效提升整体的风险管控能力,建立完善的长效运行机制。

三、健全应急资源体系

《突发事件应对法》与其他突发事件应对法律虽规定了应急资源储备制度,国家及各地政府也大多建立了救灾物资储备库,但一直以来我国的应急资源物质要素支撑体系都是"注重框架建设的粗放型"模式。[1] "注重框架建设的粗放型"模式主要表现为:第一,国家虽然已经制定《应急物资分类及产品目录》,但在现实状况中某些救灾物资储备库的应急物资并没有全面覆盖到突发事件应对过程中所需要的应急物资种类;第二,我国虽已形成财政支出为主,并与社会捐赠相结合的应急资源建设体系,但并未有较为详细的制度安排如何动员社会力量以及捐赠的程序等,且应急物资保障资金来源渠道仍较为单一;第三,国家虽已建设数十个中央救灾物资储备库,各地也大多建有本区域的应急资源储备库,但目前尚未制定全国统一的应急资源储备库管理制度。应急资源储备库发挥一种事前的预防作用,而且某一地域突发事件的发生频次是屈指可数的,应急资源大多数时间会在储备库进行保存,因而常态状况下对应急资源的保护及更新换代是极为主要的工作,国家已制定《应急物资分类及产品目录》,也应制定统一的应急资源保护与更新换代制度。

我国的突发事件应对工作向来只注重突发事件来临后的应急处置与救援,而不注重突发事件来临前的预防、监测和预警。《突发事件应对法》制定了"循环型"的应急管理体制,且对突发事件来临前预防、监测和预警规定了较大篇幅的内容,此后应急管理机关也越来越重视事前的预防、监测工作。应急管理机制的转变也必然要求应急资源能够适应不同阶段的应急管理任务,但目前我国的应急资源储备还是注重于突发事件来临后所需要的应急物资,因而负责应急资源储备的机关应当注重其他三个阶段的应急资源保障,形成可以适应突发事件应对全阶段的应急资源储备体系,使每一个阶段的应急管理工作都能得到相应应急资源的支撑,才能确保突发事件应对机制的高效运行。

---

〔1〕 佘廉、郑华卿:《基于国家应急能力建设的应急资源分类探讨》,载《中国应急管理》2010 年第 4 期。

四、完善应急救援队伍制度

（一）消防部队转制后的制度化

应急管理部成立之后，公安消防部队、武警森林部队不再归武警部队管辖，而是与安全生产等应急救援队伍一并作为综合性常备应急骨干力量，并成立消防救援局与森林消防局作为应急管理部的部属单位，由应急管理部负责管理。消防部队改革转制之后，消防官兵已不具有现役身份，原先的警衔也改为特定的消防救援衔，服装等也较之前有所改变。消防救援局、森林消防局的成立，不仅仅是将消防部队现役编制改为行政编制，其目的是朝着更加专业化、职业化的趋势发展，因而在消防局内部也应当开始大幅度的改革。在2015年天津滨海新区爆炸事故发生后，有人就在质疑现行的消防救援体制，因为像此次危险品仓库发生爆炸的情形，需要极为专业的救援人员进行应急处置，而消防部队大多数是20岁左右服两年义务兵役的年轻官兵，其并无多少应急救援经验，在面对普通突发事件时还能应对，但在面对上述情形，特别是没有完备应急预案的情况下，让其参与处置会白白增加突发事件所带来的危害。上述质疑虽然较为激进，但也并非没有一点道理，专业的事务应该交由具有专业知识、经验丰富的人员进行处置，因而消防部队改制并成立消防救援局、森林消防局后，其应首先考虑未来消防员的遴选、退休机制，并应大力招收具有相关专业知识或具有丰富经验的人员入职，比如已经退役的具有多年消防经验的老消防官兵。另外，应急管理部和消防局还应注重创新消防人员培养机制，以保证拥有充足的消防后备力量。

《突发事件应对法》第26条规定，县级以上人民政府应当整合应急资源，建立或确定综合性应急救援队伍。综合性应急救援队伍的建立于2007年便做出规定，但我国近些年来一直实行专项应急救援队伍培养模式，如武警部队中有消防武警与森林武警，分别专门负责应对社会中发生的突发事件与森林中发生的突发事件。专项应急救援队伍建设模式存在队伍间在进行应急处置时协同性不足、应急资源浪费等弊端，因而应急管理部成立后将公安消防部队、武警森林部队进行转制，与安全生产等应急救援队伍一并作为综合性常备应急骨干力量，由应急管理部管理，实行专门管理和政策保障，制定符合其自身特点的职务职级序列和管理办法，提高职业荣誉感，保持有生力量和战斗力。《突发事件应对法》及专项应急法律应对专业应急救援队伍向综合性应急救援队伍的转变加以规定。

公安消防部队、武警森林部队进行转制，意味着国家开始摒弃义务兵制型的应急救援队伍建设模式，而寻求建立专业型应急救援队伍。公安消防官兵与武警森林官兵不再隶属于中央军委管辖且日趋专业化后，应急管理部门需要重新建立对其的保障机制。首先，应急管理部需要对综合性应急救援队伍的编制、级别、人员等进行确定，以保证公安消防部队、武警森林部队转制后的稳定。其次，综合性应急救援队伍参与突发事件应急处置相较于之前的危险程度更大，因而应急管理部门需要做好各方面的保障措施，如常态状况下配置更为先进的应急救援设备，进行更为科学严格的综合性训练，应急处置时加强对应急救援人员的保护，避免出现无故牺牲的情况，事后则应对有立功表现的应急救援人员进行相应的表彰、奖励，对为应对突发事件受伤或死亡的人员应给予适当的抚恤。最后，公安消防部队、武警森林部队转制后已没有退役制度，因而应急管理部门以及人事部门应建立完善的退休制度以及退休后的保障制度。

（二）提升应急救援队伍间的协同性

我国过去的应急救援队伍是根据“单灾种”型应急管理体系构建的，各专项应急救援队伍分散于各个负责某类突发事件应急处置工作的部门，队伍之间各自训练，严重缺乏沟通，在共同进行突发事件应急处置时配合不够密切，严重影响突发事件应对工作的效率。应急管理部成立之后，消防部队的改制使原消防官兵与合并前各部门的应急救援队伍进行整合组成综合性应急救援队伍，综合性应急救援队伍的组建不仅解决了专项应急救援队伍不足的问题，而且极大提高了彼此之间的协同能力。但是，随着社会应急力量应急处置地位的合法化，专业性应急救援队伍难免在突发事件应对过程中与社会应急力量共同采取应急处置措施，此时两者之间的协同能力也应得到提升。

（三）建立应急救援队伍培训机制

各级政府在组建应急救援队伍的时候，往往仅是为了完成突发事件应对法律的规定或上级的任务，而未真正结合本地区突发事件的频率、易发类型等因素制定科学的应急救援队伍选拔、培训制度。有些地方的应急救援人员并不具有突发事件应对知识或应急处置经验，而仅是为了获得一份工作或为了可以应对上级的检查。在上述情况下,当突发事件来临时,该应急救援队伍根本无法完成其负有的应急处置职责,可能会因为未及时、高效地开展应急处置措施导致突发事件造成损害的进一步扩大。因此,有关部门应当对应急救援队伍的资质进行严格审查,并加强应急救援队伍的培训力度,确保建立一个有能力高效应对突发事件的应急救援队伍。

五、落实应急宣传与应急演练制度

问卷调查结果(见图10、11)显示,绝大部分调查对象均愿意参与应急知识培训或应急演练活动,但填写所在地区的村(居)民委员会、单位或者学校举办过应急知识宣传或应急演练等活动的各占一半比例。因此,应急宣传与应急演练制度中存在的最大问题是其并未得到真正的落实。

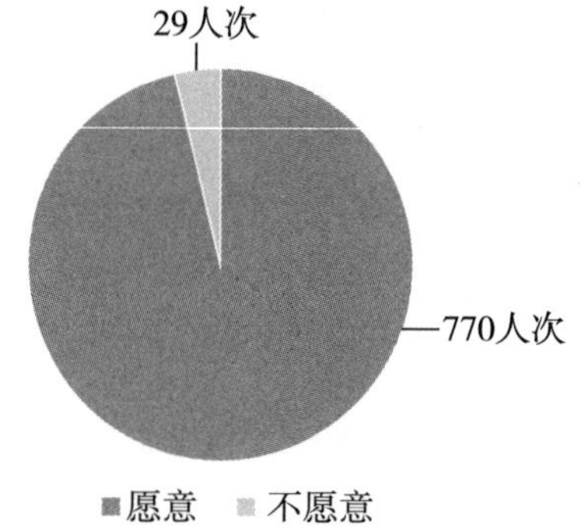

图10 问题:您是否愿意参与应急知识培训或应急演练活动

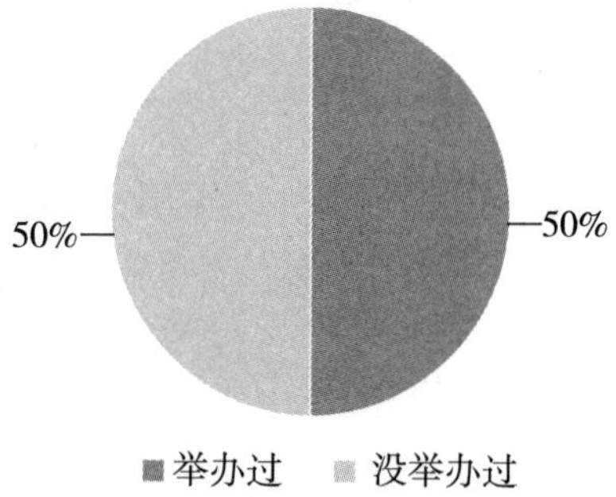

图11 问题:您所在地区的村(居)民委员会、单位或者学校是否举办过应急知识宣传或应急演练等活动

《突发事件应对法》以及其他的突发事件应对法律虽规定了负有应急宣传与应急演练职责的单位，但并未规定更为具体的应急宣传与应急演练方式、期限等制度，且法律并未对有关单位不履行应急宣传与应急演练职责的法律责任作出明确规定，导致某些单位借助各种理由不履行应急宣传与演练职责。应急宣传与应急演练在常态状况下发挥不出多大的作用，但在突发事件来临时，受突发事件影响的单位或公民可以借助平时学到的突发事件应对知识或应急演练的经验来逃避突发事件所带来的危险，因而突发事件应对法律或应急预案应制定更为完善的应急宣传与应急演练制度，且应明确规定负有此职责的单位不作为的法律责任。此外，上级单位应加强对下级单位的监督，以确保应急宣传与应急演练得到真正的贯彻落实。

突发事件应急宣传与应急演练对人们在突发事件来临时及时作出防范措施或及时逃出危险区域有极大的作用，《突发事件应对法》及其他突发事件应对法律大多对此作了规定。但是，目前大多数地区并不重视常态状况下的应急宣传与应急演练，导致在突发事件发生时不能快速或正确地采取防范或逃生措施，加重了突发事件所带来的危害。突发事件应急宣传或应急演练未能落实的根本原因在于相关法律并未规定不按要求进行应急宣传或应急演练的法律责任，导致应履行该职责的单位或人员即使不履行也得不到相应的处罚，因此，法律应当对违反应急宣传与应急演练制度的法律责任作出明确规定。在法律责任的规定中，既应包括相关主体不作为的法律责任，也应包括履行应急宣传与应急演练义务不到位的法律责任。

六、健全巨灾风险保险体系

《突发事件应对法》第35条规定："国家发展保险事业，建立国家财政支持的巨灾风险保险体系，并鼓励单位和公民参加保险。"对于一个社会来说，保险事业可以有效减缓其事故灾难的发生，在对于自然灾害风险的应对及巨大损失的抵抗方面有着非常显著的保障[1]。保险制度的建构也起着对突发事件的预防作用，特别是在突发事件应急处置的事后恢复阶段，不仅国家与各地政府需要大量的重建资金，受突发事件影响的单位和个人也需要一定资金恢复原来的生活状态，此时完善的巨灾风险保险体系便可发挥巨大的作用。有些国家已将

---

〔1〕 张辰：《基于突发公共安全事件的民法制度探析》，载《长春教育学院学报》2015年第1期。

保险制度在突发事件应对过程中运用的较为成熟,比如日本的政府与保险公司相结合的二级再保险制度,但目前在我国保险制度在突发事件应对中并没有发挥应有的效用,主要原因有以下两点:第一,巨灾保险对于商业保险公司来说风险巨大,一次突发事件造成的损害就可能足以导致保险公司没有了继续经营的能力,因而一般的商业保险公司并不愿意冒此风险经营巨灾保险。借鉴外国的先进经验,大多数国家的巨灾保险体系都是通过国家财政与保险公司相结合形成的,但我国政府显然并未太过重视通过事前的保险制度来促进事后的重建,因而在我国想要仅凭保险公司的力量恐怕难以建立巨灾风险保险体系。第二,随着我国经济的快速发展,人民生活水平已得到逐步提高,风险预防意识也得以加强。相较于之前,保险产业近几年发展十分迅速,如 2018 年全年保险公司原保险保费收入 38017 亿元,比上年增长 3.9%,[1]已经成为国家支柱性产业。虽然保险业发展迅速,但我国仍谈不上是一个保险国家,为数不少的公民并没有事先购买保险对意外事件加以防范的意识,特别是在自然灾害多发的山区,经济水平原本就很落后,人们更不可能事先购买保险,因而巨灾风险保险的普及具有一定的难度。

长期以来,突发事件应急处置之后的恢复与重建工作所需的资金和物资大多由国家财政或者其他地区的对口援助获得,但随着重大突发事件发生频率的增加,仅靠国家和地方财政支持灾区建设是远远不够的,因而还需要寻求更多的资金来源,巨灾风险保险便是其中之一。《突发事件应对法》第 35 条规定:"国家发展保险事业,建立国家财政支持的巨灾风险保险体系,并鼓励单位和公民参加保险。"但问卷调查(见图 12)显示,仅有 16.27% 的调查对象或其所在单位购买过巨灾保险或巨灾风险基金,不难发现,巨灾风险保险制度在我国目前并未得到有效落实。

[1] 《2018 年国民经济与社会发展统计公报》,载国家统计局网站,http://www.gov.cn/xinwen/2019-02/28/content_5369270.htm,最后访问日期:2020 年 7 月 20 日。

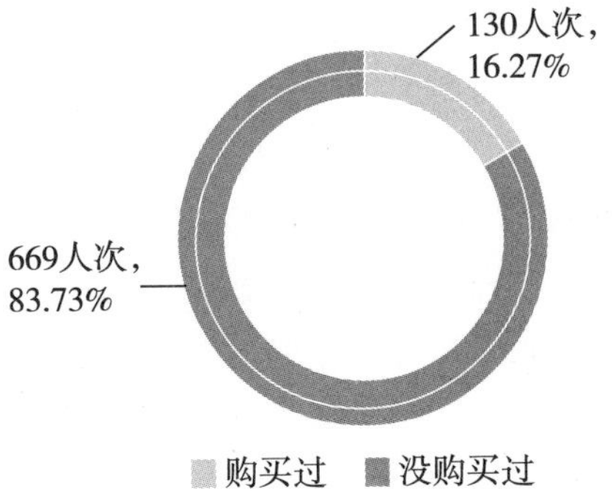

图 12　问题：您或您的单位是否购买过巨灾保险或巨灾风险基金

现阶段，我国应更加注重巨灾风险保险体系的完善，而较为合理的保险类别包括二级再保险与责任保险两种[1]。二级再保险是由日本创立的一种保险制度，指因突发事件带来的危害导致财产遭受损失的公民可以先由商业保险公司进行赔付，而超出商业保险公司赔付额度的部分则由国家财政进行补偿。二级再保险制度完全符合《突发事件应对法》中规定的国家财政支持的保险建立理念，也具有可操作性，因而可以在我国加以实践。责任保险制度主要是指保险受益人依照法律规定应向第三人承担的以赔偿责任为保险目的、由保险受益人向保险人支付保险费用，保险人承诺在保险受益人应当向第三人承担补偿责任时，可以由保险人按照保险合同中规定的内容直接向第三人支付保险补偿金的保险制度。责任保险制度适用于在突发事件应对过程中的侵权行为赔偿方面，有利于开展受突发事件影响区域的事后恢复与重建工作。另外，完善巨灾风险保险体系不仅要建立完善的保险制度，还要提高人们购买保险的意识，以发挥巨灾风险保险在应对突发事件过程中真正的作用。

第三节　监测与预警制度的完善

一、完善监测制度

（一）建立监测指标体系

依据《突发事件应对法》第 41 条的要求，大多数地方政府及其有关部门已

〔1〕 张辰：《基于突发公共安全事件的民法制度探析》，载《长春教育学院学报》2015 年第 1 期。

经在开展突发事件的监测工作,包括确定监测点、提供相应的监测设备并配备专业监测人员等。但我国目前的监测工作存在一定的盲目性,各地仅按照自己的监测机构与监测点的设置、监测设备的水平以及监测人员的专业监测能力确定监测的方法,因而会使得各地的监测水平高低不同,监测的准确性也得不到保证。预警监测指标是进行监测预警的基础[1]。监测指标是指导监测部门确定监测点、监测内容、监测水平以及建立科学监测方法的标准与规范,要想提高监测所取得的数据以及预警分析与决策的准确性,应建立一套完善的监测指标体系。

当前,国家越来越重视突发事件监测指标体系的构建,如生态环境部于2020年发布《重特大突发水环境事件应急监测工作规程》,以确保应急监测工作的有序开展。在其他类型的突发事件监测工作中,也可以基于突发事件的特点并参照此项工作规程建构突发事件监测的工作制度。

重特大突发水环境事件应急监测工作规程

为有效应对重特大突发水环境事件,确保应急监测工作有序开展,按照快速及时、准确可靠、数据说话、支撑决策的原则,制定本规程。

一、编制依据

(一)《国家突发环境事件应急预案》(国办函〔2014〕119号);

(二)《突发环境事件应急监测技术规范》(HJ 589)。

二、适用范围

适用于因污染物排放或自然灾害、生产安全事故等引起,初判为重特大突发水环境事件的应急监测。

不适用于海洋突发环境事件应急监测。

三、工作原则

重特大突发水环境事件应急监测坚持国家指导、区域协同、省级统筹、属地管理的原则。

事件发生地的生态环境部门在接到事件通知后,应第一时间启动应急监测预案,组织人员、调集应急监测设备赶赴现场开展应急监测,并将监测结果上报

---

〔1〕 申稳稳等:《突发事件应对的动态监测与预警系统》,载《山东经济》2008年第5期。

本级人民政府和上级生态环境主管部门。

省级生态环境部门统筹本行政区域内环境应急监测工作。当事件发生地不具备应急监测能力时,应及时报告省级生态环境部门,由省级生态环境部门组织本行政区域内力量支援。

流域生态环境监督管理局在生态环境部的统一部署下,根据需要委派技术专家和业务骨干赶赴现场,指导、参与应急监测工作。必要时调集监测设备、物资,及时进行支援。

生态环境部指导督促地方开展应急监测,根据需要安排中国环境监测总站参与应急监测工作,必要时调集相关生态环境监测部门或社会环境监测机构的人员、物资或设备进行支援。

四、应急监测

(一)监测方案

点位布设:监测断面的布设参照《突发环境事件应急监测技术规范》执行。以准确掌握污染团移动情况为核心,以实时监控污染物浓度变化为目标,根据事件特点和应急处置措施实施情况,建立监测断面动态调整机制。对于污染带较长的河流型突发水环境事件,结合应急处置工程措施、饮用水水源地等敏感点分布情况,一般每 10 ~20 公里布设一个控制断面。若污染带超过 100 公里,可适当增加断面间距。必要时,根据信息发布要求固定若干个控制断面,作为对外发布信息的依据。

断面的布设应考虑交通状况、人员安全等,确保采样的可行性和方便性。

特征污染物:特征污染物一般是事件中排放量较大或超标倍数较高,对水生态环境有较大影响,可以表征事态发展的污染物。根据事件类型、污染源特征、生产工艺等,并结合事件发生地沿线河流的水质本底值情况和应急监测初筛结果确定特征污染物。必要时需增加监测指标或开展水质全分析监测。

监测频次:应急初期,控制断面原则上每 1 ~2 小时开展一次监测,其中,各控制断面采样时间应相同。用于发布信息的断面原则上每天监测次数不少于 1 次。根据处置情况和污染物浓度变化态势进行动态调整。

(二)样品采集

人员配备:初判为重特大突发水环境事件发生后,应第一时间调集本行政区域生态环境监测部门的监测人员开展监测,人员不足时可以协调社会环境监测机构进行补充。每个监测断面配备 2 ~4 组采样人员,每组至少 2 人,每组至少配备一辆样品运输车。对于交通不便的采样断面,可根据实际情况适当增加采样人员及样品运输车辆。

注意事项:水质采样过程中应注意兼顾安全和代表性,尽量选择混合均匀、便于采样的河段采集样品,可根据现场实际情况适当调整距离并做好记录。石油类应使用专用采样器在水面至300毫米采集柱状水样,重金属应分析溶解态含量,样品浑浊时应离心或过滤。每次采样过程应留有一定量的备用样品,用于质控和复测。

应急监测采样时,采样人员应拍照记录采样断面经纬度位置、采样时间和周边情况等。

(三)分析测试

实验室布设:污染带长度超过30公里的河流型突发水环境事件,以事件发生地为起点,每隔30~50公里布设一个现场实验室或应急监测车,负责附近监测断面的样品分析。

人员配备:每个实验室按照监测项目配备分析人员,每个监测项目配备2~3组人员,24小时轮流值班。对于前处理复杂的样品,每组配备4人;对于前处理简单的样品,每组配备2人。由省级生态环境监测部门委派质量监督员,在每个实验室定点监督,对数据质量进行审核。

监测设备:结合现场条件,优先选用便携式或车载监测设备。常规项目优先采用现场便携或车载设备监测;重金属项目优先采用车载式电感耦合等离子体光谱仪(ICP)监测;挥发性有机物项目优先采用便携式气相色谱—质谱联用仪监测污染物种类和浓度;生物毒性项目优先采用便携式生物毒性分析仪等。

试剂准备:应按照10个监测断面,每2小时监测一次,准备2天的试剂包,同时做好后续的试剂保障工作。

(四)监测方法

为确保快速、及时、准确,可采用现场快速监测、在线监测、实验室手工监测方法相结合的方式开展应急监测。应急监测初始阶段需快速掌握污染物浓度和污染团移动情况,应选择便携式、直读式、多参数的现场监测或车载快速监测方法,部分常规项目可采用无人船连续自动监测。

便携式监测仪器不能准确测定污染物浓度时,为精准掌握污染物浓度,精确定位污染团位置,支撑应急决策,应选择实验室手工监测或车载高精度监测方法。

注意事项:突发水环境事件现场应急监测要加强质量控制工作。现场应急监测仪器设备要做好日常维护。开展突发水环境事件现场应急监测工作时,应按照标准规范或仪器作业指导书等要求进行仪器校准。应急监测方法之间应开展比对测试,便携式监测仪器、在线监测设备和实验室手工监测在对同一系列水样进行测试时,其测定结果变化趋势应保持一致。当测定结果偏差过大或变化趋势不一致时,应对应急监测仪器设备进行检查,确因应急监测仪器问题导致数据偏差过大时,应以实验室手工监测方法测定为准。

对于跨省突发水环境事件,受事件影响的上下游地区应共同商定应急监测方法,确保地区之间监测数据互通互认。对多个环境监测队伍协同参与的突发水环境事件,各监测方应选用应急指挥部确定的统一的应急监测方法。

(五)报告分析

人员配备:配备 2 组人员,每组 4 ~ 5 人,分别负责方案编制、数据收集、数据分析、报告编制等。

报告内容:监测结论应包括污染带前锋、污染团长度和范围、污染团浓度峰值等。根据实际情况评估应急处置工程效果,预测污染扩散趋势和对敏感目标的影响。

数据表征:包括污染物浓度的空间变化趋势图(同一时间不同点位污染物浓度的空间变化趋势)和时间变化趋势图(同一点位污染物浓度的时间变化趋势),趋势图中应有显示污染物是否达标或达到背景值的参考线。趋势图一般以折线图表示,每个趋势图中可包括一条或多条折线。

数据分析:特征污染物浓度明显超出本底值的河段定义为污染带,污染带中特征污染物浓度超标的河段定义为污染团,污染物浓度首次明显超过本底值的断面定义为污染带前锋,污染物浓度首次恢复至本底值的断面定义为污染带尾部。污染带前锋和尾部是动态变化的。污染带、污染团长度一般采用实测值计算。

预测模型:河流特征污染物可利用时空变化趋势法、水文流速预测模型、条件格式表格法或时间滚动—数据耦合模型等,分析污染团可能的位置和范围。

注意事项:报告应经过三级审核。

五、应急监测终止

最近一次监测方案中全部监测点位的连续 3 次监测结果达到评价标准或要求,或者应急专家组认为可以终止应急监测时,由应急监测组提出应急终止建议，根据应急指挥部的决定终止应急监测。

应急监测终止后，应按照应急指挥部要求组织开展跟踪监测。

（二）修改信息报告制度

《突发事件应对法》第38、39条以及其他一些突发事件应对法律虽然规定了较为完善的突发事件信息报告制度，比如在基层群众性自治组织和其他单位建立信息报告员制度以及获悉突发事件信息的单位或个人及时向有关部门报告的义务等。但在实践中，突发事件的监测信息大多数还是要靠监测机关自己获取，信息报告制度并没有发挥太大的作用，而原因就在于突发事件应对法律虽然规定了信息报告义务，但没有规定更为具体的配套实施制度与法律责任，使得信息报告义务不能得到较好的履行。比如，《突发事件应对法》第38条第2款规定的在基层群众性自治组织中设立信息报告员制度，有关政府虽有可能遵照法律要求已经设立，但大多数信息报告员可能仅是基层干部兼任或是随意找到一个无突发事件信息收集能力的人员来专任，发挥不出信息报告员应有的作用。又如，该法第38条第3款规定的获悉突发事件信息的单位或个人向有关单位报告的制度，因在现实状况中政府和有关部门并没有公布报告的流程及方式，或者虽已公布但并未被普遍知晓，再加上我国公民并未完全具备向政府部门报告的意识，因而也较难操作。

应急管理法律应当对信息报告制度作出如下修改：第一，取消逐级上报制度。在新冠肺炎疫情防控过程中，逐级上报制度实际上显现出较大的弊端。一方面，逐级上报周转时间长，效率低下。另一方面，信息逐级上报制度客观上会纵容某些地方领导受地方保护主义思想影响而隐瞒不报的行为。而对于上级机关而言，信息来源渠道多多益善，可以避免某些地方不愿上报负面信息，也可以将不同渠道的信息加以相互印证，从而提高信息的可靠性。突发事件同时向各上级单位报告应该是一个值得鼓励的行为。[1] 第二，信息报告员制度在实践中从未落实，应当取消该制度。第三，规定基层自治组织或社区工作人员的信息报告职责，并规定相应的法律责任。第四，建立公民报告突发事件信息的奖励制度，鼓励公民及时上报其知晓的信息。

---

〔1〕 王学辉：《〈中华人民共和国突发事件应对法〉修改建议稿》，载 https://mp.weixin.qq.com/s/SebJziviiSNAEwdp7pUvpw，最后访问日期：2021年2月20日。

二、完善公民知情权保障机制

随着风险时代的到来,"风险信息"已经成为新的公民知情权客体。由于风险信息具有高度的不确定性,政府在面对此类信息时,其作出的风险决策往往会陷入两难境地,即面对未知和无知而决策,由此造成风险信息公开呈现出事后、保守、被动、单向等特征,无法满足公民对风险信息知情权的需求。[1] 究其原因,除风险信息本身判断的不确定性外,信息公开制度在运行上还存在信息发布权限的高度集中性、前置程序的封闭性和发布空间的单向性等问题,阻碍了公民对风险信息知情权的实现。[2]

在重大突发事件的应对中,及时告知公民相关突发事件信息,既可以降低突发事件来临后社会的恐慌,也可以增强公民抵抗风险的能力,并采取及时有效的防范措施。有学者进行实证研究后发现:政府媒体是公众第一信息来源和最信任的媒体,具有"公有"组织特征的发布主体和媒体是公众最信任的,手机是公众获取信息的第一工具;政府信息的发布质量、公众对政府信息的资源感知质量、公众个体对疫情关注程度及关注核心,都显著影响公众恐慌和抗疫信心。[3] 应急管理法律对公民知情权有所规定,但较为原则,在实践中需要裁量适用。但是,突发事件具有发生的突然性,防范措施的采取也具有紧迫性,这就导致应急管理机关享有过大的自由裁量权并带来极大的不确定性。因此,法律必须创建更为完善的公民知情权保障机制。有学者主张,完善公民知情权保障的风险信息发布机制应当建立与普通政府信息类型区分的风险信息发布机制,完善风险信息发布的判断机制、构建风险信息发布的多元互动机制。[4]

公民知情权的保障与突发事件信息发布的及时性和准确性息息相关,突发事件信息发布制度的完善也会提升公民知情权的保障力度,笔者将以新冠肺炎疫情防控中的信息发布情况为例解析我国的信息发布制度。问卷调查(见图13)显示,仅有34%的调查对象对此次疫情期间政府信息公开的及时性和透明度感到非常满意,大多数人填写的是较为满意。笔者认为,公众对政府信息发

---

〔1〕 刘恒:《论风险规制中的知情权》,载《暨南学报(哲学社会科学版)》2013年第5期。

〔2〕 周佑勇、朱峥:《风险治理现代化中的公民知情权保障》,载《比较法研究》2020年第3期。

〔3〕 魏娜等:《重大突发公共危机事件中政府信息发布对公众心理的影响——基于COVID-19疫情的数据分析》,载《江苏社会科学》2020年第3期。

〔4〕 周佑勇、朱峥:《风险治理现代化中的公民知情权保障》,载《比较法研究》2020年第3期。

布不太满意之处在于新冠肺炎疫情暴发前政府未及时公布而导致疫情大范围传播。公众舆论关注和质疑较多的有三点:一是武汉市政府没能在第一时间发布新冠病毒信息、向武汉市民发出预警、采取相应必要的措施,以阻止病毒的广泛传播;二是中国疾控中心没有及时发布掌握的疫情信息和及时采取相应措施;三是国家卫生健康委员会派去武汉调查的前两批专家组虽较早地抵达了武汉,并开展了医学调查,但均未明确公开提及病毒会"人传人"。[1] 而对这三种质疑分别作出的回应是:武汉市政府没有权力擅自发布新冠病毒信息,必须要得到法定授权才能发布;中国疾控中心并无权力发布疫情信息;基于突发事件属地管理原则,地方政府具有突发事件应对职责,国家卫生健康委员会派出的专家组仅履行协助职责。

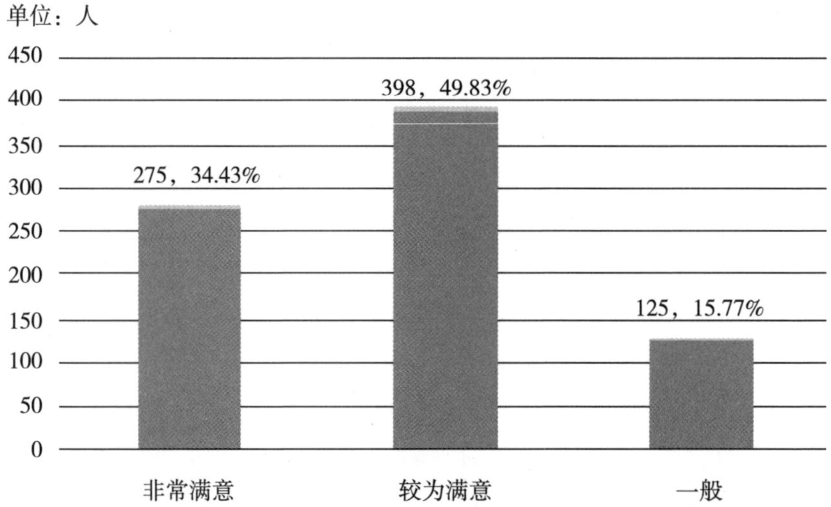

图13 问题:疫情期间,您是否对信息公开的及时性和透明度感到满意

不难发现,当前我国突发事件信息发布制度中存在的主要缺陷是权限问题,处理好各个应急管理主体的信息发布权限,是完善公民知情权保障机制的关键所在。有学者认为,在一个复杂的、条块结合的科层官僚体系中,突发传染病信息发布的法律设置应当体现四项原则。第一,应当将对突发传染病信息发布的"时机"具有最终判断权的决策者,置于明确的责任主体地位,而不能允许存在

[1] 沈岿:《论突发传染病信息发布的法律设置》,载《当代法学》2020年第4期。

“置身责任体系之外的决策者”，简称为“决策责任”原则；第二，应当更多依赖高层次和高水平的公共卫生专家和医学专家，对突发传染病所涉病毒是什么、有什么特征、需要如何应对作出权威的判断和声明，而不是依靠地市、区县层级的同行，以避免众说纷纭、意见混乱，尽管后者的判断并不一定就亚于前者，简称为“集中权威”原则；第三，应当在相当程度上依赖地市、区县层级的地方政府及其卫生部门，发挥其更有能力第一时间掌握本地突发传染病相关信息的地理优势，确保作出快速反应，简称为“就地效能”原则；第四，应当通过相互的监督与制衡，及时发现和矫正决策责任、集中权威、就地效能的失灵，简称为“监督矫正”原则。[1] 笔者认为，“决策责任”“集中权威”“就地效能”“监督矫正”四项原则不仅应当作为突发公共卫生事件应对中信息发布的基本原则，也应作为各类突发事件应对中信息发布的基本原则，当然，基于各类突发事件的不同特征，具体制度的构建可以作出相应调整。

三、完善预警机制

前文已述，完善的突发事件预警管理体系包括预警收集系统、预警分析系统、预警决策系统和预警执行系统。[2] 预警管理体系能够最大限度地发挥效用不仅需要完善的技术支撑，还需要充足的专业人员完成复杂的预警过程。当前，我国在上述四系统的建设方面还不是很完善，一方面是因为预警技术还未达到国际上最先进的水平，另一方面相关部门对突发事件预警制度的重视程度不足，导致我国的预警机构不仅信息收集不全面，分析、决策不准确，预警执行也因缺乏有关单位的配合使预警信息并不能第一时间传递给可能受突发事件影响的单位和个人，问卷调查（见图 14）显示，当地震等突发事件来临时，仅有32.17%的调查对象通过电视等渠道接收到过预警信息。（见图 14）因此，我国应更加重视预警在突发事件应对过程中的作用，继续完善突发事件预警管理系统。

---

〔1〕 沈岿：《论突发传染病信息发布的法律设置》，载《当代法学》2020 年第 4 期。

〔2〕 张维平：《突发事件预警管理体系的构建及运行》，载《中国人民公安大学学报（社会科学版）》2009 年第 1 期。

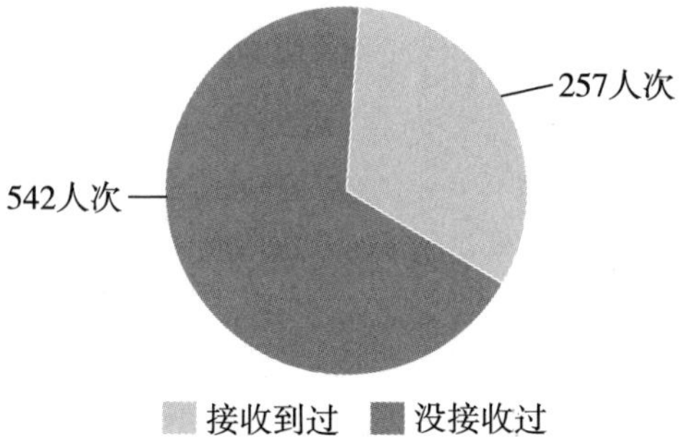

图 14　问题:当地震等突发事件来临时,您是否提前通过电视等渠道接收到过预警信息

经过预警部门多年的努力,对突发事件特别是自然灾害的预警能力有了显著的提升,比如在 2019 年 6 月 17 日的四川长宁地震中,由成都高新减灾所与应急管理部门(包括原市县地震部门)联合建设的大陆地震预警网,成功预警该次地震。震中附近的一些宜宾、成都的民众的电视、手机、专用地震预警终端等发出预警提示,宜宾提前 10 秒地震预警、成都提前 61 秒预警,引起了全国人民的极大关注。成都高新减灾研究所所长王暾表示,地震预警系统在地震发生时,利用电波比地震波传播速度快的原理,在地震造成破坏前,提前几秒到几十秒为用户发出全自动秒级响应的地震预警警报,目前中国的地震预警技术已达世界先进水平。提前几十秒进行预警,可能会减少无数人员伤亡和财产损失,根据成都高新减灾研究所提供的数据表明,预警时间为 3 秒,可使人员伤亡比减少 14%;如果为 10 秒,人员伤亡比减少 39%;如果预警时间为 20 秒,可使人员伤亡比减少 63%。[1]

预警技术是预警发布最为关键的要素,但还应做好与发布相关的配套措施才能使预警发挥最大的效能。首先,我国公民还未普遍具备预警知识,就会导致即便预警部门发布了预警信号与预警级别,公众可能并不理解该预警的详细内容,就会导致预警发布的无效性。其次,预警发布想要切实能够减少人员伤亡与财产损失,还应做好常态状况下的应急宣传与应急演练工作,因为预警目前最多仅能提前几十秒,在人员密集的场所如果不能有序进行逃生,还是会造

〔1〕 徐杨祎:《四川长宁地震:预警系统引关注 民众期盼预警科普》,载中国新闻网,http://www.chinanews.com/sh/2019/06-19/8869104.shtml,最后访问日期:2020 年 7 月 20 日。

成很大的危害。另外,目前的预警装置大多数安装在城市之中,农村却仅能靠电视或者手机接收预警信号,如果村民未及时看到预警信息,同样会产生与之前一样的损害后果,因而需强调预警装置的普遍性。最后,预警装置中发布的信息应尽可能做到简单易懂,让社会公众瞬间便能明白预警信息的含义,有利于社会公众第一时间开展应急处置,使预警技术提前的十几秒发挥其最大的效用。

四、"吹哨人"的法律保护机制

"吹哨人"(Whistle blower)一词起源于19世纪警察发现有罪案发生时会吹哨子的动作,以引起同僚以及民众的注意。[1] 而从此延伸出来,目前我们所指的"吹哨人"是为使公众注意到政府或企业的弊端,以采取某种纠正行动的人。一般来说,弊端或不当行为指有人违反了法律、规则或规例,进而直接威胁到公众的利益,例如欺诈,以及贪污腐败。亦有说法称这个词来自于竞技体育比赛中裁判往往吹响口哨来制止犯规行为的动作。[2] 在突发事件应急管理领域,"吹哨人"指的是发现潜在突发事件并及时报告预警的人。

新冠肺炎疫情防控期间,社会对"吹哨人"的作用及其法律保护机制展开了热烈的探讨。随后,有些地方便开始鼓励"吹哨人"在突发事件应对中发挥作用。例如,2020年上半年,贵州省成功避让地质灾害19起,避免了2186名人员伤亡和2480.5万元经济损失。其中几起成功避让的地质灾害,除了涌现出地灾监测员巡查排查到位、预警及时外,群众识灾报灾也成为当地成功避灾的有效途径,如遵义市道真自治县的何华军、张德宇夫妇二人发现地灾征兆及时报告预警,紧急撤离18户54人,避免了人员伤亡。贵州省地质灾害防治指挥部为了表彰地质灾害防治工作中表现突出的先进个人,决定重奖报灾有功人员。此次奖励中有6人获奖,最高奖金达20000元。[3]

此外,有些地方立法机关便开始着手制定与"吹哨人"相关的法律制度。例如,2020年7月,《深圳经济特区突发公共卫生事件应急条例(征求意见稿)》正

---

〔1〕 O. C. Ferrell & John Fraedrich, *Business Ethics*: *Ethical Decision Making and Cases*, *Cengage Learning*, 2017, p. 194.

〔2〕 参见相关文献,https://www.wordorigins.org,最后访问日期:2020年7月19日。

〔3〕 《避免重大伤亡! 遵义2名"吹哨人"获重奖》,载澎湃新闻,https://www.thepaper.cn/newsDetail_forward_8338937,最后访问日期:2020年7月20日。

式向市民征集意见，该征求意见稿最引人注目的地方是深圳鼓励公民、法人和其他组织通过公共卫生热线等多种方式反映突发公共卫生事件隐患信息，举报有关迟报、谎报、瞒报、漏报突发公共卫生事件行为。对于"吹哨人"，有关部门有义务保护好他们的个人信息和人身安全，对非恶意报告的单位和个人不追究法律责任。[1]

现实生活中，对"吹哨人"来说，保护往往比奖励更重要。有效保护"吹哨人"，让"吹哨人"免于因"吹哨"带来的风险，社会才会进步。一个社会倘若缺少"吹哨人"，必然陷入可怕的"沉默螺旋"。如今，健全吹哨人保护制度已成为我们的共识，但在具体操作上，还存在诸多有待完善的地方。立法机关在制定应急管理法律中的"吹哨人"法律保护机制时，可以结合国外经验和地方行之有效的实践探索。

目前，世界范围内最为典型的"吹哨人"立法是美国的《吹哨人保护法案》(Whistleblower Protection Act)，它允许个人或者某个团体对于接受过美国联邦政府和地方政府资助的企业或者是相关的受益人进行查处，如果是品质不合格可以提起诉讼。假如是自己调查之后由司法部提起诉讼，个人可以得到赔偿金额的15%～25%。个人也可以当检察官，如果成功的话可以获得赔款金额的25%～30%，这就是《吹哨人法案》。美国"吹哨人"通过《吹哨人法案》的罚款金额已经达到80亿美金，而这些吹哨人差不多得到10亿美金。不难看出，这部法律鼓励公民(包括公职人员)通过参与到旨在维护社会公正的行动中，特别是公职人员在其履职过程中，发现存在贪腐、影响公共利益、国家安全的行为，有权以告密(包括向媒体报料)的方式进行检举。"吹哨人"不仅不会受到泄密的指控，相反，法案规定司法机构应该为他们及他们的家人提供各种保护。[2]

在我国，"吹哨人"及其法律保护制度的核心问题是要加快构建完善"吹哨人"制度，并通过立法保证举报的有效性和吹哨人的信息、人身安全保护问题。当吹哨人用哨声吹破谎言，用良知发出预警时有完善的法律制度保障其免于受

---

〔1〕《评:保护"吹哨人"就是保护公众利益》，载深圳新闻网，http://www.sznews.com/news/content/2020-07/20/content_23363246.htm，最后访问日期:2020年7月20日。

〔2〕黄鸣鹤:《沉默还是呛声 美国〈吹哨人保护法案〉的发展历程》，载《人民法院报》2013年1月11日，第8版。

到刑事起诉或者行政处罚。

五、建立监测和预警保障机制

在突发公共事件应急管理的整个体系之中，应急保障是一项核心内容，充足的应急资金等方面的支持是整个应急管理体系有效运作的支撑和基础。[1]在实践中，基于我国的制度优势，在重大突发事件发生时会有大量的人、财、物投入到受灾区域，以保证灾民的基本生活需求和应急处置措施的实施效率。例如，在新冠肺炎疫情防控期间，截至 2020 年 1 月 27 日凌晨，山东省日照市已紧急安排防控经费 5321 万元。其中，市级安排 3200 万元，用于购置负压救护车、呼吸机、ECOM(体外人工膜肺)、消毒、消杀、口罩等设备物资，以及防控检查站设施采购、日照三奇医疗卫生用品有限公司生产防护物资政策补助、区县疫情防控工作经费补助。各区县安排 2121 万元，主要用于医疗救治、疫情防控所需设备、物资采购等。同时，向高新区财政增拨 2000 万元调度款，用于保证日照三奇医疗卫生用品有限公司所需流动资金，鼓励该企业开足马力生产，保障重点地域防控需求和市场足量供应。[2]

可以看出，在长期以来实行的"事后型"应急管理机制的影响下，我国较为重视对突发事件发生后采取应急处置措施时的保障，但应当注意的是，我们同样要重视对事前突发事件应急管理工作的保障。实际上，监测和预警机制能够发挥多大的作用取决于人、财、物的保障力度，而保障机制的建构则需要应急管理法律的规定。当前，较少有应急管理法律规定了监测和预警阶段的保障机制，为进一步提升国家对突发事件的监测和预警能力，应急管理法律需要对此进行建构和完善。具体而言，监测和预警机制同样要在人、财、物等方面进行保障，包括重视监测和预警机构的设置，并配备充足的编制、提供充足的经费保障、支持突发事件监测和预警方面的研究，提升监测和预警技术等。

---

〔1〕 赵尚梅、杨雪美:《突发公共事件应急资金保障机制研究》，载《中国行政管理》2012 年第 12 期。

〔2〕 《日照启动突发事件应急处理财政保障机制》，载新华网，http://www.sd.xinhuanet.com/sd/rz/2020-01/28/c_1125507654.htm，最后访问日期:2020 年 7 月 21 日。

第四节 应急处置与救援制度的完善

一、紧急决策权的合法性

突发事件应对中的紧急决策权是指在紧急情况下,应急管理机关为有效应对突发事件可以作出违反常态的法律制度的行为或决策权力。紧急决策权具有以下特点:一是给决策留出的时间很短,决策者甚至不了解其是否有决策权;二是决策者知道自己没有决策权,但原决策者无法行使决策权;三是决策具有紧急性,决策者无法依照法定程序进行决策。[1] 具体来看,行使紧急决策权的情况包括对指挥应对突发事件的干部的临时任免、需要集体决策的事项首长个人拍板、需要上级机关决定的事项下级机关当机立断等。以效率为导向的应急处置工作需要紧急决策权的存在,但现行的行政应急法律并未对紧急决策权作出明确的规定,导致为及时应对突发事件而作出违反常态法律制度决策的有关机关或其工作人员事后可能要承担行政处分甚至是法律责任,因此,应急管理法律应当对应急处置过程中的紧急决策权加以规定,包括什么主体能行使紧急决策权、在什么情况下可行使紧急决策权、可行使什么种类的紧急决策权,等等。

紧急决策都是在有限信息或信息不明的条件下做出的,尤其是在深度不确定条件下,为了在紧急事态下确保基本社会秩序和公共利益,即便缺乏程序性论证和成本/收益理性计算的基础,权力机关也要做出决定,因此,紧急决策权的行使具有高度的决断性。[2] 在行政法中,我国确立了行政应急性原则,通说认为,行政应急原则最终还是脱离不了行政法的经典话题,即如何合理配置行政权与保护相对人权利。在兼顾公共利益和个人利益,兼顾公共秩序与公民自由的基础上,通过恰当的制度来安排和合理配置应急性权力与公民权利,这应当是行政应急性原则要解决的问题和达到的理想状态。[3] 不难发现,我国行政应急性原则还是基于传统的自由主义法学理论进行的建构。在此种模式下,应急管理机关在行使紧急决策权时需要考虑应急处置措施的合目的性、适当性和

---

〔1〕 应松年:《巨灾冲击与我国灾害法律体系的完善》,载《中国应急管理》2010年第9期。

〔2〕 宾凯:《重大突发事件的系统治理与法治》,载《国家检察官学院学报》2020年第6期。

〔3〕 刘莘:《行政应急性原则的基础理念》,载《法学杂志》2012年第9期。

是否为最小侵害，如果紧急决策决定的作出不符合比例原则，应急管理机关可能就要面临被追究责任的可能。但有学者认为，对于紧急治理而言，尤其在信息尚不明朗，公众情绪恐慌的阶段，突发事件的整个态势具有高度不确定性，自由主义法学的紧急权模式，为了驯服与民为敌的公权力，极力压缩紧急权行使必然面对的决断空间，但是，这与突发危机事件下"高度不确定性"的决策条件是相冲突的。随后他又指出，为了寻找其他可行的紧急权模式，首先，要坦率承认紧急权的行使存在无法用法律规范甚至法律原则加以限制的决断空间；其次，从紧急治理的理论来看，把如何以权利限制权力的提问方式，转换为如何让"紧急决断"获取"社会信任"的问题。而其提出此理论的前提之一正是基于我国新冠肺炎疫情防控经验，即在非常状态下，人们会基于常态时期培育起来的对政治系统及国家能力之可靠性的信念，自觉服从和配合国家权力机关做出的紧急决策，并对决策造成的负面影响持宽容态度。[1]

笔者认为，在自由主义法学的紧急权模式下，一味限制应急管理机关的紧急决策权的行使可能会降低突发事件应对效率，但抛开比例原则的限制而以"社会信任"为基础，一是并不符合目前我国的现状，二是即使社会在重大突发事件应对中对应急管理机关行使紧急决策权持宽容态度，但应急管理机关如果因此宽容态度而置其他于不顾，即使公民、法人或其他组织不寻求权利救济，损害仍现实存在。因此，第一，国家应通过各种手段在最大限度上提升紧急决策权行使的确定性；第二，即便在应对重大突发事件过程中，行政机关也要最大程度上保证其所作出的应急处置措施的实质合法性；第三，在突发事件应对处于高度不确定性状态时，行政机关可以行使紧急决策权作出认为合理的应急处置措施，但事后要审查应急处置措施的合法性。应急处置措施即便无益于突发事件应对或者超过了必要限度，也不要轻易追究决策者的法律责任，但如果存在特定的行政相对人因此受到侵害，政府应采取一定的补偿措施。

二、先期处置权的合法性

突发事件应对中的先期处置权是指在紧急情况下，下级行政机关或组织虽没有组织处置突发事件的法定职责，但在法定机关未作出应急处置措施前有对突发事件采取先期处理措施的权力。突发事件特别是事故灾难和社会安全事

---

〔1〕 宾凯：《重大突发事件的系统治理与法治》，载《国家检察官学院学报》2020年第6期。

件往往由基层政府甚至是基层群众性自治组织先行知晓，然后由其上报给有应急管理权的上级行政机关。我国的应急管理法律如《突发事件应对法》虽规定了必要时的越级上报制度，但从报告到上级行政机关接到报告再作出应急处置措施总需要一定的时间，而突发事件的应对拖延一秒事态可能就会极大恶化，因此需要下级行政机关甚至是基层群众性自治组织先行作出力所能及的处置措施。赋予下级行政机关或组织先期处置权有以下意义：一是有利于突发事件的损害不至于进一步扩大；二是基层政府或组织比较了解当地情况，有利于寻找突发事件的根源进行解决；三是相较于上级机关，当地民众比较信任当地政府及其工作人员，有利于开展应急处置措施。先行处置权在突发事件应对中具有存在的必要性，但仅有少数地方立法对其作了规定，如《四川省突发事件应对办法》第 39 条第 1 款规定："突发事件发生后，事发地人民政府应当依法启动应急预案并采取应急处置措施，组织有关部门，调动应急救援队伍和社会力量进行先期处置。"《突发事件应对法》以及其他地方性法律也应对先期处置作出规定，包括哪些主体可以行使先期处置权、何种情况下可行使以及可以采取何种先期处置措施等。

在当前的突发事件应对中，基层组织和社区正在发挥越来越大的作用。通常情况下，基层组织和社区没有应急处置权力，只发挥协助行政机关采取应急处置措施的作用，但在紧急情况下，行政机关不能及时开展应急处置，基层组织和社区也不能独立采取一定措施的话，可能会进一步扩大突发事件带来的危害，赋予基层组织和社区一定的先期处置权具有必要性。当前，已有地方立法对基层组织和社区先期处置权作出了规定，例如，2020 年出台的《巴中市突发事件应急指挥与处置管理办法》规定，突发事件发生后，事发单位和事发地的基层组织、社会组织等作为突发事件"第一响应人"，应第一时间组织开展自救互救，并在乡镇（街道）和公安机关指挥下做好秩序维护、道路引领等先期处置工作。区县级主责部门到达现场后，应迅速评估研判事件发展态势和影响范围，启动县级应急响应。应当注意的是，基层组织和社区并非行政主体，应急处置权的赋予也只能以必要为限，且应通过有效途径提升基层组织和社区工作人员的法律意识，避免其在采取先期处置措施时违法侵害公民、法人或者其他组织的合法权益。

三、柔性应急处置措施的建构

突发事件发生的突然性与处置的紧迫性使得应急管理机关在实施应急处置措施时更注重运用强制手段，如在《突发事件应对法》第49、50条规定的涉及社会组织或公民应急处置措施中，大多数带有控制、要求、强制、严惩等字眼，散见于我国应急法律、法规中的强制措施也比较多，基本都赋予行政机关行政紧急强制权。[1] 应急管理机关在应对突发事件过程中的大多数情况下使用行政强制措施效率更高，但也不能否定少数情况下使用行政指导等柔性应急处置措施更为有效，如湖南在2008年雪灾中通过给予每位司机奖励200元的鼓励措施，引导他们离开京珠高速，绕道走国道，分流车辆，取得了很好的效果。[2] 行政强制措施虽会使得行政相对人不得不服从，但其内心可能是不满的，亦有可能引发行政相对人在混乱情况下的报复行为，并影响应急管理机关开展应急处置措施的权威性。而柔性应急处置措施在某些情况下可以更好地引导民众配合应急管理机关作出行政行为，可能会产生更好的效果，因而突发事件应对法律也应对柔性应急处置措施加以规定。

四、公民、法人和其他组织的权利保障

应急管理部门在应对突发事件时处于一种非常规的行政管理状态，突发事件的复杂性使得法律不得不赋予应急管理部门更大的自由裁量权。应急管理部门行使紧急决策权时在必要的情况下可能会损害公民、法人和其他组织的私人利益，如何对私人利益造成尽可能小的损害及在事后如何较为合理的补偿需要法律制度加以规定。应急管理法律设定了对公民、法人和其他组织权利保障的制度，但大多是抽象性和原则性规定，如《突发事件应对法》第11条的规定仅要求应急管理部门在采取措施时要适用比例原则，在应对突发事件的紧急情况下却不可能精准地按照比例原则进行决策；《突发事件应对法》第12条规定了应急管理部门的征用权及事后的返还与补偿制度，但对需

---

〔1〕 刘玲：《论突发公共安全事件应对中的政府职责》，载《沈阳工业大学学报（社会科学版）》2011年第4期。

〔2〕 王万华：《略论我国社会预警和应急管理法律体系的现状及其完善》，载《行政法学研究》2009年第2期。

满足何种条件才能行使征用权以及如何进行合理的补偿都未做规定。宪法赋予了有关国家机关在紧急情况下征收、征用的权力,但征收、征用权的正当行使应是控权的结果,[1]因此也应有相应的法律制度对此种权力加以规制,法律不能仅规定应急管理机关享有征用单位和个人财产的权力,还应规定如何对此权力进行控制,而且在控制之后仍需行使征用权时,还应规定如何给予被征用人应有的补偿。

在重大突发事件发生时,公民的基本权利往往也会受到影响,例如,在新冠肺炎疫情防控过程中,问卷调查(见图15)显示,公民的自由权等受到一定的限制。而在某些地方,毫无准备的"封城"措施使得大多数公众没有时间准备基本生活物资,生存权、生命权甚至受到了影响,如在2021年1月通化市出现多例确诊病例,政府随之决定市区所有小区全部实行封闭管理,东昌区升级为高风险地区。封闭管理的措施突如其来,让众多通化市民猝不及防,全然没有储备生活物资的时间。1月19日,东昌区新冠肺炎疫情防控指挥部曾发布消息称,自即日起每户每三天可出一人,凭通行证、身份证外出采买生活物资,但全员核酸检测期间不允许外出采买。而到了21日,政策迅速地变成了一律不得外出。没有准备的市民,顿时陷入窘境,甚至出现缺粮缺菜缺急需药品的现象。在封闭管理过程中,市民又遭遇生活物资配送不及时、不到位的问题,据传,有的市民家里仅剩一小袋饼干,有的家里就剩一些白菜和土豆,还有为数不多的绿叶菜;有的病患,因医院的风险与资源紧张,本该住院治疗却不能入院。央视痛批通化市政府"在疫情应对思维上出现严重的不合理。通化人之所以化身'热搜人',就是因为当地没有体恤人心。疫情防控情形复杂多变,绝不能仅仅'一封了之''一隔了之'!"[2]

---

[1] 房绍坤、王洪平:《公益征收法研究》,中国人民大学出版社2011年版,第71页。

[2] 《央视评吉林通化封城:严重误判》,载腾讯网,https://new.qq.com/omn/20210126/20210126A02RA700.html。

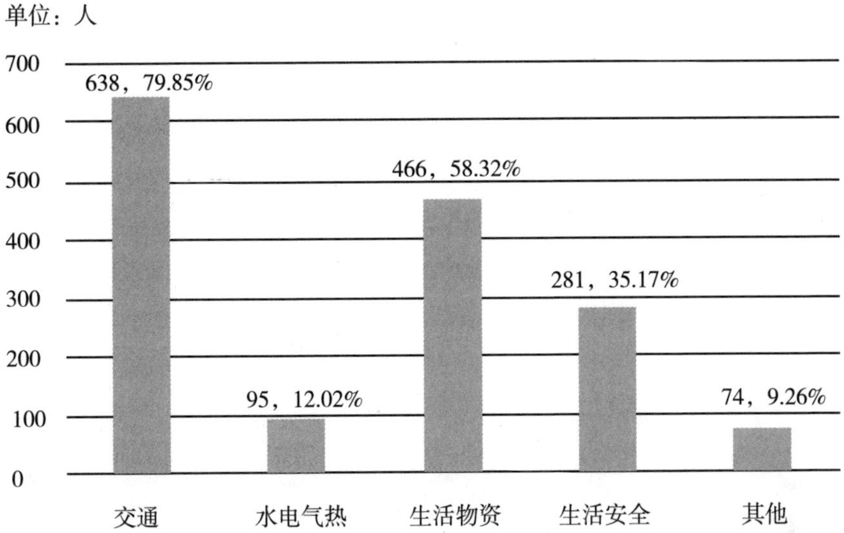

图 15　问题:您所在社区或村庄的工作人员主要参与了哪些疫情防控工作(可多选)

所谓基本权利,是指那种具有重要地位的,并为人们所必不可少的权利,即每个人基于其作为人或特定国家的社会成员而应享有的最起码的权利。基本权利一般由宪法进行规定,对基本权利的确认和保障,是整个宪法价值体系的核心之所在,而对基本权利的具体保障措施则一般由其他法律加以展开。[1] 大多数应急管理法律对公民基本权利的保障都作出了规定,例如,《突发事件应对法》第 51 条规定,发生突发事件,严重影响国民经济正常运行时,国务院或者国务院授权的有关主管部门可以采取保障、控制等必要的应急措施,保障人民群众的基本生活需要,最大限度地减轻突发事件的影响;《传染病防治法》第 62 条规定,国家对患有特定传染病的困难人群实行医疗救助,减免医疗费用。但可以看出,应急管理法律仍规定的较为原则化,这也是产生上述乱象的主要原因。基于应急管理法律为应急管理机关提供连贯的行为指引之定位,对公民、法人和其他组织的权利保障制度应大致从如下几个方面进行完善:第一,《突发事件应对法》和各专项应急管理法律应对涉及权利保障的应急处置措施作出尽可能详尽的规定;第二,基于我国长期以来的“骨骼式”立法习惯,应急管理法律制度的具体化应依靠法规、规章,国务院和地方立法机关应结合本地区实际状况制

〔1〕 林来梵:《宪法学讲义》,清华大学出版社 2018 年版,第 296 ~ 301 页。

定更为完善的保障制度,甚至制定专门立法;第三,各级政府或应急管理部门应对权利保障措施制定具有实际操作性的预案,确保在发生类似通化市突发采取封闭措施的情况时能够保障公民的基本生活需求不受到影响;第四,重大突发事件发生后,对公民、法人和其他组织权利的保障程度取决于事前的应急准备程度,因此,政府在常态情况下应当注重采取志愿者培训、物资储备等措施。

五、突发事件的信息发布

国家团结基于公民对政府的信任,信任是在相信基础上的认同,即公民相信政府并同政府保持一致的行动。[1] 因而政府应当注重信息公开的重要性,特别是在突发事件应急处置过程中,如果有关部门不及时将突发事件信息及时告知给社会公众,不仅会造成更多的人身伤亡与财产损害,还可能造成社会的恐慌。目前,我国正着手建设中国应急信息网,但信息发布平台的建立并不代表发布的信息能够准确、及时。信息如果发布的不准确会造成受突发事件影响的公民依据错误的信息进行错误的处置,如在"非典"时期,北京市某些负责人因向社会公众发布被严重低估的疫情状况,导致许多人并未进行较为充足的准备,严重加大了疫情所带来的危害。而信息如果发布不及时,在当前信息时代下,网络中在短时间内便会充斥着各种相关信息,还会有人故意散播谣言,夸大突发事件状况,极易造成全国范围内的恐慌。因此,应急管理机关不仅应重视应急信息发布平台的建设与完善,亦应重视其所发布信息的及时性与准确性。

突发事件信息发布制度的完善可以吸收新冠肺炎疫情防控过程中的有效经验。在此次新冠肺炎疫情防控过程中,政府通过多种方式和多元化渠道开展疫情防控信息的发布工作。具体而言,第一,国务院和地方人民政府的联防联控机制通过召开发布会的形式向社会发布疫情防控信息和相关政策,发布会召开次数较为频繁,每次发布会均有一个或几个特定的事项,并由负有实施该事项职责的行政部门的负责人出席介绍,如在 2021 年 1 月 20 日,为介绍春节前后疫情防控有关情况,国务院联防联控机制在国家卫生健康委西直门办公区新闻发布厅召开新闻发布会,并由民政部、人力资源社会保障部、交通运输部、国家

---

[1] 杨燕绥:《国家公共安全和公民知情权——"非典"事件引起的法律思考》,载《清华大学学报(哲学社会科学版)》2003 年第 4 期。

卫生健康委、中国疾控中心等单位的相关负责人回答了媒体提问。[1] 第二，各级各类应急管理机关通过其网站、微信公众号、微博账号等方式向公众发布疫情防控相关信息，如国家卫生健康委员会每日在其官网发布截至前一日我国新冠肺炎疫情的最新情况。第三，各类新闻媒体积极转发、解读应急管理机关发布的疫情信息，使社会公众能够在更短的时间内更为具体的了解到疫情防控的最新情况和应急管理机关的相关政策。另外，在谣言治理方面，此次新冠疫情防控中也积累了许多较为有效的经验，例如，新浪微博每日总结中央和地方应急管理机关发布的辟谣信息，并通过"微博小秘书"向微博用户推送。总而言之，立法者应当结合当前的信息化水平完善我国的突发事件信息发布制度，通过多元化途径健全我国的突发事件信息发布机制。

六、建立个人信息保护制度

（一）信息隐私权概述

随着新型信息技术的迅猛发展，隐私正受到全方位挑战，有学者甚至发出"零隐私社会""隐私的死亡"这些警告。在新技术条件下，当"可隐性"逐步瓦解，隐私的成立和维护变得岌岌可危。[2] 对公民信息隐私权的保护有两种途径：一是私法上的保护，如我国《民法典》将个人信息保护写入总则编和人格权编，"自然人的个人信息受法律保护"；二是公法上的保护，有学者认为，个人信息保护的宪法基础是国家所负有的保护义务，国家负有对公民人格尊严和隐私、安宁进行保护的义务，随着信息时代的来临，该种义务扩展到对个人信息相关权益的保护，基于此，该学者建构了"个人信息受保护权—国家保护义务"框架，并认为其在本质上是"基本权利—国家义务"体系在个人信息保护领域的运用。[3] 不难发现，前者是针对私人主体侵害公民信息隐私权时提供的私法救济路径，后者是针对强大的、组织化的信息处理机构侵害公民信息隐私权时对国家设定的保护义务。在"个人信息受保护权—国家保护义务"框架下，国家不仅不能随意侵害公民的信息隐私权，还要对公民的信息隐私权提供积极的保护。

---

[1] 《国务院联防联控机制新闻发布会：介绍春节前后疫情防控有关情况》，载中国政府网，http://sousuo.gov.cn/column/30618/1.htm，最后访问日期：2021年2月14日。

[2] 余成峰：《信息隐私权的宪法时刻规范基础与体系重构》，载《中外法学》2021年第1期。

[3] 参见王锡锌：《个人信息国家保护义务及展开》，载《中国法学》2021年第1期。

(二)应急管理中的信息隐私权

在新冠肺炎疫情防控过程中,数据技术应用发挥了巨大作用。借助数据技术,我国完成了疫情的实时监测、重点筛查和有效预防,在防疫抗疫工作中成效显著。[1] 因此,本部分以新冠肺炎疫情防控过程中实施的涉及信息隐私的措施为例阐释突发事件应急管理中的个人信息保护。疫情期间,国家大致采取过三类涉及公民信息隐私的应急处置措施。一是在疫情防控前期,各地政府为控制疫情扩散源头,大量收集了武汉等高风险地区返乡人员的信息,内容包括姓名、身份证号、电话号码、家庭住址、车次/航班等。二是各地政府在发现确诊患者时,会向社会公布患者的行程轨迹。三是在常态化疫情防控过程中,各地利用数据技术,采取出示健康码、人脸识别、健康上报等措施掌握公民行程,依此判定公民的风险程度与健康状况。

不可否认的是,上述三类措施的实施确实可以有效降低疫情所带来的危害,问卷调查(见图16)显示,绝大多数的调查对象也赞同国家采取的出示健康码、人脸识别、健康上报等措施。但应当注意的是,国家在借助数据技术提升疫情防控效率的同时也对公民的信息隐私权带来了一定的侵害。例如,第一种情况,多地发生泄漏武汉等地返乡人员信息的情况,据报道,一位来自珠海的网络安全从业者向记者反馈,自己所在的一个群里正在流传一份"在武汉逗留的湖南常德市临澧县全部人员"的表格。表格里有2110个人的信息,最小的今年7岁,最大的64岁。他们的身份证号、姓名、性别、出生日期、民族、现住址和电话号码等信息全被披露,据不完全统计,全国超七千武汉返乡者的信息遭到泄露。[2] 第二种情况,有些地方在公布确诊患者的同时,也会同时公布患者的完整姓名、家庭住址、工作单位等信息,如郑州市在公布郭某鹏的行程轨迹时,公布了其详细的地址和职业,据说导致很多民众堵在其所住社区门口,义愤填膺。第三种情况,有学者指出,科技企业受政府委托,纷纷加入健康码的开发,客观上加剧了个人信息重复处理的风险。科技企业承担的社会责任里裹挟着大量的营利企图,若不加以规范,健康码恐成为科技企业违法进行个人信息处理的

---

〔1〕 宁园:《健康码运用中的个人信息保护规制》,载《法学评论》2020年第6期。

〔2〕 《超七千武汉返乡者信息泄露,被短信骚扰谩骂!相关登记方称未披露》,载 https://www.sohu.com/a/369093812_161795,最后访问日期:2021年2月10日。

遮羞布；健康码的查验由企业、学校、社区以及商店等基层单位组织落实，他们是个人信息处理的直接执行者。由于健康码技术难度低，支撑平台多，难免会有基层单位组织擅自通过健康码收集个人信息。[1] 这些都易导致公民信息隐私权遭受侵害的风险。

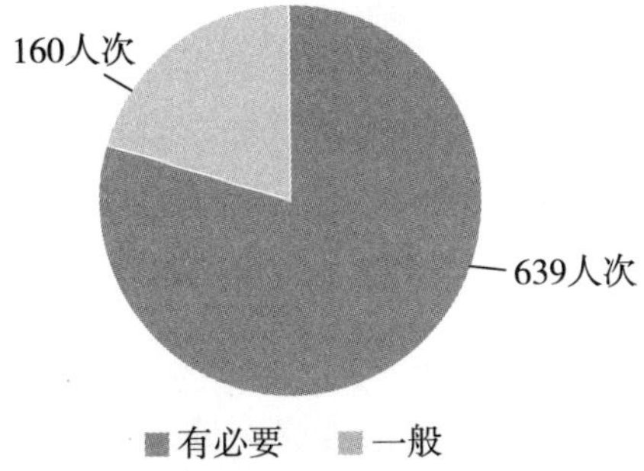

图16 问题：疫情期间，您认为是否有必要采取每日上报健康信息、出示健康码、人脸识别等措施

（三）疫情防控中的个人信息保护问题访谈

为充分了解公众对疫情防控中政府采取的可能泄露公民个人隐私的措施的态度，本书对五位法律工作人员进行了访谈，以在此基础上进一步完善我国应急管理法律中的个人信息保护制度。

访谈问题：疫情期间，很多地方政府为提高本地的防控水平，而无限度地详尽曝光武汉返乡人员和确诊人员的个人信息。您认为这种行为是否侵害了公民的个人信息权？如果疫情防控人员故意泄漏公民的个人信息而导致该信息大范围传播，您认为其应当承担什么样的责任？

意见1：侵犯了公民的个人信息权。进行行政处分，如果疫情防控人员故意泄漏公民的个人信息构成犯罪的，还要追究刑事责任。

意见2：侵害了公民的个人信息，故意泄露公民个人信息而导致该信息大范围传播，起码应当负民事侵权责任。一切工作以疫情防控为中心情有可原，但具体程度应当合理，公开公民的出行路线是可以的，但不应连姓名、家庭住址等基本个人信息都公布，这些信息对疫情防控根本无关紧要，但是对公民个人而

〔1〕 宁园：《健康码运用中的个人信息保护规制》，载《法学评论》2020年第6期。

言却十分重要,行政机关应当保护好公民个人信息,这是其基本职责。对于故意泄露公民个人信息而导致该信息大范围传播的人员,被侵权人有追究其民事法律责任的权利。

意见3:该行为侵害了公民的个人信息权。刑事责任:《刑法》第253条之一第1款规定,违反国家有关规定,向他人出售或者提供公民个人信息,情节严重的,处3年以下有期徒刑或拘役,并处或者单处罚金;情节特别严重的,处3年以上7年以下有期徒刑,并处罚金。疫情防控人员作为普通公民故意泄露公民信息应该承担刑事责任。行政责任:《传染病防治法》第12条第2款规定,"卫生行政部门以及其他有关部门、疾病预防控制机构和医疗机构因违法实施行政管理或者预防、控制措施,侵犯单位和个人合法权益的,有关单位和个人可以依法申请行政复议或者提起诉讼。"疫情防控人员如果是利用职务便利实施泄露公民信息的行为,其工作机构应该承担行政责任。但是,在对外承担了行政责任之后,该机构有权追究其内部行政责任。

意见4:侵犯,对患者信息的公开应保持在何种范围和限度内才是适当的,这些都是需要审慎判断的。迄今,新冠病毒已被证实在很大程度上会通过身体接触以及空气飞沫等方式进行传播,因此,在患者被收治确诊后,调查和追踪患者具体的居住地址和行动轨迹,能够较早地判定可能与其密切接触的人群,并提前对这些人群实施通知、隔离与救治。从这个意义上说,公布确诊患者的行踪信息和住址信息不应认为是对其信息权的不当干预。此外,为疫情统计、病毒研究以及提示公众的需要,而在隐去患者可识别性的身份信息(例如身份证号码、个人图像、姓名等)的基础上,客观公布确诊患者的年龄、性别信息,也应被认为不构成对个人信息权的不当干预。

意见5:这种行为侵害了公民的个人信息权。我国《宪法》规定了公民的各项基本权利及政府为保障这些权利应尽的义务。保护公民的个人信息权是宪法规定各项基本权利的内在要求。疫情防控背景下,地方往往由于缺乏治理应对经验而做出一些执法过度甚至违法的现象。在防控工作中,政府收集个人信息应该充分尊重公民的个人信息权,切实保障所收集的公民的个人信息安全,防止其信息隐私泄露,严格把握好信息利用和个人隐私保护间的平衡,合法科学有序地开展防控工作,对于涉及个人信息犯罪的违法行为应当依法严厉打击。《民法典》明确自然人的个人信息受法律保护。《刑法》中也对出售、非法提供公民个人信息和非法获取公民个人信息的行为加以规制。如果疫情防控人员故意泄漏公民的个人信息而导致大范围传播，应当依法追究泄露主体的相关责任。此外，对于违反治安管理的行为，公安机关依法应当施以相应的处罚。

（四）应急管理中个人信息保护制度的建构

根据通说，个人信息保护制度的建构需要遵循双重原则，即知情同意原则和最小必要原则。知情同意原则是个人信息保护的基本原则，即数据控制者在处理个人信息时，应当履行告知义务，获得个人信息主体明确、具体的同意；而最小必要原则要求数据控制者所处理的信息仅限于为实现特定目的所必要的个人信息，并在目的实现后删除所涉信息。在应急管理领域，突发事件具有发生的突然性和处置的紧迫性特征，应急管理机关如果不及时采取必要的措施应对突发事件可能会给社会公共利益带来巨大的损害。个人信息的运用是公权力对私权利的限制，公共利益的优先性证成解决公权力介入与否的初步正当性，即政府利用个人信息是将公共卫生安全置于优先地位，意在保护个人最为基本的生命权，限制私权具有正当性。但是公权力介入的正当性还须接受合比例性考察，其对个人信息权益的限制须符合比例原则，个人信息安全风险应被控制在合理范围内。[1]

基于突发事件和应急管理工作的特性，在应急管理中应部分放宽知情同意原则、强化最小必要原则。一方面，"告知"在所有场景之下均属必须，但是个人的信息自决权益在某些情境下受到一定限制，如涉及公共安全与他人的合法权益或须履行的义务相冲突之时或有其他合法事由时，个人信息处理者可依法处理信息主体的个人信息，无论信息主体是否反对。[2] 另一方面，突发事件应急管理中政府对个人信息的运用应符合"新治理"比例原则的要求。"新治理"比例原则是以国家法律法规为基础的平衡规则，权衡并协调各方资源、利益与优劣势作为动态调节的方式，技术突破与公共利益、行政公权力与个人私领域的流动均应在合适的比例调适下进行利弊分析与优势整合，寻求多方主体融合连接中的法理渐进。[3] 基于此，政府应在提升突发事件应对效率的大前提下对公民的个人信息采取最小的损害措施。

---

〔1〕 宁园：《健康码运用中的个人信息保护规制》，载《法学评论》2020 年第 6 期。

〔2〕 万方：《个人信息处理中的"同意"与"同意撤回"》，载《中国法学》2021 年第 1 期。

〔3〕 林凌、贺小石：《人脸识别的法律规制路径》，载《法学杂志》2020 年第 7 期。

值得注意的是,在疫情防控过程中,不同于前期各地普遍不注重个人信息的保护,在常态化疫情防控过程中,许多地方的政府开始重视保护公民的个人信息。例如,2021 年 1 月 23 日,上海市卫生健康委员会公布的一份"确诊病例涉及区域和场所的情况",引来多方点赞。这份通报的特别之处,就是"只提地点不提人",如"2021 年 1 月 22 日 0—24 时,上海新增 3 例本地确诊病例。根据流行病学调查,确诊病例涉及区域和场所的情况如下",然后,通报列举了若干涉病例的公共场所。通报中没有谈到病例的性别、年龄等个人信息。媒体评论,因为抗疫,我们必须诚实申报必要的个人信息,但是,和社会防疫无关、和个体防范无关的信息,就不宜披露,要避免流调报告的"信息溢出效应"。流调报告的个体信息披露应该坚持"最少够用"原则,避免流调报告成为窥视他人生活的管道。这也恰恰是"只提地点不提人"的上海流调报告被点赞的原因。他或者她只是暂时受到新冠病毒的伤害,感染、密接不应招致个体被不合理地关注和负面性审视。[1]

七、应急处置中的行政处罚

(一)行政处罚概述

行政处罚是行政机关在行政执法过程中最常作出的行政决定类型之一,但在 2021 年修订的《行政处罚法》颁布之前,因立法时的争议较大,法律一直未对行政处罚作出明确的定义。通说认为,行政处罚是指行政机关为维护行政管理秩序,对违反行政法上义务的行政相对人给予的一种法律制裁。"违反行政法上的义务"可以解释为是"违反行政管理秩序的行为"。"违反行政管理秩序的行为"具有如下内容:首先,行政相对人应当有法定义务的存在;其次,该法定义务并非都可以从相对的权利中推导出来,因为,许多公法上行政相对人的义务是基于公益的需要而设定的,并不当然有对应的权利存在;最后,法定义务包括作为、不作为以及容忍三种状态。[2] 2021 年 1 月 22 日,全国人大常委会发布修订的《行政处罚法》,其第 2 条对行政处罚的定义首次作出了明确的规定,即行政处罚是指行政机关依法对违反行政管理秩序的公民、法人或者其他组织,

---

〔1〕《上海流调报告"不提人"为何被点赞?》,载 https://baijiahao.baidu.com/s?id=1689720881396703435&wfr=spider&for=pc,最后访问日期:2021 年 2 月 10 日。

〔2〕章剑生:《现代行政法总论》,法律出版社 2019 年版,第 169 页。

以减损权益或者增加义务的方式予以惩戒的行为。可以看出，此定义解决了学界长期以来对行政处罚性质存在的争议，惩戒性是行政处罚行为的本质特征。在行政处罚的种类方面，此次修订的《行政处罚法》也进行了较大范围的扩充，当前，法律明确设定的行政处罚种类包括：(1)警告、通报批评；(2)罚款、没收违法所得、没收非法财物；(3)暂扣许可证件、降低资质等级、吊销许可证件；(4)限制开展生产经营活动、责令停产停业、责令关闭、限制从业；(5)行政拘留；(6)法律、行政法规规定的其他行政处罚。

(二)应急处置中的行政处罚事由

在突发事件发生后的应急处置过程中，行政机关也会作出大量的行政处罚决定，且涉及2021年修订的《行政处罚法》第9条规定的各个种类。以新冠肺炎疫情防控为例，首先，行政机关因相对人不遵守疫情防控规定而作出行政拘留等行政处罚决定的案例极为常见，如2020年2月5日，重庆市两江新区礼嘉派出所社区民警及社区干部对1月30日从省外返渝的居民王某进行走访登记，并根据疫情防疫法及相关通告对王某某进行宣传，要求其居家隔离。王某某拒不配合询问登记，并对工作人员进行辱骂，当面撕毁送达的疫情宣传资料和通告通知。两江新区警方迅速固证，依法对王某某处以行政拘留处罚。[1] 其次，各地行政机关对因相对人散布疫情防控相关谣言也作出了大量行政处罚，如2020年1月24日，湖北省钟祥市柴湖镇泉店村村民杨某在某购物微信群散布、谎报钟祥市新型冠状病毒感染肺炎死亡人数高达22人的谣言5条，被钟祥市公安局网安部门监测发现后，由柴湖派出所对杨某恶意散布谣言案立案查处，杨某被依法行政拘留3日。[2] 此外，疫情期间，多地被爆出商家哄抬物价，问卷调查(见图17)显示，76%的调查对象见到过哄抬物价的现象，如湖北省洪湖市华康大药房购进一次性劳保口罩44000只，购进价格0.6元/只，销售价格1元/只，洪湖市市场监督管理局接到投诉进行查处，依据《湖北省市场监管局关于新型冠状病毒感染的肺炎防控期间有关价格违法行为认定与处理的指导意

---

〔1〕《警示！两江新区公布两起涉疫情行政处罚案例》，载两江新闻，http://www.liangjiang.gov.cn/content/2020-02/17/content_617070.htm，最后访问日期：2021年2月16日。

〔2〕《干扰疫情防控，5人被行政处罚！》，载《湖北日报》，http://www.ytcutv.com/folder355/folder356/folder376/2020-01-29/1280523.html，最后访问日期：2021年2月16日。

见》第2条的规定，以“购销差价额超过15%，构成哄抬物价”为由，作出给予药店罚款4万余元的行政处罚决定。又如，2020年1月25日，群众举报反映天水市秦州区自由路欧斯玛牛肉面馆在全国防控新型冠状病毒感染的肺炎期间，肆意抬高物价，扰乱市场秩序。接到举报，秦州区市场监督管理局组织执法人员进行现场核查。经调查，该店2020年1月24日开始对经营的牛肉面从8元/碗一天内涨价到15元/碗，涨价幅度达到87.5%，情节严重，社会影响恶劣。依据《价格法》规定，责令当事人立即停业，并作出吊销营业执照的行政处罚。[1]

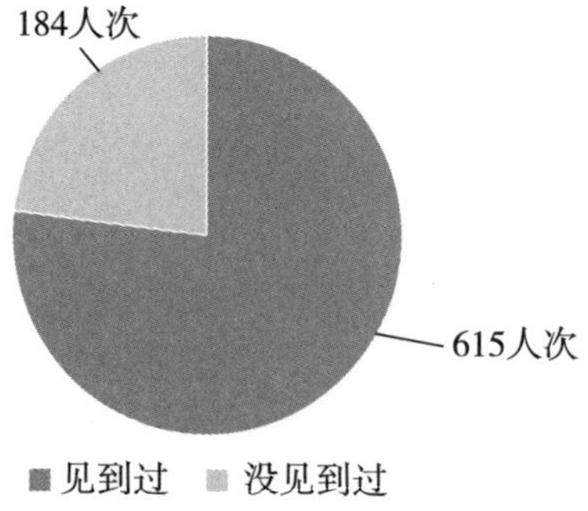

图17　问题：重大突发事件发生时，您是否见到过哄抬物价的现象

（三）《行政处罚法》第49条的规范分析

2021年修订的《行政处罚法》增加了两处有关突发事件应急管理的规定，其中，第18条规定，国家在城市管理、市场监管、生态环境、文化市场、交通运输、应急管理、农业等领域推行建立综合行政执法制度，相对集中行政处罚权；第49条规定，发生重大传染病疫情等突发事件，为了控制、减轻和消除突发事件引起的社会危害，行政机关对违反突发事件应对措施的行为，依法快速、从重处罚。在行政执法实践中，相较于常态下的行政管理，行政机关在重大突发事件应急处置过程中往往会对违反突发事件应对措施的行为快速、从重处罚，此次修法也是对实践需求的确认与回应。但应当注意的是，行政处罚作为行政机关作出的最为严厉的行政决定类型，快速、从重处罚无疑会对行政相对人的权益造成进一步的损害，因而《行政处罚法》第49条的适用应当采取审慎态度，即

[1]《天水曝光8起疫情防控期间行政处罚典型案例》，载搜狐网，https://www.sohu.com/a/371139489_673066，最后访问日期：2021年2月16日。

要正确把握该条适用的条件和快速、从重处罚的限度,以免借重大突发事件应急处置的名义无谓牺牲行政相对人的合法权益。

1. 适用前提:发生重大传染病疫情等突发事件

从行政法学界中对行政的分类来看,行政处罚属于典型的干预行政的一种。作为传统行政法上的核心概念,干预行政是行政机关通过限制甚至是剥夺行政相对人权益的方式来达到维护社会秩序,实现行政任务目的的一种行政行为。干预行政的功能在于排除危害,消除混乱以维护正常的公共秩序,但其对于个人来说最大的影响是一个人的合法权益受到限制或者剥夺,因此,它需要在有明确的法律依据的前提下采取克制主义立场加以适用。[1] 具体到《行政处罚法》第 49 条的规定,行政处罚本身就会较大减损行政相对人的权益,快速处罚会使行政相对人在程序上得不到充分保障,从重处罚则会使行政相对人承受更为严厉的处罚幅度,因此,该规定应当在最为必要的情况下才能适用,而确定其适用前提是适用该规定的基础。

从法律条文来看,《行政处罚法》第 49 条适用的前提是“发生重大传染病疫情等突发事件”,笔者认为,对适用前提的正确理解应当注意以下几点:首先,根据突发事件的发生机理,应急管理存在预防与应急准备、监测与预警、应急处置与救援、事后恢复与重建四个阶段,而“发生”则意味着该条只能在突发事件应急处置阶段才能适用,在其他常态情况下的应急管理阶段,该条均无法适用。其次,突发事件类型众多,该条仅列举了“重大传染病疫情”一种类型,后又以“等”字加以概括,毫无疑问,此处的“等”为“等外等”,在其他类型的突发事件发生时,只要符合其他适用条件,同样能够适用。最后,根据《突发事件应对法》第 3 条规定,按照社会危害程度、影响范围等因素,自然灾害、事故灾难、公共卫生事件分为特别重大、重大、较大和一般四级。突发事件的等级和带来的危害有大有小,并不是所有突发事件发生时均可以适用本条规定,因而此处的“等”又有限制,即必须是与“重大传染病疫情”级别相当的突发事件才能适用。当前,应急管理法律对突发事件的等级规定较为混乱,《突发事件应对法》仅是作出了总体性的规定;《国家突发公共事件总体应急预案》根据《突发事件应对法》的规定将各类突发公共事件按照其性质、严重程度、可控性和影响范围等因素,分为四级:Ⅰ级(特别重大)、Ⅱ级(重大)、Ⅲ级(较大)和Ⅳ级(一般);《传染

---

〔1〕 章剑生:《现代行政法总论》,法律出版社 2019 年版,第 14 页。

病防治法》则将传染病分为甲类、乙类和丙类。笔者认为,以“重大传染病疫情”为参照,根据《突发事件应对法》的规定,能够适用《行政处罚法》第49条的突发事件包括特别重大和重大两级,根据《传染病防治法》的规定,能够适用《行政处罚法》第49条的传染病疫情包括甲类和乙类两级。

2. 适用目的:控制、减轻和消除突发事件引起的社会危害

不管是在常态下的行政管理过程中,还是在非常态下的突发事件应急处置过程中,行政相对人作出的违反行政管理秩序的行为均有可能会对社会造成一定的损害,但是,《行政处罚法》第49条仅调整突发事件应急处置过程中“突发事件引起的社会危害”。也就是说,只有行政相对人的行为致使突发事件带来了原本可以避免的社会危害,才属于本条的调整范围。从上文应急处置中的行政处罚事由来看,既有因行政相对人的行为直接导致突发事件造成社会危害的情况,如相对人不遵守疫情防控规定擅自外出导致疫情传播,也有间接导致突发事件造成社会危害的情况,如借突发事件哄抬物价导致商品价格大幅上涨,传播突发事件相关谣言引起社会公众广泛恐慌等。

3. 适用对象:违反突发事件应对措施的行为

行政相对人的行为造成突发事件引起社会危害的情形多种多样,但根据该条规定,只有违反突发事件应对措施的行为才属于本条的适用范围,因而如何理解“突发事件应对措施”至关重要。突发事件应对措施可以有广义和狭义之分,广义上的突发事件应对措施包括所有应急处置措施,即不仅包括应对突发事件本身所带来的危害而采取的应急处置措施,如消除传染病疫情,还包括其他相关措施,如惩处哄抬物价的行为,而狭义的突发事件应对措施则仅包括应对突发事件本身所带来的危害而采取的应急处置措施。笔者认为,界定“突发事件应对措施”的范围应当从“快速、从重处罚”的目的进行考察。控制、减轻和消除突发事件引起的社会危害是行政处罚的本质目的,为何要“快速、从重”,则是从突发事件的危害性进行的考虑。众所周知,重大突发事件的发生往往会给公众的生命和财产安全带来巨大的损害,因而应急处置就具有紧急性,也就是说,越早进行应急处置,公众的生命和财产安全可能就会受到越小的损害,而根据《行政处罚法》的规定,行政处罚的作出需要遵守严格的程序限制,作出行政处罚决定往往需要较长的时间,而在此时间内,仍存在危害扩大的风险,因此必须“快速”处罚;而正因为突发事件带来的危害的巨大性,一切都要为突发事件应急处置让步,相对人在此时作出引起危害的行为,相较于常态下作出的行为,

危害往往更大,且基于稳定社会秩序和震慑其他想从事类似违法行为的人而言,必须“从重”处罚。基于此,上文所述的所有可以造成突发事件引起社会危害的行为都有“快速、从重处罚”的必要,例如,不对造谣者快速处罚就会使谣言继续传播,不对造谣者从重处罚可能还会有人继续造谣,扰乱社会秩序。且根据《突发事件应对法》第49条第(8)、(9)项规定,“……(八)依法从严惩处囤积居奇、哄抬物价、制假售假等扰乱市场秩序的行为,稳定市场价格,维护市场秩序;(九)依法从严惩处哄抢财物、干扰破坏应急处置工作等扰乱社会秩序的行为,维护社会治安”。因此,笔者认为,此处的“突发事件应对措施”应采取广义上的理解。

4. 适用结果:依法快速、从重处罚

上文已述,“快速、从重处罚”在重大突发事件应急处置过程中具有必要性,但应当注意的是,相较于常态情况下的行政处罚,其也会对相对人的权益造成更大的损害,因此,“快速”“从重”也应具有必要的限度。在新冠肺炎疫情防控期间,有些地方出台了从重、从快打击违法行为的意见,如江西省市场监管局于2020年2月印发了《关于依法从重从快严厉打击新型冠状病毒疫情防控期间违法行为的实施意见》(以下简称《意见》),该《意见》对行政处罚案件作出的具体规定大致如下:

第一,对影响疫情防控违法行为行政处罚案件的办理程序和听证程序作出了简化规定。《意见》简化了案件来源登记和核查程序,对于相关违法行为线索,市场监管部门可以将线索核查阶段并入立案调查阶段,同时开展调查核实工作,节省案件线索核查时间。简化了案件调查程序,将当事人拒绝按照规定提供监督核查所需资料或者提供虚假资料的情形,作为从重处罚情节;将第三方公开陈述的声明,视情况作为认定案件事实的证据,切实提高办案效率。

第二,压缩案件审核时限。将一般情况下个案的审核时间由10个工作日压缩至不超过2日,且需尽力再缩短。简化集体讨论程序。授权各地市场监管部门可调整集体讨论事项的范围,以及采取线上方式进行讨论。简化陈述、申辩权以及申请听证权的确认程序。市场监管部门送达《行政处罚告知书》或者《行政处罚听证告知书》后,当事人可在3日内进行陈述、申辩,或者提出听证要求。对于非听证范围的案件,在当事人书面明示放弃陈述、申辩权的,市场监管部门可及时作出处罚决定。

第三,按照《市场监督管理行政处罚听证暂行办法》的规定,确定听证范围,将应告知听证权的罚款或者没收违法所得和非法财物的数额下限确定为自然人1万元、法人或者其他组织10万元。简化文书送达方式。经当事人同意，可以采用微信、手机短信等方式送达处罚决定书外的法律文书。简化听证实施程序。缩减听证主持人确定、案件材料移交、听证准备等内部流程；授权各地市场监管部门采用线上方式举行听证。[1]

由此可以看出，“快速”主要是在不违反法律、行政法规的情况下，简化执法和听证程序，压缩办案时限，提高应当进行听证案件的罚款数额下限，积极运用电子送达、在线听取当事人陈述和申辩等简便迅捷的方式；而“从重”则是分为不同情况，可能造成较为严重的危害的违法行为可以顶格处罚，其他违法行为，则在依法可以选择的处罚种类和处罚幅度内，适用较重、较多的处罚种类或者较高的处罚幅度进行处罚。

第五节　事后恢复与法律责任制度的完善

一、健全应急处置结束机制

《突发事件应对法》第58条规定负责突发事件应对的人民政府应当在突发事件的危害得到控制或消除后停止执行应急处置措施，此即为目前我国的突发事件结束制度。非常规突发事件的应急处置一旦启动，可能导致全国（或部分地区）由常态的宪法秩序转入非常态的宪法秩序。[2] 非常态的宪法秩序维持的时间越长，越不利于政府进行公共管理，因而需要尽快地结束突发事件的应急处置。在应对突发事件特别是重大自然灾害时，突发事件不仅影响的范围广大、造成的危害严重，还可能会引起很多次生性事件，因而应急管理机关在进行应急处置时面临的情况不仅可能会很复杂，而且各区域的应急处置进度也会各有不同，因此，应急管理机关应在何时结束非常态状况下的应急处置并恢复正常法律秩序也较为难以选择。当前，我国的应急管理法律仅规定了应急处置结束制度，但未对何种情况下算是已控制或消除突发事件的危害以及如何结束作

---

〔1〕《江西省市场监管局简化行政处罚办理程序　从重从快严打疫情期间市场违法行为》，载江西省市场监督管理局网站，http://amr.jiangxi.gov.cn/art/2020/2/14/art_22469_1505351.html，最后访问日期：2021年2月17日。

〔2〕林鸿潮、詹承豫：《非常规突发事件应对与应急法的重构》，载《中国行政管理》2009年第7期。

出具体规定,导致现实情况下的应急处置结束机制也较为混乱,因此,我国应尽快建立统一的应急处置结束机制。

应急处置的结束机制包括结束应急处置状态的义务主体、结束应急处置状态的方式、结束应急处置状态的条件和结束应急处置状态的法律效力等制度。首先,根据《突发事件应对法》的规定,各级人民政府是结束应急处置状态的义务主体,在地域方面,应当由突发事件发生地的人民政府宣布;在级别方面,根据突发事件涉及区域的大小不同,由不同级别的人民政府进行宣布。其次,结束应急处置状态的方式应当是发布通告,并通过各种途径进行传播。再次,突发事件的类型众多,不同类型的突发事件有不同的结束状态。例如,2008 年汶川地震发生后,国家及时采取了应急处置措施,但在之后的很长一段时间内,都有余震发生,笔者认为,当主要的应急处置措施实施完毕,且次生灾害不会对大规模的公众产生过大的危害时,应急处置措施就应当及时结束;而根据我国突发公共卫生事件的应对情况,传染病的结束往往需要其自行消亡,应急处置的时间也就相应较长。最后,结束应急处置状态的通告发布后,突发事件发生地由非常态下的应急管理状态转化为常态下的行政管理状态,社会秩序应当逐步恢复正常。同时,应急管理机关还应防备次生性、衍生性灾害的发生,避免此类灾害继续对社会公共利益造成侵害。

二、拓宽重建资金筹集渠道

突发事件应急处置阶段结束后,应急管理机关与受突发事件影响区域的人民政府应当立即投入到事后恢复与重建工作中来。事后重建不仅要解决突发事件所引发的矛盾和纠纷、给予受突发事件影响区域一定的优惠政策,更为直接且必要的是向受影响区域投入重建资金。《突发事件应对法》第 60 条规定了上级政府向受影响地区提供资金、物资的制度,因而受影响地区的上级政府负有提供重建资金的法定职责。但在重大突发事件如 2008 年汶川地震发生后,造成的损害是巨大的,恢复所需的重建资金仅靠国家财政支持恐较为吃力,因而国家开始探寻更多的重建资金来源渠道。目前,我国的重建资金来源除国家或上级政府的财政支出外,还包括区域间的对口援助机制以及社会捐赠机制。中国在巨灾应对中经常采取的对口援助机制,是以上级政府强制性的安排为基础的,不具有稳定性和可持续性。[1] 而社会捐助的随机性太大,不是可靠的重建资金来源渠道。因此,政府应探寻更多、更可靠的重建资金来源,包括将对口援助机制中的上级政府强制改为不同地区间政府签订援助协议、建立突发事件重建基金、完善巨灾风险保险制度等。

三、提高法律责任衔接程度

《突发事件应对法》规定了突发事件的应对机制,即预防与应急准备、监测与预警、应急处置与救援、事后恢复与重建,并分章对每个阶段的职责都作了分工。从预防与应急准备到事后恢复与重建是突发事件应对的一个生命周期,这就意味着某个部门或工作人员在前一个阶段未履行好自己的职责就可能会导致负责下阶段的部门或工作人员根本不可能履行好其职责,比如在应急处置与救援阶段,履行统一领导职责的人民政府有迅速调集应急救援物资和基本生活必须品等职责,但如果在预防与应急准备阶段负责应急物资储备保障的部门未能准备充足的应急物资或应急物资因放置时间过长等原因不能使用而导致采取应急处置措施的部门未能及时展开处置或救援,从而致使突发事件危害进一步扩大的,此种情况下就不能仅仅追究应急管理部门及工作人员未履行好应急处置的职责,还应找寻前一阶段有关部门的责任。当前突发事件应对法律不仅对责任规定的较为粗略,而且并未对不同阶段的责任衔接问题有所规定,极易导致某些部门负有责任却逃过追究。

除责任衔接规定得不够周延外,有些主体虽负有一定的职责但突发事件应对法律并未对其规定法律责任。责任缺失的情况一般发生在对政府以外主体的规定上,比如《突发事件应对法》第 29 条第 2 款规定了基层群众性自治组织、企事业单位应当结合实际情况,开展应急知识的宣传普及活动和必要的应急演练,该条第 3 款规定新闻媒体应当无偿开展突发事件预防与应急、自救与互救知识的公益宣传,第 30 条规定各级各类学校应当把应急知识教育纳入教学内容。"应当"代表是《突发事件应对法》赋予其的职责,是必须要履行的,且赋予其职责,如学校对学生进行应急知识教育在应对突发事件时是极为重要的,但法律虽规定了政府外主体的职责,却未规定其未履行或未履行好职责的责任,

---

[1] 应松年、林鸿潮:《国家综合防灾减灾的体制性障碍与改革取向》,载《教学与研究》2012 年第 6 期。

会导致政府外主体不会认真履行，因此有关法律应对某些主体缺失的法律责任加以补充。

四、建立应急志愿者损害救济制度

自2008年汶川地震后，越来越多的志愿者主动参与协助国家应对重大突发事件，近几年，志愿者在重大突发事件应对过程中发挥着越来越重要的作用。值得注意的是，应急志愿的公益性质使得志愿者并不能得到一定经济上的回报，但其参与应对突发事件的目的是维护社会公共利益，在其因采取应急措施而遭受损害时，理应得到合理的救济。当前，应急管理法律大多规定了专业应急救援人员的保障措施，如《突发事件应对法》第27条规定，国务院有关部门、县级以上地方各级人民政府及其有关部门、有关单位应当为专业应急救援人员购买人身意外伤害保险，配备必要的防护装备和器材，减少应急救援人员的人身风险，但鲜有对应急志愿者损害救济制度的规定，随着越来越多的应急志愿者参与应对重大突发事件，有必要在应急管理法律中建立应急志愿者损害救济制度。

当前，应急志愿者在突发事件应对过程中遭受损害的情况并不鲜见，以新冠肺炎疫情防控为例，2020年2月21日，年仅39岁的苏州蓝天救援队队员许鹏在将一批定制弥雾消杀机运回武汉的途中发生车祸，抢救无效去世。[1] 2020年1月31日，社区志愿者许某在上海市闵行区一小区门口根据社区安排开展疫情联防工作期间，访客毛某驾驶车辆欲进入该小区。根据该社区疫情防控工作规定，非小区车辆不得进入小区。许某遂向毛某解释了相关规定并要求毛某予以配合。毛某随即打电话通知住在该小区内的被告人凌某及妻子吴某到场。凌某及吴某到场后对志愿者阻拦外来车辆进入小区的疫情防控规定不满，肆意纠缠、辱骂、推搡许某，同时拒不听从小区保安及其他围观人员劝阻，致使矛盾不断升级。后凌某趁许某不备，徒手将许某摔倒在地并骑坐在许某身上对其实施殴打，致使许某全身多处软组织损伤、腰5椎体压缩性骨折，经鉴定构成轻伤

---

〔1〕《蓝天救援队员许鹏的最后十五天》，载腾讯网，https://new.qq.com/omn/20200228/20200228A0QNKI00.html，最后访问日期：2021年2月15日。

二级。[1] 2021年2月7日，海伦市一小区居民吴某因其幼子检测顺序之事与组织进行核酸检测的志愿者谢某发生争执，吴某用脚踹谢某肚子致其仰面倒地。[2]

应急志愿者遭受损害后，有特定侵害人的其应当承担相应的民事赔偿责任，但除此之外，国家还应提供其他必要的救济途径，以加强对应急志愿者的权益保障。当下，商业保险是风险管理中最常见的金融工具，也是实践中运用较多的志愿者保障方式，但目前仍存在义务主体不明确、保障对象不周延、保障范围不全面、救济体系不均衡等问题，基于此次疫情中保险供给的实际情况，未来应从完善保险供给结构、落实保险资金来源、拓展保险保障形式三个方面进行完善，以夯实商业保险作为应急志愿者损害救济体系的基础架构。此外，商业保险在保障群体和保障范围上均有不足，必要时需要社会保险与商业保险实现对接，补充商业保险之不足；还可以通过基金会的形式设立和管理应急志愿服务基金，作为应急志愿者损害的兜底性救济方式。[3]

第六节　应急征用制度的完善

应急征用是行政征用的一种，但因突发事件应急处置的紧急性，其具体制度的设计又与其他征用有所不同。法律对行政征用的规定有所缺失，对应急征用的专门规定更是极为匮乏，因而应急征用制度中目前存在应急征用主体的规定与现实状况不符合、应急征用的法定程序不明确、补偿标准和补偿方式不完善等问题。相关法律需要对应急征用制度所存在的问题加以改正：在应急征用主体方面，应赋予应急管理部、其他应急管理机关及特定条件下的社会应急力量以必要的应急征用权；在应急征用程序方面，应对应急征用决定的作出、告知被征用人相关事项、对被征用财产进行价值评估、财产的归还、补偿金额的确定及补偿给付等必要程序作出完善的规定；在补偿标准与补偿方式方面，应明确公平补偿与结合被征用人实际需要进行补偿的原则。

---

〔1〕《上海殴打防疫志愿者案远程开庭，被告人获刑一年六个月》，载 https://baijiahao.baidu.com/s?id=1658875124344588262&wfr=spider&for=pc，最后访问日期：2021年2月15日。

〔2〕《男子做核酸检测，因孩子怕冷踢倒志愿者！警方通报》，载 https://baijiahao.baidu.com/s?id=1691236783462870746&wfr=spider&for=pc，最后访问日期：2021年2月15日。

〔3〕杨帆：《应急志愿者损害救济的体系构造与制度供给》，载《法学评论》2021年第1期。

一、应急征用的界定

(一)应急征用的概念、属性

行政征用是指国家为了公共利益的需要,根据法律法规强制取得集体所有土地的使用权、公民私有财产的使用权或劳务,并给予适当补偿的法律制度。[1]应急征用作为行政征用的一种,是指应急管理部门或应急救援队伍为应对突发事件所带来的危害,依照法律法规的规定,对单位或个人的财产使用权或劳务进行占用,并给予适当补偿的制度。应急征用具有以下属性:(1)公共目的性。应急管理机关或应急救援队伍行使应急征用权的目的必须是高效应对突发事件,此不仅能使征用权的合宪性得以成立,也能防止有关部门对应急征用权的滥用。(2)强制性。强制性是征用权的本质属性,应急征用权与其他类型的征用权相同,可以不顾被征用者意愿单方决定征用与否、征用范围、期限等。[2] 但是,强制性仅作为被征用者不服从征用决定时的一种兜底手段,并不意味着征用者完全不用听取被征用者的意见,在获取被征用者同意的情况下进行征用,不仅有利于被征用财产的使用,也会减少事后因补偿等问题产生的纠纷。(3)权属转移性。征用权与征收权不同,征收会使财产的所有权发生转移,而征用所转移的仅是财产或人员的使用权。在突发事件应对过程中,被征用的财产除非灭失,一般情况下在事后会将其归还给被征用人。(4)补偿性。无补偿则无征用,有关机关应对在应急处置过程中被征用的财产或劳务依据使用价值予以适当的补偿。(5)可诉性。应急征用会对被征用人的合法权益产生影响,因而被征用人享有对作出应急征用决定以及补偿决定的机关提起行政诉讼的权利。(6)紧急性。紧急性是应急征用区别于其他行政征用最显著的特征。突发事件所造成的危害要求应急处置的高效性,因而应急征用决定的作出具有紧急性,紧急性决定了应急征用应适用更为简化的程序。

(二)应急征用的类型

应急征用大致具有以下三种类型:一是公用性征收。公用性征收是指有应急征用权的机关在突发事件应急处置过程中,因所急需的应急物资或应急人员

---

〔1〕 沈开举:《论征收征用权》,载《理论月刊》2009 年第 2 期。

〔2〕 刘东生:《行政征用制度初探》,载《行政法学研究》2000 年第 2 期。

不足，而依据法定征用程序向被征用人作出征用决定以获取被征用物资或人员使用权的征用类型。公用性征收最显著的特点在于征用决定作出的明确性以及被征用财产权属的转移性，即征用机关不仅向被征用人作出征用决定，且还占有了被征用财产或人员的使用权，并由征用机关支配开展突发事件应对工作。公用性征收是最为常见的应急征用方式。二是管制性征用。管制性征用在突发事件应对过程中表现为应急管理机关或应急救援队伍为防止突发事件的出现或突发事件造成损害的扩大，而对单位或个人的财产权实施超越其应当承受限度的限制行为。此种征用行为同样是为了公共利益，但未同公用性征用一般发生使用权的转移，而是仅对仍由单位或个人拥有的使用权进行必要限制。将此种限制性行为定性为征用的原因在于应急管理机关的决定减损了私人财产的使用价值，而此价值的减损不仅不是使用人应承担的义务，且为突发事件应对作出了贡献，因而事后也应对该财产的使用人予以适当的补偿。三是事实征用。事实征用是指应急管理机关或应急救援队伍在采取应急处置措施的过程中并非有意却对单位或个人的财产进行了使用或造成了损害，如应急救援队伍在抢修供电设施时不可避免地会对邻近农田造成些许损坏。事实征用虽未作出征用决定，也未有意对私人财产进行使用，但事实上却为了公共利益损害了私人利益，因而也是应急征用的一种形式。

二、应急征用制度与其他征用制度的区别

我国《宪法》第5条第1款规定："中华人民共和国实行依法治国，建设社会主义法治国家。"法治国家，即国家权力受法的统治。进而言之，所有国家权力产生于法，并受法的约束，法的支配。[1] 行政征用是国家机关在履行公共治理职能时运用公权力作出的行政行为，带有一定的强制性，被征用人也要承担一定的特别牺牲。特别牺牲，也可称为特别损害，是指被征收征用人与其他人相比承担了不平等的、特殊的负担，这种特别牺牲属于当事人必须接受，必须服从公共利益所需要的，超过一般牺牲界限的特别负担。[2] 基于支配权的特性，物权人对标的物享有支配利益，在特定场合，行政行为会限制物权人的支配利

〔1〕 章剑生：《现代行政法总论》，法律出版社2014年版，第38～39页。

〔2〕 江必新、梁凤云：《物权法中的若干行政法问题》，载《中国法学》2007年第3期。

益,[1]行政征用决定的作出必然会给被征用人带来此种限制,因此,为了保护被征用人的合法权益,立法机关就必须通过法律的形式对行政征用的主体、权限、内容、程序等作出明确的规定。此外,国家作出行政征用决定的目的在于保障社会公共利益,因而被征用人无承担因保障公共利益而付出的成本的义务,国家应当按照一定的标准对被征用人因征用所造成的损失进行补偿。补偿制度是行政征用中的核心制度,即无补偿则无征用,因此,行政征用补偿的主体、标准、方式、程序等也应有明确的法律规定。

在我国,立法机关虽未针对行政征用及补偿制度制定一部专门的法律,但在各相关立法中也不乏对行政征用的规定。首先,我国《宪法》为保障公民财产权及国家机关履行公共治理职责时的效能性规定了征收、征用和补偿条款,即《宪法》第 10 条第 3 款规定:"国家为了公共利益的需要,可以依照法律规定对土地实行征收或者征用并给予补偿。"《宪法》是国家的根本法,较为原则性的规定了国家最基本、最重要的问题,因而根据本条规定虽无法解决行政征用中的具体争议,但其为国家机关行使土地征用权和保障公民在被征用时的财产权提供了最高依据。其次,因行政征用对被征用人的合法权益侵害较为严重,《立法法》第 8 条第(7)项规定,对非国有财产的征收、征用只能制定法律,即仅有全国人民代表大会及其常务委员会有权对行政征用的主体以及何种情况下可以行使行政征用权等事项作出规定。在现行法律中,规定行政征用制度大致有以下两种原因:一是国家因维护公共利益需对非国有土地进行使用;二是某些国家机关因行使职能的紧急性而不得不使用公民、法人、其他组织的财产或劳务。因此,《土地管理法》、《人民武装警察法》、《反恐怖主义法》、《国家情报法》等法律对行政征用制度都有所涉及,如《土地管理法》第 2 条第 4 款沿用了我国《宪法》第 10 条关于土地征收征用的规定,《人民武装警察法》第 25 条规定,"人民武装警察因执行任务的需要,在紧急情况下,经现场指挥员出示人民武装警察证件,可以优先使用或者依法征用个人和组织的设备、设施、场地、建筑物、交通工具以及其他物资、器材,任务完成后应当及时归还或者恢复原状,并按照国家有关规定支付费用;造成损失的,按照国家有关规定给予补偿。"另外,相关法规、规章或其他规范性文件会依据全国人大及其常委会制定的法律对征用制度作出更为具体化的规定。

---

[1] 常鹏翱:《行政行为的物权法意义:一种规范分析》,载《行政法学研究》2019 年第 5 期。

根据征用的原因,可以将行政征用制度分为一般征用制度与紧急征用制度。一般征用制度是指规定国家机关在常态情况下因公共利益而对公民、法人、其他组织的财产或劳务进行使用的制度,最常见的便是土地征用制度;紧急征用制度则是指规定国家机关在紧急状况下因履行职责而不得不对公民、法人、其他组织进行暂时性使用的制度。当前,法律明确规定了公安机关、国家安全机关以及应急管理机关等在必要条件下可以行使紧急征用权的制度,而其中对应急管理机关如何行使应急征用权的规定,即为应急征用制度。

应急征用制度主要规定于突发事件应对法律之中。[1] 首先,《突发事件应对法》对应急征用制度作了两条规定。《突发事件应对法》第 12 规定,“有关人民政府及其部门为应对突发事件,可以征用单位和个人的财产。被征用的财产在使用完毕或者突发事件应急处置工作结束后,应当及时返还。财产被征用或者征用后毁损、灭失的,应当给予补偿。”第 52 条规定,“履行统一领导职责或者组织处置突发事件的人民政府,必要时可以向单位和个人征用应急救援所需设备、设施、场地、交通工具和其他物资……”《突发事件应对法》的规定明确了三点,即应急征用的主体为履行统一领导职责或组织处置的人民政府、应急征用的实施必须是在突发事件应急处置过程中、应急征用后必须要给予被征用人一定的补偿。其次,许多专项应急法律也对应急征用作出规定,如《传染病防治法》第 45 条第 2 款规定:“紧急调集人员的,应当按照规定给予合理报酬。临时征用房屋、交通工具以及相关设施、设备的,应当依法给予补偿;能返还的,应当及时返还。”专项应急法律相较于突发事件应对法来说规定的应急征用范围较小,传染病防治法明确了劳务也在应急征用的范围之内。另外,相关地方性法规和政府规章中也存在许多应急征用的规定,如《深圳经济特区出租汽车管理条例》第 45 条第 1 款规定:“遇有抢险救灾、突发事件等特殊情况,经营者和驾驶员应当服从市交通运输主管部门的统一指挥和调度,完成指令性运输任务。因执行指令性运输任务而发生的费用以及损失,依法给予补偿。”《中山市户外广告管理办法》第 31 条规定:“发生特别重大的自然灾害、公共卫生等突发事件

---

〔1〕 其他非突发事件应对法律也有不少对应急征用制度的规定,其中,《民法典》物权编第 245 条规定:“因抢险,救灾、疫情防控等紧急需要,依照法律规定的权限和程序可以征用组织、个人的不动产或者动产。被征用的不动产或者动产使用后,应当返还被征用人。组织、个人的不动产或者动产被征用或者征用后毁损、灭失的,应当给予补偿。”

时，市、镇区政府可以依法向户外广告设施设置者征用户外广告设施，用于发布应急和预警信息。”上述两项规范性文件虽不属于突发事件应对法律，但也规定了有关应急征用的条款，可以一定程度上弥补突发事件应对法律中应急征用制度的缺失。此外，地方性法规与地方政府规章的应急征用制度在制定时应多结合当地易发、多发的突发事件类型等实际情况。

应急征用只有在突发事件应急处置过程中才能实施决定了应急征用制度与其他征用制度的区别：首先，应急征用的主体是专门负责突发事件应对的应急管理部门，而其他征用的主体可能是公安部门、国家安全部门等；其次，一般征用与紧急征用的主要区别在于紧急程度不同，紧急征用的紧急性决定了紧急征用程序在制定时相较于一般征用程序应更加简化，而应急征用与其他紧急征用虽然都具有紧急性，但突发事件应对的是否及时可能决定着伤亡人数的多少，因而在某种情况下应急征用比其他紧急征用更为紧迫，程序也应更为简化；另外，应急征用与其他征用的补偿方式也有所不同。其他征用的补偿方式一般都是金钱补偿、恢复原状等，但突发事件发生时所带来的危害可能会使被征用人的基本生活条件都难以保障，此种情况下相较于补偿被征用的财产，被征用人可能更需要一些基本生活物资，因而应急征用补偿部门可以结合被征用人的实际需要进行合理补偿。

三、我国应急征用制度中存在的问题

（一）应急征用主体的规定已不符合现实状况

当前，我国有权实施行政征用的主体仅为得到法律明确授权的国家机关，因而在突发事件应对领域，应急征用的主体为负责突发事件应急处置的应急管理机关。应急管理部成立之前，各级人民政府负有领导和组织处置突发事件的职责，因而《突发事件应对法》在第12条[1]规定有关人民政府及其部门享有应

[1] 《突发事件应对法》第12条规定：“有关人民政府及其部门为应对突发事件，可以征用单位和个人的财产。被征用的财产在使用完毕或者突发事件应急处置工作结束后，应当及时返还。财产被征用或者征用后毁损、灭失的，应当给予补偿。”

急征用权,但矛盾的是其又在该法第52条[1]将应急征用权仅赋予了人民政府,并没有规定政府部门的应急征用权。理论界对政府部门是否享有应急征用权结论不一,较为权威的观点认为,《突发事件应对法》第12条规定在该法的总则,是一般规定,而该法第52条规定在应急处置与救援一章,是特别规定,而根据特别法先于普通法适用的原则,政府部门在应急处置与救援阶段并不享有应急征用权。[2] 应急管理部成立之后,其整合了原有13个部门的应急管理职责,统一负责国家应急管理工作。[3] 在地方上,31个省级应急管理厅局全面组建。国家围绕构建统一指挥、专常兼备、反应灵敏、上下联动、平战结合的中国特色应急管理体制,[4]着手建立应急管理部门承担重特大灾害指挥部协助党和政府负责同志组织应急处置的工作机制,建立一般性灾害由地方各级政府负责、应急管理部代表中央统一响应支援的应急处置机制。因此,为适应国家机构的改革,突发事件应对法律也应对应急征用主体的规定作出及时修改。

另外,随着近几年重大突发事件的发生频率上升,以及国家治理的结构框架已经随着目标统一性和内容多元化的增强而拓宽,[5]国家越来越重视非政府力量在突发事件应对过程中的作用。非政府力量在应急处置过程中虽只发挥对国家应急力量的协助作用,但并不意味着其不会单独采取应急处置措施,在

---

[1] 《突发事件应对法》第52条规定:"履行统一领导职责或者组织处置突发事件的人民政府,必要时可以向单位和个人征用应急救援所需设备、设施、场地、交通工具和其他物资,请求其他地方人民政府提供人力、物力、财力或者技术支援,要求生产、供应生活必需品和应急救援物资的企业组织生产、保证供给,要求提供医疗、交通等公共服务的组织提供相应的服务。履行统一领导职责或者组织处置突发事件的人民政府,应当组织协调运输经营单位,优先运送处置突发事件所需物资、设备、工具、应急救援人员和受到突发事件危害的人员。"

[2] 叶必丰:《规则抄袭或细化的法解释学分析——部门规则规定应急征用补偿研讨》,载《法学研究》2011年第6期。

[3] 2018年3月13日,根据国务院总理李克强提请第十三届全国人民代表大会第一次会议审议的国务院机构改革方案的议案,拟组建中华人民共和国应急管理部。将国家安全生产监督管理总局的职责,国务院办公厅的应急管理职责,公安部的消防管理职责,民政部的救灾职责,国土资源部的地质灾害防治、水利部的水旱灾害防治、农业部的草原防火、国家林业局的森林防火相关职责,中国地震局的震灾应急救援职责以及国家防汛抗旱总指挥部、国家减灾委员会、国务院抗震救灾指挥部、国家森林防火指挥部的职责整合,组建应急管理部,作为国务院组成部门。2018年4月16日,应急管理部正式挂牌。

[4] 《突发事件应对法》第4条规定了我国在应急管理部成立之前的应急管理体制,即"统一领导、综合协调、分类管理、分级负责、属地管理为主的应急管理体制"。

[5] 杜辉:《面向共治格局的法治形态及其展开》,载《法学研究》2019年第4期。

没有国家应急力量在场而非政府力量因需立即采取救助或保障措施不得不强制使用单位或公民财产的情况下，如果其不享有应急征用权，就可能会在事后遭遇财产权利人提起的民事侵权诉讼，并不得不支付侵权赔偿。如南方雪灾期间，电网企业在抢修电力设施时，对部分耕地、林木、农作物造成了不可避免地破坏，由于法律并未授予电网企业应急征用权，导致其在灾后遭遇了大量民事诉讼，并由此产生了巨额赔偿。[1] 因此，虽然行政征用权原则上仅能国家机关行使，但因突发事件应急处置的特殊性，法律也应赋予非政府力量必要的应急征用权。法律在赋予非政府力量应急征用权时相比国家机关应更为谨慎，对其具体可以实施哪些征用措施方面要加以细化，此外，还要对非政府力量滥用应急征用权进行防范。

（二）应急征用的法定程序不明确

正当程序是行政法的基本原则，是对个人自由提供的一种重要保障，也是现代行政法治的核心要求。[2] 正当程序原则要求行政机关作出行政行为必须要遵守法定程序，其一方面可以防止行政权力的滥用，以避免侵犯公民的权利；另一方面也可以促进行政机关积极作为，以提高行政效率。[3] 行政征用决定的作出会对被征用人的合法权益产生不利的影响，因而法律应规定严格的程序加以规范。但是，目前我国的法律并未对行政征用的具体程序作出明确规定，导致实践中不同国家机关作出行政征用程序也有所不同。在理论界，有学者认为行政征用的程序应该包括征用申请的提出或者通知、公共利益目的认定、征用范围的裁决、赔偿金的裁决、补偿金的给付和征用的完成五个步骤，[4] 还有学者认为行政征用应加入听证程序。[5] 应急征用与一般行政征用不同，突发事件所造成的巨大损害要求应急处置的高效性，因而给予应急征用的时间也较为紧迫。应急征用的程序较其他行政征用可以加以简化，法律应对应急征用的专门程序作出明确规定。

---

〔1〕 林鸿潮、詹承豫：《非常规突发事件应对与应急法的重构》，载《中国行政管理》2009 年第 7 期。

〔2〕 周佑勇：《行政法的正当程序原则》，载《中国社会科学》2004 年第 4 期。

〔3〕 应松年：《中国行政程序法立法展望》，载《中国法学》2010 年第 2 期。

〔4〕 沈开举：《征收、征用与补偿》，法律出版社 2006 年版，第 151～152 页。

〔5〕 刘华俊：《行政征用程序研究》，载《行政与法》2010 年第 10 期。

（三）补偿标准、方式均不完善

《突发事件应对法》和其他突发事件应对法律虽然规定了应急征用后需要对被征用人予以赔偿的制度，但都只是原则性的规定，实践中根本不能指导应急管理机关开展补偿工作，因而法律应对应急征用的补偿标准、补偿方式以及补偿程序均作出明确规定。当前，因为立法的缺失以及突发事件应对的紧急性，大多应急征用主体在作出征用决定时并不能准确核算被征用财产的价值，因而事后也不能估算该财产因征用而减损的价值，导致应急征用主体大多根据大致估算的结果对被征用人进行补偿，而且补偿方式并未考虑当地实际与被征用人的现实需要，而是仅简单采取资金形式向被征用人发放。另外，补偿程序目前也未法定化，补偿决定的作出缺少被征用人的参与是普遍现象，而此极易导致被征用人对补偿数额、补偿方式不满而与补偿主体产生纠纷。

四、完善我国应急征用制度的建议

（一）重新明确应急征用主体及权限

《突发事件应对法》颁布之前，我国一直实行"单灾种"型应急管理体制，即每个部门负责一项或几项突发事件应急管理的职责。"单灾种"型应急管理体制在适用过程中出现条块问题的阻碍，造成我国在应对综合型突发事件过程中各应急管理部门的协同性不足，因而《突发事件应对法》创建了由各级人民政府负责统一领导或组织处置的应急管理体制，实现了从"以条为主型"管理体制[1]向"以块为主型"管理体制之转变。[2] "以块为主型"应急管理体制虽一定程度上解决了"以条为主型"管理体制存在的弊端，但也面临政府应对突发事件的专业化程度不足、地方政府的应急处置能力有限以及条块问题之后又出现"条外有条""块外有块"等难题，因而国家急需一个专业性较强的专门部委代替政府履行统一领导或组织处置的应急管理职责，应急管理部于 2018 年应运而生。应急管

---

〔1〕"以条为主型"应急管理体制是一种以分行业、分部门、分灾种的分散型应急管理体制。它是建立在这样一个假设基础之上的，政府所面对的突发公共事件是单一的和线状的，不会发生溢出效应，因而基于各专业性应急主体自身的知识和经验就能够有效地应对。

〔2〕戚建刚：《非常规突发事件与我国行政应急管理体制之创新》，载《华东政法大学学报》2010 年第 5 期。

理部整合了原有13个部门的应急管理职能，包括国务院办公厅的应急管理职责，公安部的消防管理职责，民政部的救灾职责，国土资源部的地质灾害防治职责、水利部的水旱灾害防治职责等，实现了应急管理对象、应急管理职责、应急管理过程三个方面各自内部要素的高度统一。[1] 但应急管理部并非对《突发事件应对法》所规定的四大类突发事件的应急救援都享有指导权，它仅对自然灾害类突发事件以及事故灾难类突发事件中的安全生产类突发事件应急救援享有指导权。[2] 因此，应急管理部不负有应急处置职责的突发事件类型仍由原来的国家机关负责，如卫生部门仍履行对公共卫生事件的应对职责。应急管理部的成立使得其代替各原有的应急管理部门行使应急管理职责，因而应急管理部在应急处置过程中当然可以行使应急征用权，但目前突发事件应对法律并未对应急管理部的应急征用权进行明确，且《突发事件应对法》应急征用权与补偿的主体规定还存有矛盾之处。因此，法律应在原有规定的基础上明确赋予应急管理部与其他负有应急管理职能的中央部委的应急征用权，以保证其行使职权时不会受到合法性质疑。

应急管理部成立后，地方政府大多数均成立应急管理厅局或应急委员会以与其相对应，但一般性突发事件的应对在应急管理部代表中央统一响应支援的情况下，仍由各级人民政府负责，此时就需要厘清地方政府与地方应急管理部门的具体职责，以明确哪些主体可以行使应急征用权。笔者通过对各省级应急管理部门的职责进行归纳，发现地方应急管理部门的职责类型与应急管理部大致相同，在应急救援方面，地方应急管理部门也负有组织指导协调安全生产类、自然灾害类等突发事件应急救援职责，但是，考虑到当前突发事件所带来危害的巨大性、地方应急管理部门能力的有限性以及应急主体法律制度的稳定性，仍由地方政府对一般性突发事件的应对负责，此外，地方应急管理部门还应协助当地党委、政府指定的负责同志组织重大灾害应急处置工作。因此，地方政府与地方专门应急管理部门均负有突发事件应急救援职责，因而也均应享有应急征用权，其他负有特定类型突发事件应急救援职责的地方政府部门也应享有应急征用权。

---

〔1〕 高小平、刘一弘：《应急管理部成立：背景、特点与导向》，载《行政法学研究》2018年第5期。
〔2〕 戚建刚、乌兰：《应急管理部的行政法建构——基于整体性治理理念的分析》，载《北京行政学院学报》2018年第5期。

国家主导是治理体系现代化的内在逻辑，但国家逻辑只有整合各种逻辑的优势和资源，其主导作用才能更好地发挥出来。[1] 因此，除明确政府与应急管理部门的应急征用权外，突发事件应对法律也需对社会应急力量以及某些企事业单位的应急征用权作出规定，但相对于应急管理机关而言应规定的更为谨慎。社会应急力量有广义和狭义之分，狭义的社会应急力量仅包括已注册的应急救援队伍，而广义的社会应急力量除社会救援队伍外，还包括广大志愿者等。社会应急力量在应对突发事件时可以发挥一定的协助作用，但如果任其无序进入突发事件发生区域参与突发事件应对可能不仅未对应急处置产生帮助作用，反而造成秩序的混乱、资源的浪费，因而立法者不应像赋予应急管理机关应急征用权一样赋予所有的社会应急力量应急权力，包括应急征用权，而是应在规定应急征用权之前建立社会应急力量的遴选制度[2]，以保证仅赋予有救援能力的社会应急力量应急征用权。社会应急力量因发挥的应急处置作用有限，因而也不能赋予其和应急管理机关相同的应急征用权，如因灾区的基本生活物资缺乏而向某大型食品生产企业征用大量食品的权利只能由国家机关行使。立法者在制定社会应急力量的应急征用权时要结合社会应急力量的作用以及可以采取的应急处置措施等，以避免造成应急征用权的滥用。而赋予企事业单位的应急征用权是指我国的交通、通信、供水、供电、供热等公共设施一般由国有企事业单位掌控，因而在突发事件来临时，企事业单位负有抢修、维护上述公共设施的职责。企事业单位在抢修公共设施时可能会使用私有财产，如果其不享有应急征用权，事后将会面临民事诉讼与大量赔偿，但突发事件应对法律在规定企事业单位的应急征用权时应明确其只享有在特定职责范围内的征用权力，为其他目的而行使应急征用权则构成违法。

（二）设置应急征用的法律程序

由于我国长期“重实体，轻程序”的观念，从而导致立法、执法和司法过程中，程序问题都很容易不受重视。包括宪法在内的很多法律虽然规定了行政征用制度，但未对征用规定明确的法律程序。理论界对行政征用应遵循何种程序

---

〔1〕 陈进华：《治理体系现代化的国家逻辑》，载《中国社会科学》2019 年第 5 期。

〔2〕 遴选制度目前大致有三种可行模式：一是“网上登记备案 + 应急救援申请”模式；二是“技能竞赛选拔 + 救援资格赋予”模式；三是“省级应急管理机关选拔 + 各省之间相互援助”模式。

多有研究,有学者认为,一般行政征用的法律程序应包括行政征用申请的提出、行政征用目的及范围的认定、行政听证、补偿方式的确定、补偿给付、行政征用申请的批复、公告异议及解决途径、行政征用的执行八个步骤,此征用程序的特点在于行政征用决定作出之前,行政征用主体和被征用人之间的争议已经通过一定的救济途径得到解决,有利于保护被征用人的合法权益。对突发事件造成的危害采取应急处置措施具有紧急性,因而应急征用可能并没有足够的时间履行一般行政征用的所有程序,或者不能按照一般征用的程序顺序履行,因而法律需对应急征用的程序作出专门规定。笔者认为,应急征用需履行以下程序:

1. 应急征用决定的作出、告知被征用人相关事项以及对被征用财产进行价值评估。一般行政征用行为开始的标志是提出行政征用申请,但在突发事件应急处置过程中,征用执行主体可能并没有提出申请的时间或条件,因而在其认为确有必要对单位或个人的财产或劳务进行征用时,可以立即对征用决定予以执行。应急征用的目的必须是保护社会公共利益,但社会公共利益属于不确定法律概念,一种公共利益的实现经常是以私人利益的减损作为代价的,故在界定公共利益时应当遵循比例原则,对可能减损的私人利益与可能增长的公共利益加以权衡,通过权衡,最大限度的避免因小失大,同时应当对减损的私人利益给予必要的公平、合理的补偿或赔偿。应急征用决定应向被征用人告知,除此之外,还应告知被征用人保存该财产价值、已使用期限等凭证,事后寻求补偿的途径以及被征用人寻求法律救济的权利等,但紧急情况下包括征用决定在内的告知都可以口头作出。另外,征用主体与被征用人应根据证明财产被征用时价值的凭证作出一式两份的列明被征用财产名称、数量以及价值的清单,财产没有书面凭证的,征用主体应在与被征用人协商下大致评估财产的价值,并以书面形式进行记录。

2. 财产的归还、补偿金额的确定及补偿给付。征用仅获取被征用财产的使用权,而不是所有权,因而在被征用财产使用完毕后应及时归还。无补偿则无征用,应急征用也许给予被征用人合理的补偿,补偿主体应根据被征用财产征用前的价值与使用后的价值确定财产因征用而减损的价值。补偿金额的确定应当借助于合理的损害评估机制,建立独立、中立、客观、公正的损害评估机制,搞好损害评估机制建设,这也是建立公正国家补偿制度的重要基础和前提。被补偿的权益损害评估应当市场化,国家立法机关可以考虑制定统一的国家赔偿、补偿损害评估条例或者办法,明确规定国家补偿的损害评估的程序,以及损害评估程序中各方主体的权利和义务。另外,补偿既可以在应急处置完成后,也可以在被征用财产或劳务使用完成时,补偿主体应尽快对被征用人予以补偿。

3. 征用程序的补正与征用事项的事后审查。应急征用决定的作出程序极为简化,但事后征用主体应当对征用过程中所缺少的书面文件及时增补,对应急处置过程中所作出的征用决定情况及时向有关行政机关报告,该行政机关应审查应急征用的目的是否为应对突发事件所带来的损害,征用主体作出的征用行为是否合法等事项,如有发现征用主体的征用行为违法的,应严格追究有关人员的法律责任。

4. 事后听证与权利救济。被征用人如果对补偿主体补偿的金额或方式不满,可以申请听证。听证不仅应有补偿义务机关代表、补偿权利人代表的参与,评估机构的派出人员在必要情况下也应当出席,评估机构应当在认真听取双方意见的前提下,作出评估结论。如若对听证后作出的补偿决定或对征用主体作出的征用决定不服的,也可以寻求法律救济。我国行政法对行政相对人设立的救济途径大致有行政复议与行政诉讼两种。在应急征用中,被征用人既可以对征用主体的征用行为提起行政复议与行政诉讼,也可以对补偿主体的补偿行为提起行政复议或行政诉讼。被征用人在征用决定作出之后便提起行政复议或行政诉讼,但不影响征用主体对征用决定的继续执行。被征用人在突发事件应急处置期间不能提起复议或诉讼的,期限因不可抗力或正当事由原因发生中止,障碍消除后继续计算诉讼或复议期限。

(三)确立合理的应急征用补偿标准及补偿方式

确立合理的应急征用补偿标准首先要明确应急征用的补偿原则。征用与征收不同,征收是取得被征收财产的所有权,因而应根据市场价格给予被征收人补偿,遵循完全补偿原则,而征用则是取得被征用财产或人员的使用权,仅需对征用使用的价值予以补偿,因而需遵循公平补偿原则。应急征用虽与一般行政征用在补偿的细节方面有所不同,但补偿的原则是一致的,因而欲明确应急征用的补偿标准,应首先在宪法或其他相关基本法律中明确公平补偿原则。在应急征用补偿过程中严格遵循公平补偿原则较为复杂,因为公平补偿的前提在于补偿主体能够准确的核算出被征用财产或人员所被使用的价值,但因为应急征用的紧急性,准确核算较为困难,因而补偿主体应首先建立科学的核算机制。

另外,在补偿时还应根据被征用财产的存在状态确定补偿标准,被征用财产完全灭失或已完全丧失使用价值以及对被征用人员所提供的劳务的补偿都应依照市场价格给予完全补偿,但如果被征用财产仍具有使用价值且可被返还,补偿主体仅需对因征用而减损的价值进行补偿。

行政补偿方式,是指国家行政主体承担补偿责任的各种形式,其在学理上可以划分为两大类,即直接补偿与间接补偿。以金钱或实物的方式直接填补受害人所受损失的行政补偿方式即为直接补偿,在我国,直接补偿包括金钱补偿与恢复原状两种基本方式,其中金钱补偿因简单直接、可操作性强、适用性强而成为补偿机关最为常用的补偿方式。在应急征用补偿中,被征用的财产在不可能恢复原状或补偿权利人不愿意恢复原状时,补偿机关可以采取金钱补偿。但是,就补偿给付的范围与额度,非在完全填补损失,亦非只有金钱给付一途,而得视人民实际受损失的情况以及各种条件而加以决定。[1] 应急征用补偿相较于其他事由所引发的补偿具有一定的特殊性,因为突发事件所带来的危害可能导致人们的基本生活条件都难以保障,灾区的基本生活物品较为缺乏,灾后重建所需物资也不易获取,此时金钱可能并不是最合理的补偿方式,政策性补偿等间接补偿方式反而能发挥更大的作用。通过授予某种特殊权利或利益,间接填补受害人所受损害的行政补偿方式,就是间接补偿。在实践中,间接补偿主要包括以下几种:一是在人、财物的调配上给予优惠;二是减免税费;三是授予某种能给受损失人带来利益的特许权;四是给予医疗、抚恤;五是提供其他政策性优惠和照顾;等等。[2] 在应急征用补偿过程中,可以以金钱补偿为原则,其他方式为补充,间接补偿方式与直接补偿方式配合使用,以最大限度上保护补偿权利人的合法权益。

五、小结

十八大之后,习近平总书记提出全面依法治国新理念新思想新战略,而全面依法治国首先则是要实现有法可依。在当前突发事件发生频率提高、突发事件所带来的危害越来越大的情况下,应急征用权已成为应急主体所必不可少的一项权能,但法律制度的缺失使应急主体在行使此项权力时面临合法性质疑,

---

〔1〕 黄锦堂:《国家补偿法体系建构初探》,台北,五南图书公司2000年版,第1213页。

〔2〕 沈开举主编:《行政补偿法研究》,法律出版社2004年版,第187~189页。

因而完善应急征用方面的法律制度是全面推进依法治国的应有之义。国家应当及时对征收、征用及补偿制度通过专门立法作出系统规定,应急征用制度也应规定在此专门立法之中。但是,在当前专门立法缺失的情况下,《突发事件应对法》应当先行对应急征用制度作出全面规定,以为应急主体在行使应急征用权时提供合法性依据及法定程序,并为补偿机关提供一个明确的补偿标准。

第七节 应急行政公益诉讼的必要性证成与制度探索

自"非典"危机之后,国家开始重视健全我国的应急管理法律制度,时至今日,我国已初步形成了一套能够有效应对各类突发事件的应急管理法律体系。但从执法层面而言,与环境治理、质量监管等领域相似,突发事件应急管理属于以往长期不受关注的监督管理领域。2019 年新冠肺炎疫情开始在我国流行后,国家及时采取了一系列疫情防控措施,使疫情在短时间内得到了有效控制,向世界展示了中国特色社会主义的制度优势。但是,疫情的扩散也需要认真检视,其中的重要原因是否就有相关行政机关没有做到依法全面履行职责值得反思。[1] 当下,国家正在制定和修改一系列应急管理法律,以求进一步完善我国的应急管理法律体系,而探索如何确保相关行政机关依法全面履行应急管理职责,提升突发事件预防和应急处置效率,维护国家利益和社会公共利益,也成为当前一项重要课题。

根据我国《宪法》对各类国家机关的职能分工,检察院履行国家法律监督职能,为防止行政机关实施法律不力(违法行使职权或者不作为)致使国家利益或者社会公共利益受到侵害,国家建立检察行政公益诉讼制度,即立法机关通过公益诉讼条款赋予检察机关向审判机关提起诉讼之权,以督促行政机关履行法律实施第一顺位人之责。[2] 当前,已有五个领域被法律明确列为行政公益诉讼案件范围。[3] 2019 年党的十九届四中全会决议中提出"拓展公益诉讼案件范围"的建议。最高人民检察院张军检察长在 2020 年 1 月召开的全国检察长会

---

〔1〕 杨建顺:《公益诉讼检察与疫情"源头"防控》,载《检察日报》2020 年 2 月 8 日,第 3 版。

〔2〕 郑磊:《土地行政公益诉讼的类型建构及展开》,载《行政法学研究》2020 年第 6 期。

〔3〕 这五个领域分别为:生态环境和资源保护、食品药品安全、国有财产保护、国有土地使用权出让和英烈权益保护,通常称之为"4+1"领域。

议上强调，不仅要把法律明确赋权的“4 +1”领域案件办好、办扎实，还要以高度负责的精神，积极办理群众反映强烈的其他领域公益诉讼案件，为健全完善立法提供实践依据。[1] 在此政策背景下，能否将应急管理领域纳入行政公益诉讼案件范围，由检察院监督行政机关依法全面履行应急管理职责，值得认真考虑。

将突发事件应急管理纳入公益诉讼“等”外领域在理论界和实务界均有呼声，例如，姜明安教授认为，应将公共安全领域纳入检察机关监督违法行政行为的重点领域；[2]陕西省人民代表大会常务委员会2020年3月通过的《关于加强检察公益诉讼工作的决定》将防灾减灾和应急救援、公共卫生安全等领域侵害国家利益和社会公共利益的案件纳入公益诉讼案件范围；[3]重庆市人民检察院2020年4月提出“4 +1 +5”的检察公益诉讼十大重点监督领域，拓展案件范围的五个重点领域之一便是公共安全领域。[4] 但在当前，应急行政公益诉讼的必要性、类型划分和具体制度的设计等问题还未有人作出系统研究。本部分即尝试对这些问题展开初步的探索。需要说明的是，应急管理涉及众多领域，本部分所使用的“应急行政公益诉讼”概念是对涉及突发事件应急管理的行政公益诉讼案件的宏观描述，哪些应急管理领域可被纳入行政公益诉讼案件范围还有待论证。

一、应急行政公益诉讼的必要性证成

从应然角度来讲，公益诉讼的范围应当包括全部公共领域，[5]应急管理领域作为典型的公共领域，理应属于行政公益诉讼案件范围。但基于“保护公益的辅助手段”之定位，[6]行政公益诉讼制度的建构与完善，应倾向于克制主义

[1] 胡卫列：《国家治理视野下的公益诉讼检察制度》，载《国家检察官学院学报》2020年第2期。

[2] 姜明安：《完善立法，推进检察机关对行政违法行为的监督》，载《检察日报》2016年3月7日，第3版。

[3] 《陕西省人民代表大会常务委员会关于加强检察公益诉讼工作的决定》，载 https://baijiahao.baidu.com/s?id=1662231357151006171&wfr=spider&for=pc，最后访问日期：2021年1月24日。

[4] 《重庆：明确公益诉讼“4 +1 +5”十大监督领域》，载最高人民检察院网站，https://www.spp.gov.cn/spp/zdgz/202004/t20200411_458450.shtml，最后访问日期：2021年1月24日。

[5] 潘剑锋、郑含博：《行政公益诉讼制度目的检视》，载《国家检察官学院学报》2020年第2期。

[6] 邢昕：《行政公益诉讼启动标准：基于74份裁判文书的省思》，载《行政法学研究》2018年第6期。

的政策导向，即只有在公共利益保护机制匮乏的情况下，检察机关才能担负“公益守护人”的角色。[1] 因此，某一公共领域能否纳入行政公益诉讼案件范围，需要在“积极、稳妥”原则的指导下，考察其必要性。具体到应急管理领域，只有在该领域存在或可能存在因行政机关实施法律不力而导致国家利益或社会公共利益受到侵害的情况，且该侵害未能通过其他手段得到救济，而行政公益诉讼能够起到公益保护作用时，才有必要将其纳入行政公益诉讼的案件范围。

（一）应急管理的本质：公共安全服务

所谓应急管理，就是以政府为主导的管理者，为了降低或避免突发事件的危害，对于突发事件在进行预防、控制以及消除的过程中所采取的一系列方法和措施的总和。[2] 突发事件是应急管理的对象，其有广义和狭义之分，广义上的突发事件泛指一切突然发生的，造成或者可能造成一定不利后果和影响的事件，狭义上的突发事件则仅指突然发生，造成或者可能造成严重社会危害，需要采取应急处置措施予以应对的突发公共事件。应急管理的对象实际上仅是狭义上的突发事件，即突发公共事件。突发公共事件不仅具有发生的突然性和处置的紧迫性，还具有影响的社会性，重大突发事件的发生往往会给社会带来极大的危害。以新冠肺炎疫情为例，截至2021年1月25日，内地已有累计死亡病例4636例，累计报告确诊病例89197例。[3] 此外，疫情还对国民经济、社会秩序和公众心理等诸多方面造成了巨大的冲击。

作为现代工业化进程中的后发国家，以环境、健康和安全风险为代表的“公共风险”在当今中国正大量涌现。[4] 从2003年SARS事件、2008年中国奶制品污染事件到2018年长春长生疫苗事件、2019年新冠肺炎疫情，每次重大突发事件的发生都导致了严重的公共危机，都对社会造成了重大的损害。突发事件根源于社会风险，社会风险导致公共危机，突发事件使得社会风险与公共危机

---

〔1〕 刘艺：《检察公益诉讼的司法实践与理论探索》，载《国家检察官学院学报》2017年第2期。

〔2〕 郑振宇：《从应急管理走向公共安全管理——应急管理发展的必然趋势》，载《福建行政学院学报》2008年第6期。

〔3〕 《截至1月25日24时新冠肺炎疫情最新情况》，载国家卫生健康委员会网站，http://www.nhc.gov.cn/xcs/yqtb/202101/c968fc85905741ad86cc2917b10b57d9.shtml，最后访问日期：2021年1月26日。

〔4〕 宋亚辉：《风险控制的部门法思路及其超越》，载《中国社会科学》2017年第10期。

之间潜在的因果关系显性化。[1] 因此,应急管理作为应对突发事件的措施和方法,本质上是一种公共安全服务。通过采取一系列有效的预防和应急处置等措施,避免突发事件的发生,降低突发事件对社会带来的危害,是应急管理的主要目标。

应急管理与生态环境和资源保护、国有财产保护等行政公益诉讼案件领域存在重要的区别,后两者与绝大多数公共领域相同,属于常态下的行政管理。常态管理的基本矛盾是组织的惰性与追求效率之间的矛盾,应急管理的基本矛盾是事件的不确定性与应急决策管理效率之间的矛盾。[2] 组织的惰性和事件的不确定性均有可能导致国家利益和社会公共利益遭受侵害。组织的惰性通常表现为行政机关不作为,因而可以通过检察机关履行法律监督职能对组织的惰性予以纠正,将属于常态管理的公共领域纳入行政公益诉讼的案件范围就具有必要性;而事件的不确定性是突发事件的基本特性,其所导致的侵害往往不是因为行政机关的不作为,再加上突发事件发生的突然性和处置的紧迫性,导致有人认为将应急管理领域纳入行政公益诉讼案件范围并不具有必要性。

笔者认为,上述观点的产生源于对应急管理的片面理解。首先,我国应急管理所针对的各类突发事件是急遽的社会变迁风险的外显,自然灾害也不例外。突发事件虽然具有不确定性,但作为一种制度设计,实现有效应对外部环境不确定性的机制化,正是应急管理的主要功能。[3] 其次,应急管理也有常态下的应急管理和非常态下的应急管理之分,根据《突发事件应对法》等应急管理法律的规定,采取预防和应急准备、监测与预警等常态下的应急管理措施也属于突发事件应急管理中的重要过程。最后,突发事件虽然具有处置的紧迫性,但不同类型的突发事件应急处置时间的长短也有所不同,例如新冠肺炎疫情在我国正处于长期防控过程中。在应急处置期间,行政机关违法行使职权或者不作为同样可能致使社会公共利益受到侵害。

(二)应急管理机关的职责:维护分散性社会公益

应急管理过程中各种主体的权力(权利)和职责(义务)安排,称为应急管

---

〔1〕 童星、张海波:《基于中国问题的灾害管理分析框架》,载《中国社会科学》2010年第1期。

〔2〕 高小平:《整体性治理与应急管理:新的冲突与解决方案》,载《公共管理与政策评论》2018年第6期。

〔3〕 张海波、童星:《中国应急管理结构变化及其理论概化》,载《中国社会科学》2015年第3期。

理体制。[1] 我国传统的应急管理体制是由国家(主要指国家行政机关)应对各类突发事件,忽视甚至排斥其他主体在应急过程中的作用。但是,随着复合型突发事件发生频率的提高以及突发事件所带来的衍生型、次生性危害的增多,政府独自应对突发事件所带来的危害已满足不了现实的需要,因而《突发事件应对法》等应急管理法律规定了由政府和各类非政府公共组织以及营利企业和个人共同应对突发事件的多元化组织体系,我国在制度层面上实现了从"独揽型"应急管理体制向"共治型"应急管理体制之转变。[2] 但是,因应急管理在本质上是一种公共安全服务,而政府作为公共服务的主要提供者,必须承担首要责任,所以在应急管理领域,政府仍在发挥主导功能。[3]

在政府主导的"共治型"应急管理体制下,由专门的行政机关履行应急管理职责,其被称为应急管理机关。长期以来,我国一直实行"单灾种"型应急管理体制,即每个应急管理机关负责一项或几项特定突发事件的应对工作,如公安部门负有消防管理职责、水利部门负有水旱灾害防治、林业部门负有森林防火职责,等等。"单灾种"型应急管理体制在实践中暴露出种种弊端,基于"风险演化和灾害形式复合型特点"[4]和应急管理"整体性治理理念"[5],我国2018年组建应急管理部,对若干行政机关的应急管理职责进行了整合。当前,如果从突发事件的类型对各个应急管理机关的职责进行粗略划分,各级政府统筹本行政区域内突发事件的应对工作;应急管理部门负有自然灾害和事故灾难类突发事件应对职责;卫生健康部门负有公共卫生事件应对职责;公安部门负有社会安全事件应对职责;其他行业主管部门负有相关行业领域的灾害监测、预警和保障等职责。

纵观应急管理机关从预防与应急准备阶段到事后恢复与重建阶段的应急管理职责,不难发现,各阶段应急管理职责的履行均是为了维护社会公共利益。但值得注意的是,基于不同的政治结构,我国社会公共利益的表现形态也有所

---

〔1〕 林鸿潮:《应急法概论》,应急管理出版社2020年版,第53页。

〔2〕 戚建刚:《〈突发事件应对法〉对我国行政应急管理体制之创新》,载《中国行政管理》2007年第12期。

〔3〕 张海波、童星:《中国应急管理结构变化及其理论概化》,载《中国社会科学》2015年第3期。

〔4〕 高小平、刘一弘:《应急管理部成立:背景、特点与导向》,载《行政法学研究》2018年第5期。

〔5〕 戚建刚、乌兰:《应急管理部的行政法建构——基于整体性治理理念的分析》,载《北京行政学院学报》2018年第5期。

不同。从公益的主体来看,既存在由国家独占的公益,如国有土地、自然资源由国家所有的规定;也存在着可归属于特定群体的公共利益,如妇女、儿童、农民工等弱势群体利益,还存在着分散的社会公益,如环境、传统文化遗产、食品药品安全等领域。[1] 根据我国《宪法》的相关规定,对于法律明确规定由国家独占的公益,应该首先由国家机关作为公益代表机关。而涉及既有公益也有私益的群体性或分散性社会公益领域,应该建构公益保护与私益保护并行不悖的机制。社会公益包括群体性、同类性和分散性的社会公益。群体性与同类性社会公益受到损害时可以由社会组织或公民提起诉讼。[2] 而分散性社会公益受到损害时因影响范围广,受损害人数众多,很难找到利益代表者,即便有利益代表者也会出现不愿被搭便车等原因,既无动力也无能力提起诉讼。[3] 因此,不同于国家独占的公益和群体性与同类性社会公益,当分散性社会公益受损时,很可能会没有任何组织或公民提起诉讼以寻求救济。

在上述社会公共利益的分类下,应急管理机关履行应急管理职责的目的是维护何种社会公共利益?首先,从应急管理机关在各个阶段的具体职责来看,其维护的显然不属于我国《宪法》所规定的国有土地等国家独占的公益。其次,突发事件具有公共性特征,其会发生在具体某一或大或小的区域,但其所造成的损害针对的却不仅仅是妇女、儿童等特定群体,而是该区域内的社会全体,因而应急管理机关履行应急管理职责显然也不是为了群体性与同类性社会公益。最后,与传统文化遗产、食品药品安全等领域相同,应急管理机关采取应急管理措施保护的是整个社会的公共安全,当其未依法履行职责时,也是对社会全体造成损害。例如,如果因行政机关防控不利而发生突发传染病事件,该行政区域内所有公民均有被传染的危险。为有效控制传染病的蔓延,该行政区域内所有公民的出行自由等权利均有可能会受到限制。但在此种情况下,反而没有社会组织等主体可以代表社会公众主张和维护因应急管理机关未依法履行职责而受损的权益。另外,基于我国的诉讼规则,即便行政机关未依法履行职责,且个人权益因此受到损害,但应急管理法律制度规定的目的在于维护社会公共利

[1] 刘艺:《检察公益诉讼的司法实践与理论探索》,载《国家检察官学院学报》2017 年第 2 期。
[2] 刘艺:《检察公益诉讼的司法实践与理论探索》,载《国家检察官学院学报》2017 年第 2 期。
[3] 刘艺:《准确理解和把握公益、诉讼、试点概念的内涵》,载《检察日报》2015 年 10 月 23 日,第 3 版。

益,个人享有的仅是反射利益,所以个人也无法通过向法院提起诉讼维护自身或社会的利益。因此,应急管理机关履行应急管理职责维护的是分散性社会公益。

(三)行政公益诉讼:社会公益的最后救济机制

启动检察行政公益诉讼的前提是穷尽救济,应当将最后救济作为行政公益诉讼程序启动的要件之一,在行政手段和私益诉讼辐射公益均无法维护国家和社会公共利益时,才适宜启动行政公益诉讼。[1] 在应急管理领域,虽然应急管理机关履行职责维护的是分散性社会公益,即无利益代表人因该社会公共利益的损害向法院提起诉讼,但应当注意的是,行政机关内部自上而下的监督等机制理论上也能发挥督促应急管理机关依法履行应急管理职责的作用。因此,只有因应急管理机关实施法律不力而导致社会公益受到的侵害可能无法通过其他手段得以救济时,才有将其纳入到行政公益诉讼案件范围的必要性。

相较于检察院对行政机关的法律监督,行政监督更具有层级优势和专业优势,启动行政公益诉讼首先应穷尽行政监督途径。2014 年《中共中央关于全面推进依法治国若干重大问题的决定》指出:“加强对政府内部权力的制约,是强化对行政权力制约的重点。……完善政府内部层级监督和专门监督,改进上级机关对下级机关的监督,建立常态化监督制度。”在应急管理领域,根据《突发事件应对法》等应急管理法律的规定,各级政府领导突发事件应对工作,上级政府主管部门在各自职责范围内指导协调、监督检查下级政府及主管部门开展突发事件应对工作。在应急管理实践中,行政监督机制的确在发挥着作用,例如,针对 2021 年 1 月 10 日山东栖霞笏山金矿发生的爆炸事故,国务院安全生产委员会办公室于当月 27 日约谈山东省人民政府,要求其深刻吸取事故教训,强化责任措施,坚决防范遏制矿山重特大事故。[2] 但换个角度来看,事故的发生也意味着上级机关事前的监督缺位,因而在应急管理领域中行政监督也有可能存在“监督悬置”问题。

---

〔1〕 邢昕:《行政公益诉讼启动标准:基于 74 份裁判文书的省思》,载《行政法学研究》2018 年第 6 期。

〔2〕 《国务院安委办约谈山东省政府》,载 https://mp. weixin. qq. com/s/jlkXJi_l7CtjB - dGKQSmrg,最后访问日期:2021 年 1 月 31 日。

为解决行政监督制度的悬置、失灵等问题，有学者指出，可以将检察建议抄送行政监督机关来激活行政监督程序，通过行政公益诉讼使已有的制度和未充分履行的职能得到更好的发挥。[1] 因此，在应急管理领域，有必要建立行政公益诉讼制度，以在其他救济机制失灵的情况下发挥“社会公益的最后救济”之作用。

启动行政公益诉讼还应穷尽行政私益诉讼。根据《行政诉讼法》的规定，行政相对人认为行政机关作出的行政行为侵犯其合法权益，有权依法向法院提起行政诉讼，即所谓行政私益诉讼。应急管理机关在履行应急管理职责时，会对公民、法人或者其他组织作出行政处罚（如责令关闭）、行政许可（如批准从事生产经营活动）、行政强制（如强制隔离）等各类行政行为，但从目前的司法实践来看，与突发事件应急管理相关的大多是土地、房屋等行政强制类案件。例如，在李志明等人诉龙游县人民政府房屋行政强制一案中，施工单位在拆除被收购的龙游县龙洲街道县学街 26 号附属房时，发现地下有废旧炮弹，因炮弹属于危险类物品，如爆炸可能造成事故，遂停止作业并报警。龙游县公安局结合排爆情况作出评估报告，认为县学街 26 号地块建筑物极有可能存在藏匿炮弹相似的情况，危险系数较大。为确保公共安全，必须尽早拆除该建筑物。龙游县政府遂采取应急处置措施，组织相关部门拆除了含涉案房屋在内的县学街 26 号地块建筑物，原告不服该拆除行为向人民法院提起了行政诉讼。[2] 应急管理机关需要履行上文所述的众多应急管理职责，涉及应急管理的行政诉讼案件为何如此单一？笔者认为大致有以下几个原因：第一，在重大突发事件发生时，为了控制、减轻和消除突发事件引起的社会危害，根据《行政处罚法》第 49 条的规定，行政机关对违反突发事件应对措施的行为，依法快速、从重处罚，行政强制措施等其他行政行为也同样如此。在此种特殊背景下，相对人往往不会诉至法院。第二，在行政机关因行政相对人不具有相应资质不予批准其从事生产经营活动等情况下，相对人即便将行政机关诉至法院，该案件与突发事件应急管理也并不产生直接联系。第三，应急管理机关的应急管理职责大多为抽象行政行为和内部行政行为，即便其违法行使职权或不作为，也不会直接侵犯公民、法人和其

[1] 郑磊：《土地行政公益诉讼的类型建构及展开》，载《行政法学研究》2020 年第 6 期。

[2] 李志明等人诉龙游县人民政府房屋行政强制案，最高人民法院（2018）最高法行申 1838 号行政判决书。

他组织的合法权益。第四,行政机关违法行使职权作出授益行政行为(如行政许可)或不依法作出负担行政行为(如行政处罚),行政相对人作为“受益人”通常不会提起私益诉讼。[1] 在后两种情况下,需要检察机关发挥“公益守护人”的作用,提起行政公益诉讼来弥补诉讼主体缺位。

二、应急行政公益诉讼的类型建构

(一)应急行政公益诉讼的类型划分方法

对检察公益诉讼案件进行细致深入的类型化整理,是完善检察公益诉讼制度的一项基础工作。[2] 虽然应急管理领域可以被纳入行政公益诉讼案件范围,但基于我国常见多发的突发事件类型庞杂、应急管理机关的应急职责众多、应急管理工作的开展需要分为多个阶段等原因,进一步细化应急行政公益诉讼的案件范围具有必要性。根据应急管理的上述特性,应急行政公益诉讼大致存在以下四种类型划分方法:

1. 基于突发事件类型的“四分法”

在应急管理领域,“突发事件”一词是对突然发生,造成或者可能造成严重社会危害的突发公共事件的宏观概括,其又可以分为众多类型。有学者指出,全球化背景下国际社会共同面临的突发事件包括国际恐怖主义、公共卫生事件、自然灾害和经济危机,而转轨期我国面临的主要突发事件则包括自然灾害、事故灾难、公共卫生事件和社会安全事件,[3] 后者正是《突发事件应对法》第3条规定的突发事件的四种类型。基于上述四类我国常见多发的突发事件对应急行政公益诉讼案件进行划分,可以分为自然灾害类案件、事故灾难类案件、公共卫生类案件和社会安全类案件四种类型。

2. 基于突发事件类型的“多分法”

自然灾害、事故灾难、公共卫生事件和社会安全事件四种类型是《突发事件应对法》对突发事件作出的第一层级的类型划分,其又可以进一步划分为更为具体的突发事件类型。例如,事故灾难类突发事件可以分为工矿商贸等企业的各类安全事故、交通运输事故、公共设施和设备事故、环境污染和生态破坏事件

---

〔1〕 郑磊:《土地行政公益诉讼的类型建构及展开》,载《行政法学研究》2020年第6期。
〔2〕 高家伟:《检察行政公益诉讼的理论基础》,载《国家检察官学院学报》2017年第2期。
〔3〕 戚建刚:《中国行政应急法学》,清华大学出版社2020年版,第22~32页。

等类型;社会安全事件可以分为重特大火灾事件、恐怖袭击事件、金融安全事件、规模较大的群体性事件、民族宗教突发群体事件、学校安全事件等类型。应急行政公益诉讼的案件类型也能以这些更为具体的突发事件类型为标准进行划分。

3. 基于应急管理阶段的"三分法"

根据《突发事件应对法》的规定,应急管理机关开展应急管理工作大致可以分为预防与应急准备、监测与预警、应急处置与救援、事后恢复与重建四个阶段,其中,预防与应急准备、监测与预警是应急管理机关在常态化情形下开展的应急管理工作,属于风险预防阶段;应急处置与救援是在突发事件发生后开展的应急管理工作,属于应急处置阶段;事后恢复与重建是在应急处置结束后开展的应急管理工作,属于恢复重建阶段。因此,根据应急管理三个不同的阶段,也可以将应急行政公益诉讼的类型划分为风险预防类案件、应急处置类案件和恢复重建类案件。

4. 基于应急管理职责性质的"四分法"

通过上文对应急管理机关的应急管理职责的列举不难发现,应急管理机关既负有行政执法和行政审批等职责,也要履行行政检查、制定应急预案和统筹应急救援力量建设等职责,因此,应急管理机关既有可能作出具体行政行为,也有可能作出行政事实行为、抽象行政行为和内部行政行为,当应急管理机关违法作出上述行为或者不作为时,都有可能会使社会公共利益遭受侵害。因此,应急行政公益诉讼的类型也可以依照应急管理职责的四种性质进行划分。

笔者认为,相较于其他三种分类方法,第二种即基于突发事件类型的"多分法"更符合我国当前的行政公益诉讼和应急管理实践。首先,应急管理领域虽有被纳入行政公益诉讼案件范围的必要性,但因突发事件类型众多,是否需要检察机关通过启动行政公益诉讼的方式进行介入还是需要结合各类突发事件的不同特点和应急管理实际状况进行工作,而基于突发事件类型的"四分法"虽然对突发事件的类型进行了细化,但还是过于宽泛,与当前的实践探索情况不符。其次,根据目前的行政公益诉讼制度和实践状况,检察机关只有在行政违法造成国家利益或者社会公共利益受到损害时才能启动行政诉讼,是否应当向预防性行政公益诉讼延伸仍有待明确,因而基于应急管理阶段的"三分法"便不太符合当前的制度和实践状况。再次,在行政公益诉讼中,行政机关的"监督管理职责"所包括的范围仍不清晰,实践中还未有检察机关因行政机关未履行抽象职责而提起行政公益诉讼的情形,且在其他行政公益诉讼案件领域也没有基于行政机关负有职责的性质进行类型建构的先例,因而基于应急管理职责性质的"四分法"也不适宜作为应急行政公益诉讼的类型划分方法。最后,有学者指出,确定行政公益诉讼案件范围,既要考虑行政执法实际状况和社会的诉求,还要根据检察机关目前多大程度上有条件、有能力承担此项工作,进而作出是一步到位、还是分阶段发展的政策选择。[1] 笔者赞同此种观点。检察机关长期的司法实践探索是检察公益诉讼制度建构与不断完善的重要原因,应急行政公益诉讼的类型划分亦不会一步到位,而是要在以突发事件的具体类型作为划分标准的前提下,坚持以实际问题为导向,结合检察机关在实践中的探索进行逐步建构。

(二)应急行政公益诉讼的实践探索类型

1. 突发环境事件类行政公益诉讼

伴随着工业化、城市化、现代化进程的加快,环境污染和破坏自然资源的现象越来越严重,造成的危害也越来越大,环保成为了全社会普遍关注的议题。[2] 生态环境和资源保护属于《行政诉讼法》明确规定的行政公益诉讼案件领域,当前,生态环境和资源保护领域的案件占据着检察机关办理行政公益诉讼案件数量的最大比例。在司法实践中,存在检察机关因行政机关违法行使职权或不作为导致发生突发环境事件或产生突发事件发生风险而提起行政公益诉讼的情形,其既属于环境行政公益诉讼案件,也属于应急行政公益诉讼的案件范畴。例如,在重庆市潼南区人民检察院诉重庆市潼南区小渡镇人民政府不履行法定职责案中,原潼南区卫计委函告小渡镇政府有关青云水厂生活饮用水水质不合格情况,并要求小渡镇政府履行监督管理职责。潼南区检察院在履职过程中发现小渡镇政府并未积极采取有效措施对青云水厂的运行维护加强监管,青云水厂供应的生活饮用水多次检测不合格,有可能发生因水质原因引起的介水传染病疫情和突发公共卫生事件,群众的身体健康受到威胁,遂向小渡镇政府发出检察建议。因小渡镇政府收到检察建议后,逾期未回复且未有相应作为,潼南区检察院向法院提起行政公益诉讼。法院认为,小渡镇政府在收到检察建议

---

[1] 王万华:《完善检察机关提起行政公益诉讼制度的若干问题》,载《法学杂志》2018 年第 1 期。

[2] 张鲁萍:《检察机关提起环境行政公益诉讼功能定位与制度建构》,载《学术界》2018 年第 1 期。

后,未在建议要求的期限内回复,虽然也采取了一定的措施,仍未完全依法履行对青云水厂的监督管理职责,人民群众的安全利益仍然面临潜在的危险,因此判决小渡镇政府继续依法履职。[1]

2. 生产安全类行政公益诉讼

生产安全事故属于事故灾难的一种类型,也属于我国最为常见多发的一种突发事件类型。安全生产是促进社会生产力发展的基本保证,生产安全事故的发生会对劳动者的安全、健康和国家财产造成巨大的侵害。以广西壮族自治区为例,2020 年全年,全区发生各类生产安全事故 2933 起,造成 1862 人死亡,其中较大事故 27 起,造成 108 人死亡。[2] 最高人民检察院张军检察长于 2020 年 5 月 25 日在第十三届全国人民代表大会第三次会议上报告工作时明确指出,安全生产也将成为检察机关拓展检察公益诉讼办案范围的领域之一。[3] 在司法实践中,已存在检察机关在办理危害生产安全刑事案件时向相关行政机关提出检察建议的案例,例如,在余某某等人重大劳动安全事故重大责任事故案(检例第 94 号)中,当阳市检察院针对本案反映出的当阳市人民政府及有关职能部门怠于履行职责、相关工作人员责任意识不强、相关企业安全生产观念淡薄等问题,向当阳市人民政府及市发展和改革局、市质量技术监督局分别发出检察建议,提出组织相关部门联合执法、在全市范围内开展安全生产大检查、加强对全市重大项目工程建设和招投标工作的监督管理、加强对全市特种设备及相关人员的监督管理、加大对企业安全生产知识的宣传等意见建议。被建议行政机关如果仍然不依法履行职责致使社会公共利益遭受损害,检察院当然有权依法提起行政公益诉讼。

3. 消防安全类行政公益诉讼

消防安全事故属于社会安全事件的一种类型,同生产安全事故一样,也是我国较为常见多发的一种突发事件类型。在实践中,已有多地办理过消防安全类行政公益诉讼案件。例如,在宣城市宣州区人民检察院诉宣城市宣州区澄江

---

〔1〕 重庆市潼南区人民法院行政判决书,(2019)渝 0152 号行初 19 号。

〔2〕《广西:安全生产"强监管严执法年"专项行动取得明显成效》,载应急管理部网站,https://www.mem.gov.cn/xw/gdyj/202101/t20210126_377789.shtml,最后访问日期:2021 年 2 月 2 日。

〔3〕《最高人民检察院工作报告》,载最高人民检察院网站,https://www.spp.gov.cn/spp/gzbg/202006/t20200601_463798.shtml,最后访问日期:2021 年 2 月 2 日。

街道办事处不履行消防安全监管法定职责案中，宣州区检察院在履行公益监督职责中发现，澄江办事处辖区内多个居民小区存在消防安全隐患，可能会致使社会公共利益受到侵害，遂向其发出检察建议书，而澄江办事处在收到检察建议后，仅就宣州区检察院提出问题的小区存在的消防隐患回复已依法履职，但在检察院进行跟进调查时，发现澄江办事处辖区内的部分小区仍然存在诸多消防安全隐患，致使社会公共利益持续处于受侵害状态。澄江办事处虽然采取了履职措施，但履职不完全、不充分，无法达到监管目的，宣州区检察院即向法院提起了行政公益诉讼。法院认为，宣州区检察院请求确认被告怠于履行消防安全监管职责违法并依法履职的诉讼请求具有事实与法律依据，判决确认被告未依法履行消防安全监管职责的行为违法，并要求其限期对辖区内存在的消防安全隐患履行监管职责。[1]

三、应急行政公益诉讼的制度探索

应急行政公益诉讼作为检察行政公益诉讼的一种类型，其具体制度的设计总体上与其他类型的行政公益诉讼案件相同。例如，在制度框架方面，检察机关提起应急行政公益诉讼也应适用“诉前程序＋提起诉讼”的双轨模式，以充分发挥检察建议督促应急管理机关依法履行应急管理职责的作用；在诉讼请求方面，应急行政公益诉讼也大致包括撤销之诉、履行之诉和确认之诉；等等。但是，突发事件应急管理作为一类特殊的行政管理领域，应急行政公益诉讼的制度建构也有一定特殊之处，笔者将其归纳为“预防性公益诉讼的延伸”、“监督管理职责的范围”和“监督对象的认定”三个方面，下文将对其进行分别论述。

（一）预防性公益诉讼的延伸

党的十八届四中全会通过的《中共中央关于全面推进依法治国若干重大问题的决定》提出“探索建立检察机关提起公益诉讼制度”，习近平总书记就该决定起草情况向全会作专门说明时指出，建立检察机关提起公益诉讼制度的原因在于，现实生活中，对一些行政机关违法行使职权或者不作为造成对国家和社会公共利益侵害或者有侵害危险的案件，由于与公民、法人和其他社会组织没有直接利害关系，使其没有也无法提起公益诉讼。但是，《检察机关提起公益诉

〔1〕　安徽省宣城市宣州区人民法院行政判决书，(2020)皖1802号行初93号。

讼改革试点方案》和《行政诉讼法》并未将十八届四中全会决定里包含的“侵害危险”纳入试点期间公益保护的范围。在当前的司法实践中，检察机关提起行政公益诉讼必然是行政行为已经造成了公益的实际损害，因此，应当提供行政行为违法或者不作为造成公共利益受到具体损害的初步证据。[1]

基于国家机关间不同的职能分工以及公共行政本身持续性和主动性的特点，司法机关充分尊重行政机关的专业性和判断权是一种必要的程序尊让。检察机关在履行法律监督职能时，不能过分干预行政机关对是否采取某项行政措施作出的判断，且基于检察公益诉讼作为保护公益的辅助手段之定位，《行政诉讼法》将检察机关提起行政公益诉讼的前提条件限定为公益遭受实际损害具有一定合理性。但是，笔者认为，是否将“公益遭受实际损害”作为检察机关提起行政公益诉讼的前提条件不能一概而论，而是要结合特定领域行政机关因违法行使职权或不作为而导致的“侵害风险”转化为“实际损害”的盖然性加以判断。如果某一领域的“侵害风险”转化为“实际损害”具有高度盖然性，即使行政机关违法行使职权或不作为只导致社会公共利益遭受侵害风险而未受到实际损害，检察机关同样可以提起行政公益诉讼。

最高人民检察院第八检察厅胡卫列厅长提出，在“积极、稳妥”原则的指导下，检察公益诉讼案件范围是否需要向预防性公益诉讼延伸，即从实然损害到风险预防？[2]笔者认为，应急管理适合作为行政公益诉讼案件范围向预防性公益诉讼延伸的试点领域。

长期以来，我国采取的都是“事后型”应急管理机制，即只重视突发事件发生后的应急处置，而不注重事前采取必要的预防性措施。但是，“事后型”应急管理机制并不符合绝大部分突发事件的发生机理。从表面上看，突发事件具有发生的突然性和不确定性，但事实上，突发事件往往都会经历一个由渐变、量变到质变的过程，而“事后型”应急管理机制仅仅只是对突发事件的质变也就是暴发阶段作出了反应，“防控潜藏危机诱因的发展与扩散，才是突发事件处理最要紧的阶段”[3]，为此，《突发事件应对法》确立了“循环型”应急管理机制和“预防为主、预防与应急相结合”的原则。有效的应急管理应当“使用少量钱预防，

---

〔1〕 刘艺：《构建行政公益诉讼的客观诉讼机制》，载《法学研究》2018年第3期。

〔2〕 胡卫列：《国家治理视野下的公益诉讼检察制度》，载《国家检察官学院学报》2020年第2期。

〔3〕 王郅强、麻宝斌：《突发公共事件的应急管理探讨》，载《长白学刊》2004年第2期。

而不是花大量钱治疗”，因而应急管理机关在开展应急管理工作时应做到重心前移，即从注重应急处置到对应急处置和风险预防并重，在此基础上实现应急管理工作从事后被动型到事前主导型的积极转变，从而最大限度地避免和减少风险源和突发事件的发生。[1]

可以看出，和许多人的理解不同，应急管理工作的重心实际是风险预防，应急管理机关不依法履行预防职责就会使社会公共利益遭受侵害风险，而根据突发事件的发生机理，此种侵害风险转化为实际损害的可能性符合高度盖然性标准。具体而言，根据《突发事件应对法》等应急管理法律的规定，应急管理机关负有的预防职责既包括采取减少突发事件发生的措施，如进行传染病预防接种、改善饮用水卫生条件，也包括采取应急准备措施，如设立专业应急救援队伍、建立应急救援物资储备制度。应急管理机关如不依法履行前项职责，就会提升突发事件的发生概率；不依法履行后项职责，则会降低突发事件应急处置效率，增加突发事件对社会公共利益造成的损害，且基于突发事件的上述特征，两者的侵害风险几乎必然会转化为实际损害。因此，在应急管理领域，有必要将行政公益诉讼案件范围向预防性公益诉讼延伸。

（二）监督管理职责的范围

行政公益诉讼案件审查的重心是行政机关是否依法履行监督管理职责，但监督管理职责的范围目前仍不明确。在应急管理领域，应急管理机关因不依法履行行政处罚、行政许可等《行政诉讼法》中“法定职责”含义内的应急管理职责致使或者可能致使社会公共利益遭受侵害的，检察机关可以提起行政公益诉讼没有异议。而当应急管理机关不依法履行“对内”职责或“抽象”职责，致使或者可能致使社会公共利益遭受侵害时，笔者认为，检察机关依然能够提起行政公益诉讼。

作为一种客观诉讼，行政公益诉讼的目的不在于维护特定公民、法人和其他组织的合法权益，而在于弥补诉讼主体缺位，维护国家利益和社会公共利益。要完成立法课以的行政任务，行政机关通常需要采取包括行政行为、准行政行为或者事实行为在内的多种行政活动才能实现，[2]而任何性质的职责未被依法

---

[1] 钟开斌：《回顾与前瞻：中国应急管理体系建设》，载《政治学研究》2009 年第 1 期。

[2] 刘艺：《构建行政公益诉讼的客观诉讼机制》，载《法学研究》2018 年第 3 期。

履行，都有可能致使国家利益和社会公共利益遭受侵害。因此，相较于《行政诉讼法》中的“法定职责”，行政公益诉讼中的“监督管理职责”应当具有更为宽泛的含义。一般认为，实体法中的“监督管理职责”主要是指行政管理领域的主管职责，即某一行政机关负责某一领域的行政管理工作。

在应急管理机关的所有职责中，“对内”职责占据很大比例。例如，有学者将应急管理部的职责概括为组织制定应急行政管理规划、组织制定国家总体应急预案、指导应急救援和灾害防治，指导各地区各部门应对突发事件工作、建立灾情报告系统并统一发布灾情、统筹应急力量建设和统一调度物资储备、推动应急预案体系建设和预案演练、组织灾害救助体系建设、承担国家应对特别重大灾害指挥部工作和负责安全生产综合监督管理和工矿商贸行业安全生产监督管理，并指出其所行使的职责多属于内部行政行为。[1] 行政机关如果不依法履行“对内”职责，同样可能致使社会公共利益遭受侵害，如在新冠肺炎疫情防控前期，国内很多地方出现口罩紧缺的情况，各地应急管理机关对口罩的储备已经远远满足不了现实的需求，戴用“柚子皮”“塑料袋”等材料自制的口罩上街的图片和视频在网络爆红，违法应急征用等乱象时有发生。与此同时，大量质量不合格的口罩涌入市场并进行高价售卖，对市场秩序和人民群众的生命健康安全均造成了极大的损害。因此，“对内”职责理应成为应急行政公益诉讼案件的审查范围。

“抽象”职责同样是应急管理机关职责的重要类型。在公权力领域，完善的规则体系应该尽可能为被调整对象设定连贯的行为指引，法律的有效衔接可以最大限度地限缩模糊地带和规则空白。[2] 具体到应急管理领域，连贯的行为指引可以提升应急处置人员应对突发事件的效率，从而降低突发事件对社会带来的危害，因而设定高效衔接的应急管理法律制度至关重要。但是，基于我国长期以来的“骨骼式立法”习惯，立法机关制定的法律往往只会作出较为原则的规定，法律制度的执行过分依赖下位法配套，[3] 应急管理法律也不例外。例如，《传染病防治法》第 15 条第 2 款规定，“国家对儿童实行预防接种证制度。……

---

〔1〕 戚建刚、乌兰：《应急管理部的行政法建构——基于整体性治理理念的分析》，载《北京行政学院学报》2018 年第 5 期。

〔2〕 秦前红、苏绍龙：《党内法规与国家法律衔接和协调的基准与路径——兼论备案审查衔接联动机制》，载《法律科学（西北政法大学学报）》2016 年第 5 期。

〔3〕 林来梵：《宪法学讲义》，法律出版社 2015 年版，第 58～59 页。

具体办法由国务院制定”;《防震减灾法》第46条规定,“国务院地震工作主管部门会同国务院有关部门制定国家地震应急预案,报国务院批准……”。因此,在突发事件发生时,应急处置人员是否具有连贯的行为指引往往依赖行政机关根据应急管理法的规定制定相关配套规定,行政机关如果不及时依法履行此类职责,社会公共利益就有可能遭受侵害,因而“抽象”职责也应成为应急行政公益诉讼案件的审查范围。

(三)监督对象的认定

应急管理职能部门众多,建构应急行政公益诉讼制度还面临的一个问题就是如何精准认定监督对象。在常态的应急管理中,虽然许多类型的突发事件应对工作可能会由多个行政部门分工负责,但根据相关法律的规定和行政机关内部的职能分工,某项监督管理职责由哪个行政部门负责较为明确。应急管理领域的特殊之处在于,当重大突发事件暴发时,应急处置工作往往是在当地党政主要负责人的领导下由各类应急主体共同协作完成,在此种情况下,检察机关精确认定负有监督管理职责的行政机关就存在困难。笔者认为,基于突发事件属地管理原则和各地政府领导各相关行政部门对本行政区域内的突发事件应对工作负责的工作机制,重大突发事件应急处置时的监督对象可以采取如下认定标准:(1)当法律或行政规范对履行某项应急管理职责的行政部门作出规定时,监督对象为该行政部门;(2)当法律或行政规范没有对履行某项应急管理职责的行政部门作出规定时,监督对象为实际上能促成该项行政任务完成的行政部门;(3)当实在无法确定负有职责的行政部门时,监督对象为负有统筹领导职责的人民政府;(4)当非行政主体不依法采取应急管理措施时,监督对象为对其负有监督管理职责的主管部门或人民政府。

四、小结

法治不仅对常规状态下国家和社会治理具有重要意义,对紧急状况下应对重大公共安全事件同样具有重大意义,重大突发事件的应对需要用法治思维和法治方式推进。[1] 探索建立应急行政公益诉讼制度,不仅能够拓展检察公益诉讼案件范围,发挥检察机关的法律监督职能促进应急管理机关依法履职,同时,

---

〔1〕 江必新:《用法治思维和法治方式推进疫情防控工作》,载《求是》2020年第5期。

我国目前的应急管理法律仍存在诸多不足，检察机关也能将在办案过程中发现的制度层面的问题向立法机关反馈，以进一步完善我国的应急管理法律体系，二者均是用法治思维和法治方式推进我国突发事件应急管理工作的体现，均能降低突发事件带来的损害，维护社会公共利益。

将应急管理领域纳入行政公益诉讼虽然具有必要性，但因突发事件类型庞杂，应急管理又可以分为众多具体领域，结合当前司法实践的探索，不宜将整个应急管理领域直接纳入行政公益诉讼案件范围，而应以更为具体的领域作为探索范围，在"积极、稳妥"原则的指导下，逐步拓展应急行政公益诉讼的案件范围。同时，检察机关在办理应急行政公益诉讼案件时，要更为重视检察建议的作用，一是因为应急管理机关的许多应急管理职责是采取预防性措施，即使不依法履职，当时并未造成实质损害；二是因为突发事件具有发生的突然性和处置的紧迫性，向法院提起诉讼需要耗费较长的时间，检察建议能更为迅速地督促应急管理机关依法履职。

当然，本部分只是结合应急管理工作的特性和检察机关的实践对应急行政公益诉讼展开的宏观层面的探索，许多具体制度的设计并未能涉及。例如，本部分虽然认为检察机关在应急管理领域可以提起预防性公益诉讼，但从行政法角度而言，在复杂不确定性条件下，采取限制相对人权利或自由的风险预防措施有一定的冒险性质。即便是有效的风险预防措施，往往也会存在某种事后看起来过度的负担，引发公众对于预防措施合理性乃至合法性的质疑。[1] 且因为风险的不确定性，行政机关在采取风险预防措施时本身就存在较大的裁量空间，[2] 检察机关在发现行政机关不依法履行预防性职责而判断是否应当提起行政公益诉讼时，需要具有科学精细的判断标准。总而言之，检察行政公益诉讼案件向应急管理领域的拓展，不仅需要检察机关展开积极的实践探索，还需要学界提供更为精细化的理论支持。

---

〔1〕 苏宇：《风险预防原则的结构化阐释》，载《法学研究》2021年第1期。

〔2〕 王贵松：《风险行政的预防原则》，载《比较法研究》2021年第1期。

第七章　突发公共卫生事件应急管理法律体系的完善

2019 年 12 月，湖北省武汉市部分医院陆续发现了多例有华南海鲜市场暴露史的不明原因肺炎病例，2020 年 1 月中下旬，该类肺炎在全国范围内逐渐开始蔓延。2020 年 2 月 8 日，国家卫生健康委员会将新型冠状病毒感染的肺炎暂命名为新冠肺炎（简称为新冠肺炎），2 月 11 日，世界卫生组织将新型冠状病毒感染的肺炎命名为"COVID－19"（Corona Virus Disease 2019）。新冠肺炎首先在我国开始流行，截至 2020 年 3 月 18 日疫情中心城市武汉的新增确诊病例首次清零时，[1]全国累计报告确诊病例已达 80928 例，累计死亡病例 3245 例，[2]新冠肺炎已对我国人民的生命健康和财产安全造成了极其严重的损害。

在新冠肺炎疫情防控过程中，我国以出色的抗疫成绩向世界展示了中国特色社会主义的制度优势，并向世界多国伸出援助之手，提升了我国的国际地位。但是，此次的抗疫成果也不能遮盖我国突发公共卫生事件应急管理法律体系中依然存在的种种问题，为在未来更为科学高效地预防和控制突发公共卫生事件所带来的危害，进一步完善当前的突发公共卫生事件应急管理法律体系已成为当务之急。

---

〔1〕 武汉新增确诊病例首次清零后，全国范围内仍会偶尔出现本土新增确诊病例，但截至 2020 年 3 月 18 日，我国本土病例数量已不会发生大幅度的变化，因此选取截至该日的疫情数据。

〔2〕《截至 3 月 18 日 24 时新冠肺炎疫情最新情况》，载国家卫生健康委员会网站，http://www.nhc.gov.cn/xcs/yqtb/202004/2d391a171acc4624a50a1188c8de7361.shtml，最后访问日期：2020 年 7 月 21 日。

第一节 应急处置措施的法律规制

一、概述

《突发事件应对法》第3条第1款规定:“本法所称突发事件,是指突然发生,造成或者可能造成严重社会危害,需要采取应急处置措施予以应对的自然灾害、事故灾难、公共卫生事件和社会安全事件。”新冠肺炎同2003年的非典型性肺炎一样,均属于较为典型的《突发事件应对法》所规定的突发公共卫生事件。我国的突发事件应对工作实行预防为主、预防与应急相结合的原则,突发性事件发生前以及升级后不同阶段的预防比单纯解决事件本身显得更为重要。〔1〕但是,我国目前的预防机制并不能阻挡所有突发事件的发生,当突发事件来临时,及时采取有效的应急处置措施又变成了突发事件应对工作的关键。以新冠肺炎疫情防控为例,我国在疫情开始蔓延时便及时采取“封锁”“隔离”“救护”等一系列应急处置措施,不到两个月的时间便使疫情得到有效控制,取得了世界为之瞩目的成果。但应当注意的是,法治作为国家治理和社会治理的根本方式,不仅对常规状态下国家和社会治理具有重要意义,对紧急情况下应对重大公共安全事件,包括疫情防控同样具有重大意义。〔2〕因此,必须用法治思维和法治方式推进突发事件应急处置工作,高效的应急处置措施需要在合法的范围内实施。在此次疫情防控过程中,很多应急处置措施的合法性遭受到社会的质疑,法律对诸如应急征用、封锁措施以及应急处置人员的执法手段无具体规定是产生该质疑的关键原因。因此,笔者认为,法律急需对应急处置措施作出更为具体的规制,以确保应急处置措施的实施不会超越法治底线,确保突发事件应对工作在法治轨道上统筹推进。

二、新冠肺炎疫情防控中应急处置措施的合法性访谈

法律无授权不可为,是行政法对行政机关如何行使行政权力的一个最基本的原则。换言之,行政机关在没有法律、法规的授权,或者超出法律、法规授权

---

〔1〕 戚建刚、杨小敏:《“松花江水污染”事件凸显我国环境应急机制的六大弊端》,载《法学》2006年第1期。

〔2〕 江必新:《用法治思维和法治方式推进疫情防控工作》,载《求是》2020年第5期。

的范围行使行政权力的行为均属于“越权行为”，即属于超越职权的违法行为。重大突发事件暴发时，行政机关所行使的一切行政权力，亦不能超出法律、法规的授权。在新冠肺炎疫情防控期间，各地应急管理机关均采取了许多应急处置措施，这些行政应急行为是否合法在当时也激起了法律界众多人士的广泛讨论，本部分针对疫情防控期间三个较为典型的事件对五位法律工作人员进行了访谈，通过整理他们的意见可以更为深入地开展对应急处置措施法律规制的研究。

（一）大理市卫生健康局的应急征用行为

访谈问题：2020年2月2日，云南省大理市卫生健康局出具的《应急处置征用通知书》，将重庆市政府委托企业订购的9件口罩，由顺丰自云南瑞丽发往重庆，被大理“应急征用”。您认为该“应急征用”行为存在哪些违法之处？

意见1：（1）凡是行政行为，均应有法律依据，法无授权不可为，大理的“应急征用”行为没有法律依据；（2）征用是公对私的行为，大理这种“征用”重庆市政府口罩的行为，不属于征用；（3）征用应当给予补偿，大理拦截重庆市政府的口罩，未妥善进行后续补偿，违反法律原则，明显不合理；（4）行政行为应当遵循正当程序，即便是征用，也必须履行告知、听取意见等程序，大理擅自拦截重庆市政府的口罩，程序违法。

意见2：一是程序违法，一纸通知就把其他单位的物资征用，没有给相对人陈述申辩的机会，违反行政法上的程序正当原则。二是实体违法，大理市卫生健康局无权征用重庆市政府的物资，一个正处级单位无权征用省级政府的物资。三是口罩对重庆市政府来说也是紧急物资，大理市卫生健康局不应以牺牲他人保护自己的方式实施应急征用。

意见3：首先，大理市卫健局无权征用口罩。根据《传染病防治法》第45条的规定，由云南发往重庆的口罩属于“跨省”的物资调动，只有国务院有权进行紧急征用。其次，本批次口罩不属于私人物品，不在征收范围之内。根据《民法典》第606条规定，本批次口罩虽属于运输过程中的商品，但已经属于重庆方面管理范围之内，属于重庆政府的防疫物资，不属于私人物品，不在征用范围之内。最后，该征用行为违反行政法公共利益原则。防疫是一个整体，大理市卫健局的做法只考虑了自己，采取手段过度，直接影响重庆市和黄石市的疫情防控工作。

意见 4:首先,征用主体不合法。无论是依据《突发事件应对法》《传染病防治法》,还是《云南省突发事件应对条例》《云南省突发应急事件应急征用与补偿办法》,征用主体应当是县级以上各级人民政府,以大理市卫生健康局名义作出的征用行为,其主体资格不具有合法性。其次,征用物资超出法律规定范围。对于征用范围,《突发事件应对法》第 12 条规定为“单位和个人的财产”;《传染病防治法》第 45 条规定为“在本行政区域内……调用储备物资,临时征用房屋、交通工具以及相关设施、设备”。《云南省突发事件应对条例》第 33 条规定为“单位、个人的不动产或者动产”。此次事件涉及的医用口罩,是外省突发公共卫生事件应急指挥机构采购的应急救援物资,不属于上述法律和地方法规规定的征用范围。最后,大理市卫生健康局征用分发应急救援物资,虽经外省突发公共卫生事件应急指挥机构恳请放行,仍分发本地使用,未予及时放行返还,已涉嫌构成截留应急救援物资。

意见 5:一是征用主体违法。根据我国《传染病防治法》规定,传染病暴发、流行时,根据传染病疫情控制的需要,县级以上地方人民政府有权在本行政区域内紧急调集人员或者调用储备物资,临时征用房屋、交通工具以及相关设施、设备。如果涉及全国范围或者跨省市、自治区、直辖市的征用,应该由国务院进行。二是违反行政执法的比例原则。根据公开报道,截至 2020 年 2 月 5 日 24 时,重庆市累计报告病例 389 例,5 日新增病例 13 例。而同一时间,大理的累计报告病例仅为 8 例。从上述数据来看,大理的疫情防控压力比重庆要小,其在这种紧急情况下的征用行为并不妥当,违反了行政法中的比例原则。在突发的新冠肺炎疫情面前,口罩、防护服等物资紧缺是全国多地面临的普遍困境,政府部门应当从源头解决问题,通过资源调配,加大防疫物资生产,而不是随意征用。

(二)洪湖市市场监督管理局的行政处罚行为

访谈问题:疫情期间,湖北省洪湖市华康大药房购进一次性劳保口罩 44000 只,购进价格 0.6 元/只,销售价格 1 元/只,洪湖市市场监督管理局接到投诉进行查处,依据《湖北省市场监管局关于新型冠状病毒感染的肺炎防控期间有关价格违法行为认定与处理的指导意见》第 2 条的规定,以“购销差价额超过 15%,构成哄抬物价”为由,作出给予药店罚款 4 万余元的行政处罚决定。您认为上述行政处罚是否合理?为什么?

意见1:《湖北省市场监管局关于新型冠状病毒感染的肺炎防控期间有关价格违法行为认定与处理的指导意见》(以下简称《指导意见》)不是法律、法规或者规章,不能作为处罚依据。

意见2:不合理。在疫情期间口罩是稀缺物品,市场规律决定了其价格必然上涨,华康药房的定价并未明显不合理,在市场上口罩价格普遍上涨的情况下应当允许商家适当提升价格,具体程度应当结合市场行情确定。本案中,华康药房定价十分合理,罚款4万元明显不当。

意见3:不合理。行政处罚应遵循过罚相当原则。因为行政处罚兼具惩罚和教育的双重功能,通过处罚既应达到纠正违法行为的行政目的,也应起到教育违法者及其他公民自觉守法的作用。具体到本案,经营者在购进成本基础上大幅提高价格对外销售,经市场监管部门告诫,仍不立即改正的,可认定为哄抬物价行为。本案行政相对人销售的口罩0.6元的进价,加上店租、人工、各种费用和适当的利润以及疫情又在春节假期期间,人工等各项成本必然大大升高,以1元的价格出售显然属于正当的市场交易,不应被过度解释为"哄抬物价"的行为。

意见4:不合理。政府的合理调节手段是加大市场供给,或者政府集中采购,统一给市民发放。现在这样吹毛求疵,反而损害了市场秩序和法治精神。根据《价格法》第30条的规定,有权决定采取价格干预措施的机构仅限于国务院和省级人民政府,该《指导意见》的制定机关则是湖北省市场监督管理局,并不具有此项权限。该《指导意见》和其他类似文件的此项规定超越其职权范围,故不能作为行政执法的依据。"哄抬价格"是一种通过推动价格过快上涨扰乱市场秩序的违法行为,超过15%的购销差价是不是构成推动价格过快上涨首先即成疑问。

意见5:上述处罚决定既不合法也不合理。首先从处罚依据来说,我国《行政处罚法》第14条规定了省政府规章和特定地方政府规章设定行政处罚的权限,除此之外的主体无权设定行政处罚。该法第14条规定除法律、法规、规章外,其他规范性文件不得设定行政处罚。因此,湖北省市监局无权设定这种行政处罚,该《指导意见》不能作为处罚依据。其次,从情理角度来说,本案处罚也有过度执法、机械处罚的嫌疑。按照该《指导意见》15%的差价规定,进价6毛的口罩最多只能卖到6毛9,否则就涉嫌哄抬物价了。且不说疫情期间全国各类防疫物资紧缺,1元钱1个的口罩尚不足以给普通公众造成购买负担,要求商家以6毛9甚至更低的价格售卖既不实际，也容易滋长滥用监督权之风，造成市场秩序的混乱和不安。

（三）十堰市张湾区宣布全域实施战时管制行为

访谈问题：2020年2月12日，十堰市张湾区疫情防控指挥部宣布张湾区全域实施战时管制，所有楼栋一律实施全封闭管理，居民不得出入楼栋。您认为该措施是否合理？是否违反了行政法上的比例原则？

意见1：不合理，违反了比例原则。这种防控举措损害了公民的人身自由，对其造成了过度负担，指挥部没有衡量多种防疫手段而进行选择，超出了比例原则对于手段必要性的要求。从局部防控角度来看，上述防控措施所保护的社会公共利益程度与对部分公民人身自由权的限制程度之间也不符合狭义比例原则要求。

意见2：不合理，违反了比例原则。疫情防控当然重要，但不等于一切活动都要停止，都要无条件让行。居民拥有行动的自由，如果疫情十分严重，出现大面积传染此时封楼尚情有可原，但如果只是个别人员感染并且没有发现大面积传染现象，或者根本没有疫情发生，就擅自限制公民的基本人身自由显然是违法行为，也是违反比例原则的。具体的疫情防控措施必须要根据疫情状况谨慎选择，而不能一刀切。

意见3：我国宪法和相关法律，并没有“战时管制”的规定。资料显示，张湾区在作出“战时管制”决定时，并未上报十堰市疫情防控指挥部，该区政府的做法明显没有法律依据。“所有楼栋一律实施全封闭管理，所有居民非医护人员、医药物资从业人员、抗疫公务人员和水电油气、通讯网络、粮食蔬菜等基本民生保障从业人员，不得出入楼栋。”其严厉程度已经达到甚至超过了疫区封锁。而疫区封锁的决定权，在省级政府和国务院，区、县级政府是无权作出的。如果各地都这样来做，那就会严重破坏《宪法》和法律秩序，侵犯公民权利，其后果是非常严重的。综上所述，该措施严重违反比例原则。

意见4：不合理，虽然现在有“打好疫情阻击战”的说法，“战时”作为一种修辞形容紧迫性没问题，但作为法律状态，明显没有依据。我国宪法规定，只有全国人大、全国大人常委会能决定战争状态的宣布，战争状态下，可以采取战时管制措施，各地不应滥用战时管制的说法。适用管制还应当在保障居民基本生活的基础之上，否则违反比例原则。

意见5:合理,不违反比例原则。根据《突发公共卫生事件应急条例》,出于突发事件应急处置的需要,突发事件应急处理指挥部有权紧急调集人员、储备的物资、交通工具以及相关设施、设备;必要时对人员进行疏散或者隔离,并可以依法对传染病疫区实行封锁。疫情防控指挥部有权依法作出相应的管制措施,在对张湾区楼栋一律实施全封闭管理的过程中,实际涉及的是行政执法权力边界与公民人身自由权利间的冲突问题。根据公开报道,截至2020年2月12日24时,十堰市张湾区累计报告新冠肺炎确诊病例137例。在疫情猛速发展的关键时期,对楼栋实行全封闭管理也是基于遏制疫情扩散,避免长期消耗的考量,是在寻求疫情防控和经济发展需求的平衡中做出的选择,具有必要性和适当性。从疫情防控的结果来看,如果不是各地严把防守关,民众万众一心、齐力响应国家号召,我们根本不可能在短短几个月内遏制住疫情。因此,非常时期可以采取非常之举,必要情形下采取这类封闭管理措施符合行政法的比例原则,同时,各地也应做好封闭管理期间日常物资采购、配送等配套措施,以保障各项工作顺利、平稳运行。

通过考察五位法律工作人员对上述三个事件的意见不难发现,不同的人对上述三个行为是否违法、都有哪些违法以及是否形式上合法但不合理等都有不同的看法,原因之一在于突发公共卫生事件应急管理法律对应急处置措施相关制度规定的过于模糊。因此,有必要为应急处置措施确立一套更为明确的合法性标准。

三、应急处置措施的行政法面向

(一)应急处置措施的基本概念

应急处置措施是指为应对突发事件而采取的一系列措施。应急处置措施存在广义和狭义之分,广义上的应急处置措施是指一切主体在突发事件发生时所采取的紧急措施;而狭义上的应急处置措施仅指当突发事件发生时,国家行政机关以及负有应急法律义务的法人和其他组织行使法律规范和应急预案所规定的应急性职权和职责的活动。[1] 狭义上应急处置措施的实施是依据法律赋予的行政紧急权力,本部分所讨论的应急处置措施仅指狭义上的应急处置措施。

---

〔1〕 戚建刚:《解析"11·22"青岛输油管道爆炸事件中的六类违法行为》,载《法学杂志》2014年第6期。

何为行政紧急权力？有学者认为，行政紧急权力是一种在非正常状态下的政府权力，其由于突发公共事件而产生。[1] 行政紧急权力是法律赋予特定主体的一种国家公权力，而我国行政权行使中的行政强制、行政处罚、行政紧急处置等对公民人身和财产有强力作用的行政方式都必须以具体行政行为的方式体现出来，[2]应急处置措施就是应急主体行使行政紧急权力的具体体现。应急处置措施在本质上是一种具体行政行为，其在实施过程中并不能绝对排斥平常时期行政权运行应遵循的一切原则的适用，否则绝对的排斥将会破坏常规时期长期培育形成的规范、和谐的秩序，阻碍法治的实现。[3] 因此，应急处置措施也需要由行政法律制度和原则加以规制。

应急处置措施是一种具体行政行为，但因其仅能在非常规状态下实施，相较于其他行政行为，又具有一定的特殊性。应急处置措施的特征如下：(1)单方性。传统的公共权力学说将行政法的适用范围局限于较小领域，国家的职责仅是保证国民的安全，为了更好地进行管制，传统行政行为以"命令—服从"为模式。[4] 当前，给付行政与契约行政日渐兴起，但应急处置措施作为国家为应对突发事件所带来的损害而实施的紧急手段，仍属于典型的传统行政行为的范畴，具有行政紧急权力的主体在实施应急处置措施时无需征得相对人的同意。(2)强制性。行政行为的单方性往往伴随着强制性。应急处置措施的实施可能会对相对人的权益造成一定的损害，当相对人拒绝服从时，应急处置措施的实施主体可以采取强制性手段强迫其服从。比如，在新冠肺炎疫情防控过程中，某些境外归国人员拒绝隔离，此时行政机关便可以依照规定强制对其采取隔离措施。(3)紧急性。单方性和强制性是大多数传统行政行为的典型特征，而紧急性则是应急处置措施区别于其他行政行为的特征。行政主体在履行其他职责时虽然也应注重效率，但法律一般都会对其确定期限并加以严格的程序限制。而应急处置措施的实施是为了应对突发事件所带来的损害，突发事件的突发性与严重的损害性使得应急主体稍有迟疑便会造成更大的社会危害，如在新

---

〔1〕 沈福俊：《论政府应对突发事件过程中的依法行政——兼论抗击汶川大地震过程中依法行政原则的适用》，载《东方法学》2008年第4期。

〔2〕 关保英：《论具体行政行为程序合法的内涵与价值》，载《政治与法律》2015年第6期。

〔3〕 王名扬：《法国行政法》，中国政法大学出版社1988年版，第204页。

〔4〕 袁曙宏、赵永伟：《西方国家依法行政比较研究——兼论对我国依法行政的启示》，载《中国法学》2000年第5期。

冠肺炎疫情防控过程中，钟南山院士表示，中央在2020年1月23日提出武汉要封城，如果再推后5天，全国到3月份后的发病峰值可能有17万。[1] 因此，突发事件的应对既强调时间又不强调准确的时间，越快实施有效的应急处置措施就会造成越小的危害，处置的紧急性亦要求应急处置措施作出程序的简化。

（二）应急处置措施的具体类型

突发事件包括自然灾害、事故灾难、公共卫生事件和社会安全事件等种类，每种类型的突发事件均存在与其他突发事件所不同的特征，因而应对不同类型的突发事件所采取的应急处置措施也有所不同。总体而言，应急处置措施主要有如下几种类型：

1. 救治措施。突发事件的发生往往会对人们的生命健康造成巨大的危害，为保护公民的生命健康权，对因突发事件而受到人身伤害的人员进行救治是应急处置的第一要务。在新冠肺炎疫情防控过程中，习近平总书记便指出，"提高收治率和治愈率，降低感染率和病死率。"这是当前防控工作的突出任务。[2] 突发事件特征的不同会导致救治措施的重点也不相同，如在2008年抗震救灾过程中，尽可能迅速地找到受伤人员是实施救治措施的重点；而在此次新冠肺炎疫情防控过程中，救治措施的重点则是对已经感染的患者及时进行医疗救护。另外，与常态下医疗机构对病人采取的救治措施不同，应急处置中的救治措施往往带有一定的强制性，如在出现甲类传染病疫情时，救治措施往往是隔离治疗，且"拒绝隔离治疗或者隔离期未满擅自脱离隔离治疗的，可以由公安机关协助医疗机构采取强制隔离治疗措施"。[3]

2. 强制措施。应急处置措施中的强制措施，是指应急主体在突发事件应对过程中，为避免危害发生、控制危险扩大等情形，依法对公民的人身自由实施暂时性限制，或者对公民、法人或者其他组织的财物实施暂时性控制的行为。[4] 应急处置措施中的强制措施属于行政强制措施的一种。在应对不同类型的突

---

〔1〕《钟南山：武汉封城若推后5天，全国发病峰值可能有17万》，载金融界网站，http://dy.163.com/v2/article/detail/F7RMB7880519QIKK.html，最后访问日期：2020年3月26日。

〔2〕《习近平在中央政治局常委会会议研究应对新冠肺炎疫情工作时的讲话》，载《北京人大》2020年第2期。

〔3〕《中华人民共和国传染病防治法》第39条第2款。

〔4〕《中华人民共和国行政强制法》第2条第2款。

发事件时,所采取的强制措施有所不同,如在新冠肺炎疫情防控过程中,中央对武汉采取了“封城”措施,各地采取了不同程度的“封村”“封小区”等措施,对特定人员采取一定期限的“隔离”措施,总体而言,主要是对公民的人身自由实施的暂时性限制,问卷调查(见图18)显示,绝大多数的调查对象均同意通过采取限制出行、强制戴口罩等措施来提升疫情防控效率;而在事故灾难型突发事件应对过程中,应急主体可能会对存在安全隐患的场所或其他财产进行管控,此时则是对财物实施暂时性控制。应当注意的是,强制措施具有暂时性特征,当无需采取强制措施时,应急主体应当及时解除。

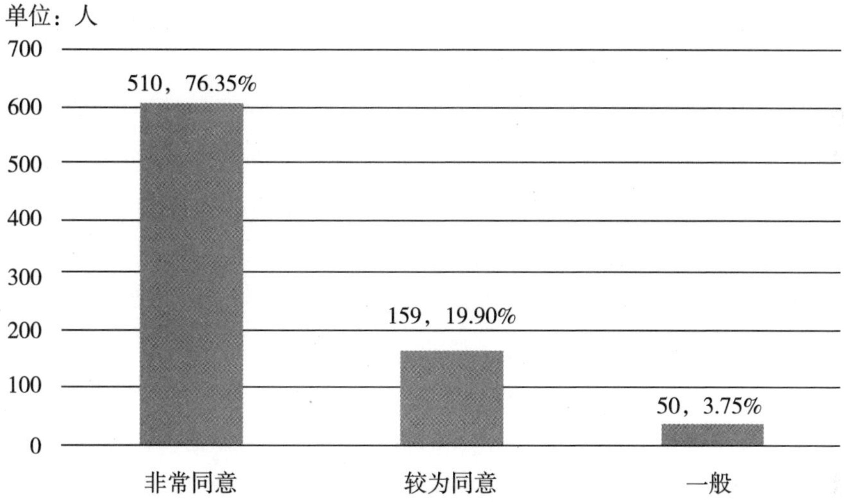

图18　问题:您是否赞同通过采取限制出行、强制戴口罩等措施来提升疫情防控效率

3.保障措施。保障措施是指为保护突发事件发生区域人员的生命健康权和生存权而采取的应急措施。[1] 保障措施可以分为对应急物资的保障和对基本生活需求的保障。应急物资的保障是应急主体高效采取其他应急处置措施的前提,如在新冠肺炎疫情防控过程中,因疫情已在全国范围内蔓延,以武汉为首的很多地区的医疗物资存在严重短缺的现象,此时各级政府应当及时采取措施保证应急物资的供应,应急征用措施便是保障措施的一种。除对应急物资的保障之外,对基本生活需求的保障也同样重要。突发事件发生之后,灾区往往

[1] 王红建、刘辉:《社会应急力量的应急权力研究》,载《铁道警察学院学报》2019年第5期。

会出现基本生活物资短缺的情况,此时国家应及时采取调用储备物资等措施满足灾区的基本生活需求。另外,在自然灾害等类型的突发事件发生后,供水、供电等基本公共设施往往会遭到损坏,相关部门及时进行修复也是对民众基本生活需求的一种保障。

(三)应急处置措施的法律适用

应急处置措施作为一种行政行为,需要受到依法行政原则的约束。而作为行政法治理念基本要求的依法行政,主要是针对“消极行政”而设定的一项底线要求,即行政必须遵守法律。[1] 应急处置措施符合法律,既是一项规范要求,同时也是其获得合法化的途径。[2]

当前,我国实行“循环型”应急管理体制,[3] 即从突发事件的预防与应急准备、监测与预警到应急处置与救援、事后恢复与重建是一个系统且科学的应对过程。应急处置措施作为应急处置与救援阶段应急主体实施的一系列措施的概括性称谓,其只在突发事件发生后、结束前发挥作用。在我国,各级立法机关已针对突发事件应对工作制定出了数量庞大的突发事件应对法律,且在传统的“事后型”应急管理体制的影响下,[4] 应急处置规定在各类突发事件应对法律中占有重要的地位。总体而言,有关应急处置措施的法律规定大致如下:

1.《突发事件应对法》对应急处置措施的规定。《突发事件应对法》于2007年颁布实施,与专项应急法律不同,其制定的目的不是为特定类别的突发事件提供具体的应对措施,而是为我国整体层面上的应急管理工作提供总括性、原则性的规定,因此,有学者将《突发事件应对法》认定为突发事件应对法律中的基本法。[5] 《突发事件应对法》第49条至第52条对应急处置措施作出规定。但是,基于《突发事件应对法》的功能定位,其对应急处置措施的规定应能够适用于其所规制的所有类型的突发事件,因而也决定了其只能对为应对特定突发

---

〔1〕 王锡锌:《依法行政的合法化逻辑及其现实情境》,载《中国法学》2008年第5期。

〔2〕 王锡锌:《依法行政的合法化逻辑及其现实情境》,载《中国法学》2008年第5期。

〔3〕 戚建刚:《非常规突发事件与我国行政应急管理体制之创新》,载《华东政法大学学报》2010年第5期。

〔4〕 在《突发事件应对法》实施之前,因突发事件应对经验的欠缺及科学技术水平的限制,国家仅重视突发事件发生后的应急处置工作,当时的应急管理体制便被称为“事后型”应急管理体制。

〔5〕 中国安全生产科学研究院:《完善我国应急管理法律法规体系》,载《劳动保护》2018年第6期。

事件而实施的应急处置措施提供原则性的法律依据,应急处置措施的具体执行需要从其他法律中寻找依据。

2. 专项应急法律和应急管理条例对应急处置措施的规定。所谓专项应急法律,即"一事一立法",是指全国人大及其常委会针对特定类型的突发事件制定的法律,而应急管理条例则是指国务院制定的有关突发事件应对的行政法规。据笔者进行的不完全统计,我国已有20余部专项应急法律和50余部应急管理条例,基本覆盖了所有可能在我国发生的突发事件类型。相较于《突发事件应对法》,专项应急法律和应急管理条例基本上仅规制一项突发事件的应对,因而对应急处置措施的规定也更为具体。以《传染病防治法》和《突发公共卫生事件应急条例》为例,两者仅需规定突发公共卫生事件应对过程中可能需要采取的应急处置措施,因而对应急处置措施的实施主体、对象、手段、程序等均规定的较为具体。在新冠肺炎疫情防控过程中,应急处置措施的实施主要便是依据《传染病防治法》和《突发公共卫生事件应急条例》,应急主体实施的大多数应急处置措施均能在该法中寻找到法律依据。

3. 其他类型的规范性文件对应急处置措施的规定。笔者经整理归纳后发现,除上述法律和应急管理条例外,当前对应急处置措施有所规定的规范性文件纷繁复杂。首先,我国存在各式各样的应急预案,如《国家突发公共事件总体应急预案》《国家森林火灾应急预案》等等,对应急处置措施均有所规定,但其是何种法律性质当前仍存在较大争议。其次,地方人大及其常委会针对突发事件制定的行政法规,如江苏省人民代表大会常务委员会《关于依法防控新型冠状病毒感染肺炎疫情切实保障人民群众生命健康安全的决定》,针对当地的突发事件状况也大多规定了应急处置措施,对该地域的突发事件应急处置措施的实施具有法律效力。再次,部门规章及地方政府规章可能会针对突发事件应急处置中的特定事项作出规定,如《国境口岸突发公共卫生事件出入境检验检疫应急处理规定》便规定了出入境检验检疫方面的应急处置措施。另外,我国还存在大量各类应急主体制定的除法律、法规、规章以外的规范性文件,如沈阳市疫情防控指挥部在新冠肺炎疫情防控中制定的《沈阳市加强住宅区疫情防控工作实施方案》(沈新疫防指发〔2020〕10号),这类规范性文件往往会对应急处置措施作出更为细化的规定。

综上,当前我国存在的对应急处置措施有所规定的法律、法规、规章和其他规范性文件形形色色,应急主体实施的应急处置措施寻找到法律依据似乎不成问题。但应当注意的是,并不是所有类型的抽象性文件均有权对应急处置措施作出规定,无权导致无效,而无效可能会使应急处置措施无法可依。因此,何种抽象性文件有权对应急处置措施作出规定急需明确,下文将会进行具体论述。

四、应急处置措施的合法要件

具体行政行为作为行政主体实施的职权行为其必须符合一定的法律要件,行政行为的法律要件就构成了具体行政行为的依据。[1] 通说认为,行政行为的"主体合法、内容合法、程序合法、形式合法,构成了行政诉讼合法性审查的基本标准与进路,也是维持判决必须符合的基本条件"。[2] 应急处置措施应当在法律的规制下实施,而其作为一种具体行政行为,行政行为的合法要件原则上也应是应急处置措施的合法要件。

(一)主体合法

根据我国《宪法》和法律的规定,行政主体在法律、法规授予的职权范围内作出行政行为,是合法的行政行为不可缺少的要件之一。行政机关的法定职权是由政府及其部门管辖权、层级管辖权、地域管辖权和法定事项管辖权等四个方面的职权构成。[3] 笔者认为,在应急处置措施中,也可以将应急主体的法定职权简化为具有应急处置权和管辖权两类,换句话说,应急主体只有在同时具有应急处置权和管辖权时,应急处置措施的主体要件才合法。

1. 应急主体具有应急处置权

行政主体的应急处置权,又可称为法定应急职权,是指法律规定行政主体处理某类应急事务的范围、可以采取的应急处置措施的种类以及幅度。在突发事件应对工作中,负有应急处置职责的行政主体即具有在其职责范围内的应急处置权,当前我国具有应急处置权的主体如下:

第一,各级人民政府及应急管理机关具有应急处置权。在我国,每种类型的突发事件的应对均有相应的应急管理机关负责。应急管理部成立之前,我国实行的是"单灾种"型应急管理体制,即大致由每个部门负责一类突发事件的应

---

〔1〕 关保英:《论具体行政行为程序合法的内涵与价值》,载《政治与法律》2015 年第 6 期。
〔2〕 余凌云:《行政法案例分析和研究方法》,清华大学出版社 2019 年版,第 54 页。
〔3〕 蔡小雪:《行政行为的合法性审查》,中国民主法制出版社 2020 年版,第 8 页。

对。我国应急管理部整合了国家安全生产监督管理总局等相关应急救灾机构的职责，对安全生产类和自然灾害类突发事件负有应对职责，应急管理部职责之外的突发事件应对工作仍由原来的部门负责，如卫生部门仍负责突发公共卫生事件的应对工作。对某种类型的突发事件负有应对职责的应急管理部门也相应享有应急处置权。值得注意的是，应急管理部的成立并未削弱各级人民政府在突发事件应对中的地位，且随着特大突发事件发生频率的上升，负有统一领导、综合协调职责的各级人民政府应在突发事件应对中发挥更大的作用。国务委员王勇在应急管理部成立后指出，“按照分级负责的原则，一般性灾害由地方各级政府负责，应急管理部代表中央统一响应支援；发生特别重大灾害时，应急管理部作为指挥部，协助中央指定的负责同志组织应急处置工作，保证政令畅通、指挥有效”。[1] 因此，各级人民政府享有应急处置权。在实践中，县级以上人民政府往往成立应急指挥机构负责统一领导、协调突发事件的应急处置工作。应急指挥机构由各类相关单位的有关负责人组成，在统筹协调实施应急处置措施方面更加具有优势。应急指挥机构毫无疑问享有应急处置权，但绝大部分的应急指挥机构均是为应对特定突发事件组成的临时机构，在主体地位方面，笔者认为，应视为受到了同级人民政府的委托。

第二，被授权组织在被授权范围内具有应急处置权。所谓被授权组织，是指法律、法规将某项行政管理职权授予其行使的社会组织，该社会组织能以自己名义行使此项职权，但不能交由其他社会组织或者个人代行此项职权。此类授权主要有两种形式：一是法律、法规明确规定，授予某一类社会组织可以行使某项行政管理职权；二是法律、法规及国务院决定中规定，国务院部门或者县级以上人民政府可以将某项行政管理职权授予社会组织。[2] 在突发事件应对中，最典型的被授权组织当属医疗机构和社会应急力量。医疗机构一般在突发公共卫生事件中享有应急处置权，如《传染病防治法》第 39 条即规定医疗机构应当对甲类传染病病人、病原携带者、疑似病人等采取隔离治疗措施，对医疗机构的授权属于授权的第一种形式。当前，社会应急力量在突发事件应急处置中发挥着越来越重要的作用，社会应急力量可以在 2008 年汶川地震中采取救助措

---

〔1〕《机构改革方案：拟组建应急管理部，不再保留安监总局》，载 http://k. sina. com. cn/article_5044281310_12ca99fde02000aj9n. html，最后访问日期：2020 年 7 月 21 日。

〔2〕蔡小雪：《行政行为的合法性审查》，中国民主法制出版社 2020 年版，第 17 页。

施,也可以在新冠肺炎疫情防控过程中采取保障措施。总体而言,当前我国的社会应急力量应当有权采取紧急救助措施、保障措施,也可以协助应急管理机关采取行政强制措施。对社会应急力量的授权属于授权的第二种形式。应当注意的是,并不是所有的社会应急力量均享有应急处置权,社会应急力量由应急管理部以及各地的应急管理部门进行管理,只有通过应急管理部门以特定方式遴选后的社会应急力量才能获得授权。〔1〕

第三,其他主体在其权限范围内具有应急处置权。除各级人民政府、应急管理机关以及被授权组织外,还存在其他主体能够实施应急处置措施。比如,村(居)民委员会是村(居)民自我管理、自我教育、自我服务的基层群众性自治组织,在突发事件发生时,其有权在其村(居)民自治范围内实施应急处置措施。在新冠肺炎疫情防控过程中,村(居)民委员会在人民政府的指导下,协助人民政府采取交通限制、居家隔离等应急处置措施。基层群众性自治组织制度符合我国的国情,在新冠肺炎疫情防控过程中,村(居)民委员会干部的恪尽职守是封锁等措施得以严格执行,疫情在短时间内得到基本控制的关键原因之一。除村(居)民委员会外,仍存在其他主体可能有权采取应急处置措施,如应急主体委托其他主体采取应急处置措施,则其他主体在其被委托权限内享有应急处置权。应急处置措施是一种具体行政行为,在辨别实施应急处置措施的主体是否具有应急处置权时,应适用行政法中的行政主体理论。

2. 应急主体具有管辖权

行政机关必须对于某件事情有进行处理决定的权力,然后才能做出具体的处理决定。〔2〕 行政机关的"有权"是指行政机关同时具有法定职权和管辖权。所谓管辖权,是指不同层级、不同地域的行政主体之间的行政管理权限的分工,又可分为层级管辖权和地域管辖权。在突发事件应急处置中,同样存在管辖权的划分,如《突发事件应对法》第 7 条第 1 款规定,"县级人民政府对本行政区域内突发事件的应对工作负责;涉及两个以上行政区域的,由有关行政区域共同的上一级人民政府负责,或者由各有关行政区域的上一级人民政府共同负责"。原则上讲,应急处置措施同其他具体行政行为一样,应急主体仅能在本行政区

〔1〕 有关社会应急力量的遴选方式、具体应急处置权等问题可以参见王红建、刘辉:《社会应急力量的应急权力研究》,载《铁道警察学院学报》2019 年第 5 期。

〔2〕 王名扬:《英国行政法》,中国政法大学出版社 1987 年版,第 165 页。

域内行使应急处置权。但是，突发事件往往具有地域性，如在新冠肺炎疫情防控中，武汉的确诊病例占全国本土确诊病例的六成以上，应急处置的强度已经远远超出当地应急主体的应急能力，因此，中央调派大量应急救援队伍驰援武汉，其中采取应急处置措施的主体在武汉也应享有应急处置权，此为应急处置措施中管辖权的例外情况。

在突发事件应对过程中，存在一些因管辖权不明而使应急处置措施遭到合法性质疑的情况。如在新冠肺炎疫情防控中，重庆市政府委托企业订购了9件口罩，在通过快递自云南瑞丽发往重庆时，云南省大理市卫生健康局于2020年2月2日出具《应急处置征用通知书》，将该批口罩予以应急征用。一般情况下，有权实施应急征用的行政主体仅能在其管辖地域内采取应急征用措施，如同样在新冠肺炎疫情防控中，上海市经济和信息化委员会经上海市人民政府授权，紧急征用了上海莱士血液制品股份有限公司药品及生产能力。与一般情况不同的是，大理市卫生健康局应急征用的对象是运往重庆途经大理的物资，且不讨论此次应急征用的主体是否适格、决定是否合理，很多人对能否将途经的物品进行征用也存在疑问。有学者表示，依据《传染病防治法》第45条规定，县级以上地方人民政府只有权在本行政区域内征用物资。处于运输过程中的快递属于跨区域物品，因此，征用权属于国务院，大理市卫生健康局无征用的管辖权。[1] 笔者认为，地方人民政府在本行政区域内具有管辖权，运输过程中的快递经过本行政区域时，也当然享有管辖权。另外，应急征用是在突发事件应对过程中采取的应急处置措施，本身具有紧急性，为有效应对突发事件，原则上在必要情况下应当有权对途经的物品进行征用。本案中应急征用行为的违法之处在于主体无法定职权、征用行为严重不合理，管辖权方面并不存在问题。

（二）内容合法

1. 应急处置措施具备有效依据

突发事件的应对应坚持依法而为，应急处置措施的实施应具备法定依据。上文已述，应急处置措施大致包括救治措施、强制措施和保障措施，且存在大量

---

〔1〕 此为赵鹏教授在接受新京报采访时的大致表示。参见《大理征用重庆口罩后续：大理市卫生健康局局长被免职》，载 https://baijiahao. baidu. com/s? id = 1657790751349923161&wfr = spider&for = pc，最后访问日期：2020年4月1日。

抽象性文件予以明确规定,此处不予赘述。但应当注意的是,应急主体采取的应急处置措施不仅应具有法律依据,而且该依据应当是有效的。依据的有效是应急处置措施具备法定依据的前提。

依据的有效即应急主体采取应急处置措施所依据的抽象性文件有权对应急处置措施作出规定。何为应急处置措施的有效依据呢?笔者认为,该依据应当同时具备两个方面:一方面,《突发事件应对法》第48条规定,突发事件发生后,应"依照本章的规定和有关法律、法规、规章的规定采取应急处置措施"。因此,原则上只有法律、法规、规章才能成为应急处置措施的有效依据。另一方面,根据我国《立法法》第8条的规定,对限制人身自由的强制措施,非国有财产的征收、征用等事项只能制定法律,在应急处置中采取该类措施也只能以全国人大及其常委会制定的法律为依据。但是,上述规定不代表法律、法规、规章外的其他规定是无效的,应急主体依据法律、法规、规章作出的更为具体的规定原则上也能在本行政区域内得以适用。

笔者选取了新冠肺炎疫情防控过程中的两个典型的应急处置措施看其是否具有有效依据。(1)为有效切断病毒传播途径,坚决遏制疫情蔓延势头,确保人民群众生命安全和身体健康,武汉市新型冠状病毒感染的肺炎疫情防控指挥部于2020年1月23日发布《市新型冠状病毒感染的肺炎疫情防控指挥部通告(第1号)》,通知自2020年1月23日10时起,全市城市公交、地铁、轮渡、长途客运暂停运营;无特殊原因,市民不要离开武汉,机场、火车站离汉通道暂时关闭。[1] 该封锁措施也就是著名的武汉"封城"。武汉"封城"是否具有有效依据呢?《传染病防治法》第43条对特定情况下的封锁措施作出了规定。[2] 第一,《传染病防治法》是全国人大常委会制定并通过的法律,有权对封锁措施作出规定;第二,对乙类传染病中传染性非典型肺炎,应当采取甲类传染病的预防、控制措施,[3]因而在新冠肺炎疫情防控过程中可以采取封锁措施;第三,封锁措施

---

〔1〕《市新型冠状病毒感染的肺炎疫情防控指挥部通告(第1号)》,载武汉市人民政府网站,http://www.wuhan.gov.cn/hbgovinfo/zwgk_8265/tzgg/202001/t20200123_304065.html,最后访问日期:2020年4月2日。

〔2〕《传染病防治法》第43条第2款规定:"省、自治区、直辖市人民政府可以决定对本行政区域内的甲类传染病疫区实施封锁;但是,封锁大、中城市的疫区或者封锁跨省、自治区、直辖市的疫区,以及封锁疫区导致中断干线交通或者封锁国境的,由国务院决定。"

〔3〕《传染病防治法》第4条。

虽然在名义上是武汉市疫情防控指挥部作出的，但实际上是中央决定并批准的。因此，武汉“封城”具有有效依据。(2)为进一步加强集中收治隔离工作，武汉市新型肺炎防控指挥部作出《关于征用部分学校作为新型肺炎疫情防控集中隔离场所的通知》(武防指〔2020〕12号)，征用部分武汉高校作为集中隔离场所。征收、征用是法律保留事项，《突发事件应对法》和《传染病防治法》均对应急征用作出了规定。《传染病防治法》第45条规定，“县级以上地方人民政府有权在本行政区域内紧急调集人员或者调用储备物资，临时征用房屋、交通工具以及相关设施、设备”，武汉市新型肺炎防控指挥部作为武汉市人民政府委托应对新冠肺炎疫情的机构，有权采取应急征用措施，该应急征用具有有效依据。

2. 应急处置措施符合适用条件

行政机关对某类事务有管辖权，并不意味着在特定案件中行使权力符合条件。[1] 在突发事件应对中，法律虽然赋予了应急主体采取应急处置措施的职权，但同样对该职权的行使设置了前提条件，不符合适用条件而实施的应急处置措施同样是违法的。以突发公共卫生事件为例，应急主体在应急处置过程中可以采取救治措施、强制措施和保障措施，但《传染病防治法》对上述措施的适用条件也作出了规定。比如，《传染病防治法》第41条对隔离措施所规定的适用条件为“已经发生甲类传染病病例的场所或者该场所内的特定区域的人员”，原则上在非甲类传染病疫情防控过程中应急主体便无权采取隔离措施。当然，该法又规定“对乙类传染病中传染性非典型肺炎、炭疽中的肺炭疽和人感染高致病性禽流感，采取本法所称甲类传染病的预防、控制措施”，因此，在新冠肺炎疫情防控中应急主体也有权采取隔离措施；又如，《传染病防治法》第45条对应急征用所规定的适用条件为“传染病暴发、流行时，根据传染病疫情控制的需要”，征用对象为“调集人员或者调用储备物资，临时征用房屋、交通工具以及相关设施、设备”，上文所述的上海市经信委对上海莱士公司药品及生产能力的征用以及武汉市新型肺炎防控指挥部对部分学校的征用均符合法律所规定的适用条件。应当注意的是，突发事件应急处置具有紧急性，应急主体在应急处置过程中自由裁量的空间也自然较大，法律并不是对所有的应急处置措施均明确规定了适用条件，在无法律明文规定时，应急主体应遵循合理行政原则，使应急

〔1〕 何海波：《行政行为的合法要件——兼议行政行为司法审查根据的重构》，载《中国法学》2009年第4期。

处置措施的作出具有适当性。

(三)程序合法

具体行政行为的实施和实现都处于一个复杂的运行机制中,这个机制的外在形式就是程序规则。也就是说,具体行政行为的实施和实现是在外在程序规则的作用下有序进行的。[1] 所谓行政程序,就是如何完成实体内容的特定的方式、步骤、顺序和时限。换言之,行政程序在表现行政管理事务时,以特定的方式、步骤、顺序、时限为基本要素。[2] 通说认为,行政行为的形式也属于行政程序的范畴。当法律要求某种行为必须符合一定的程序时,程序就是对实体活动的约束,程序与实体同等重要,程序的不当必然导致实体结果的不公正,程序的违法同样会导致行为的最终违法。[3]

应急处置措施作为一种具体行政行为,其实施也应受到正当程序原则的规制。但与其他行政行为不同的是,应急处置措施是为应对突发事件而采取的一种紧急措施,紧急性是其典型特征。通常情况下,行政行为的作出需要严格遵照法律明文规定的程序,如行政机关在对特许经营事项进行招投标过程中,行政机关在与相对人最终签订特许经营协议前需要严格遵照事项的提出、公开招标、审核投标人资格、评审委员会的评估及公布中标结果等程序。法律对行政程序的设定目的在于防止行政主体滥用职权、保护行政相对人的合法权益以最终最大限度的维护社会公平正义。但是,严格的程序限制势必会造成行政主体的相对低效,而行政主体负有公共治理职责,行政权在其运作中要以为社会公众提供最大限度的社会服务并创造更多的社会财富为原则,由此出发,效率便是人们对行政权的基本定位。[4] 本质上,效率和程序的选择其实是一个价值冲突及衡量的过程,在常态情况下,我们可以选择通过牺牲一定的效率来实现程序上的正义,而在突发事件应急处置过程中,应急主体采取应急处置措施的速度可能会决定公民的人身和财产遭受损害的程度,效率此时便是第一位的。

在突发事件应急处置中,效率的第一位要求法律减少对应急主体采取处置

---

〔1〕 关保英:《论具体行政行为程序合法的内涵与价值》,载《政治与法律》2015 年第 6 期。
〔2〕 蔡小雪:《行政行为的合法性审查》,中国民主法制出版社 2020 年版,第 82 页。
〔3〕 马怀德:《行政程序法的价值及立法意义》,载《政法论坛》2004 年第 5 期。
〔4〕 关保英:《论具体行政行为程序合法的内涵与价值》,载《政治与法律》2015 年第 6 期。

措施时程序上的限制,并赋予应急主体更大的自由裁量权,但这也并不意味着自由裁量权是无边界的,应急处置措施的实施仍需受到必要的程序限制。笔者认为,在对应急处置措施进行程序上的规制时,应当注意以下几个方面:第一,依照突发事件类型区分应急处置措施实施的紧急性程度。所有突发事件的应对虽然均具有紧急性,但不同类型的突发事件应对的紧急性程度也有所不同。比如,在地震等自然灾害类突发事件的应急处置过程中,公民的生命随时会遭受到死亡的威胁,以最快的速度寻找并救出伤员是最为紧急的任务,行政程序应当尽可能的避免对应急处置措施的实施造成限制;而在突发公共卫生事件中,疫情防控可能是一个较为长期的过程,某些应急处置措施的实施也需遵循必要的程序。第二,应急处置措施的实施可以不受非必要程序的限制。比如,行政征用的程序一般包括征用申请的提出或者通知、公共利益目的认定、征用范围的裁决、赔偿金的裁决、补偿金的给付和征用的完成五个步骤,[1]但在应急征用中,可以省略公共利益目的认定等程序,事后再履行对征用范围的裁决、赔偿金的裁决等程序,也可以对征用申请的提出或者通知的书面形式进行事后补正。第三,采取应急处置措施需要得到上级批准的,必要情况下可以未经批准立即采取应急处置措施。比如,《传染病防治法》第 41 条第 1 款规定:"对已经发生甲类传染病病例的场所或者该场所内的特定区域的人员,所在地的县级以上地方人民政府可以实施隔离措施,并同时向上一级人民政府报告;接到报告的上级人民政府应当即时作出是否批准的决定。上级人民政府作出不予批准决定的,实施隔离措施的人民政府应当立即解除隔离措施。"第四,采取应急处置措施需要受到以下几个行政程序基本原则的限制:一是行政机关的独立和中立;二是信息公开;三是平等对待。[2] 第五,在法律未对应急处置措施的程序作出规定时,应急主体在自由裁量权范围内采取的应急处置措施的程序应受到合理行政原则的规制。

五、应急处置措施的合理性规制

行政行为的主体、内容、程序等要件均应符合法律的规定,这是传统意义上的合法性原则对行政行为的要求,也是依法行政原则的底线要求。但是,传统

〔1〕 沈开举:《征收、征用与补偿》,法律出版社 2006 年版,第 151 页。
〔2〕 江必新:《行政程序正当性的司法审查》,载《中国社会科学》2012 年第 7 期。

合法性原则仅要求行政行为形式上的合法，随着自由裁量权的滥用和怠用等问题的不断出现，学者们提出国家行使权力要受到法的价值的约束，应将实质正义与法律安定性作为法治国追求的目标，实质法治国理念应运而生。[1] 实质法治的要求是行政主体作出行政行为不仅要遵循合法性原则，也要遵守合理性原则。所谓合理性原则，是指行政主体不仅应当按照法律法规规定的条件、种类和幅度范围作出行政行为，而且还要这种行为符合法律的意图和精神，符合公平正义等法律理性。[2] 通说认为，合理性原则是行政主体行使法律法规规定的自由裁量权时应当遵循的基本准则。

何为自由裁量权？对自由裁量权最通行的定义是行政机关在法律规定的范围内选择作出一定行为的权力。[3] 它具体表现为两种情况：一是行政机关决定是否采取某个法定措施，此谓“决定裁量”；二是在各种不同的法定措施中，行政机关根据案件的具体情况选择哪一个，此谓“选择裁量”。[4] 现代社会行政管理和服务的复杂性决定了行政机关必须要有一定的裁量空间，[5]但是，自由裁量的范围不是没有边界的，其应受到合理性原则的规制。在突发事件应对领域，应急处置措施是应急主体在突发事件应急处置过程中实施的一种行政行为，相比于其他行政行为，突发事件的紧急性和紧急状况的不可预测性使得法律不得不赋予应急主体更大的自由裁量权，相应地，合理性原则在应急处置措施的规制中就具有更重要的地位。有学者认为，评判行政行为合理性的考虑因素大体上可以归纳为以下几个方面：(1)没有考虑依法应当考虑的因素；(2)处理方式违反比例原则；(3)没有正当理由的区别对待；(4)违背业已形成的裁量准则。[6] 考虑到裁量准则在突发事件应急处置中形成的难度，笔者认为，以下三个方面可以作为评判应急处置措施是否符合合理性原则的标准：

（一）应急处置措施必须仅考虑相关因素

每种应急处置措施的实施均有其前提条件，即便是同一种应急处置措施，

---

〔1〕 汪燕：《行政合理性原则与失当行政行为》，载《法学评论》2014 年第 5 期。

〔2〕 何景春：《行政比例与合理性原则的比较研究》，载《行政法学研究》2004 年第 2 期。

〔3〕 吴偕林：《论行政合理性原则的适用》，载《法学》2004 年第 12 期。

〔4〕 周佑勇：《行政裁量的均衡原则》，载《法学研究》2004 年第 4 期。

〔5〕 谭炜杰：《行政合理性原则审查强度之类型化——基于行政诉讼典型案例的解析与整合》，载《法律适用》2014 年第 12 期。

〔6〕 何海波：《论行政行为“明显不当”》，载《法学研究》2016 年第 3 期。

情况的不同也会导致该措施实施程度的不同。所谓考虑相关因素，是指应急主体在决定是否采取应急处置措施以及采取何种程度的应急处置措施时，只应考虑法律规定的或符合理性的因素，而不应考虑其他与之无关的因素。比如，《传染病防治法》第39条规定，医疗机构发现甲类传染病时，应当及时对病人、病原携带者、疑似病人采取隔离治疗措施。因此，医疗机构在决定是否采取隔离治疗措施时，只应考虑下列因素：第一，该传染病只能为甲类传染病和可以采取甲类传染病防控措施的乙类传染病，对其他乙类或者丙类传染病病人，只能采取必要的治疗和控制传播措施，而不应采取隔离治疗措施。第二，只能对病人、病原携带者以及疑似病人采取隔离治疗措施，且疑似病人确诊前只能在指定场所单独隔离治疗，而不能因为无关因素对上述三者以外的其他人也采取隔离治疗措施。又如，《突发事件应对法》第49条规定，自然灾害、事故灾难或者公共卫生事件发生后，可以关闭或者限制使用有关场所，此时相关应急主体应当考虑的因素是有关场所的继续开放是否有可能会进一步扩大突发事件造成的损害，应急处置人员如果因为与有关场所的负责人结有私仇为打击报复而以应急处置为由关闭或者限制使用该场所，则显然考虑了无关因素，不符合合理性原则。应当注意的是，法律可能会对应急处置措施的相关因素作出明确规定，也可能只作出了原则性的规定，甚至有可能未作出任何规定。当法律只作出原则性的规定，或未作出任何规定时，应急主体应当理性作出是否采取应急处置措施以及采取何种应急处置措施的决定。

（二）应急处置措施应当符合比例原则

比例原则发源于行政法，与行政法的调整对象和理论基础牢牢契合，其以“最小侵害”为核心，要求行政机关在可能达致目的的手段群中选择一个对相对人权益侵害最小的手段。[1] 比例原则强调行政手段和行政目的、公共利益与私人利益之间的均衡关系，所以也有学者把它称之为行政均衡原则。[2] 在突发事件应对过程中，应急处置措施的实施往往会对相对人的权益造成一定程度的损害，因此，应急处置措施也应符合比例原则。通说认为，比例原则有合目的性、适当性和最小损害三个基本内涵，应急处置措施也应符合三个基本内涵的要求

---

〔1〕 梅扬：《比例原则的适用范围与限度》，载《法学研究》2020年第2期。

〔2〕 何景春：《行政比例与合理性原则的比较研究》，载《行政法学研究》2004年第2期。

以最终符合比例原则。

第一,应急处置措施应当符合法律的目的。每一个法律都有其立法目的,立法目的的设定,对于这个法律的内容具有决定性的意义。[1] 突发事件应对法律是为了维护公共安全和社会秩序,确保突发事件在最短的时间内得以最完善的处理而制定的一系列法律,因此,如果应急处置措施的实施有助于突发事件的应对,则符合突发事件应对法的立法目的,反之,应急处置措施不符合立法目的。比如,在新冠肺炎疫情防控过程中,中央对武汉采取了封锁措施,但封锁的目的是"为有效切断病毒传播途径,坚决遏制疫情蔓延势头,确保人民群众生命安全和身体健康",因而该措施符合法律目的。第二,应急处置措施应当具有适当性。所谓适当性,是指采取应急处置措施的种类及程度不仅应符合法律目的,而且应当与突发事件的危害程度相匹配,既不能对危害较小的突发事件采取异常严格的处置措施,也不能对特大型突发事件采取远不足以应对的处置措施。还是以对武汉采取的封锁措施为例,封锁一座省会城市是一项极为重大的应急处置措施,武汉"封城"引起了全世界的注意,但正如上文所述,"封城"如果再推后5天,全国到3月份后的发病峰值可能有17万,因此,对武汉采取封锁措施是我国的新冠肺炎疫情得到如此快速控制的关键原因之一,该应急处置措施具有适当性。相反,相较于重庆,云南所受疫情的影响较小,大理市卫生健康局在此种背景下仍征用了重庆市政府订购的9件口罩,显然就不具有适当性。第三,应急处置措施应当是对相对人权益侵害最小的手段。"最小损害"与"适当性"在某种情况下具有一定的相似性,但还是具有不同之处。"最小损害"要求应急主体在实施应急处置措施时能不损害就不损害相对人的私人权益,在不得不损害的情况下要选择对相对人侵害最小的方式。比如,应急主体在采取保障措施时,国家储备的应急物资足够,就不得随意征用非国有性质的应急物资。又如,在新冠肺炎疫情防控过程中,应急主体采取一定程度的限制聚集措施是有必要的,但为疫情防控打砸家庭娱乐使用的麻将桌显然就对相对人的权益造成了不必要的侵害,属于严重违反比例原则的情形。[2]

---

〔1〕 李广宇:《新行政诉讼法逐条注释》(上),法律出版社2015年版,第3页。

〔2〕 在新冠肺炎疫情防控过程中,湖北孝感一家三口在家里打麻将,被防疫人员砸烂麻将桌,"反击"的男子也被扇了三个耳光。详细内容请见《如此战疫群众很生气:打麻将被扇耳光　未戴口罩捆墙上》,载新浪财经,http://finance.sina.com.cn/china/gncj/2020-02-19/doc-iimxxstf2571579.shtml,最后访问日期:2020年4月7日。

(三)应急处置措施必须符合公平原则

公平原则是行政法的一项基本原则,它的基本精神是要求行政主体及其工作人员办事公道,不徇私情,平等对待不同身份、民族、性别和不同宗教信仰的行政相对人。[1] 在突发事件应对中,应急处置措施的实施也应受到公平原则的规制,即对在同等情况下的相对人应采取同等的应急处置措施。比如,在新冠肺炎疫情防控初期,巨大的感染人数使得武汉市医疗机构的救治能力明显不足,在此种情况下,应急主体不能因为病人的特殊身份或具有特殊关系而进行选择性地检测和救治,而应根据正常的医疗秩序进行接收和救治,以符合公平原则的要求。又如,《传染病防治法》要求应对甲型传染病病人、病原携带者以及疑似病人采取隔离治疗措施,应急主体应当在符合比例原则的情况下根据法律规定合理选择隔离场所,并对同等情况下的病人采取程度相同的隔离手段,不能要求此病人在家自行隔离,而要求其他病人进行集中隔离。在隔离费用方面,不能让此病人的隔离费用由国家负责,而让其他病人费用自理。当然,公平原则的另一层含义就是不同情况下的区别对待,应急主体在采取应急处置措施时应合理地判断是否为“同等情况”,以使应急处置措施符合公平原则的要求。

六、小结

在新冠肺炎疫情防控过程中,各级党委、政府的高效应对使得疫情在短时间内得到了有效控制,同时也向全世界彰显了中国特色社会主义的制度优势。但应当注意的是,突发事件应对工作应当坚持依法防控、系统治理,应急处置措施的实施也应当坚守法治底线,受到法律的合理规制。应急处置措施应当具备合法要件,也应当符合合理性原则的要求,本部分仅是对应急处置措施的法律规制问题进行了初步的探索,在此次疫情防控中,还有很多其他已经暴露出来的应急处置措施方面的问题急需得到制度上的完善。比如,法律是否需要对疾病预防控制中心的应急权力进行重构,是否应当将行政主体采取应急处置措施不力或不作为纳入行政公益诉讼的范围,均是值得认真探讨的课题。

---

[1] 姜明安:《行政法基本原则新探》,载《湖南社会科学》2005 年第 2 期。

第二节　突发公共卫生事件应对法的法律衔接

一、概述

党的十八大以来,我们党更加注重法治在推进国家治理体系和治理能力现代化中的重要作用。“推进国家治理体系现代化,形成一整套系统完备、科学规范、运行有效、成熟定型的国家制度体系,就要建设更加科学完善的法治体系。”[1]突发公共卫生事件应对是国家机关一项重要的公共治理职责,必须在法治轨道上有序推进公共卫生应急管理工作和重大疫情防控,科学完善的突发公共卫生事件应对法律体系是应急管理机关高效推进公共卫生应急管理工作的前提。

在此次新冠肺炎疫情防控过程中,我国的突发公共卫生事件应对法律体系实际上暴露出了很多问题,为在未来更为科学高效的预防和控制突发公共卫生事件所带来的危害,进一步完善当前的突发公共卫生事件应对法律体系已成为当务之急。应当注意的是,完善的突发公共卫生事件应对法律体系不仅要求各级立法主体应依据各自的立法权限及时制定法律,还要求各类法律在实践中能够得到衔接适用,但是,我国目前的突发公共卫生事件应对法律还并未达到有效衔接的要求。因此,本节试在我国现有的突发公共卫生事件应对法律框架下,对突发公共卫生事件应对法的法律衔接问题进行研究。

二、价值导向:提升突发公共卫生事件应对效率

(一)突发公共卫生事件应对法的功能定位

每一个法律都有其立法目的。立法目的的设定,对于这个法律的内容具有决定性的意义。[2] 立法者在制定行政法时首先要考虑该法需实现何种目标、应具备何种功能,具体制度在颁布实施后最主要的使命也在于通过其自身功能实现预设目标。突发公共卫生事件应对法律必然也有其自身的目标,《突发事件应对法》第 1 条规定,“为了预防和减少突发事件的发生,控制、减轻和消除突发

[1] 李林:《全面依法治国的历史方位与战略推进》,载《求是》2017 年第 12 期。

[2] 李广宇:《新行政诉讼法逐条注释》(上),法律出版社 2015 年版,第 3 页。

事件引起的严重社会危害,规范突发事件应对活动,保护人民生命财产安全,维护国家安全、公共安全、环境安全和社会秩序,制定本法”。简单来说,制定《突发事件应对法》是为了维护公共安全和社会秩序,确保突发事件在最短的时间内得以最完善的处理,即实现所谓效率目标。事实上,所有的行政法都追求效率,但其他行政法都没有突发事件应对法如此追求效率。其他行政管理职责未高效履行可能仅是损害行政相对人的某些时间上的权益或仅是财产上的损失,但应急管理职责未高效履行损失的就可能是无数人的生命健康安全,因而效率是突发事件应对法律追求的首要目标。

突发公共卫生事件应对法律的目标是提高突发事件应对效率以保障公共安全和人民群众的生命健康、财产安全,那么其功能就不会像其他行政法那样注重对行政主体权力的规范与限制和对行政相对人的权利进行细致入微的保护,也不会注重向司法机关提供尽可能确定的裁判依据,相反,突发公共卫生事件应对法律会扩大行政机关在应急处置时的权力,并在必要的情况下减损公民在常态情况下合法拥有的权利。突发公共卫生事件应对法律的重心在于规定一套完善的应急机制,以便突发事件发生时作出及时高效的应对。因此,突发公共卫生事件应对法律除具有对应急主体的授权和规制功能,其主要功能在于为行政应急主体提供一套应对突发事件的方法,以便其能够在合法、可预期且能最小损害人民群众利益的情况下高效处理突发事件带来或可能带来的危害。

(二)法律功能定位对制度设计的要求

突发公共卫生事件应对法特殊的功能定位对其具体制度的设计提出了更高的要求。

一方面,突发公共卫生事件应对法需要规定符合突发公共卫生事件应对规律的应急管理机制。《突发事件应对法》颁布之前,因相关技术水平的落后以及对突发公共卫生事件发生及发展规律认识的不足,我国长期以来实行的都是“事后型”应急管理机制,[1]即只注重突发公共卫生事件发生后的应急处置,而不注重事前的预防和监测。2007 年颁布实施的《突发事件应对法》首次规定了

---

〔1〕 戚建刚:《非常规突发事件与我国行政应急管理体制之创新》,载《华东政法大学学报》2010 年第 5 期。

“预防为主、预防与应急相结合”的突发事件应对工作基本原则,[1]并专章对“预防与应急准备”“监测与预警”“应急处置与救援”“事后恢复与重建”分别作出规定,“循环型”应急管理机制在我国正式确立。从实践中看,强调事前预防的“循环型”应急管理机制能够降低突发事件所带来的危害,因而各专项突发事件应对法也大多依照此机制对具体制度作出规定,可以说,我国当前的应急管理机制已基本符合突发事件应对规律。

另一方面,我国突发公共卫生事件应对法律体系的设计还要求各法之间能够做到立法权限和立法事项上的有效衔接。从世界范围来看,很多国家的突发公共卫生事件应对制度全规定在了一部法律之中,如美国的《公共卫生服务法》(Public Health Service Act)和法国的《公共卫生法规》(Code de la santé publique),其根本不存在各个突发公共卫生事件应对法律之间如何进行衔接的问题。而在我国,全国人大及其常委会制定的绝大多数法律都有制定配套立法文件的规定,这种“骨骼式立法”导致法律规定得过于原则化,过分依赖下位法配套,[2]突发公共卫生事件应对法也不例外。《突发事件应对法》和《传染病防治法》在某些制度上仅作出了原则性的规定,应急管理机关在具体履行这些制度时需要依据行政法规、部门规章、地方性法规、地方政府规章甚至是其他规范性文件的规定,但是,这些立法在当前不仅存在因立法权限不明而导致的重复立法、空白立法问题,还会出现法律冲突等其他一系列问题。有学者认为,“法法衔接”是对同一立法主体制定的不同法律之间的要求,针对不同立法主体来说要求可能高了一些,“因为每一个立法主体都或多或少地享有一定程度的立法自由裁量权,下位法的立法事项与上位法的立法事项之间的重复和交叉是不可避免的,只要立法精神保持一致就符合立法原则的要求”[3]。但笔者认为,在突发公共卫生事件应对法中,法律之间的不衔接可能会导致应急管理机关之间相互推诿责任,也可能会使应急管理机关找不到采取应急处置措施的法律依据,等等,而这些问题无疑会严重影响突发公共卫生事件的应对效率。因此,在现有的突发公共卫生事件应对法律框架下,应尽可能提升法律之间的衔接程度,而这种衔接的要求不仅应适用于同一立法主体制定的不同法律,还应适用

---

[1] 《突发事件应对法》第5条。

[2] 童之伟、苏艺:《我国配套立法体制的改革构想》,载《法学》2015年第12期。

[3] 莫纪宏:《人大立法中的“法法衔接”问题研究》,载《人大研究》2019年第5期。

于各个不同层次的法律，以此进一步提升突发公共卫生事件应对效率，进一步发挥突发公共卫生事件应对法的"方法"功能，进一步符合突发公共卫生事件应对法的立法目的。

三、体系衔接：明确各类法律的立法定位及立法事项

有学者认为，我国应借鉴国外的经验将有关突发公共卫生事件应对的制度统一规定在一部法律之中，以此消除当前突发公共卫生事件应对法律体系中存在的某些问题。但是，基于我国立法机关长期以来的立法理念以及当前突发公共卫生事件应对法的现状，这种主张可能不太容易被立法机关接受。笔者认为，在现有突发公共卫生事件应对法律体系框架下，通过重新明确各类法律的立法事项，也可以在一定程度上解决我国突发公共卫生事件应对法中存在的问题，而且相较于将所有制度整合为一部法律，这种方法在当前更具有可操作性。

（一）我国突发公共卫生事件应对法律体系

在公权力领域，完善的规则体系应该尽可能为被调整对象设定连贯的行为指引，法律的有效衔接可以最大限度地限缩模糊地带和规则空白。[1] 在突发公共卫生事件应对法中，以明确各类法律的立法定位及立法事项的方法加强法律体系上的衔接，其本质目的就在于为应急管理机关设定连贯的行为指引。当前，我国虽存在数量庞大的各类突发公共卫生事件应对法律，但就法律上的规定而言，"我国宪法和法律规定的立法权限内容多有交叉、重合或者含糊不清，导致地方与中央、行政机关与权力机关在一些事项上都认为自己拥有立法职权"[2]。立法权限的混乱使得"设定连贯的行为指引"的目标无法实现，从体系上进一步提升法律之间的衔接程度当然就具有必要性。

从现有突发公共卫生事件应对法律体系框架下建立法律衔接机制，就要先理清当前的法律体系中存在哪些法律规范。为满足突发公共卫生事件应急管理需求，我国各类立法主体已根据自身的立法权限制定了一系列的法律、法规、规章等文件，仅从法律规范的形式和数量上看，我国已形成较为完备的突发公

---

〔1〕 秦前红、苏绍龙：《党内法规与国家法律衔接和协调的基准与路径——兼论备案审查衔接联动机制》，载《法律科学（西北政法大学学报）》2016年第5期。

〔2〕 李林：《关于立法权限划分的理论与实践》，载《法学研究》1998年第5期。

共卫生事件应对法律体系。首先,全国人大及其常委会于2007年颁布《突发事件应对法》,规范自然灾害、事故灾难、公共卫生事件和社会安全事件等类型的突发事件应对活动,其不具有突发事件应对法典的性质,只是对应急管理工作作出的原则性规定;于2013年修订的《传染病防治法》,作为专项应急管理法律,调整传染病等突发公共卫生事件应对活动。其次,国务院于2011年修订《突发公共卫生事件应急条例》,具体规定应急管理机关的办事机构及具体职责,其依据《突发事件应对法》的授权而制定,性质为行政法规,属于《突发事件应对法》的配套立法。再次,卫生行政部门等有规章制定权的国务院部委可以依据自身的立法权限及应急管理职责或依据法律的授权制定部门规章,如海关总署于2018年修订的《国境口岸突发公共卫生事件出入境检验检疫应急处理规定》。又次,有权制定地方性法规的地方人大及其常委会可以根据地方情况、特点制定地方性法规,[1]如广东省人大常委会于2003年颁布的《广东省突发公共卫生事件应急办法》。最后,有规章制定权的地方人民政府在必要时可以根据自身立法权限及法律、法规的授权制定政府规章,如广西壮族自治区人民政府于2016年修订的《广西壮族自治区突发公共卫生事件应急办法》。

除上述法律、法规、规章外,我国还存在大量由各级人民政府或相关部门制定的涉及突发公共卫生事件应对的其他规范性文件,这些行政规范性文件包括"规定、决定、命令,甚至通知和座谈会纪要等"。[2] 笔者认为,这些数量庞大的其他规范性文件不宜被纳入突发公共卫生事件应对法律体系,原因有二:第一,法律规范最本质的特征是受国家强制力保障实施,而司法强制是国家强制力保障法律实施的最主要或最终形式。[3] 我国法院在进行司法审查时适用法律法规、参照规章,其他规范性文件并不受司法强制的保障,因而在外延上不应被纳入法律规范的范畴。第二,其他规范性文件往往是针对某一具体事项作出的规定,其虽然也针对不特定人作出,但与法律、法规、规章在稳定性等方面还是具有较大差别。另外,法律、法规、规章往往是其他规范性文件的制定依据,其他规范性文件本身的合法性还需接受司法机关的审查。因此,为提升突发公共卫生事件应对制度的稳定性和连贯性,法律、法规、规章应尽可能规定的更为完

[1] 刘莘:《依法行政与行政立法》,载《中国法学》2000年第2期。
[2] 李杰:《其他规范性文件在司法审查中的地位及效力探析》,载《行政法学研究》2004年第4期。
[3] 董皞:《判定法律冲突之问题研究》,载《法律科学(西北政法大学学报)》2014年第1期。

善,以此减少其他规范性文件在突发公共卫生事件应对中的适用。

(二)现有法律体系下的制度重构

1. 修改《突发事件应对法》

《突发事件应对法》不同于专项突发事件应急法律,其制定的目的不是为特定类别的突发事件提供具体的应对措施,而是为我国整体层面上的应急管理工作提供总括性、原则性的规定,因而有学者将《突发事件应对法》认定为突发事件应对法律中的基本法。[1] 如果将《突发事件应对法》定性为突发事件应对法律中的基本法,其主要功能便不是为特定突发事件的应对提供具体方法,而是为专项应急法和其他类型的应急法的制定确定立法原则、基本理念、应急管理机制等总体要求以及为行政立法的制定提供立法依据。《突发事件应对法》在应急管理过程中发挥着极为重要的作用,但其于 2007 年颁布实施,很多制度已不符合实践的需要。2020 年 4 月,全国人大正式启动了《突发事件应对法》的修订工作,笔者认为,这次修订应当在提升整个突发事件应急法律体系衔接程度的理念下进行。具体来说,《突发事件应对法》应在以下几个方面作出修改:

第一,明确《突发事件应对法》作为突发事件应对法典的地位。"有的单行法本身并不具有法典的特性,却对某一个领域的法律关系作出了总体的要求",[2]《突发事件应对法》当前正具有此等特征。法典地位的缺失使得《突发事件应对法》与其他由全国人大常委会制定的专项应急法律在效力上处于平行地位,当具体制度出现冲突时,专项应急法律的规定不仅不是当然无效的,其作为特别法可能还会优于《突发事件应对法》而适用。明确《突发事件应对法》的法典地位,不仅可以使整个突发事件应对法律体系在立法原则、基本理念等方面更加统一,还可以在法律适用时减少不必要的冲突。

第二,《突发事件应对法》应当对适用于所有类型的应急管理制度作出尽可能详细的规定。全国人大及其常委会制定的法律过于原则化使得应急管理机关在具体适用时不得不在其他立法中寻找法律依据是当前突发事件应对法的一大弊端。2014 年,在《全国人民代表大会常务委员会工作报告》中强调:"针对一些法律规定比较原则、需要制定的配套法规和规章过多等问题,强调要科

---

〔1〕 中国安全生产科学研究院:《完善我国应急管理法律法规体系》,载《劳动保护》2018 年第 6 期。

〔2〕 莫纪宏:《人大立法中的"法法衔接"问题研究》,载《人大研究》2019 年第 5 期。

学严密设计法律规范,能具体就尽量具体,能明确就尽量明确,努力使制定和修改的法律立得住、行得通、切实管用。"[1]因此,为确保《突发事件应对法》在实践中不被束之高阁,其制度的设计就应更为具体。当然,具有法典地位后的《突发事件应对法》调整所有类型的突发事件,而每种类型的突发事件应对均有其特殊之处,因此适用于所有类型的应急管理制度的数量是有限的。

第三,《突发事件应对法》对其不宜具体规定的事项应当作出授权立法规定。随着政府职能的强化和社会事务的繁杂多变,欲求事事均有立法为根据,殊不可能。要有效地适应国家职能的巨变,还必须赋予行政机关以一定的立法权力来满足行政管理的需要。[2]《突发事件应对法》应当对总体上的应急管理机制作出规定,但预防、监测、预警、风险评估等具体制度的设计一般由行政机关制定配套立法来完成。授权立法不仅赋予了行政机关制定法律的权力,同时也是一项义务,为避免因法律未及时制定而导致应急管理机关没有相应的行为指引,《突发事件应对法》还应规定被授权立法的行政机关未及时立法的责任制度。

2. 制定《突发公共卫生事件应急管理法》

《传染病防治法》由全国人大常委会于2013年修订实施,是一部调整传染病防控的专项应急法律。与《突发事件应对法》为我国整体层面上的应急管理工作提供总括性、原则性规定的定位不同,《传染病防治法》作为应急管理机关在传染病防控中最重要的法律依据,在制度设计上也应尽可能规定的更为具体。为进一步提升突发公共卫生事件应对法律体系的衔接程度,全国人大及其常委会可以在《传染病防治法》的基础上制定一部用于调整所有类型的突发公共卫生事件应对的专项应急法律,笔者将其暂称为"突发公共卫生事件应急管理法"。《突发公共卫生事件应急管理法》的制定应注意以下几点:

第一,应当在《传染病防治法》的基础之上吸收《突发公共卫生事件应急条例》(以下简称《应急条例》)和《传染病防治法实施办法》(以下简称《实施办法》)的规定,整合为更为具体、更加切实管用的《突发公共卫生事件应急管理法》。当前,全国人大及其常委会还未制定一部调整所有类型的突发公共卫生事件应对的专项立法。《突发事件应对法》第9条规定:"国务院和县级以上地

---

〔1〕 童之伟、苏艺:《我国配套立法体制的改革构想》,载《法学》2015年第12期。

〔2〕 苗连营:《行政立法及其控制》,载《郑州大学学报(哲学社会科学版)》1998年第6期。

方各级人民政府是突发事件应对工作的行政领导机关，其办事机构及具体职责由国务院规定”，因而《应急条例》本质上是《突发事件应对法》授权国务院制定的配套立法。《应急条例》调整传染病疫情在内的所有类型的突发公共卫生事件应对工作，调整范围大于《传染病防治法》。但是，从二者的现行规定来看，传染病防控机制也大多适用于其他类型的突发公共卫生事件应对，且《应急条例》与《传染病防治法》的规定也多有重复之处。因此，可以在《传染病防治法》的基础之上制定“突发公共卫生事件应急管理法”，作为应急管理机关开展突发公共卫生事件应对工作的法律依据。另外，《实施办法》是国务院为进一步细化《传染病防治法》的规定而制定的行政法规，其制定符合我国全国人大及其常委会制定法律后再由国务院或相关部门制定实施细则的立法惯例。但与其他法律不同的是，突发公共卫生事件应对法的主要功能在于为应急管理机关设定连贯的行为指引规则，以提升突发事件应对效率，将规则统一规定在一部法律之中显然更有利于此功能的实现。因此，笔者认为“突发公共卫生事件应急管理法”在制定时也应将《实施办法》的规定进行吸收、整合，且在制定后国务院也不应再制定《突发公共卫生事件应急管理法》的实施办法。

第二，“突发公共卫生事件应急管理法”在基本原则、立法理念、总体的应急管理机制等方面应与《突发事件应对法》保持一致，以防止出现因法律冲突而导致的应急管理机关相互推诿应急职责等情况。

第三，《突发事件应对法》或“突发公共卫生事件应急管理法”应当对必要的法律保留事项作出规定。法律保留事项是指我国《立法法》第 8 条规定的只能由全国人大及其常委会制定的法律规定的事项。在突发公共卫生事件应急处置过程中，也可能会涉及“限制人身自由的强制措施和处罚”“对非国有财产的征收、征用”等事项，为保证应急管理机关在必要情况下采取应急征用等措施时具有法律依据，《突发事件应对法》或“突发公共卫生事件应急管理法”应当有所规定。

第四，“突发公共卫生事件应急管理法”在规定应急措施时，应当尽量明确应急措施的实施主体及法律责任。应急措施实施主体的不明确既可能导致被授权立法主体和应急管理机关不作为，也可能导致无权实施应急措施的主体越权作为。比如，在新冠肺炎疫情防控过程中，因应急征用制度规定的不完善，大理市卫生健康局征用了重庆市政府委托企业订购的 9 件口罩，该应急征用措施除严重不合理外，征用主体也并不适格，属于无效行政行为。明确应急措施的实施主体及法律责任有利于发挥法律的控权功能，也有利于督促应急管理机关及时履行其法定职责。另外，社会应急力量在突发事件应对工作中发挥着越来越重要的作用，但当前法律并未明确社会应急力量的具体应急权力，导致社会应急力量采取应急处置措施时可能会面临合法性问题。[1] 因此，《突发公共卫生事件应急管理法》应根据社会应急力量在突发公共卫生事件应对中发挥的作用赋予其相应的应急权力。

3. 完善行政法规和部门规章

在我国，行政立法是指行政机关根据法律的规定或最高国家立法机关的授权制定规范性文件的活动。[2] 国务院制定行政法规和国务院各部委制定部门规章均属于行政立法范畴。在实践中，行政机关多依单行法律的授权而制定法规或规章，在性质上，属于此单行法律的配套立法。在突发公共卫生事件应对法中，为保证《突发事件应对法》和《突发公共卫生事件应急管理法》的具体性和可操作性，所有涉及突发公共卫生事件应对的基本制度均应在二者中有所规定。但是，法律不会对某些制度规定的过于细化，此时便需要行政法规和部门规章来完成使法律具体化的工作。在当前的《突发事件应对法》和《传染病防治法》中，存在很多授权立法规定。比如，《突发事件应对法》第 41 条第 1 款规定“国家建立健全突发事件监测制度”；第 42 条第 3 款规定“预警级别的划分标准由国务院或者国务院确定的部门制定”；《传染病防治法》第 17 条第 2 款规定“国务院卫生行政部门制定国家传染病监测规划和方案”；第 24 条规定“各级人民政府应当加强艾滋病的防治工作，采取预防、控制措施，防止艾滋病的传播。具体办法由国务院制定”；等等。因此，当《应急条例》和《实施办法》的相关规定被吸收进“突发公共卫生事件应急管理法”后，行政法规和部门规章应主要完成法律规定的基本制度的具体化工作，使法律在有完善的配套立法的情况下能够更有效地发挥其行为指引作用。

4. 重构地方性法规和地方政府规章

地方性法规是省级和设区的市级人大及其常委会根据本行政区域的具体情况和实际需要制定的规范性文件，是地方立法机关行使立法权的体现。中央制定的法律适用于全国，具有“普适”的性质，但不可能完全顾及地方差异，且地

---

[1] 王红建、刘辉：《社会应急力量的应急权力研究》，载《铁道警察学院学报》2019 年第 5 期。
[2] 王压非：《配套立法辨析》，载《郑州大学学报（哲学社会科学版）》2012 年第 6 期。

方性事务对立法的需要是多层次、多样化、多方位的，不可能都从中央立法中寻找答案。[1] 因此，地方立法机关在必要情况下可以行使其立法权。我国《立法法》规定的地方立法权其实是“有限制的立法权”，地方性法规不仅需要根据地方情况、特点制定，在立法权限方面也受到了法律严格的限制。在突发公共卫生事件应对领域，笔者认为，地方立法机关可以针对如下事项制定地方性法规：一是根据本行政区域的具体情况和实际需要制定更为具体、更具有操作性的《突发事件应对法》以及“突发公共卫生应急管理法”的实施办法、实施条例，如上海市人大于2018年修正的《上海市实施〈中华人民共和国突发事件应对法〉办法》；二是综合运用有关的几个法律、行政法规，有针对性地解决本地方特定问题的地方性法规，[2] 如在此次新冠肺炎疫情防控过程中，四川省人大颁布的四川省人民代表大会常务委员会《关于依法做好当前新冠肺炎疫情防控工作的决定》。

地方政府规章是指省级和设区的市级人民政府，根据法律、行政法规、地方性法规制定的规范性文件，其可以就“为执行法律、行政法规、地方性法规的规定需要制定规章的事项”和“属于本行政区域的具体行政管理事项”做出规定。[3] 在突发公共卫生事件应对领域，省级和设区的市级人民政府可以依据其行政管理权限或法律、法规的授权并根据本行政区域的具体情况和实际需要制定地方政府规章，其功能在于进一步细化法律规定的应急制度。比如，地方政府规章可以根据本行政区域的实际情况就突发公共卫生事件的预防、监测、预警、风险评估、信息发布等制度作出具体规定，如上海市政府于2019年制定的《上海市突发事件预警信息发布管理办法》。另外，地方人大及其常委会和地方人民政府不仅应在其立法权限内及时制定地方性法规和地方政府规章，防止出现空白立法，还应在制定时避免法律冲突和重复立法，确保整个突发公共卫生事件应对法律体系能够有效衔接，下文将详细论述。

四、小结

新冠肺炎疫情对我国造成了巨大的损害，但同时也为我国完善突发公共卫

---

〔1〕 封丽霞：《中央与地方立法权限的划分标准：“重要程度”还是“影响范围”？》，载《法制与社会发展》2008年第5期。

〔2〕 向立力：《地方立法发展的权限困境与出路试探》，载《政治与法律》2015年第1期。

〔3〕 《中华人民共和国立法法》第82条。

生事件应对法律体系提供了良好的契机。当前,全国人大及其常委会正式启动了《突发事件应对法》的修订计划,且制定了一个专项计划,对公共卫生领域相关立法修法工作作出了统筹安排。本部分仅是对突发公共卫生事件应对领域的立法如何进行衔接作出了探讨,实际上,公共卫生领域的很多法律需要得到修改和完善。比如,全国人大及其常委会应当修改《野生动物保护法》,全面禁止非法野生动物交易、革除滥食野生动物陋习;还应当尽快修改《国境卫生检疫法》《进出境动植物检疫法》,以尽可能防止传染病等疾病的跨国传播;等等。总之,新冠肺炎疫情疫情的暴发使公共卫生领域相关立法暴露出了很多问题,立法主体需要加以修改和完善,在完善的过程中,也要注意整个公共卫生领域法律体系的逻辑性,提升公共卫生领域法律之间的衔接程度。

第三节　疾病预防控制机构的应急法律机制完善

一、概述

2019 年年底以来,新冠肺炎疫情等突发公共卫生事件对我国造成了极大的危害,为有效应对突发公共卫生事件,我国需逐步建立完善的应急法律机制。《突发事件应对法》于 2007 年颁布实施之后,我国的突发事件应对工作逐渐由仅注重"应急处置"的"事后型"应急管理体制转变为"预防为主、预防与应急相结合"的"循环型"应急管理体制,[1] 实践证明,"循环型"应急管理体制更加符合突发事件的特点和突发事件应对工作的需要。但是,突发事件应对不仅要求应急管理体制的"科学性",突发事件的紧急性还要求应急管理体制在应对突发事件时具有"高效性",而设定科学且明确的应急管理主体和相应的职责是高效应对突发事件的关键。

在突发公共卫生事件领域,《传染病防治法》等突发公共卫生事件应对法律规定了各级人民政府、卫生行政部门、疾病预防控制机构以及医疗机构等应急管理主体在传染病预防、疫情控制、医疗救治等各个应对环节的具体职责,为有效应对突发公共卫生事件奠定了制度基础,如在新冠肺炎疫情防控过程中,各类应急管理主体根据各自的法定职责快速开展应急处置是我国能够在短时间

---

[1] 戚建刚:《非常规突发事件与我国行政应急管理体制之创新》,载《华东政法大学学报》2010 年第 5 期。

内使疫情得到基本控制的关键原因之一。但应当注意的是，当前的法律制度是否能使各类应急管理主体在突发公共卫生事件应对中发挥最大的作用还存在较大争议，比如在新冠肺炎疫情防控过程中，很多学者便对疾病预防控制机构的权力过小而不能充分发挥其作用等问题提出质疑。因此，本部分试以新冠肺炎疫情防控为例，在探析当前我国疾病预防控制机构在突发公共卫生事件应对中发挥的作用的基础上，结合域外某些较为科学的相关制度，对疾病预防控制机构在突发公共卫生事件应对中的作用进行重新评估，以求进一步完善我国的突发公共卫生事件应急法律机制。

二、疾病预防控制机构的现状

（一）疾病预防控制机构的法律地位

长期以来，我国实行的都是“单灾种”型应急管理体制。所谓“单灾种”型应急管理体制，是指一个或数个部门负有一种类型的突发事件应对职责。基于“单灾种”型应急管理体制存在诸多弊端，在2018年国家机构改革中，国家成立应急管理部专门负责突发事件应对工作。应急管理部整合了13个部门的突发事件应对职能，实现了应急管理对象、应急管理职能、应急管理过程三个方面各自内部要素的高度统一，[1]负有应对自然灾害类突发事件以及事故灾难类突发事件中的安全生产类突发事件的职责。[2] 可以看出，应急管理部并不负有所有类型的突发事件应对职责，其他类型的突发事件应对仍由原应急管理部门负责。相较于自然灾害类突发事件和安全生产类突发事件，突发公共卫生事件应对具有较强的专业性和特殊性，未将其整合进应急管理部而仍由各级卫生行政部门负责具有合理性。在2018年国家机构改革中，国家对卫生行政部门也进行了重组，将原国家卫生和计划生育委员会等机构的职能进行了整合，组建国家卫生健康委员会，作为国务院组成部门。[3] 当前，国家卫生健康委员会以及各地卫生健康委员会负有突发公共卫生事件应对职责。

---

〔1〕 高小平、刘一弘：《应急管理部成立：背景、特点与导向》，载《行政法学研究》2018年第5期。

〔2〕 戚建刚、乌兰：《应急管理部的行政法建构——基于整体性治理理念的分析》，载《北京行政学院学报》2018年第5期。

〔3〕 中共中央印发《深化党和国家机构改革方案》，载中国政府网，http://www.gov.cn/zhengce/2018-03/21/content_5276191.htm#1，最后访问日期：2020年4月12日。

各级卫生健康委员会均设有专门的机构负责突发公共卫生事件应对工作，疾病预防控制机构便是其中之一。疾病预防控制机构，是指“从事疾病预防控制活动的疾病预防控制中心以及与上述机构业务活动相同的单位”，〔1〕在实践中，疾病预防控制机构通常仅指各级疾病预防控制中心。与卫生应急办公室和疾病预防控制局等内设机构不同的是，疾病预防控制中心不具有行政机关地位，其仅是卫生健康委员会所属的一个事业单位。所谓事业单位，是指由政府利用国有资产设立的，从事教科文卫等活动的社会服务组织，〔2〕大陆法系国家将其称之为公务法人。事业单位是依照公法设立的法人，其享有一定公共权力，具有独立的管理机构及法律人格，能够独立承担法律责任。〔3〕当前，疾病预防控制中心作为一个典型的事业单位，其可以依据《传染病防治法》等法律的规定，也可以依据行政机关的授权，履行突发公共卫生事件应对职能。

（二）疾病预防控制机构的应急职责

根据《中央编办关于国家卫生健康委所属事业单位机构编制的批复》（中央编办复字〔2018〕90号）的规定，我国疾病预防控制中心在公共卫生领域内负有开展疾病预防控制、突发公共卫生事件应急、组织制定国家公共卫生技术方案和指南、开展传染病等监测与评价、组织制定流行病学调查和卫生处理相关技术规范、推进公共卫生科技创新发展、开展对地方疾病预防控制机构的业务指导等九项职责。可以看出，我国目前对疾病预防控制中心的定位是负责在公共卫生领域开展相关研究、监测、调查、风险评估、宣传和教育以及提供技术支撑等事项的技术性单位，突发公共卫生事件应对则仅是其中一项职责。另外，并不是仅有疾病预防控制中心负有突发公共卫生事件应对职责，除各级人民政府、医疗机构等应急主体外，各级卫生行政部门也有专门的内设机构负责突发公共卫生事件应对工作。依据《传染病防治法》等法律的规定，突发公共卫生事件的应对有预防、应急处置等环节，每个环节均有不同的应急主体负有不同的应急职责。在实践中（见图19），疾病预防控制机构除履行法定职责外，卫生行政部门往往还

〔1〕《中华人民共和国传染病防治法》第78条第（14）项。

〔2〕方流芳：《从法律视角看中国事业单位改革——事业单位“法人化”批判》，载《比较法研究》2007年第3期。

〔3〕马怀德：《公务法人问题研究》，载《中国法学》2000年第4期。

要求疾病预防控制机构采取摸排登记、应急物资储备、消杀、封锁、检疫等措施。

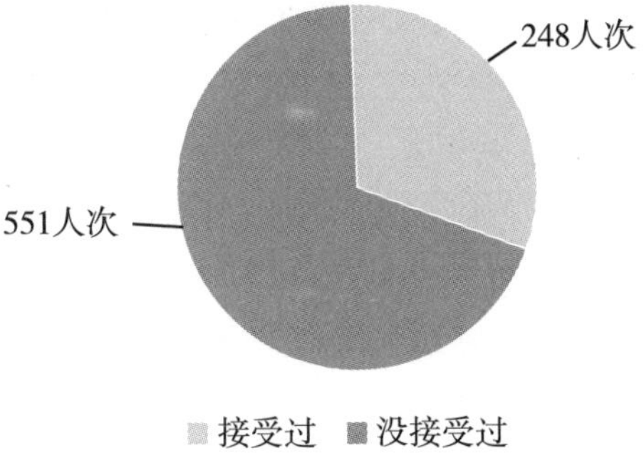

图 19　问题：疫情期间，您是否接受过当地疾控中心的流行病学调查

三、疾病预防控制机构应急法律机制中存在的问题

疾病预防控制机构作为卫生行政部门下属的技术指导支撑性单位，在常态状况下并未受到足够的重视。在 2019 年医疗卫生系统的改革过程中，多地疾病预防控制机构甚至被撤销，疾病预防控制机构人员则被并入到其他单位或成立新单位。新冠肺炎疫情在我国流行时，疾病预防控制机构因"为何不提早拉响警报""在疫情早期研判上为何说出有限人传人"等问题而受到很多人的质疑。[1] 实际上，当前我国疾病预防控制机构在应急法律机制上的种种弊端是产生上述问题的关键原因。因此，笔者试以新冠肺炎疫情防控为例厘清当前疾病预防控制机构的应急法律机制中存在的问题。

（一）法定权限过小

疾病预防控制机构虽然有权开展对传染病疫情的调查、监测等工作，但受制于其技术指导支撑性事业单位的性质，在此次新冠肺炎疫情防控过程中，过小的权限使得疾病预防控制机构并未最大限度地发挥其作用。一方面，突发公共事件严重的危害性与破坏性使得应急处置措施的实施具有急迫性，突发公共卫生事件一旦升级扩散，其负面影响不可估量。[2] 新冠肺炎疫情在我国出现

〔1〕《基层疾控中心：新冠疫情到来前，"我们差点就要改没了"》，载新浪网，https://k.sina.cn/article_5705191799_1540e517704000xt49.html? vt = 4&p，最后访问日期：2020 年 4 月 13 日。

〔2〕杨海坤、马迅：《总体国家安全观下的应急法治新视野——以社会安全事件为视角》，载《行政法学研究》2014 年第 4 期。

时，越早向社会进行疫情预警，从而使相关单位和公众及时采取相应的预防措施，便能越大程度上降低疫情所带来的危害。疾病预防控制机构负责开展流行病学调查、监测和传染病实验室检测、诊断、病原学鉴定等工作，疫情信息原则上会由疾病预防控制机构最先获取。但是，疾病预防控制机构并没有行政管理和独立决策权力，其只能向卫生行政部门报告并由有权的卫生行政部门或人民政府向社会公布疫情信息。应当注意的是，卫生行政部门或人民政府在传染病的发生、流行趋势研判方面并未发挥作用，其作用仅是接到疾病预防控制机构的报告后通过一定渠道发布疫情信息。报告程序显然会推迟应急主体采取应急处置措施的时间，且疫情的网络直报系统的作用仅为内部参考，对外公布和各级决策部门使用的数据均来自于卫生行政部门另设的一套电话和表格报告系统，浪费大量防疫资源。[1] 另一方面，疾病预防控制机构负责开展流行病学调查，且在疫情防控过程中，往往会依照卫生行政部门的要求，采取检疫措施。在开展流行病学调查和采取检疫措施过程中，发现传染病人、病原携带者以及疑似病人时需对其采取隔离措施。但是，隔离措施本质上是会对相对人权益造成损害的强制性措施，相对人拒绝隔离治疗的，疾病预防控制机构在目前并无权对其采取强制隔离治疗措施，而只能由公安机关协助采取该强制措施。在实践中，疾病预防控制机构强制隔离权的缺失显然也会降低突发公共卫生事件的应急处置效率。

（二）某些职责与其定位不相匹配

基于疾病预防控制机构是技术指导支撑性单位的定位，该机构的人员大多是公共卫生领域的专业技术性人员，但在突发公共卫生事件应对实践中，卫生行政部门分派给疾病预防控制机构的应急处置工作往往与其定位不相匹配。比如，在新冠肺炎疫情防控过程中，很多地方的疾病预防控制机构都要负责应急物资的储备工作。但是，疾病预防控制机构在常态状况下并不负有储备应急物资的法定职责，在疫情防控时，应急物资往往极度紧缺，临时安排疾病预防控制机构负责恐怕难以有效完成应急物资储备工作。另外，在突发公共卫生事件应急处置时，应急物资的储备往往需要应急主体行使应急征用权，但应急征用作为一项可能会严重损害被征用人利益的应急处置措施，只有法律明确规定的

---

〔1〕 江国华：《突发公共卫生事件预警的法理透析》，载《法学评论》2020年第2期。

主体才能采取，疾病预防控制机构显然并不具有采取应急征用措施的权力，而疾病预防控制机构在进行应急物资储备时需报请有权机关采取应急征用措施显然会极大降低采取应急保障措施的效率。又如，在此次新冠肺炎疫情防控过程中，某些地方的疾病预防控制机构还要完成本行政区域内的病毒消杀工作，与其技术指导支撑性单位的定位严重背离。疾病预防控制机构完成这些与其定位不相匹配的工作显然会对其法定职责的履行造成不利影响，法律在扩大疾病预防控制机构权限的同时，还应进一步明确疾病预防控制机构的职责问题。

（三）各级疾病预防控制机构的管理机制不科学

当前，我国各级疾病预防控制机构作为卫生行政部门下属的事业单位，仅对同级卫生行政部门负责，“国家疾控机构对地方各级疾控机构仅有技术指导责任，地方疾控机构除了逐级向国家级机构按法律法规填表报送数据外，少有其他法律责任和行政管理责任归属”。[1] 上级疾病预防控制机构对下级疾病预防控制机构领导权缺失在实践中会造成很多问题。比如，在地方疾病预防控制机构发现传染病疫情时，按照法律规定无需报告给上级疾病预防控制机构，而应“报告当地卫生行政部门，由当地卫生行政部门立即报告当地人民政府，同时报告上级卫生行政部门和国务院卫生行政部门”。如在武汉出现新冠肺炎疫情时，当地的疾病预防控制中心和医疗机构仅需向武汉市卫生健康委员会报告疫情状况，由武汉市卫生健康委员会上报给湖北省卫生健康委员会和国家卫生健康委员会，然后国家卫生健康委员会向国家疾病预防控制中心进行通报并由国家疾病预防控制中心向武汉派出专家组开展疫情调查。可以看出，当前疾病预防控制机构的管理机制对及时开展疫情的发生、流行趋势研判和及时采取应急处置措施具有不利的影响。另外，在疫情防控过程中，各地疾病预防控制中心的“各自为政”也不利于对突发公共卫生事件的协同性治理。

（四）法定职责履行能力不足

当前，各地疾病预防控制中心还面临法定职责履行能力不足的问题。一方面，地方疾病预防控制中心相较于卫生行政部门，地位较低；相较于医疗机构，人员待遇等方面存在较大的差异。“地位低”“待遇差”的现状造成人才引进困

---

〔1〕 江国华：《突发公共卫生事件预警的法理透析》，载《法学评论》2020 年第 2 期。

难,还造成了现有人员的大量流失。另一方面,我国的突发事件应对工作长期以来均采取的是“事后型”应急管理体制,即只注重疫情发生时的救治而不注重事前采取预防措施。[1] 因此,常态状况下疾病预防控制中心的流行病学调查、传染病监测等工作得不到地方政府的重视,经费不足等原因导致疫情突发情况下地方疾病预防控制中心的传染病预防、监测等技术较为落后,疾病预防控制中心法定职责履行能力的不足是当前急需解决的问题。

四、域外疾病预防控制机构的应急法律机制

(一)美国疾病控制和预防中心的应急法律机制

总体而言,美国的突发事件应急法律机制与我国具有相似之处。联邦应急管理局(Federal Emergency Management Agency,FEMA)成立之前,住房和城市发展部(Department of Housing and Urban Development,HUD)、联邦民防管理局(Federal Civil Defense Administration,FCDA)等联邦机构分别负责不同类型的突发事件救灾和恢复工作。这种应急管理体制实际上也给美国带来了不可避免的弊端,即缺少一个单一的、统一的、全面的发展战略来满足国家的长期需要。[2] 联邦应急管理局于 1979 年成立之后,吸收了上述联邦机构的救灾职责,将救灾工作移交给新的联邦一级机构。但是,联邦应急管理局同样并未负责突发公共卫生事件应对工作,突发公共卫生事件应急由同样是 1979 年设立的美国卫生与公众服务部(United States Department of Health and Human Services,HHS)负责。

美国疾病控制和预防中心(Centers for Disease Control and Prevention,CDC)是美国卫生与公众服务部所属的一个机构。与我国疾病预防与控制中心为事业单位不同,美国疾病控制与预防中心属于联邦行政机构,且该中心在各州并未设立任何分支或下属机构。美国疾病控制与预防中心的重点在于发展和应用疾病预防和控制、环境卫生等活动。在突发公共卫生事件应对领域,一方面,该中心可以在潜在疫情暴发之初应各州卫生官员的请求提供技术和对疾

---

〔1〕 有关“事后型”应急管理体制的详细阐释,可参见戚建刚:《非常规突发事件与我国行政应急管理体制之创新》,载《华东政法大学学报》2010 年第 5 期。

〔2〕 Falkenrath, Richard S, *Problems of Preparedness*: *U. S. Readiness for a Domestic Terrorist Attack*, 4 International Security 147(2001).

病调查、控制的财政支持，[1]也可以向州和地方政府提供咨询，因为疾控中心不受任何地方政治影响，且该组织主要由科学家和公共卫生专家组成，[2]具备当地机构缺乏的专家知识。另一方面，美国疾病控制与预防中心享有检疫权。根据美国《公共卫生服务法》第 361 条，卫生与公众服务部部长有权授予疾病控制与预防中心采取措施防止传染病进入美国，而疾病控制与预防中心则在美国各地的入境口岸和陆地过境点设有检疫站，有权拘留、检查和释放被怀疑携带某种传染病的人。在州际检疫和隔离层面，检疫权原则上留给地方和州卫生部门，但如果地方当局采取的措施不足以防止传染病蔓延，疾控中心仍有权根据《公共卫生服务法》的授权进行拘留、检查和隔离，以防止传染病的州际传播。[3]

(二)欧洲疾病预防和控制中心的应急法律机制

欧洲疾病预防控制中心(European Centre for Disease Prevention and Control, ECDC)成立于 2005 年，是一个欧盟(EU)机构，负责加强欧洲抵御传染病的能力，总部设于瑞典索尔纳市。欧洲疾病预防控制中心由 2004 年 4 月 21 日生效的(EC)No 851/2004 条例规定，[4]它是一个独立的欧洲疾病预防和控制机构，由管理委员会、设在瑞典的一名主任和工作人员以及一个咨询论坛组成。(EC)No 851/2004 条例规定，欧洲疾病预防控制中心在监测、应对健康威胁、提供科学意见和技术援助、收集数据、查明新出现的健康威胁以及公共宣传运动等方面与其成员国建立合作关系。

欧洲疾病预防控制中心的活动范围很广，但可以归纳为三大领域：(1)风险

---

[1] Kathleen S. Swendiman, *Influenza Pandemic: Selected Legal Issues*, 1 Cong. Research Serv (2009).

[2] Denver Nicks, *The CDC Has Less Power Than You Think and Likes it That Way*, Time Online (Mar. 3, 2020), https://time.com/3516827/cdc – constitutionquarantine/.

[3] *Q & As about the Final Rule for Control of Communicable Diseases: Interstate (Domestic) and Foreign Quarantine*, *Centers for Disease Control*, (Feb. 22, 2020), https://www.cdc.gov/quarantine/qa – final – rule – communicable – diseases.html.

[4] Official Journal of the European Union. Regulation (EC) No 851/2004 of the European Parliament and of the Council of 21 april 2004 establishing a European Centre for disease prevention and control, April 2004. 载 https://eur – lex.europa.eu/legal – content/EN/ALL/? uri = CELEX%3A32004R0851。

评估;(2)数据分析和解释,以便能够对跨国疾病进行监测;(3)在疫情暴发和紧急状态期间对各成员国公共卫生机构进行协调。[1] 受制于欧盟的性质,欧洲疾病预防控制中心并不具有如美国疾病控制与预防中心具有的拘留、检查和隔离等检疫权,但欧洲疾病预防控制中心与其成员国合作建立的各种技术性系统值得我国借鉴:(1)预警反应系统(The Early Warning Response System, EWRS)。EWRS 向成员国通知有关新出现的传染病威胁和控制措施、当前流行病的进展、异常疾病现象或来历不明的疾病带来的新威胁的信息,以及用于预防和控制传染病威胁的机制,特别是在紧急情况下,该系统能够发挥较大的作用。其访问仅限于接收实时通信通知的成员国中的正式任命联系人。(2)欧洲监测系统(The European Surveillance System,TESSy)。TESSy 是一个统一的数据收集系统,由成员国提供的所有传染病数据组成。欧洲疾病预防控制中心对数据进行分析和汇总,并向成员国分发报告。成员国的被提名用户可以访问整个数据系统。(3)流行病情报信息系统(The Epidemic Intelligence Information System,EIIS)。EPIS 是一个基于网络的通信平台,允许指定的公共卫生专家交流技术信息,以评估当前和新出现的健康威胁是否对欧盟产生潜在影响。(4)威胁追踪工具(The Threat Tracking Tool,TTT)。TTT 是一个负责存储已经检测过的公共卫生事件的数据库,用于检测和评估新出现的传染病威胁。(5)现场流行病学和公共卫生微生物学研究金(The Field Epidemiology (EPIET) and Public Health Microbiology (EUPHEM) fellowships)。这些为期两年的研究金计划对欧洲各地的从业人员进行了流行病学或公共卫生微生物学方面的培训,使个人能够与欧洲这些领域中一些最专业的人员一起接受高标准的培训。该研究金计划可以在整个欧洲"交叉应用知识",并有助于建立专业的网络和协作。

(三)英格兰公共卫生局的应急法律机制

英格兰公共卫生局(Public Health England,PHE)是英国卫生和社会服务部(the Department of Health and Social Care,DHSC)的执行机构,它成立于2013年4月1日,将来自70多个组织的公共卫生专家聚集到一个单一的公共卫生服

---

[1] *The UK and the European Centre for Disease Prevention and Control (ECDC):Blueprint for a post-Brexit relationship*,Faculty of Public Health (Jun 2018),https://www.fph.org.uk.

务机构,该机构的使命是保护和改善国家的健康状况,并解决不平等问题。英格兰公共卫生局拥有英国卫生和社会服务部的业务自主权,并设有咨询委员会,由非执行主席和非执行成员组成,其主要职责为:(1)通过提倡更健康的生活方式、向政府提供咨询意见和支持地方政府、国民保健服务和公众的行动,使公众更健康,减少不同群体之间的健康差异;(2)保护国家免受公共卫生危害;(3)准备和应对公共卫生紧急情况;(4)通过分享信息和专门知识,确定和准备未来的公共卫生挑战,改善全体人民的健康;(5)支持地方当局和国民保健服务计划和提供卫生和社会护理服务,如免疫接种和筛查方案,并发展公共卫生系统及其专业劳动力;(6)研究、收集和分析数据,以提高我们对公共卫生挑战的认识,并提出公共卫生问题的答案。

英格兰公共卫生局由四个地区和15个中心(PHEC)组成。整个地区还有十个微生物实验室,包括提供专业和参考微生物学服务的实验室。通过遍布英格兰的现场流行病学团队提供专业的现场流行病学服务。英格兰公共卫生局下属的传染病监测与控制中心(PHE Centre for Infectious Disease Surveillance and Control,CIDSC)、微生物学服务部(PHE Microbiology Services)、首席公共卫生实验室(Lead Public Health Laboratories)以及现场流行病学服务部(PHE Field Epidemiology Services,FES)等机构负责收集和整理有关传染病暴发的数据、检测传染病的传播并控制或预防疾病暴发、确定传染病暴发的原因及程度以及向各地提供技术性支持等工作,[1]这些职责类似于我国和美国疾病预防控制机构的职责。与我国按照行政区域设置疾病预防控制机构且该机构由同级卫生行政部门领导不同的是,英格兰公共卫生局在其管辖的各地区内设立公共卫生中心,该中心属于英格兰公共卫生局的一部分,负责该地区的疾病预防和控制工作。另外,英格兰公共卫生局在英国的应急指挥机构暴发控制小组(The Outbreak Control Team,OCT)中也发挥着较为重要的作用。

(四)小结

新冠肺炎疫情开始在我国流行后,国家及时采取了一系列疫情防控措施,使疫情在短时间内便得到了有效控制,向世界展示了中国特色社会主义的制度

---

[1] *Communicable Disease Outbreak Management: Operational guidance*, Public Health England (Aug,2014),https://www.gov.uk/phe.

优势。随后,新冠肺炎病毒在全球范围内大流行,但国际防疫形势却丝毫不容乐观,特别是欧美发达国家,因长期以来的医疗体系及社会经济不平等存在的弊端,以及政党间的"反对式"政治治理模式等种种原因,疫情并未得到及时有效的控制。但应当注意的是,我国整体上的疫情治理优势不代表具体应急法律机制不存在丝毫弊端,同时,也不能因欧美国家和政府疲软的疫情应急能力而否定其所有的应急法律制度。在疾病预防控制机构的应急法律机制的建构中,欧美国家的某些制度仍有可以参考借鉴之处,比如美国疾病控制和预防中心的管理体制和应急权力,又比如欧洲疾病预防控制中心与其成员国合作建立的各种技术性系统。因此,在完善我国疾病预防控制机构的应急法律机制时,最主要的是要弥补此次新冠肺炎疫情防控过程中显现的弊端,同时也可以适当参考域外较为科学的相关制度。

五、疾病预防控制机构应急法律机制的完善

当前,我国疾病预防控制机构的应急法律机制在实践中已显现出种种弊端,为进一步发挥疾病预防控制机构在突发公共卫生事件应对过程中的作用,进一步提升突发公共卫生事件应急法律机制整体上的科学性,需要结合我国的实际状况和域外先进经验,从法律地位、管理体制、应急权限以及应急能力等方面对疾病预防控制机构的应急法律机制进行完善。

(一)重构疾病预防控制机构的管理体制

由上文分析可知,我国疾病预防控制机构当前仅发挥监测、流行病学调查以及向行政机关提供专业性建议等技术性作用,没有行政管理和独立决策权力是疾病预防控制机构在突发公共卫生事件应急管理方面的主要弊端。可以看出,事业单位的性质使疾病预防控制机构在整个突发公共卫生事件应急管理体系中处于较低的地位,从而决定了疾病预防控制机构不可能因其技术优势发挥主导性作用,因此,未来可以考虑将我国疾病预防控制机构由事业单位转型为行政机关。事实上,其他国家或地区的疾病预防控制机构大多具有国家机关的性质,且在我国其他类型的突发事件应急管理体系中,与疾病预防控制机构具有类似职能的机构也大多为行政机关。比如,中国地震局负有组织编制国家防震减灾规划、管理全国地震监测预报、指导地震科技体制改革、指导防震减灾知

识的宣传教育工作等职责,[1]其在自然灾害类突发事件应对中的职责与疾病预防控制机构在突发公共卫生事件应对中职责类似,但中国地震局并不是事业单位,而具有行政机关的法律地位,2018 年国家机构改革后,中国地震局作为应急管理部的"部属单位",由应急管理部进行管理。

当前,我国卫生行政部门存在负责疾病预防与控制工作的内设机构,如国家卫生健康委员会内设疾病预防控制局,负责拟订重大疾病防治规划、国家免疫规划、完善疾病预防控制体系,承担传染病疫情信息发布等工作,其职能恰好与疾病预防控制中心的某些职能相衔接。如果将疾病预防与控制中心转制为行政机关,可以考虑将卫生行政部门中内设的疾病预防控制机构与疾病预防控制中心的职能合并,共同组成新的疾病预防控制中心作为一个具有业务自主权的行政机关。在中央层面,中国疾病预防控制中心应作为国家卫生健康委员会的"部属单位",由国家卫生健康委员会管理;在地方层面,得益于我国的行政管理体制,中国疾病预防控制中心无需像英格兰公共卫生局那样分区设立公共卫生中心,县级以上行政区域可以按其级别分别设立疾病预防控制中心,各级疾病预防控制中心下属于同级卫生行政机关。同时,为进一步加强上级疾病预防控制中心对下级疾病预防控制中心的指导与协调,进一步遵循各级疾病预防控制中心协同应对突发公共卫生事件的基本理念,应改变以往"国家疾控机构对地方各级疾控机构仅有技术指导责任"的管理机制,[2]上级疾病预防控制中心应领导下级疾病预防控制中心开展疾病预防控制工作,实行以上级疾病预防控制中心为主的双重领导。另外,原各级疾病预防控制中心下属的各类研究机构,仍宜作为疾病预防控制中心直属的事业单位,由疾病预防控制中心管理。

(二)扩大疾病预防控制机构的应急权限

在突发公共卫生事件应急权限方面,改制后的疾病预防控制中心除具有原先的传染病监测、流行病学调查、传染病防治知识普及、提出疫情控制方案等职能外,还应对拟订重大疾病防治规划、国家免疫规划、完善疾病预防控制体系、

---

〔1〕《中国地震局职能职责》,载中国地震局网站,https://www.cea.gov.cn/,最后访问日期:2020 年 4 月 15 日。

〔2〕江国华:《突发公共卫生事件预警的法理透析》,载《法学评论》2020 年第 2 期。

传染病疫情信息发布等工作负责。除此之外，为进一步高效应对突发公共卫生事件，疾病预防控制中心还应具有如下权力：

1. 检疫权。所谓检疫权，在国外指的是法定机关享有的拘留、检查和释放被怀疑携带某种传染病的人的权力，其实质上是一种“警察权力”。[1] 在我国，完整的检疫权也应当并非仅指享有对个人是否感染疫情进行检测的权力，还应包括对患有特定传染病的人采取强制隔离治疗及解除隔离等措施的权力。当前，疾病预防控制中心在法律以及卫生行政部门的授权下有权在其管辖区域内对特定相对人是否感染疫情进行检测，但并不具有采取强制隔离和治疗措施的权力，相对人拒绝隔离或治疗的，只能由公安机关协助强制执行。疾病预防控制中心转制后，为更加高效地进行突发公共卫生事件应急处置，法律应当授予其一定的行政强制权，正如有学者所言，“可以考虑设置公共卫生警察”，[2] 以加强疾病预防控制中心疫情控制相关的执法权限。

2. 应急征用权。在新冠肺炎疫情防控过程中，全国多地出现了应急医疗物资严重不足的情况，“地方储备规模较小，储备形式较为单一，不适应疫情防控的需要”是造成该问题的重要原因之一。应急医疗物资的不足使得地方疾病预防控制中心在应急处置实践中大多负有医疗物资储备的职责，因而法律有必要赋予疾病预防控制中心一定的应急征用权。应急征用是行政征用的一种，但因突发事件应急处置的紧急性，其具体制度的设计又与其他征用有所不同。[3] 在突发公共卫生事件应急处置过程中，被授权后的疾病预防控制中心在必要情况下可以对医疗物资、生产能力、技术以及相关人员等采取应急征用措施。另外，应急征用措施的实施可能会对被征用人的利益造成一定的损害，法律需要在程序等方面对应急征用加以严格的规制。

（三）提升疾病预防控制机构的应急能力

在新冠肺炎疫情防控过程中，习近平总书记指出，“战胜疫病离不开科技支撑。要科学论证病毒来源，尽快查明传染源和传播途径，密切跟踪病毒变异情

---

〔1〕 邓金凤：《域外国境卫生检疫法律制度》，载《人民法院报》2020 年 4 月 10 日，第 8 版。

〔2〕 申卫星：《全方位发挥公共卫生法律制度保障作用》，载深圳政法网，http://www.szszfw.gov.cn/fxyj/fzdt/202003/t20200319_19065353.htm，最后访问日期：2020 年 4 月 15 日。

〔3〕 王红建、刘辉：《应急征用制度完善研究》，载《河南财经政法大学学报》2020 年第 1 期。

况,及时研究防控策略和措施”。[1] 疾病预防控制机构作为突发公共卫生事件应对的技术指导支撑机构,在应急能力提升方面应当发挥最关键的作用。疾病预防控制机构可通过如下方面提升其应急能力。

1. 在国家加大对突发公共卫生事件相关科研资金投入力度的前提下,疾病预防控制机构应进一步提升疾病预防和控制技术。首先,疾病预防控制机构应建立和完善传染病监测系统、预警反应系统、流行病情报信息系统、传染病威胁追踪系统等网络平台,“充分运用大数据分析等方法支撑疫情防控工作”。[2] 其次,我国实行“预防为主、预防与应急相结合”的应急管理机制,预警监测是整个突发性事件处置的首要环节,突发性事件发生前以及升级后不同阶段的预防比单纯解决事件本身显得更为重要。[3] 因此,疾病预防控制机构应着重提升预警监测等方面的技术。再次,加大药品和疫苗研发力度,加强病例分析研究,这是消除突发公共卫生事件危害最根本的方法。最后,疾病预防控制机构还应当通过提供资金、协议购买等方式加强与高校以及其他科研单位的合作,提升高校以及其他科研单位在疾病预防控制领域的研究兴趣,从而提高疾病预防和控制技术。

2. 除提升疾病预防和控制技术外,疾病预防控制机构还应在如下方面提升其应急能力:第一,提高人员待遇,以留住现有专业人员,并吸收更多技术性人才;第二,加强专业培训力度,提升疾病预防控制机构人员的应急能力;第三,重视常态状况下的应急演练,以检验突发公共卫生事件应急预案的有效性,并为应急处置做好准备;第四,加大常态状况下的应急医疗物资的储备力度,并建立科学的物资储备体系,防止再次出现应急医疗物资严重短缺的情况。

六、小结

中国的行政体制呈现出从适应市场、稳定社会到人民满意的改革历程,当

---

〔1〕 习近平:《在中央政治局常委会会议研究应对新冠肺炎疫情工作时的讲话》,载《北京人大》2020年第2期。

〔2〕 习近平:《在统筹推进新冠肺炎疫情防控和经济社会发展工作部署会议上的讲话》,载《人民日报》2020年2月24日,第2版。

〔3〕 戚建刚、杨小敏:《“松花江水污染”事件 凸显我国环境应急机制的六大弊端》,载《法学》2006年第1期。

前，建构人民满意的服务型政府是中国行政体制改革的基本逻辑和价值取向。[1] 突发公共卫生事件的发生可能会引起巨大的社会危害，为维护人民的生命健康安全，"高效应对"是突发公共卫生事件应对工作的基本逻辑，同时也是应急管理部门应急法律机制改革的价值取向。在新冠肺炎疫情防控中可以看到，中国特色社会主义为我国的突发公共卫生事件应对提供了制度上的优势，但突发公共卫生事件应急法律机制仍有较大的完善空间。在未来的突发公共卫生事件应急法律机制改革过程中，我国必须以更为高效的应对为出发点，并使应急管理部门能够最大限度地发挥其应急作用。

第四节　其他突发公共卫生事件应对法律制度的完善

一、社区疫情防控的法治化

（一）作为基层治理单元的社区

社区是德国社会学家滕尼斯提出的一个与社会相对应的类型学概念，与随着工业化出现的、建立在理性意志之上的社会相比，社区是指建立在血缘、地缘、情感和自然意志之上的富有人情味和认同感的传统社会生活共同体。经城市生态学和其他社区研究的发展，社区演变为在现代城市社会中也存在的、具有一定地域范围、社会互动和认同的居住生活空间。[2] 在计划经济时代，政府（国家）作为社会组织化的全能垄断主体，承担了社会成员的社会支持、社会福利、社会控制和政治动员等职能。随着向市场经济的转轨，原来由单位制承担的大部分社会职能转移到社区，在"单位人"向"社区人"的转变过程中，对人的管理转移到"社区"这个重心上来。[3] 受城乡二元经济影响，根据地理区域、互动关系、共同情感，最基本的有城市社区和农村社区两种类型。[4] 通说认为，一个社

---

〔1〕何艳玲：《中国行政体制改革的价值显现》，载《中国社会科学》2020年第2期。

〔2〕杨敏：《作为国家治理单元的社区——对城市社区建设运动过程中居民社区参与和社区认知的个案研究》，载《社会学研究》2007年第4期。

〔3〕杨君、徐选国、徐永祥：《迈向服务型社区治理：整体性治理与社会再组织化》，载《中国农业大学学报（社会科学版）》2015年第3期。

〔4〕易外庚、方芳、程秀敏：《重大疫情防控中社区治理有效性观察与思考》，载《江西社会科学》2020年第3期。

区至少包括以下特征：有一定的地理区域；有一定数量的人口；居民之间有共同的意识和利益，并有着较密切的社会交往。一个村落、一条街道、一个县、一个市，都是规模不等的社区。在日常生活中，人们常提及的社区往往是与个人的生活关系最密切的、有直接关系的较小型的社区，如农村的村或乡、城市的住宅小区。

相较于以前的单位制和街居制，社区制具有如下特征：从管理理念上来说，面向全体居民，以居民为主，以人为本，变管理为服务。从管理形式上来说，从强调行政控制到强调居民参与。从管理目标来说，改变政府管理的唯一主体地位，加强政府与社区的合作，达至善治（良好的治理）。[1] 从中国社区建设的相关政策法规中，社区的服务功能包括：卫生、体育、就业、养老、助残、退休人员社会化管理、治安、矫正、社区社会组织及志愿者服务、综合信息提供等。这些服务的根本目的是实现对社区居民的服务。从社区工作人员构成上来看，社区的工作人员成分多样，一般有以下几类：(1)街道正式招募的社区干部，每5年接受一次换届选举，由居民投票选举，占社区工作人员的大部分人数。(2)信息员（劳保员）、医保员，一般由就业局和医保局招募，培训合格后分配到各个社区工作。(3)社区民生人员，是指主要到基层社区劳动保障平台从事与就业和社会保障相关的民生工作的人员。(4)公益性岗位，一般由各地级市批准，县一级招募并培训分配，属于基层服务岗位，服务期限3年。

（二）新冠肺炎疫情防控中社区发挥的作用

新冠肺炎疫情暴发以来，社区是防控下沉的重要环节，也是对社区有效治理的严峻考验（见图20）。社区是中国社会治理的基本单元，是执政党与政府联系群众、服务群众的“最后一公里”。中国城乡基层社区在“外防输入、内防扩散”方面发挥着不可替代的作用。[2] 习近平总书记在北京市调研指导新冠肺炎疫情防控工作时强调，“全国都要充分发挥社区在疫情防控中的阻击作用，把防控力量向社区下沉，加强社区各项防控措施的落实，使所有社区成为疫情防控的坚强堡垒。”

---

[1] 何海兵：《我国城市基层社会管理体制的变迁：从单位制、街居制到社区制》，载《管理世界》2003年第6期。

[2] 易外庚、方芳、程秀敏：《重大疫情防控中社区治理有效性观察与思考》，载《江西社会科学》2020年第3期。

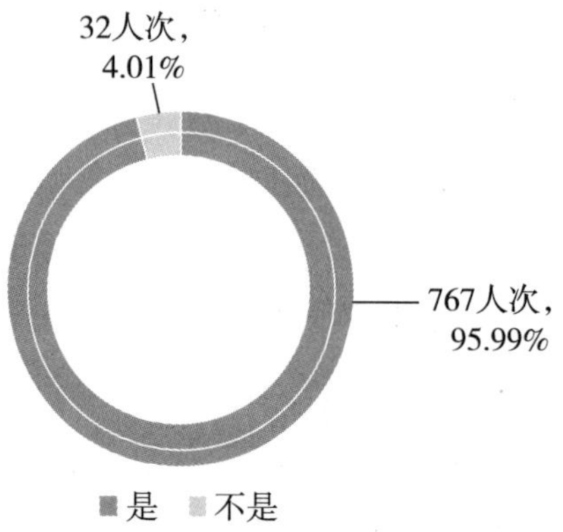

图 20 问题：疫情期间，您是否认为基层组织和社区防疫人员在疫情防控中发挥了重要的作用

疫情期间，社区在人员排查、秩序维护、卫生消毒、物资运送、生活保障、卫生宣传、心理援助等方面均发挥了不可替代的作用（见图 21）。究其原因，大致有如下几个方面：首先，1949 年中华人民共和国成立后，建立起基于“国家—单位—个人”的单位社会，但随着改革开放的逐步深入，单位制社会已不符合我国的实际状况，社区逐渐成为基层社会治理单元。社区具有一定的封闭性，特别是新冠肺炎疫情防控初期，一段时间内全国绝大多数社区均处于封闭状态，在此种情况下，社区理所应当承担疫情防控责任。其次，党的十八大以来，在国家治理体系构建的问题上，我国迅速地完成了由社会管理向社会治理的转换。党的十九大提出加强社区治理体系建设，推动社会治理重心向基层下移，发挥社会组织作用，实现政府治理和社会调节、居民自治良性互动。当前，社区网格化治理在全国各地的实践探索中逐步走向完善，形成了比较稳定的模式。[1] 总而言之，社区在近年来正在发挥越来越重要的作用。最后，社区之所以能够承担起网格服务的功能，主要是因为社区熟悉辖区内特殊群体和一般居民，并与之有较为密切的亲和性关联。在大部分社区居民闭门不出、社区邻里关系互动几乎停止、社会脆弱性空前凸显的情况下，[2] 社区工作者能够更为精确地识别风险，更易与居民进行沟通交流，在物资分配、政策宣传等方面也能够更好地发挥作用。

〔1〕 田毅鹏：《治理视域下城市社区抗击疫情体系构建》，载《社会科学辑刊》2020 年第 1 期。
〔2〕 田毅鹏：《治理视域下城市社区抗击疫情体系构建》，载《社会科学辑刊》2020 年第 1 期。

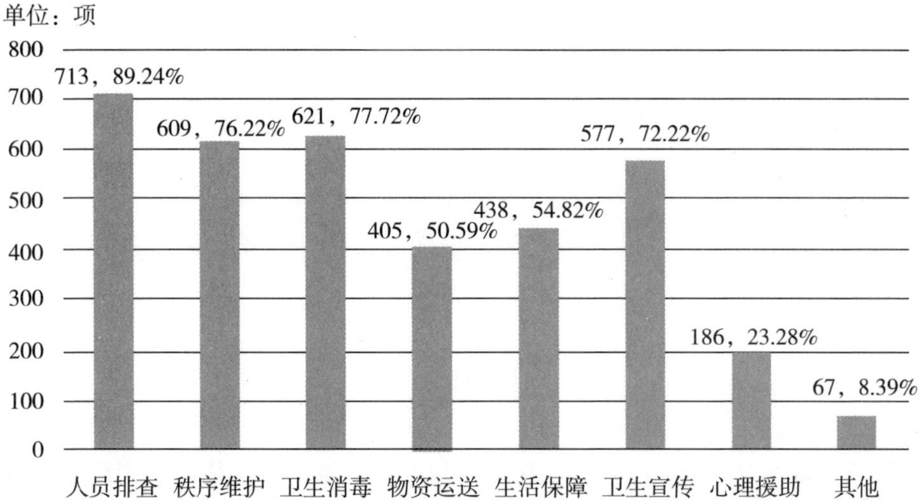

图 21　问题：您所在社区或村庄的工作人员主要参与了哪些疫情防控工作（可多选）

（三）疫情防控中社区工作人员的组成

上文已述，社区工作人员主要包括社区干部、信息员、医保员等，但在新冠肺炎疫情防控过程中，因社区人口众多，常态情况下负责社区管理的社区工作人员的数量根本不足以支撑整个社区的疫情防控工作，因而相较于常态下的社区管理，疫情防控中社区工作人员的范围当然更大，根据此次新冠肺炎疫情防控经验，主要包括以下几类人员：第一，党政机关下沉工作人员。所谓"下沉"，是指街道办事处等各类行政部门的工作人员被派至各社区参与疫情防控工作，增加对社区的人力、物力支援。第二，常态下的社区工作人员，即上文所述的几类社区工作人员。第三，物业公司。作为市场主体，物业公司当然应该为业主的安全健康负责，在小区封闭管理、楼道消杀等方面发挥作用。第四，驻社区单位、非营利组织。第五，社区疫情防控志愿者；等等。

（四）社区疫情防控法律制度的完善

当前，突发公共卫生事件类应急管理法律并未对社区的疫情防控职责设置较多的规定，其中，《传染病防治法》第 9 条第 2 款规定，居民委员会、村民委员会应当组织居民、村民参与社区、农村的传染病预防与控制活动。该法第 61 条规定,地方各级人民政府应当保障城市社区、农村基层传染病预防工作的经费。不难发现,从目前的应急管理法律制度来看,社区的疫情防控职责还仅停留在预防阶段,且十分模糊。从新冠肺炎疫情防控来看,社区在传染病防控中能够发挥重要的作用,对应急管理法律中社区疫情防控法律制度的完善就具有必要性。笔者认为,社区疫情防控法律制度的建构应结合新冠肺炎疫情防控中积累的经验和存在的不足,为未来传染病防治提供完善的法律依据,发挥连贯的行为指引作用。

1. 社区疫情防控主体

社区疫情防控主体即上文所述的社区工作人员,在重大传染病疫情发生时,社区疫情防控的主体应当是多元的,政府、驻社区单位、非营利组织、企业及居民都应参与其中,相互协作,法律应当对社区疫情防控主体的范围作出明确的规定。除此之外,社区疫情防控主体的多元性也决定了法律规定社区疫情防控协调机构的必要性,使应急管理中的协调机制既有推动作用,又对参与的各主体具有一定的约束作用。具体来说,应在街道的牵头下,广泛吸纳应急专家、社会组织、企事业单位代表、居民代表共同形成社区应急管理委员会或社区疫情防控协调小组,作为各主体全过程协同的平台,在上级应急管理部门的支持引导下,根据相关法律法规,规范各主体行为,明确各主体的权责,建立明晰的协同机制。[1]

2. 社区疫情防控职责

社区的疫情防控职责也分为常态情况下的职责和非常态情况下的职责。在非常态情况下,也就是重大传染病疫情发生后,社区主要负责采取人员排查、秩序维护、卫生消毒、物资运送、生活保障、卫生宣传、心理援助等措施,而在常态情况下,社区也负有制定应急预案、开展应急知识宣传、应急演练、配合流行病学调查、人员登记、信息报告等一系列防控职责,相关应急管理法律在修订的过程中应集合社区实际发挥的作用加以完善。

3. 社区疫情防控保障制度

社区疫情防控的保障措施可以分为如下几个方面:一是防控人员的保障,在常态情况下,社区应配有负责应急管理的工作人员,负责传染病等突发事件的预防、监测工作。在应急处置过程中,应保证社区能够调动充足的人员满足

[1] 孔艳鹏:《走向常态化的城市社区应急管理协同模式》,载《合作经济与科技》2021年第2期。

疫情防控的需要。二是经费保障,不管是预防、监测还是应急处置,社区开展疫情防控工作都需要一定的经费支持,为保证社区能够在疫情防控中发挥其应有的作用,应完善社区的经费保障制度。三是完善对社区工作人员的表彰、奖励、抚恤等制度,确保为疫情防控作出贡献的社区工作人员享受相应的待遇,同时也能激励更多人参与传染病疫情防控工作。

4. 社区在疫情防控中的权力

社区在疫情防控中发挥着重要的作用,法律是否应当赋予其一定的行政执法权来辅助其更好地完成疫情防控工作?在新冠肺炎疫情防控过程中,有人赞成赋予社区一定的权力,有人则以疫情期间发生的社区工作人员“进门扇耳光”“把人捆树上”等为例,担心赋予社区权力会导致权力的违法使用。基于上述争议,本书对五位法律工作人员进行了访谈,具体内容如下:

问题:疫情期间,基层组织和社区防疫人员发挥了重要的作用,但在有些地方也出现了防疫人员“扇耳光”“摔麻将桌”“捆绑不听劝阻者”等过激举动。您认为基层组织和社区防疫人员有没有采取强制措施的权力?在“群防群控”背景下,是否可以赋予其一定的行政执法权?

意见1:(1)基层组织和社区防疫人员没有采取强制措施的权力,根据《行政强制法》规定,行政强制措施由法律、法规规定的行政机关在法定职权范围内实施。行政强制措施权不得委托。行政强制措施应当由行政机关具备资格的行政执法人员实施,其他人员不得实施。法律、法规没有授权基层组织和社区防疫人员实施行政强制措施的权力。(2)不建议赋权。基层组织与社区防疫人员组成不规范,对其权力行使的监督与约束难以形成有效的机制,疫情防控涉及公民的全方面的日常生活,对公民影响较大也更为直接,在没有成熟的权力制约机制的前提下,不建议向基层组织与社区防疫人员赋予实施强制措施的权力。

意见2:可以赋予基层防疫人员一定的执法权。就目前情况来看,基层防疫可能会成为常态,各地基层工作难免会遇到一些不配合,甚至出现暴力干预等情形,如果基层防疫人员没有一定的执法权不仅本职工作无法进行,甚至个人安危都会受到威胁。但是也应防止权力滥用,尤其是基层人员更偏爱使用权力,赋权应当适当,以权力清单的形式明确其在何种情形下可以使用何种权力。

意见3:不能赋予行政执法权。疫情防控的目的在于人,在于最大限度地减少社会的损失，赋予基层管理人员行政执法权只会变相加重隔离手段，让已经初见成效的疫情防控背离其初衷。基层管理人员素质良莠不齐，假使出现"权力异化"现象，只会减少疫情防控工作的公众理解度和配合度。不仅如此，还要因此付出公民合法权益被剥夺被侵害，国家法治秩序被破坏的沉重代价。

意见4：基层组织和社区防疫人员没有采取强制措施的权力，但根据疫情防控需要，政府可根据实际情况赋予其一定的行政执法权。突发的新冠肺炎疫情扰乱了社会快速发展的步伐，防疫工作中地方基层缺乏治理经验，各项工作开展中出现的越权执法、用力过猛等情形折射的是其背后疫情防控"一刀切"的愚昧政策及防控人员执法素质不高等现象。在"群防群控"的背景下，基层组织和社区人员各项防疫措施应在各地政府指导下规范开展，但基层社区是疫情防控的第一道防线，出于细致开展防控措施的需要，各地政府可以适当授予基层社区一定的行政执法权，同时这种执法权的行使应当有严格的权力边界，政府层面也应因地制宜地出台有关基层防疫工作行动指南和对应的细化操作规程。

意见5：基层组织和社区防疫人员没有采取行政强制措施的权力，且根据新冠肺炎疫情防控的情况来看，社区防疫人员大部分都是志愿者，随意赋予其执法权恐会导致滥用，因此，不建议赋予社区行政执法权。

笔者认为，在疫情防控过程中，为第一时间控制危险，可以赋予社区必要的先期处置权，但最终采取相应行政措施的还应当是有权的行政机关。

二、常态化疫情防控的法治化

（一）概述

在"循环型"应急管理机制下，突发事件应急管理分为四个阶段，即预防与应急准备、监测与预警、应急处置与救援、事后恢复与重建，其中，绝大部分类型的突发事件应急处置的时间较短，如地震灾害发生后的应急处置措施主要是救援受灾人员，救援完毕时应急处置状态也宣告结束，从而转至事后恢复与重建阶段。但是，与其他类型的突发事件不同的是，传染病疫情暴发后，往往很难通过人为措施消除疫情，大多数情况下都是其自行消失，因而传染病疫情防控也往往会持续很长一段时间。

根据疫情的严重程度，传染病疫情防控又可以细分为几个更为具体的阶段，以新冠肺炎疫情防控为例，国务院发布的白皮书将其分为五个阶段：第一阶段：迅速应对突发疫情（2019 年 12 月 27 日至 2020 年 1 月 19 日）；第二阶段：初步遏制疫情蔓延势头（2020 年 1 月 20 日至 2020 年 2 月 20 日）；第三阶段：本土新增病例数逐步下降至个位数（2020 年 2 月 21 日至 2020 年 3 月 17 日）；第四阶段：取得武汉保卫战、湖北保卫战决定性成果（2020 年 3 月 18 日至 2020 年 4 月 28 日）；第五阶段：全国疫情防控进入常态化（2020 年 4 月 29 日至国家宣布疫情防控状态结束）。[1] 其中，前四个阶段可以归入传统上的应急处置阶段，而常态化疫情防控则是传染病疫情特有的应急处置阶段。

常态化疫情防控，就是要在确保疫情防控到位的前提下，加快恢复生产生活秩序，做好经济社会发展各项工作。常态化疫情防控总体而言仍属于应急处置阶段，一方面，疫情还未完全消退；另一方面，疫情已不严重，封闭小区、停工停产等超常措施已不符合现实需要。例如，在新冠肺炎疫情防控中，常态化疫情防控的前提有两个：第一，经过两个多月的努力，国内新增确诊病例处于零星状态，疫情基本得到控制，"非常态化疫情防控"已经告一段落；第二，国际疫情防控形势严峻，境外疫情正在加剧蔓延，面对国际疫情输入的风险和我国疫情发展尚存的不确定性因素，防控工作还要坚持相当一段时间。[2]

2020 年 3 月 27 日，习近平总书记主持召开中央政治局会议，分析国内外疫情防控和经济运行形势，研究部署进一步统筹推进疫情防控和经济社会发展工作。会议强调，要在疫情防控常态化条件下加快恢复生产生活秩序，统筹推进疫情防控和经济社会发展工作，力争把疫情造成的损失降到最低限度，努力完成全年经济社会发展目标任务，确保实现决胜全面建成小康社会、决战脱贫攻坚目标任务。[3] 因此，相较于之前的防控阶段，常态化疫情防控中采取的应急处置措施更为缓和，目的在于兼顾"疫情防控"和"经济社会发展"。

（二）常态化疫情防控的"变"与"不变"

相较于应急处置的前些阶段，常态化疫情防控既要"变"又要"不变"。常态化疫情防控的"变"主要体现在：首先，要摒弃"封城""封村""封小区"等疫情

---

〔1〕 中华人民共和国国务院新闻办公室：《抗击新冠肺炎疫情的中国行动》，载《人民日报》2020 年 6 月 8 日，第 10 版。

〔2〕《坚持底线思维，做好常态化疫情防控》，载《光明日报》2020 年 4 月 13 日，第 7 版。

〔3〕《在疫情防控常态化条件下加快恢复生产生活秩序》，载《人民日报》2020 年 3 月 30 日，第 1 版。

严重时所采取的超常措施,逐步恢复民众的出行等方面的自由。其次,要加快恢复生产生活秩序,做好经济社会发展各项工作。最后,疫情防控从“外防输入、内防传播”转化为“外防输入、内防反弹”,重心应转而聚焦于国外输入性病例的防控工作。常态化疫情防控的“不变”则主要体现在:一是继续筑牢检测、追踪、隔离和治疗防线,做到早发现、早报告、早处置,对重点人群“应检尽检”,实现“应隔尽隔”,确保及时发现、快速处置、精准管控和有效救治的常态化机制有效运转。二是继续推进公共卫生体系“软件”和“硬件”建设,推动“预防—控制—治疗”全链条的有机衔接,完善公共卫生应急管理,深入持续开展爱国卫生运动,弥补疫情暴露的公共卫生治理“赤字”,坚持“平战结合”,提升常态化防控形势下的治理能力。三是继续提高依法防控、依法治理能力,完善公共卫生领域法律法规体系,强化法治思维,从立法、执法、司法、守法各环节发力,为保障常态化疫情防控、提高公共卫生治理效能提供法治保障。四是继续深化抗疫全球合作,支持各国科学家开展多方面的科学研究,推动开展疫苗和药物的联合研发,加强全球公共卫生治理合作,依法抵制一些国家“借疫滥诉”行为,共建人类卫生健康共同体。〔1〕

(三)常态化疫情防控法律制度的构建

新冠肺炎疫情发生之前,我国并没有经历过持续很长一段时间的疫情防控状态,因而《传染病防治法》等应急管理法律并没有对常态化疫情防控作出相关规定。从新冠肺炎疫情可以看出,重大疫情的发生往往会波及全世界,其他国家因政治体制、经济实力等诸多原因可能并不会像中国这样在短时间内控制住疫情的传播,而全球化趋势使得重大突发事件发生时没有任何一个国家能够独善其身,如中国即便控制住国内的疫情也不得不对国外输入性病例产生的危害加以防控。因此,未来的重大疫情已不能像2003年的SARS那样,在夏天来临时忽然从人们的视野中消失,建构常态化疫情防控法律制度来指引应急管理机关开展防控工作具有必要性。问卷调查(见图22)显示,大多数调查对象均对其所居住地政府采取的常态化疫情防控下的应急处置措施较为满意,笔者认为,可以参照新冠肺炎疫情常态化防控中总结的经验和暴露的不足,在《突发公

〔1〕 武汉大学公共卫生治理研究课题组:《防疫常态化下公共卫生治理的思考与建议》,载《学习与探索》2020年第6期。

共卫生事件应急管理法》或《传染病防治法》中设专章对常态化疫情防控法律制度加以规定。

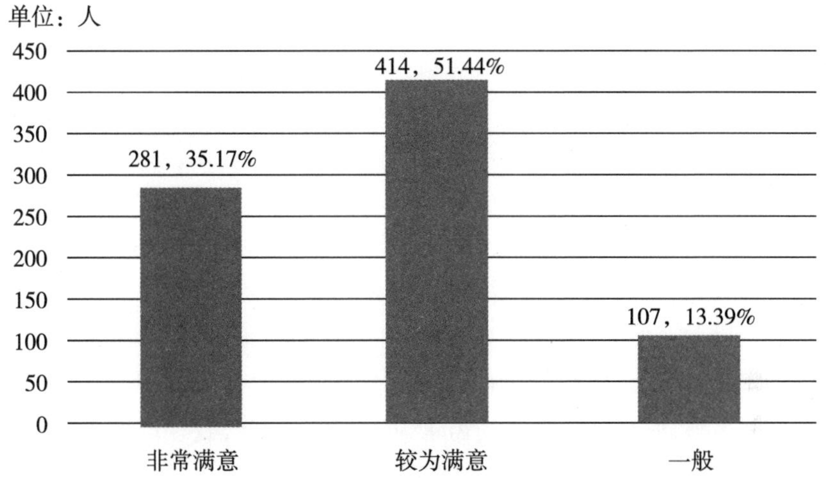

图 22　问题：疫情进入常态化防控阶段后，您对您所居住地的防控力度和采取的防控措施是否感到满意

1. 常态化疫情防控的开始机制

重大传染病疫情防控前期因危害极为严重，处于非常态化的疫情防控阶段，而随着疫情危害的逐步降低至零星状态时，就应当转入常态化疫情防控阶段。常态化疫情防控的开始机制应当包括如下内容：一是由非常态化的疫情防控阶段转入常态化疫情防控阶段的条件。笔者认为，应当根据传染病的潜伏期确定转入常态化疫情防控时间节点，如新型冠状病毒的潜伏期最长不超过 14 天，那么在国内疫情防控趋势平稳，且当地在最长潜伏期或更长一段时间内未新增确诊病例时，就可进入常态化疫情防控阶段。二是常态化疫情防控的范围。以新冠肺炎疫情防控为例，国内不同地区疫情严重程度不同，疫情防控状况也自然不同，国内大多数地区 2020 年 3 月中上旬基本达到由非常态化的疫情防控阶段转入常态化疫情防控阶段的条件，但武汉市在四月初才解封，全国如果等武汉市恢复正常时才统一宣布进入常态化防控阶段显然不合理。因此，各地区应当根据当地的实际情况宣布进入常态化疫情防控阶段，笔者认为，以县或市为基本单位较为合适。三是常态化疫情防控的宣布主体应当是当地人民政府，需要以正式通告的方式进行发布，通告内容应当包括解除一系列已非必要的超常措施。

2. 常态化疫情防控中应采取的措施

一般情况下,突发事件应急管理的不同阶段泾渭分明,预防与应急准备、监测与预警属于风险预防阶段,应急处置与救援属于应急处置阶段,事后恢复与重建则属于恢复重建阶段。但常态化疫情防控意味着既要采取常态下的行政管理措施,又要采取非常态下的应急处置措施,在此种层面而言,常态化疫情防控又不宜简单地被划分到应急处置阶段。在常态化疫情防控中,应采取的措施大致如下:第一,疫情预防措施,如针对常态化疫情防控下可能发生的危险制定应急预案、储备应急物资、开展爱国卫生运动、加强传染病防护知识宣传、开展应急演练活动等。第二,疫情防控措施,如社区防控措施、口岸防控措施、公共场所防控措施、防止人员聚集措施等。第三,恢复生产生活秩序、促进经济社会发展的相关措施,如释放国内市场需求,扩大居民消费,合理增加公共消费,启动实体商店消费等,有序推动复工复市,生活服务业正常经营。第四,公众应采取的防护措施和相应的义务,如出门佩戴口罩,配合出示健康码等。第五,其他措施,如表彰、奖励、抚恤措施。

3. 常态化疫情防控向非常态化疫情防控的转换

常态化疫情防控之所以属于应急处置阶段,是因为“疫情防控”仍是首要目的。在常态化疫情防控中,疫情仍然有反弹的风险,以新冠肺炎疫情为例,2021年1月初,河北省又开始出现本土新增确诊病例,此后,北京、黑龙江、吉林等地也出现了确诊病例,在此种情况下,各地政府针对高风险地区及时从常态化疫情防控转换为非常态化疫情防控,实行新冠肺炎疫情防控前期的封闭小区、限制民众出行等超常措施,因此,应急管理法律有必要对常态化疫情防控向非常态化疫情防控的转换制度加以规定。非常态化疫情防控会较大幅度地限缩公民的个人权利,因而需要在非采取阻断病毒传播途径的封闭措施不可的情况下才能宣布进入该状态,该状态的宣布仍应由当地政府以正式通告的形式向公众发布,采取的措施应具有必要性和适当性,重新进入非常态化疫情防控阶段后,适用应急管理法律相应的制度规定。

附录

《健全国家应急管理法律体系问题研究问卷调查》统计结果

第 1 题　您的身份是？［单选题］

选项	小计	比例
法律工作人员	252	31.54%
医务人员	95	11.89%
应急工作人员	97	12.14%
其他人员	355	44.43%
本题有效填写人次	799	

第 2 题　您是否了解我国的应急管理法律制度？［单选题］

选项	小计	比例
非常了解	59	7.38%
比较了解	142	17.77%
略知一些	389	48.69%
基本不知	209	26.16%
本题有效填写人次	799	

第 3 题　您所在地区的村（居）民委员会、单位或者学校是否举办过应急知识宣传或应急演练等活动？［单选题］

选项	小计	比例
举办过	398	49.81%
没举办过	401	50.19%
本题有效填写人次	799	

第 4 题　您是否看到过新闻媒体对突发事件应对知识的宣传？［单选题］

选项	小计	比例
看到过	658	82.35%
没看到过	141	17.65%
本题有效填写人次	799	

第 5 题　您是否愿意参与应急知识培训或应急演练活动？［单选题］

选项	小计	比例
愿意	770	96.37%
没看到过	29	3.63%
本题有效填写人次	799	

第 6 题　您是否曾担心过所在单位可能会发生安全事故等突发事件？［单选题］

选项	小计	比例
接收到过	663	82.98%
没接收过	136	17.02%
本题有效填写人次	799	

第7题　当地震等突发事件来临时，您是否提前通过电视等渠道接收到过预警信息？[单选题]

选项	小计	比例
接收到过	257	32.17%
没接收过	542	67.83%
本题有效填写人次	799	

第8题　您是否赞同民间救援队伍协助开展突发事件应对工作？[单选题]

选项	小计	比例
同意	768	96.12%
不同意	31	3.88%
本题有效填写人次	799	

第9题　2008年汶川地震期间，很多人凭热情赶赴灾区，自行采取抗震救灾措施，您是否赞同此种做法？[单选题]

选项	小计	比例
同意	378	47.31%
不同意	421	52.69%
本题有效填写人次	799	

第 10 题　疫情期间,您是否参加过疫情防控相关的志愿服务?[单选题]

选项	小计	比例
参加过	350	43.8%
没参加过	494	56.2%
本题有效填写人次	799	

第 11 题　疫情期间,您是否认为基层组织和社区防疫人员在疫情防控中发挥了重要的作用?[单选题]

选项	小计	比例
是	767	96.37%
不是	32	4.01%
本题有效填写人次	799	

第 12 题　您所在社区或村庄的工作人员主要参与了哪些疫情防控工作?(可多选)[多选题]

选项	小计	比例
人员排查	713	89.24%
秩序维护	609	76.22%
卫生消费	621	77.72%
物资运送	405	50.69%
生活保障	438	54.82%
卫生宣传	577	72.22%
心理援助	186	23.28%
其他	67	8.39%
本题有效填写人次	799	

第 13 题　疫情期间,您的哪些基本生活需求受到了影响?(可多选)[多选题]

选项	小计	比例
交通	638	79.85%
水电气热	96	12.02%
生活物资	466	58.32%
生活安全	281	35.17%
其他	74	9.26%
本题有效填写人次	799	

第 14 题　重大突发事件发生时,您是否见到过哄抬物价的现象?[单选题]

选项	小计	比例
见到过	615	76.97%
没见到过	184	23.03%
本题有效填写人次	799	

第 15 题　疫情期间,您是否接受过当地疾控中心的流行病学调查?［单选题］

选项	小计	比例
接受过	248	31.04%
没接受过	551	68.96%
本题有效填写人次	799	

第 16 题　疫情期间,您是否做过核酸检测?［单选题］

选项	小计	比例
做过	304	38.05%
没做过	495	61.95%
本题有效填写人次	799	

第 17 题　您是否认为及时发布突发事件相关信息有助于公众更好的应对突发事件所带来的危害?［单选题］

选项	小计	比例
认为	772	96.62%
不认为	27	3.38%
本题有效填写人次	799	

第 18 题 疫情期间,您是否接收到过谣言或者小道消息?[单选题]

选项	小计	比例
有	619	77.47%
没有	180	22.53%
本题有效填写人次	799	

第 19 题 疫情期间,您是否对信息公开的及时性和透明度感到满意?[单选题]

选项	小计	比例
非常满意	275	34.42%
较为满意	398	49.81%
一般	126	15.77%
本题有效填写人次	799	

第 20 题 您是否赞同通过采取限制出行、强制戴口罩等措施来提升疫情防控效率?[单选题]

选项	小计	比例
非常同意	610	76.35%
较为同意	159	19.9%
一般	30	
本题有效填写人次	799	3.75%

第 21 题　疫情期间，您认为是否有必要采取每日上报健康信息、出示健康码、人脸识别等措施？[单选题]

选项	小计	比例
有必要	639	79.97%
一般	160	20.03%
本题有效填写人次	799	

第 22 题　您或您的单位是否购买过巨灾保险或巨灾风险基金？[单选题]

选项	小计	比例
购买过	130	16.27%
没购买过	669	83.73%
本题有效填写人次	799	

第 23 题　疫情进入常态化防控阶段后，您对您所居住地的防控力度和采取的防控措施是否感到满意？[单选题]

选项	小计	比例
非常满意	281	35.17%
较为满意	411	51.44%
一般	107	13.39%
本题有效填写人次	799	

参考文献

一、专著类

郭研实:《国家公务员应对突发事件能力》,中国社会科学出版社 2005 年版。

戚建刚:《中国行政应急法学》,清华大学出版社 2020 年版。

鄢圣华:《中国政府体制》,天津社会科学院出版社 2002 年版。

李广宇:《新行政诉讼法逐条注释》(上),法律出版社 2015 年版。

章剑生:《现代行政法总论》,法律出版社 2014 年版。

姜明安主编:《行政法与行政诉讼法》,北京大学出版社 2015 年版。

沈开举主编:《行政补偿法研究》,法律出版社 2004 年版。

莫于川主编:《应急预案法治论——突发事件应急预案的法治理论与制度建构》,法律出版社 2020 年版。

佘廉:《企业预警管理论》,河北科学技术出版社 1999 年版。

白钢、林广华:《宪政通论》,社会科学文献出版社 2005 年版。

林鸿潮:《应急法概论》,应急管理出版社 2020 年版。

张文显主编:《法理学》,高等教育出版社、北京大学出版社 2018 年版。

林来梵:《宪法学讲义》,法律出版社 2015 年版。

胡建淼主编:《行政法学》,复旦大学出版社 2003 年版。

房绍坤、王洪平:《公益征收法研究》,中国人民大学出版社 2011 年版。

[英]约瑟夫·拉兹:《法律体系的概念》,吴玉章译,中国法制出版社 2003 年版。

林来梵:《宪法学讲义》,清华大学出版社 2018 年版。

沈开举:《征收、征用与补偿》,法律出版社 2006 年版。

黄锦堂:《国家补偿法体系建构》,台北,五南图书公司 2000 年版。

王名扬:《法国行政法》,中国政法大学出版社 1988 年版。

蔡小雪:《行政行为的合法性审查》,中国民主法制出版社 2020 年版。

王名扬:《英国行政法》,中国政法大学出版社 1987 年版。

[美]博登海默:《法理学——法律哲学与法律方法》,邓正来译,中国政法大学出版社 2004

年版。
郭殊:《突发事件应对法律问题研究——权力与权利的平衡》,清华大学出版社 2017 年版。
闪淳昌:《中国突发事件应急体系顶层设计》,科学出版社 2020 年版。
丛淑萍:《突发事件处置》,中国政法大学出版社 2018 年版。
曹杰:《突发事件应急管理研究与实践》,科学出版社 2020 年版。
曾胜泉主编:《突发事件舆情应对指南:中国突发事件舆情应对理论手册和实战指南》,广东南方日报出版社 2012 年版。
张小明主编:《突发事件风险管理》,中国人民大学出版社 2018 年版。
朱鹏主编:《事故管理与应急处置》,化学工业出版社 2018 年版。
中共中央党校(国家行政学院)应急管理培训中心:《应急管理典型案例研究报告》(2019),社会科学文献出版社 2019 年版。
夏雨禾:《突发事件中的微博舆论:阐释框架与实证研究》,江苏人民出版社 2019 年版。
余凌云:《行政法案例分析和研究方法》,清华大学出版社 2019 年版。
曹杰:《现代应急管理》,科学出版社 2020 年版。
中国安全生产科学研究院:《中国应急管理法律法规汇编》,中国劳动社会保障出版社 2018 年版。

二、期刊文章类

李林:《全面依法治国的历史方位与战略推进》,载《求是》2017 年第 12 期。
江必新:《用法治思维和法治方式推进疫情防控工作》,载《求是》2020 年第 5 期。
张小明:《〈突发事件应对法〉实施中存在的主要问题与完善路径》,载《行政与法》2013 年第 9 期。
张亮:《应急征用权限及其运行的法律控制——基于我国〈突发事件应对法〉第 12 条的法释义学分析》,载《政治与法律》2020 年第 11 期。
戚建刚:《行政紧急权力的法律属性剖析》,载《政治与法律》2006 年第 2 期。
林鸿潮、栗燕杰:《论非常规条件下的应急决策及其制度保障》,载《中国应急管理》2010 年第 5 期。
应松年、林鸿潮:《国家综合防灾减灾的体制性障碍与改革取向》,载《教学与研究》2012 年第 6 期。
周绍强、谢妍:《突发公共安全事件应对立法的价值选择与体系构建》,载《沈阳工业大学学报(社会科学版)》2011 年第 4 期。
戚建刚、杨小敏:《"松花江水污染"事件凸显我国环境应急机制的六大弊端》,载《法学》2006 年第 1 期。

郭太生、寇丽平:《论公共安全危机事件应急处置的运行机制》,载《中国人民公安大学学报》2004 年第 5 期。

黄奇帆:《新冠肺炎疫情下对中国公共卫生防疫体系改革的五点建议》,载《第一财经日报》2020 年 2 月 13 日,第 A11 版。

林鸿潮、詹承豫:《非常规突发事件应对与应急法的重构》,载《中国行政管理》2009 年第 7 期。

朱力:《突发事件的概念、要素与类型》,载《南京社会科学》2007 年第 11 期。

戚建刚、郭永良:《〈武汉市突发事件实施办法(草案)〉若干问题研究》,载《武汉科技大学学报(社会科学版)》2014 年第 1 期。

王来华、陈月生:《论群体性突发事件的基本含义、特征和类型》,载《理论与现代化》2006 年第 5 期。

杨海坤、马迅:《总体国家安全观下的应急法治新视野——以社会安全事件为视角》,载《行政法学研究》2014 年第 4 期。

孔竞:《突发公共卫生事件应急机制研究》,载《中国卫生事业管理》2008 年第 1 期。

刘美:《突发社会安全事件行政应急法律机制研究》,载《黑龙江省政法干部管理学院学报》2013 年第 2 期。

戚建刚、乌兰:《应急管理部的行政法建构——基于整体性治理理念的分析》,载《北京行政学院学报》2018 年第 5 期。

闪淳昌等:《对我国应急管理机制建设的总体思考》,载《国家行政学院学报》2011 年第 1 期。

戚建刚:《〈突发事件应对法〉对我国行政应急管理体制之创新》,载《中国行政管理》2007 年第 12 期。

吕世伦、张学超:《"以人为本"与社会主义法治——一种法哲学上的阐释》,载《法制与社会发展》2005 年第 1 期。

徐亚文:《"以人为本"的法哲学解读》,载《中国法学》2004 年第 4 期。

徐显明:《生存权论》,载《中国社会科学》1992 年第 5 期。

余建斌:《以新型举国体制助力重大科技创新》,载《人民日报》2020 年 3 月 31 日,第 5 版。

邵发军:《习近平"人类命运共同体"思想及其当代研究价值》,载《社会主义研究》2017 年第 4 期。

饶世权、林伯海:《习近平的人类命运共同体思想及其时代价值》,载《学校党建与思想教育》2016 年第 7 期。

《十八届中央政治局就坚定不移走和平发展道路进行第三次集体学习》,载《人民日报》2013 年 1 月 30 日,第 2 版。

沈岿:《论行政法上的效能原则》,载《清华法学》2019 年第 4 期。

马怀德、周慧:《〈突发事件应对法〉存在的问题与建议》,载《人民论坛》2012 年第 7 期。
李玉、朱培:《论权利公平原则在行政法中的实施》,载《东南大学学报(哲学社会科学版)》2013 年第 s2 期。
沈开举:《论征收征用权》,载《理论月刊》2009 年第 2 期。
禹竹蕊:《突发事件处置中的紧急救援与国家救助》,载《经济师》2017 年第 3 期。
王万华:《略论我国社会预警和应急管理法律体系的现状及其完善》,载《行政法学研究》2009 年第 2 期。
钟开斌、张佳:《论应急预案的编制与管理》,载《甘肃社会科学》2006 年第 3 期。
刘铁民:《突发事件应急预案体系概念设计研究》,载《中国安全生产科学技术》2011 年第 8 期。
熊新光、顾铖祎:《对应急预案几个基本问题的思考》,载《中国应急管理》2012 年第 6 期。
陶振:《突发事件应急预案:体系、编制与优化》,载《行政论坛》2013 年第 5 期。
徐文辉:《上海市重大危险源监控与应急救援信息系统建设方案研究》,载《中国安全科学学报》2007 年第 10 期。
朱维究、刘永林:《论行政检查与行政法实施——以确保行政规范性文件得到真正落实为视角》,载《政治与法律》2012 年第 7 期。
任美璇:《广西市级疾控机构风险评估人员素质、构成及认知能力分析》,载《现代预防医学》2020 年第 10 期。
孙玉卫:《风险评估模型在深圳市宝安区中德灾害风险管理试点项目中的应用研究》,载《中国应急管理》2012 年第 2 期。
佘廉、郑华卿:《基于国家应急能力建设的应急资源分类探讨》,载《中国应急管理》2010 年第 4 期。
王责任:《关于我国应急救援队伍建设的研究》,载《中国应急救援》2011 年第 1 期。
秦远:《社会力量参与应急救灾新发展》,载《中国减灾》2019 年第 11 期。
丁怡婷:《应急管理部几位工作人员讲述:十八般武艺,样样要练精》,载《人民日报》2019 年 5 月 12 日,第 2 版。
张维平:《突发事件预警管理体系的构建及运行》,载《中国人民公安大学学报(社会科学版)》2009 年第 1 期。
汪进元:《论生存权的保护领域和实现途径》,载《法学评论》2010 年第 5 期。
游克斌:《恢复重建政策的区域经济影响及其应对——以汶川地震为例》,载《中共四川省委省级机关党校学报》2008 年第 3 期。
黎昕、王晓雯:《国外突发事件应急管理模式的比较与启示——以美、日、俄三国为例》,载《福建行政学院学报》2010 年第 5 期。

童之伟、苏艺:《我国配套立法体制的改革构想》,载《法学》2015 年第 12 期。
中国安全生产科学研究院:《完善我国应急管理法律法规体系》,载《劳动保护》2018 年第 6 期。
王压非:《配套立法辨析》,载《郑州大学学报(哲学社会科学版)》2012 年第 6 期。
刘莘:《依法行政与行政立法》,载《中国法学》2000 年第 2 期。
封丽霞:《中央与地方立法权限的划分标准:“重要程度”还是“影响范围”?》,载《法制与社会发展》2008 年第 5 期。
刘功智、刘铁民:《重大事故应急预案编制指南》,载《劳动保护》2004 年第 4 期。
李杰:《其他规范性文件在司法审查中的地位及效力探析》,载《行政法学研究》2004 年第 4 期。
董皞:《判定法律冲突之问题研究》,载《法律科学(西北政法大学学报)》2014 年第 1 期。
莫纪宏:《人大立法中的“法法衔接”问题研究》,载《人大研究》2019 年第 5 期。
苗连营:《行政立法及其控制》,载《郑州大学学报(哲学社会科学版)》1998 年第 6 期。
向立力:《地方立法发展的权限困境与出路试探》,载《政治与法律》2015 年第 1 期。
汤善鹏、严海良:《地方立法不必要重复的认定与应对——以七个地方固废法规文本为例》,载《法制与社会发展》2014 年第 4 期。
李林:《关于立法权限划分的理论与实践》,载《法学研究》1998 年第 5 期。
任尔昕、宋鹏:《关于地方重复立法问题的思考——正确理解并遵循立法的科学原则》,载《法学杂志》2010 年第 9 期。
胡建淼:《法律规范之间抵触标准研究》,载《中国法学》2016 年第 3 期。
于滨:《疫情防控彰显中国特色社会主义制度优越性》,载《学校党建与思想教育》2020 年第 10 期。
于安:《〈突发事件应对法〉的实施问题》,载《理论视野》2009 年第 4 期。
应松年:《巨灾冲击与我国灾害法律体系的完善》,载《中国应急管理》2010 年第 9 期。
戚建刚:《非常规突发事件与我国行政应急管理体制之创新》,载《华东政法大学学报》2010 年第 5 期。
高小平、刘一弘:《应急管理部成立:背景、特点与导向》,载《行政法学研究》2018 年第 5 期。
王责任:《关于我国应急救援队伍建设的研究》,载《中国应急救援》2011 年第 1 期。
秦远:《社会力量参与应急救灾新发展》,载《中国减灾》2019 年第 11 期。
本刊综合:《救灾车辆申报后可免费!——社会应急力量参与抢险救灾网上申报系统上线》,载《中国公路》2019 年第 8 期。
刘玲:《论突发公共安全事件应对中的政府职责》,载《沈阳工业大学学报(社会科学版)》2011 年第 4 期。

叶必丰:《规则抄袭或细化的法解释学分析——部门规则规定应急征用补偿研讨》,载《法学研究》2011 年第 6 期。
郑苏晋:《政府购买公共服务:以公益性非营利组织为重要合作伙伴》,载《中国行政管理》2009 年第 6 期。
付子堂:《法眼看“非典”(下)——非典危机与突发公共卫生事件应急法律制度》,载《中国律师》2003 年第 8 期。
刘冰、刘瑛:《构建突发事件应急管理法律机制的思考——兼谈河北省应急管理法律机制的完善》,载《河北法学》2014 年第 10 期。
王万华:《略论我国社会预警和应急管理法律体系的现状及其完善》,载《行政法学研究》2009 年第 2 期。
马怀德等:《突发事件应对的地方立法创新:对北京范本的解读》,载《国家行政学院学报》2008 年第 4 期。
张辰:《基于突发公共安全事件的民法制度探析》,载《长春教育学院学报》2015 年第 1 期。
申稳稳:《突发事件应对的动态监测与预警系统》,载《山东经济》2008 年第 5 期。
刘恒:《论风险规制中的知情权》,载《暨南学报(哲学社会科学版)》2013 年第 5 期。
周佑勇、朱峥:《风险治理现代化中的公民知情权保障》,载《比较法研究》2020 年第 3 期。
沈岿:《论突发传染病信息发布的法律设置》,载《当代法学》2020 年第 4 期。
黄鸣鹤:《沉默还是呛声　美国〈吹哨人保护法案〉的发展历程》,载《人民法院报》2013 年 1 月 11 日,第 8 版。
赵尚梅、杨雪美:《突发公共事件应急资金保障机制研究》,载《中国行政管理》2012 年第 12 期。
宾凯:《重大突发事件的系统治理与法治》,载《国家检察官学院学报》2020 年第 6 期。
刘莘:《行政应急性原则的基础理念》,载《法学杂志》2012 年第 9 期。
杨燕绥:《国家公共安全和公民知情权——“非典”事件引起的法律思考》,载《清华大学学报(哲学社会科学版)》2003 年第 4 期。
余成峰:《信息隐私权的宪法时刻规范基础与体系重构》,载《中外法学》2021 年第 1 期。
王锡锌:《个人信息国家保护义务及展开》,载《中国法学》2021 年第 1 期。
宁园:《健康码运用中的个人信息保护规制》,载《法学评论》2020 年第 6 期。
万方:《个人信息处理中的“同意”与“同意撤回”》,载《中国法学》2021 年第 1 期。
林凌、贺小石:《人脸识别的法律规制路径》,载《法学杂志》2020 年第 7 期。
杨帆:《应急志愿者损害救济的体系构造与制度供给》,载《法学评论》2021 年第 1 期。
刘东生:《行政征用制度初探》,载《行政法学研究》2000 年第 2 期。
江必新、梁凤云:《物权法中的若干行政法问题》,载《中国法学》2007 年第 3 期。

常鹏翱:《行政行为的物权法意义:一种规范分析》,载《行政法学研究》2019 年第 5 期。
杜辉:《面向共治格局的法治形态及其展开》,载《法学研究》2019 年第 4 期。
周佑勇:《行政法的正当程序原则》,载《中国社会科学》2004 年第 4 期。
应松年:《中国行政程序法立法展望》,载《中国法学》2010 年第 2 期。
刘华俊:《行政征用程序研究》,载《行政与法》2010 年第 10 期。
杨建顺:《公益诉讼检察与疫情"源头"防控》,载《检察日报》2020 年 2 月 8 日,第 3 版。
郑磊:《土地行政公益诉讼的类型建构及展开》,载《行政法学研究》2020 年第 6 期。
胡卫列:《国家治理视野下的公益诉讼检察制度》,载《国家检察官学院学报》2020 年第 2 期。
姜明安:《完善立法、推进检察机关对行政违法行为的监督》,载《检察日报》2016 年 3 月 7 日,第 3 版。
潘剑锋、郑含博:《行政公益诉讼制度目的检视》,载《国家检察官学院学报》2020 年第 2 期。
邢昕:《行政公益诉讼启动标准:基于 74 份裁判文书的省思》,载《行政法学研究》2018 年第 6 期。
刘艺:《检察公益诉讼的司法实践与理论探索》,载《国家检察官学院学报》2017 年第 2 期。
郑振宇:《从应急管理走向公共安全管理——应急管理发展的必然趋势》,载《福建行政学院学报》2008 年第 6 期。
宋亚辉:《风险控制的部门法思路及其超越》,载《中国社会科学》2017 年第 10 期。
童星、张海波:《基于中国问题的灾害管理分析框架》,载《中国社会科学》2010 年第 1 期。
高小平:《整体性治理与应急管理:新的冲突与解决方案》,载《公共管理与政策评论》2018 年第 6 期。
张海波、童星:《中国应急管理结构变化及其理论概化》,载《中国社会科学》2015 年第 3 期。
高家伟:《检察行政公益诉讼的理论基础》,载《国家检察官学院学报》2017 年第 2 期。
王万华:《完善检察机关提起行政公益诉讼制度的若干问题》,载《法学杂志》2018 年第 1 期。
张鲁萍:《检察机关提起环境行政公益诉讼功能定位与制度建构》,载《学术界》2018 年第 1 期。
刘艺:《构建行政公益诉讼的客观诉讼机制》,载《法学研究》2018 年第 3 期。
王郅强、麻宝斌:《突发公共事件的应急管理探讨》,载《长白学刊》2004 年第 2 期。
钟开斌:《回顾与前瞻:中国应急管理体系建设》,载《政治学研究》2009 年第 1 期。
秦前红、苏绍龙:《党内法规与国家法律衔接和协调的基准与路径——兼论备案审查衔接联动机制》,载《法律科学(西北政法大学学报)》2016 年第 5 期。
苏宇:《风险预防原则的结构化阐释》,载《法学研究》2021 年第 1 期。
王贵松:《风险行政的预防原则》,载《比较法研究》2021 年第 1 期。
戚建刚:《解析"11 · 22"青岛输油管道爆炸事件中的六类违法行为》,载《法学杂志》2014 年第6期。
沈福俊:《论政府应对突发事件过程中的依法行政——兼论抗击汶川大地震过程中依法行政原则的适用》,载《东方法学》2008年第4期。
关保英:《论具体行政行为程序合法的内涵与价值》,载《政治与法律》2015年第6期。
袁曙宏、赵永伟:《西方国家依法行政比较研究——兼论对我国依法行政的启示》,载《中国法学》2000年第5期。
王红建、刘辉:《社会应急力量的应急权力研究》,载《铁道警察学院学报》2019年第5期。
王锡锌:《依法行政的合法化逻辑及其现实情境》,载《中国法学》2008年第5期。
何海波:《行政行为的合法要件——兼议行政行为司法审查根据的重构》,载《中国法学》2009年第4期。
马怀德:《行政程序法的价值及立法意义》,载《政法论坛》2004年第5期。
江必新:《行政程序正当性的司法审查》,载《中国社会科学》2012年第7期。
汪燕:《行政合理性原则与失当行政行为》,载《法学评论》2014年第5期。
何景春:《行政比例与合理性原则的比较研究》,载《行政法学研究》2004年第2期。
吴偕林:《论行政合理性原则的适用》,载《法学》2004年第12期。
周佑勇:《行政裁量的均衡原则》,载《法学研究》2004年第4期。
谭炜杰:《行政合理性原则审查强度之类型化——基于行政诉讼典型案例的解析与整合》,载《法律适用》2014年第12期。
何海波:《论行政行为"明显不当"》,载《法学研究》2016年第3期。
梅扬:《比例原则的适用范围与限度》,载《法学研究》2020年第2期。
姜明安:《行政法基本原则新探》,载《湖南社会科学》2005年第2期。
方流芳:《从法律视角看中国事业单位改革——事业单位"法人化"批判》,载《比较法研究》2007年第3期。
马怀德:《公务法人问题研究》,载《中国法学》2000年第4期。
江国华:《突发公共卫生事件预警的法理透析》,载《法学评论》2020年第2期。
王红建、刘辉:《应急征用制度完善研究》,载《河南财经政法大学学报》2020年第1期。
何艳玲:《中国行政体制改革的价值显现》,载《中国社会科学》2020年第2期。
杨敏:《作为国家治理单元的社区——对城市社区建设运动过程中居民社区参与和社区认知的个案研究》,载《社会学研究》2007年第4期。
杨君、徐选国、徐永祥:《迈向服务型社区治理:整体性治理与社会再组织化》,载《中国农业大学学报(社会科学版)》2015年第3期。
易外庚、方芳、程秀敏:《重大疫情防控中社区治理有效性观察与思考》,载《江西社会科学》2020年第3期。

何海兵:《我国城市基层社会管理体制的变迁:从单位制、街居制到社区制》,载《管理世界》2003 年第 6 期。
田毅鹏:《治理视域下城市社区抗击疫情体系构建》,载《社会科学辑刊》2020 年第 1 期。
孔艳鹏:《走向常态化的城市社区应急管理协同模式》,载《合作经济与科技》2021 年第 2 期。
中华人民共和国国务院新闻办公室:《抗击新冠肺炎疫情的中国行动》,载《人民日报》2020 年 6 月 8 日,第 10 版。
《坚持底线思维,做好常态化疫情防控》,载《光明日报》2020 年 4 月 13 日,第 7 版。
《在疫情防控常态化条件下加快恢复生产生活秩序》,载《人民日报》2020 年 3 月 30 日,第 1 版。
武汉大学公共卫生治理研究课题组:《防疫常态化下公共卫生治理的思考与建议》,载《学习与探索》2020 年第 6 期。

三、网络文章类

《卫生部最后 1 次公布每日疫情:中国内地无非典病人》,载中国新闻网,http://www.chinanews.com/n/2003-08-16/26/335985.html。
《媒体称南方雪灾经济损失超过 SARS 时期》,载东方网,http://news.eastday.com/c/20080225/u1a3424132.html。
《凉山木里火灾点火者是 11 岁儿童,责任该如何承担?》,载腾讯网,https://new.qq.com/omn/20200414/20200414A0GZSY00.html。
《1998 年长江特大洪水:4150 人死亡,警钟长鸣》,载 https://baijiahao.baidu.com/s?id=1654002531480991075&wfr=spider&for=pc。
《重大生产安全保障的"大国重器"》,载凤凰网,http://hn.ifeng.com/a/20200709/14412899_0.shtml。
《贵州公交坠湖事件 21 名遇难者中有 5 名学生 驾驶员已身亡》,载央视新闻客户端,http://m.news.cctv.com/2020/07/07/ARTIiIWswX5aGQMCCi4TQyMe200707.shtml。
《桥梁倒塌已造成 199 人死伤！无锡桥梁事故专家有话说！查超已行动!》,载搜狐网,https://www.sohu.com/a/346371233_310421。
《国家卫生健康委会同相关部门联防联控 全力应对新型冠状病毒感染的肺炎疫情》,载中国政府网,http://www.gov.cn/guowuyuan/2020-01/22/content_5471437.htm。
《广西四举措支持引导社会工作志愿服务力量积极有序参与疫情防控》,载财政部网站,http://www.mca.gov.cn/article/xw/dfdt/202003/20200300025740.shtml。
《机构改革方案:拟组建应急管理部,不再保留安监总局》,载澎湃新闻,https://www.thepaper.cn/newsDetail_forward_2026731_1。

《中共湖北省委　湖北省人民政府关于全力以赴坚决打赢我省新冠肺炎疫情防控阻击战的意见》,载 https://baijiahao.baidu.com/s? id=1658743786752547456&wfr=spider&for=pc。

《国家卫生健康委员会派出专家组!》,载 https://kuaibao.qq.com/s/20200413A0OH0U00?refer=spider。

《国家应急管理部拨付物资抵汉》,载 https://baijiahao.baidu.com/s? id=1657977509719828952&wfr=spider&for=pc。

《3.2 万名医护人员驰援武汉》,载搜狐网,https://www.sohu.com/a/373843894_119038。

《中国成为掌握面向公众地震预警技术能力的国家》,载 http://www.365icl.com/view.asp?aid=1210。

《提前 30 秒收到地震预警》,载 https://xw.qq.com/cmsid/20200713A09S9C00。

《截至 7 月 11 日 24 时新冠肺炎疫情最新情况》,载国家卫生健康委员会网站,http://www.nhc.gov.cn/xcs/yqfkdt/202007/93c41cbce0664608b8119e7d295b4a5b.shtml。

《安排了 1 万吨中央储备冻猪肉专门为武汉市备用》,载 https://post.mp.qq.com/kan/article/1485521785-897942270.html? _wv=2147483777&sig=54df7c37442419e7cc76c1688495673f&article_id=897942270&time=1581233359&_pflag=1&x5PreFetch=1。

《河南濮阳! 老人未戴口罩,被绑在柱子上骂,官方:方法不当!》,载 https://baijiahao.baidu.com/s? id=1658872706043502700&wfr=spider&for=pc。

《外省支援湖北并非一对一 正版对口支援表来了》,载中国新闻网,http://www.chinanews.com/sh/2020/02-10/9085607.shtml。

《举国抗疫彰显中国政治制度优势》,载新华网,http://www.xinhuanet.com/politics/2020-07/10/c_1126219676.htm。

《应对全球突发事件 践行人类命运共同体理念》,载中国社会科学网,http://ex.cssn.cn/gd/gd_rwxn/gd_ktsb_1696/gzzhxgsdrlmygtt/202006/t20200617_5144408.shtml? COLLCC=3291122908&。

《柳叶刀:美国非法退出世卫威胁全球及美国民众健康安全》,载新浪网,https://tech.sina.com.cn/roll/2020-07-14/doc-iivhvpwx5292321.shtml。

《如此战疫群众很生气:打麻将被扇耳光 未戴口罩捆墙上》,载新浪财经,http://finance.sina.com.cn/china/gncj/2020-02-19/doc-iimxxstf2571579.shtml。

《武汉封城!》,载 https://baijiahao.baidu.com/s? id=1656494341847581714&wfr=spider&for=pc。

《钟南山:武汉封城若推后 5 天,全国发病峰值可能有 17 万》,载 https://baijiahao.baidu.com/s? id=1661302786524714112&wfr=spider&for=pc。

《截至 3 月 1 日 24 时新冠肺炎疫情最新情况》,载国家卫生健康委员会网站, http://www.nhc.gov.cn/xcs/yqtb/202003/37c1536b6655473f8c2120ebdc475731.shtml。

《政府未接到地震预兆报告 已建预报预警机制》,载中国网,http://www.china.com.cn/news/2008-05/23/content_15428233.htm。

《唐山5.1级地震为1976年大地震余震,预警系统登上热搜》,载https://baijiahao.baidu.com/s?id=1672006387994111554&wfr=spider&for=pc。

《河南省人民政府关于调整新冠肺炎疫情防控应急响应级别的通告》,载河南省人民政府门户网站,https://www.henan.gov.cn/2020/03-18/1306662.html。

《限流、消毒、测体温成"标配",上海多景区景点启动应急预案》,载澎湃新闻,https://www.thepaper.cn/newsDetail_forward_5612405。

《新疆初高中、中职毕业年级3月16日首批开学复课》,载https://www.sohu.com/a/379255547_260616。

《国务院办公厅关于印发〈国务院有关部门和单位制定和修订突发公共事件应急预案框架指南〉的函》,载国务院办公厅网站,http://www.gov.cn/xxgk/pub/govpublic/mrlm/200803/t20080328_32127.html。

《广西:安全生产"强监管严执法年"专项行动取得明显成效》,载应急管理部网站,https://www.mem.gov.cn/xw/gdyj/202101/t20210126_377789.shtml。

《疫情防控进入"常态化",我们该怎么办?》,载https://baijiahao.baidu.com/s?id=1663638370302593584&wfr=spider&for=pc。

《国内首条口罩高速生产线投产,日产口罩50万只以上》,载http://finance.sina.com.cn/chanjing/cyxw/2020-03-19/doc-iimxyqwa1537363.shtml。

《全国骨干社会应急力量培训班开训》,载应急管理部网站,https://www.mem.gov.cn/xw/bndt/202009/t20200930_366909.shtml。

《应急管理部关于开展全国首届社会救援力量技能竞赛的通知》,载应急管理部网站,https://www.mem.gov.cn/shjyfw/tzgg_3324/201812/t20181227_245892.shtml。

《应急管理部门组织引导社会应急力量积极参与抗洪抢险》,载应急管理部网站,https://www.mem.gov.cn/shjyfw/tzgg_3324/202006/t20200612_354066.shtml。

《钟南山团队发布新型冠状病毒感染肺炎居家康复及防护策略》,载新京报,http://www.bjnews.com.cn/news/2020/02/01/682706.html。

《国家卫生健康委员会高级别专家组李兰娟:新型冠状病毒怕酒精不耐高温》,载澎湃新闻,https://www.thepaper.cn/newsDetail_forward_5599595。

《关于在信阳市多点位组织开展大规模人群核酸检测(实战演练)的通告》,载信阳市人民政府网站,http://www.xinyang.gov.cn/2021/02-06/2092164.html。

《中国气象局:我国地面气象观测将实现全面自动化》,载https://www.sohu.com/a/381434376_260616。

《中科大推出人工智能地震监测系统》,载中国网,http://union.china.com.cn/zhuanti/txt/2020-03/04/content_41080533.html。

《国家突发事件预警信息发布系统成效如何?气象局回应》,载中国新网网,https://www.chinanews.com/gn/2017/11-03/8367758.shtml。

《让大数据为疫情预警——大数据在疾控应用中的方方面面》,载 https://36kr.com/p/1725258366977。

《军队四千多名医护人员驰援武汉》,载国务院新闻办公室网站,http://www.scio.gov.cn/34473/34474/Document/1674518/1674518.htm。

《王贺胜:目前已开放 9 个方舱医院》,载新华网客户端,http://www.xinhuanet.com/2020-02/15/c_1125577514.htm。

《上海莱士:上海市经信委决定终止对公司的应急征用》,载 http://finance.sina.com.cn/roll/2020-03-16/doc-iimxyqwa0983740.shtml。

《应急管理,信息公开也是对决策者的保护》,载 https://www.sohu.com/a/380978498_260616。

《把钱用在最需要的地方:疫情防控中的法治财税保障》,载澎湃新闻,https://www.thepaper.cn/newsDetail_forward_6488057。

《进一步落实关心关爱疫情防控一线医务人员相关人事激励措施的工作指南》,载人力资源和社会保障部网站,http://www.mohrss.gov.cn/gkml/rsgl/sydwrsgl/202003/t20200304_361276.html。

《蒙古来的 3 万只羊如何分配?全国都有份》,载 https://baijiahao.baidu.com/s?id=1684145427743915528&wfr=spider&for=pc。

《违反疫情防控规定,岳西一工作人员受到党纪政务处分》,载 https://baijiahao.baidu.com/s?id=1657795254294496199&wfr=spider&for=pc。

《警示|第一批安全生产领域行政处罚典型案件通报》,载 https://mp.weixin.qq.com/s/Rlk7A6rOL4mQk_I2KsTHvA。

《吕梁市离石区某药房哄抬价格受到行政处罚》,载 https://mp.weixin.qq.com/s/ns5Au4Rusoz8lRtjN1z79g。

《关于完善我国应急管理法律体系的提案》,载民革中央网站,http://www.minge.gov.cn/n1/2020/0518/c431845-31713570.html。

《〈中华人民共和国突发事件应对法〉修改建议稿》,载 https://mp.weixin.qq.com/s/SebJzi-viiSNAEwdp7pUvpw。

《全国首届社会应急力量技能竞赛全国集中技能竞赛在重庆正式开幕》,载中国应急信息网,https://www.mem.gov.cn/xw/bndt/201905/t20190507_260928.shtml。

《2018 年国民经济与社会发展统计公报》,载国家统计局网站,http://www.gov.cn/xinwen/2019-02/28/content_5369270.htm。

《四川长宁地震:预警系统引关注 民众期盼预警科普》,载中国新闻网,http://www.chinanews.com/sh/2019/06-19/8869104.shtml。

《避免重大伤亡!遵义 2 名“吹哨人”获重奖》,载澎湃新闻,https://www.thepaper.cn/newsDetail_forward_8338937。

《评:保护“吹哨人”就是保护公众利益》,载深圳新闻网,http://www.sznews.com/news/content/2020-07/20/content_23363246.htm。

《全国政协委员皮剑龙建议加快构建我国“吹哨人”及其法律保护制度》,载 http://www.acla.org.cn/article/page/detailById/26971?from=groupmessage。

《日照启动突发事件应急处理财政保障机制》,载新华网,http://www.sd.xinhuanet.com/sd/rz/2020-01/28/c_1125507654.htm。

《央视评吉林通化封城:严重误判》,载腾讯网,https://new.qq.com/omn/20210126/20210126A02RA700.html。

《国务院联防联控机制新闻发布会:介绍春节前后疫情防控有关情况》,载 http://sousuo.gov.cn/column/30618/1.htm。

《超七千武汉返乡者信息泄露,被短信骚扰谩骂!相关登记方称未披露》,载 https://www.sohu.com/a/369093812_161795。

《上海流调报告“不提人”为何被点赞?》,载 https://baijiahao.baidu.com/s?id=1689720881396703435&wfr=spider&for=pc。

《警示!两江新区公布两起涉疫情行政处罚案例》,载两江新闻,http://www.liangjiang.gov.cn/content/2020-02/17/content_617070.htm。

《干扰疫情防控,5 人被行政处罚!》,载 http://www.ytcutv.com/folder355/folder356/folder376/2020-01-29/1280523.html。

《天水曝光 8 起疫情防控期间行政处罚典型案例》,载搜狐网,https://www.sohu.com/a/371139489_673066。

《江西省市场监管局简化行政处罚办理程序 从重从快严打疫情期间市场违法行为》,载江西省市场监督管理局网站,http://amr.jiangxi.gov.cn/art/2020/2/14/art_22469_1505351.html。

《蓝天救援队员许鹏的最后十五天》,载腾讯网,https://new.qq.com/omn/20200228/20200228A0QNKI00.html。

《上海殴打防疫志愿者案远程开庭,被告人获刑一年六个月》,载 https://baijiahao.baidu.com/s?id=1658875124344588262&wfr=spider&for=pc。

《男子做核酸检测，因孩子怕冷踢倒志愿者！警方通报》，载 https://baijiahao. baidu. com/s? id = 1691236783462870746&wfr = spider&for = pc。

《陕西省人民代表大会常务委员会关于加强检察公益诉讼工作的决定》，载 https://baijiahao. baidu. com/s? id = 1662231357151006171&wfr = spider&for = pc。

《重庆：明确公益诉讼“4 +1 +5”十大监督领域》，载最高人民检察院网站，https://www. spp. gov. cn/spp/zdgz/202004/t20200411_458450. shtml。

《国务院安委办约谈山东省政府》，载 https://mp. weixin. qq. com/s/jlkXJi _ l7CtjB - dGKQSmrg。

《广西：安全生产“强监管严执法年”专项行动取得明显成效》，载应急管理部网站，https://www. mem. gov. cn/xw/gdyj/202101/t20210126_377789. shtml。

《最高人民检察院工作报告》，载最高人民检察院网站，https://www. spp. gov. cn/spp/gzbg/202006/t20200601_463798. shtml。

《大理征用重庆口罩后续：大理市卫生健康局局长被免职》，载 https://baijiahao. baidu. com/s? id = 1657790751349923161&wfr = spider&for = pc。

《市新型冠状病毒感染的肺炎疫情防控指挥部通告（第 1 号）》，载武汉市人民政府门户网站 2020 年 1 月 23 日，http://www. wuhan. gov. cn/hbgovinfo/zwgk _ 8265/tzgg/202001/t20200123_304065. html。

《中共中央印发深化党和国家机构改革方案》，载中华人民共和国中央人民政府网站，http://www. gov. cn/zhengce/2018 - 03/21/content_5276191. htm#1。

《基层疾控中心：新冠疫情到来前，“我们差点就要改没了”》，载新浪网，https://k. sina. cn/article_5705191799_1540e517704000xt49. html? vt = 4&p。

《域外国境卫生检疫法律制度》，载人民法院报，https://www. chinacourt. org/article/detail/2020/04/id/4922414. shtml。

《全方位发挥公共卫生法律制度保障作用》，载深圳政法网，http://www. szszfw. gov. cn/fxyj/fzdt/202003/t20200319_19065353. htm。